JN412401

AutoCAD 기초

(Basic Drafting in AutoCAD)

이동우 · 김기태 공저

머리말

AutoCAD는 대표적인 CAD 프로그램으로 학교와 기업현장에서 폭 넓게 사용되고 있다.

현재 다양한 AutoCAD 버전이 사용되고 있지만, 버전마다 명령어의 위치나 부가기능 등이 추가가 되었을 뿐이므로 AutoCAD 기초를 습득하는데 있어 프로그램 버전에 따른 어려움은 없을 것이라고 생각된다.

본 교재의 구성은

1장에서는 AutoCAD의 기본적인 화면 구성과 기본적인 사항 설명

2장에서는 실제 도면 작성을 위한 AutoCAD 명령어에 대한 설명과, 명령어에 대한 이해를 돕기 위한 예제, 그리고 명령어 습득을 위한 실습도면과 응용도면 순으로 구성

3장에서는 도면에 대한 정보조회와 도면 인쇄에 대하여 설명

4장에서는 2장에서 학습한 명령어를 활용할 수 있도록 종합 연습도면

으로 구성되어 있다.

또한 다른 교재의 도형 그리기, 도형 수정하기, 치수기입하기 순의 구성을 탈피하여, 자연스럽게 도면 작업을 익힐 수 있도록 명령어를 배치하였다.

끝으로, 본 교재는 AutoCAD 입문서로써, 단기간에 AutoCAD 명령어를 이해하고 기본적인 도면을 작성하는 것을 목적으로 하며, 전문 자격증 취득을 위한 기초적인 AutoCAD 교재로서 활용되기를 바란다.

chapter 1 AutoCAD 기본/7

chapter 2 AutoCAD 명령어/19

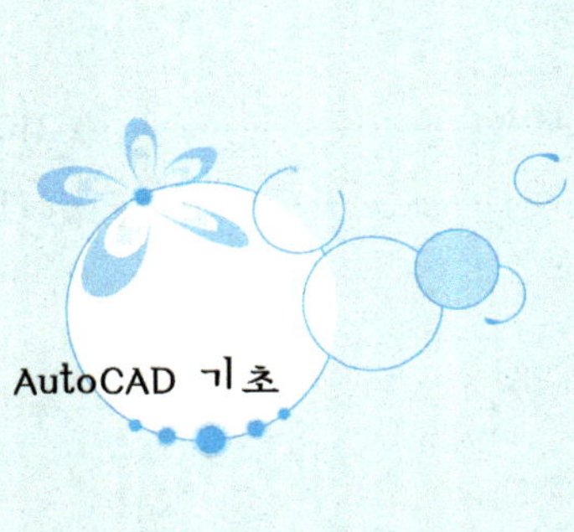
AutoCAD 기초

Chapter 1 AutoCAD 기본

1. AUTOCAD 화면 구성

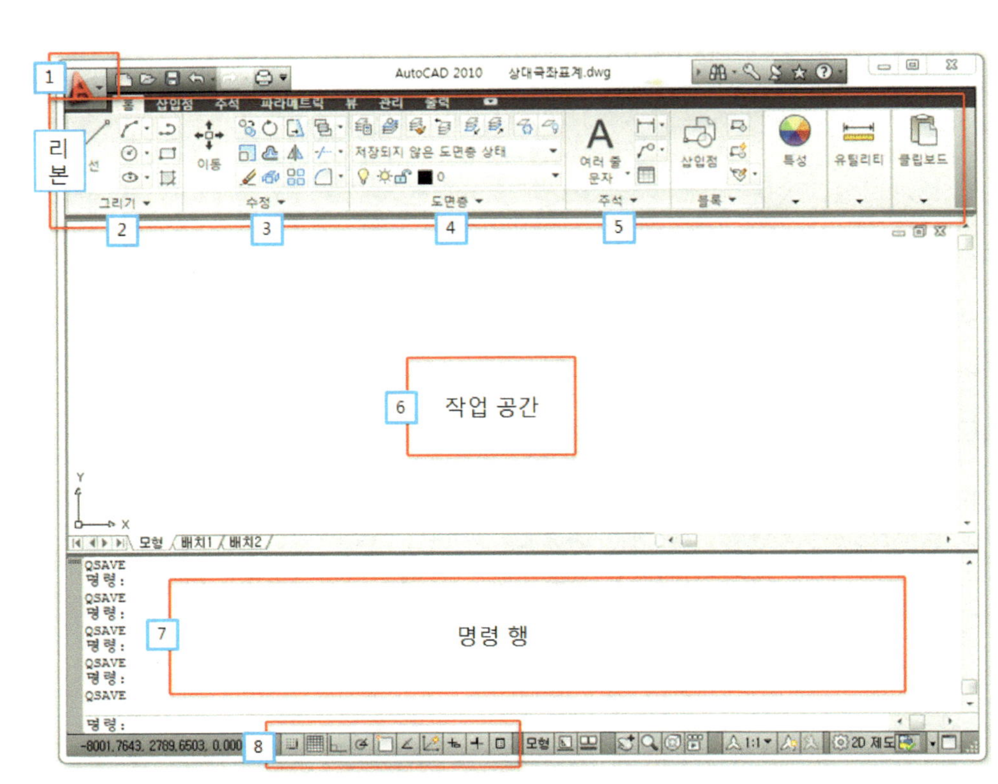

리본 : 도면 작성을 위한 명령어 버턴

1 메뉴 : 파일 저장, 불러오기, 인쇄 등 실행

2 그리기 : 도면 그리기에 필요한 명령어 버튼

3 수정 : 작성한 도면을 수정하는데 필요한 명령어 버튼

4 도면층 : 도면층 관리를 위한 명령어 버턴

5 주석 : 치수 기입에 필요한 명령어 버튼

6 작업 공간 : 도면 작업을 수행하는 공간

7 명령행 : 명령을 입력하는 공간

8 상태표시 메뉴 : 자주 사용하는 명령어 표시 및 제어

[버전에 따른 AUTOCAD 화면 구성]

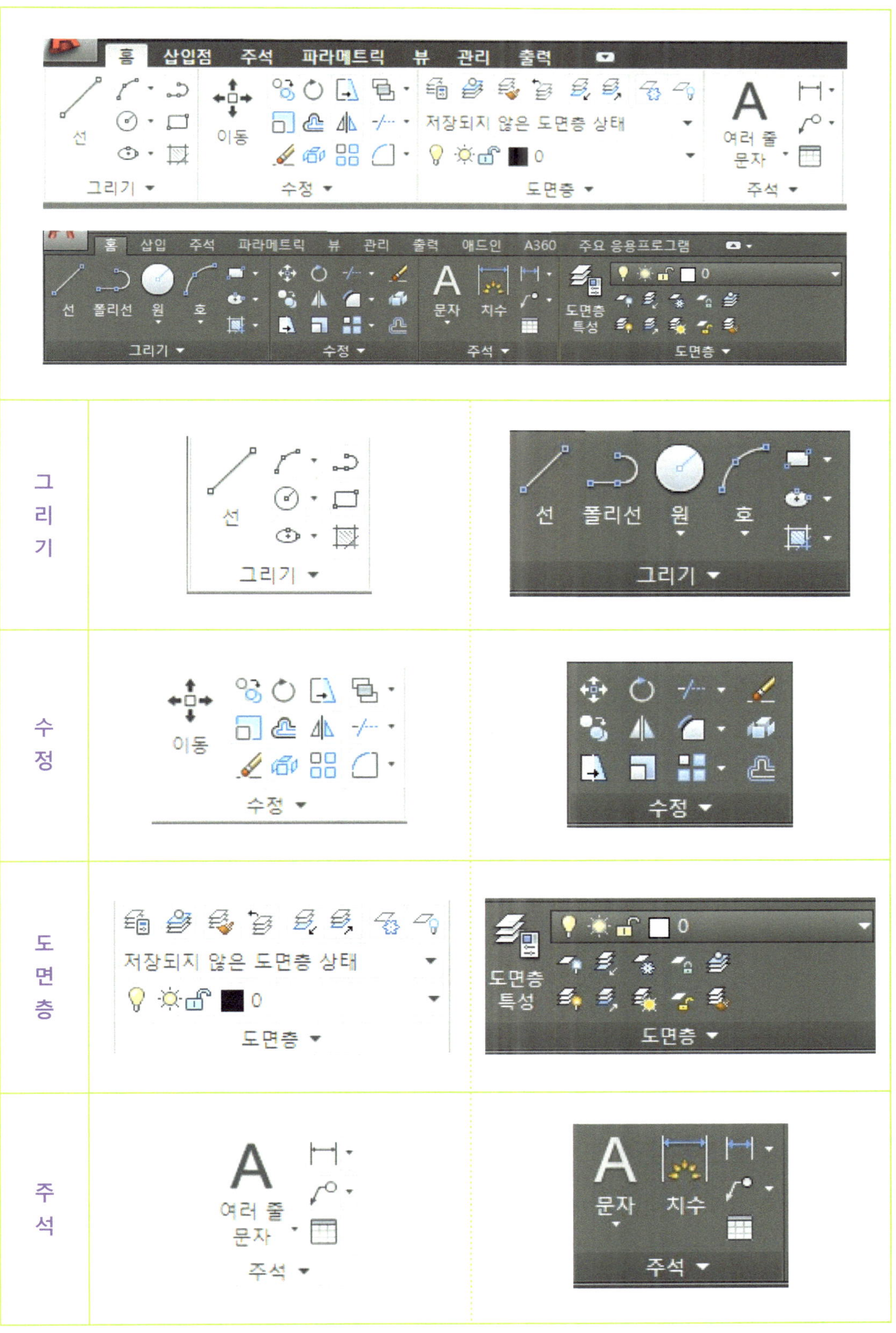

2. AUTOCAD 환경 설정 : 명령창에 'OPTIONS' 또는 'OP' 입력

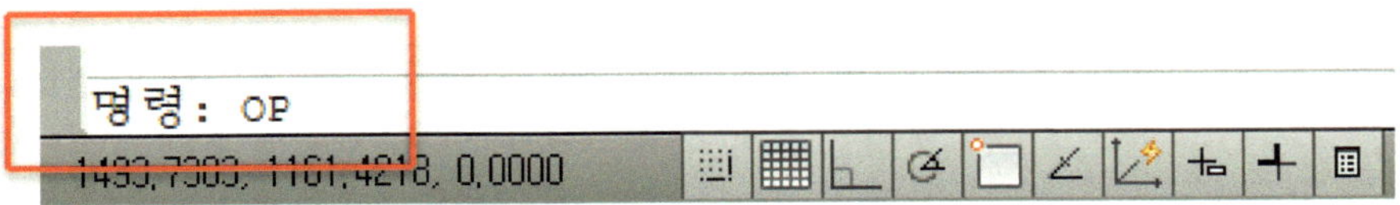

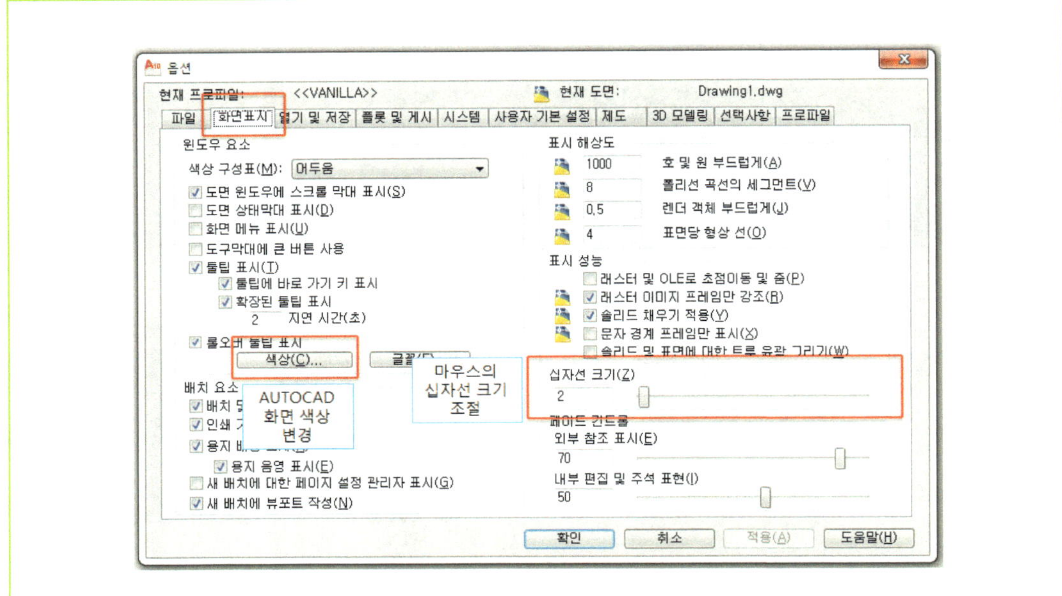

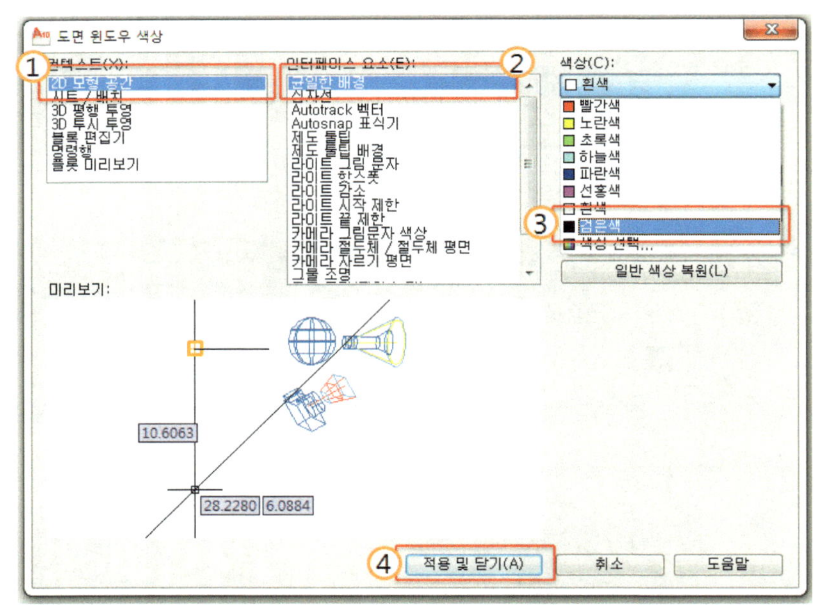

[화면 색상 변경] : '화면 표시' 탭에서 색상 클릭 ⇨ 2D 모형 공간(①) ⇨ 균일한 배경(②) ⇨ 검은색 선택(③) ⇨ 적용 및 닫기 클릭(④)

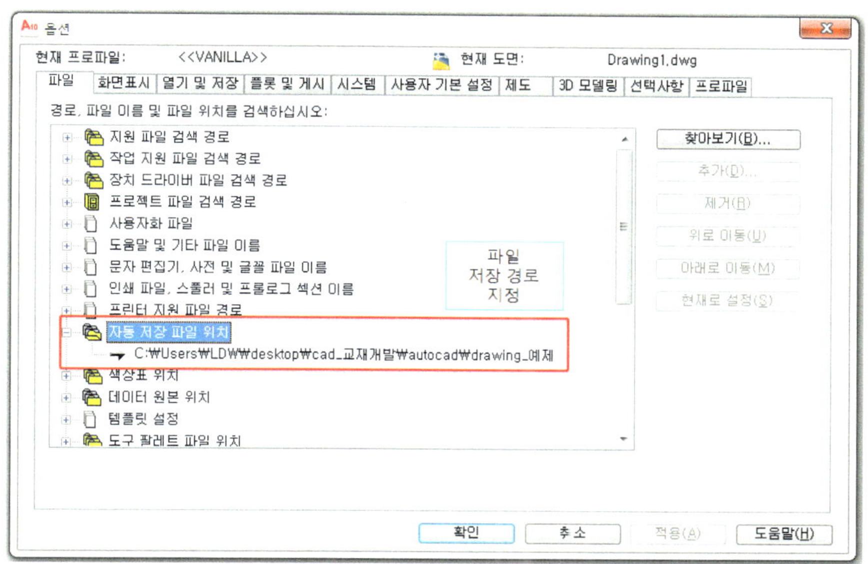

[파일 자동 저장 경로 변경] : '파일' 탭의 '자동 저장 파일 위치'에서 변경

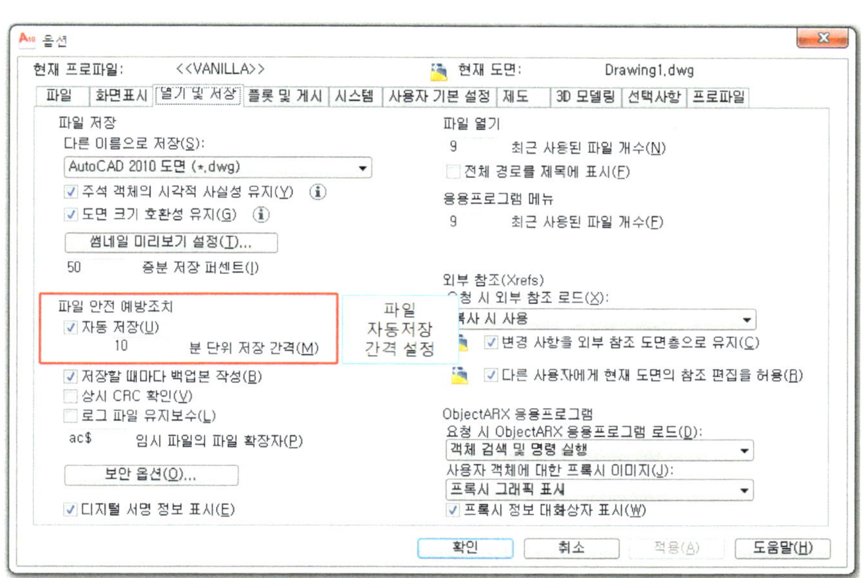

[파일 자동 저장] : '열기 및 저장' 탭에서 자동 저장 간격 설정

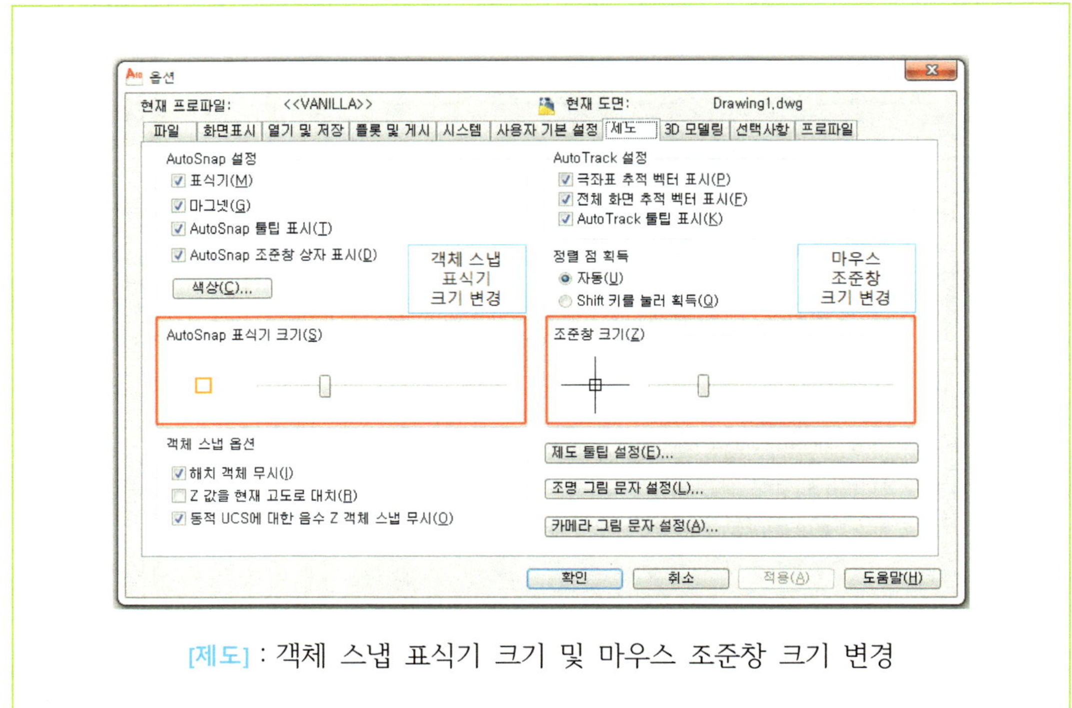

[제도] : 객체 스냅 표식기 크기 및 마우스 조준창 크기 변경

3. 마우스 사용법

4. 명령어 입력(실행) 방법

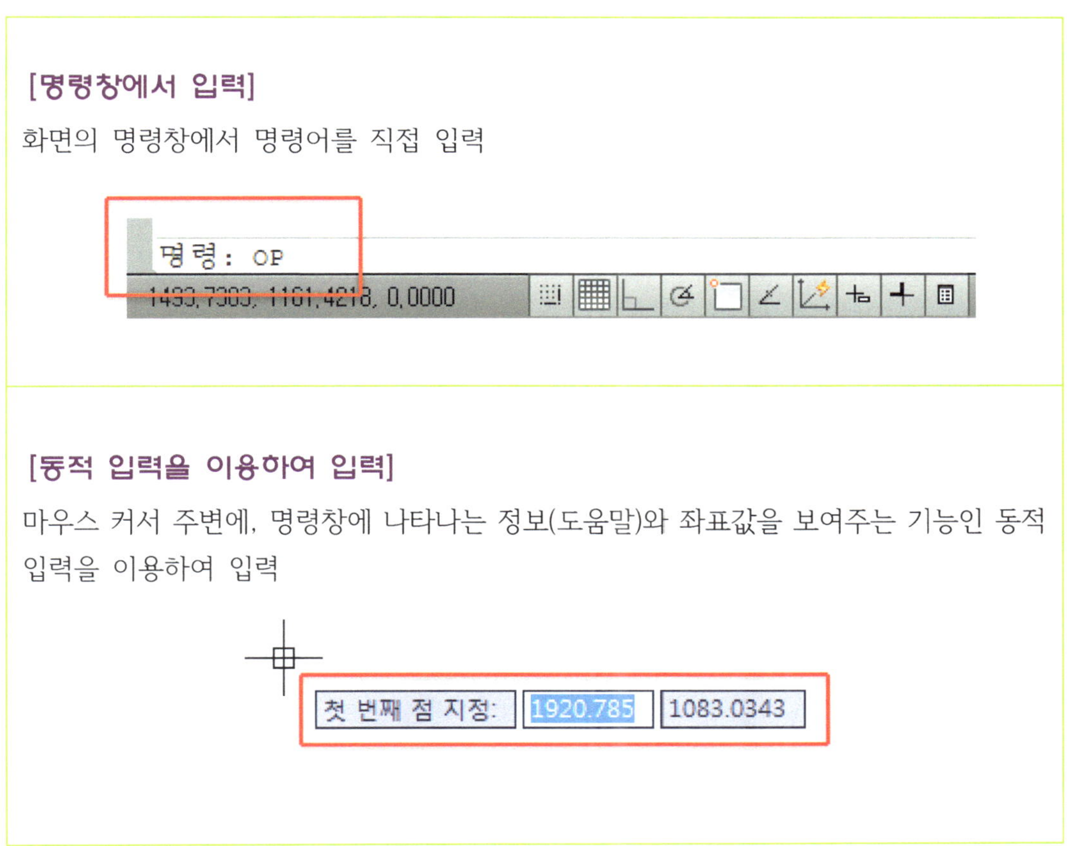

[명령창에서 입력]

화면의 명령창에서 명령어를 직접 입력

[동적 입력을 이용하여 입력]

마우스 커서 주변에, 명령창에 나타나는 정보(도움말)와 좌표값을 보여주는 기능인 동적 입력을 이용하여 입력

5. 파일 저장하기 및 불러오기

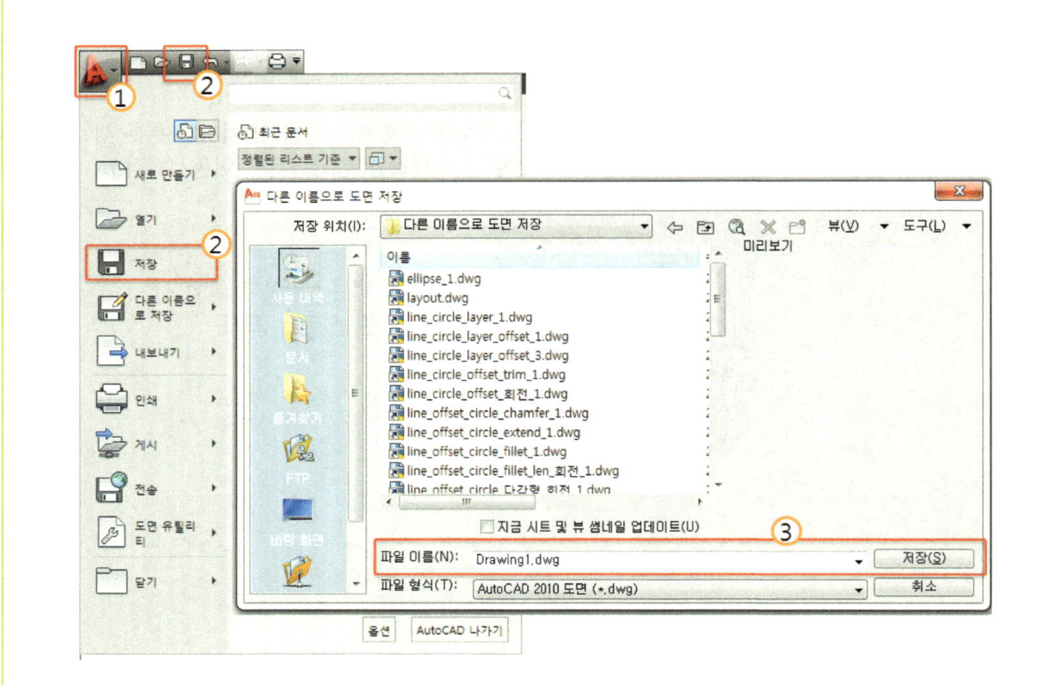

메뉴 클릭(①) ⇨ 저장 클릭(②) ⇨ 파일 이름 입력 후 저장(③)

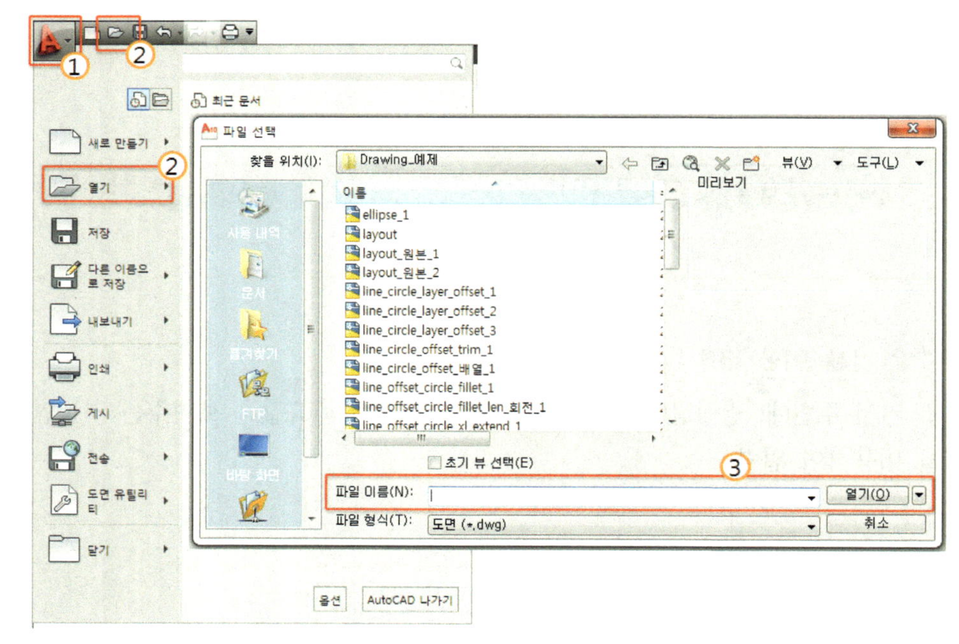

메뉴 클릭(①) ⇨ 열기 클릭(②) ⇨ 파일 선택 후 열기(③)

6. 시작화면 변경

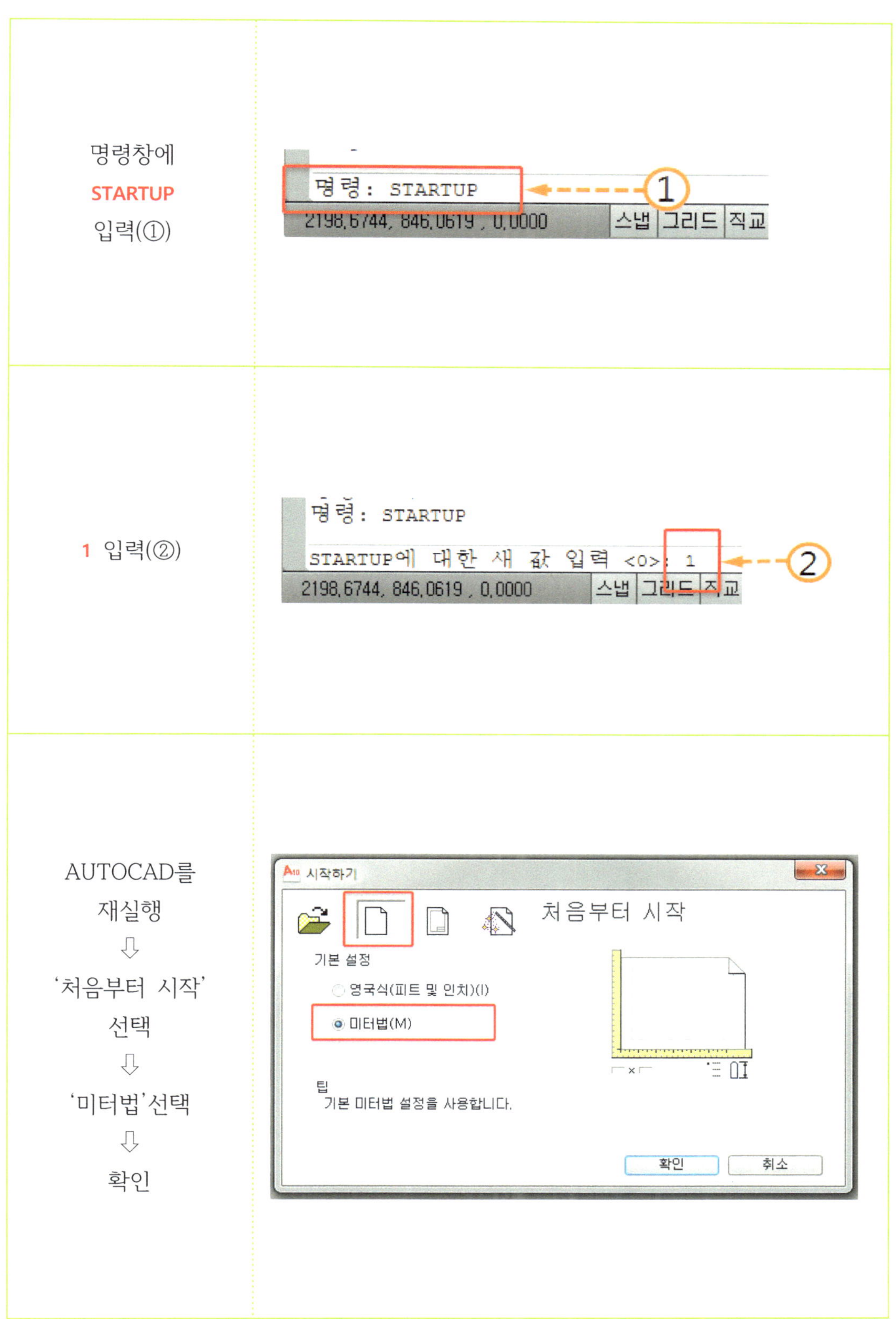

명령창에
STARTUP
입력(①)
명령: STARTUP
2198.6744, 846.0619 , 0.0000
스냅
그리드
직교
1
1 입력(②)
명령: STARTUP
STARTUP에 대한 새 값 입력 <0>: 1
2198.6744, 846.0619 , 0.0000
스냅
그리드
직교
2
AUTOCAD를
재실행
⇩
'처음부터 시작'
선택
⇩
'미터법'선택
⇩
확인
시작하기
처음부터 시작
기본 설정
영국식(피트 및 인치)(I)
미터법(M)
팁
기본 미터법 설정을 사용합니다.
확인
취소

7. 도면 크기(A4 사이즈 : 297×210) 변경

명령 : **LIMITS** **(도면 크기 지정)**
모형 공간 한계 재설정 :
왼쪽 아래 구석 지정 또는 [켜기(ON)/끄기(OFF)] <0.0000,0.0000> : Enter↵
오른쪽 위 구석 지정 <420.0000,297.0000> : **297,210** Enter↵

명령 : **Z** **(ZOOM : 도면 확대 및 축소)**
윈도우 구석을 지정, 축척 비율 (nX 또는 nXP)을 입력, 또는
[전체(A)/중심(C)/동적(D)/범위(E)/이전(P)/축척(S)/윈도우(W)/객체(O)] <실시간> : **A**

⇨ LIMITS 명령 수행 후, ZOOM : A 해야 도면 크기가 화면에 반영

8. 상태표시 메뉴 변경하기

① 화면 왼쪽 하단의 [상태표시 메뉴]에서 오른쪽 마우스 클릭
② [아이콘 사용(U)] 클릭하여 해제

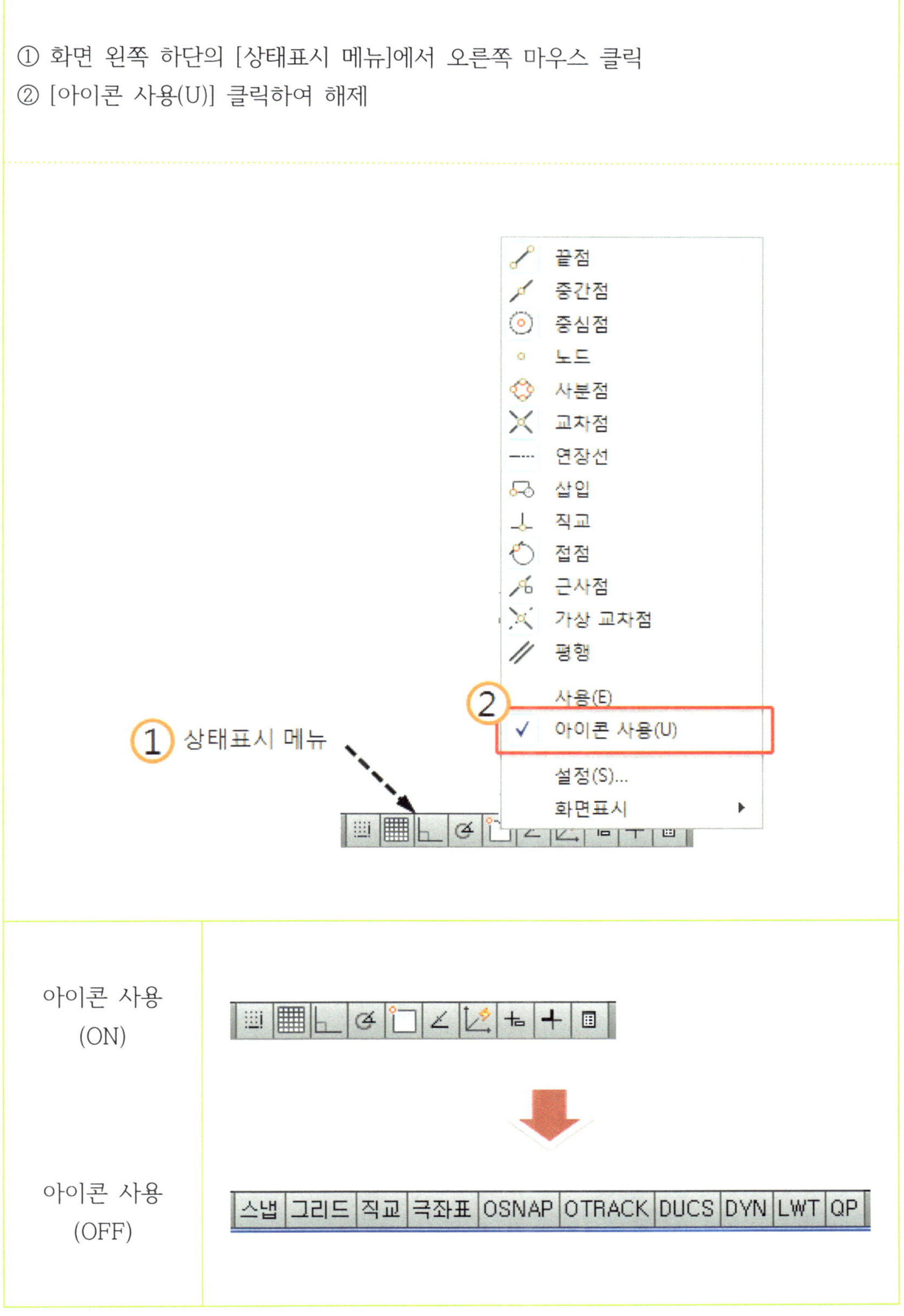

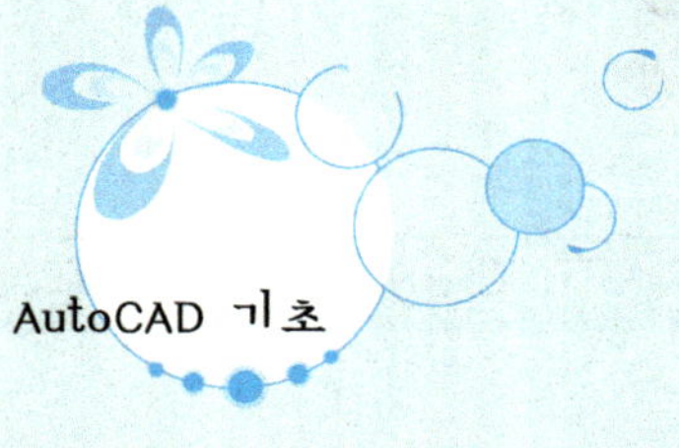
AutoCAD 기초

Chapter 2 AutoCAD 명령어

1. 선(LINE) : 연속적인 직선을 생성한다

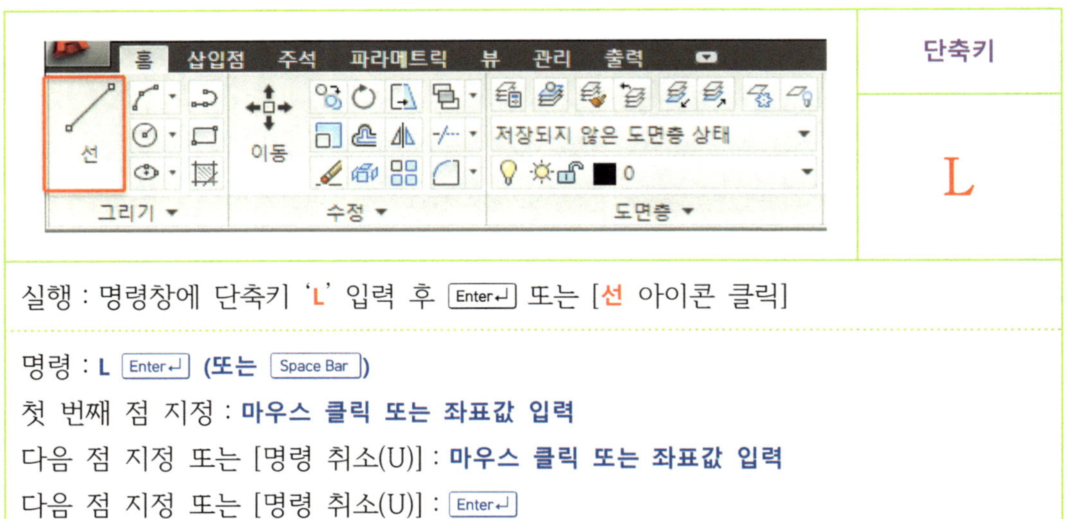

실행 : 명령창에 단축키 'L' 입력 후 Enter↵ 또는 [선 아이콘 클릭]

명령 : L Enter↵ **(또는 Space Bar)**
첫 번째 점 지정 : **마우스 클릭 또는 좌표값 입력**
다음 점 지정 또는 [명령 취소(U)] : **마우스 클릭 또는 좌표값 입력**
다음 점 지정 또는 [명령 취소(U)] : Enter↵

예제 임의의 선 그리기

[상태표시 메뉴] 설정을 아래와 같이 설정 한다.[모든 옵션 OFF 시킴]

스냅	그리드	직교	극좌표	OSNAP	OTRACK	DUCS	DYN	LWT	QP

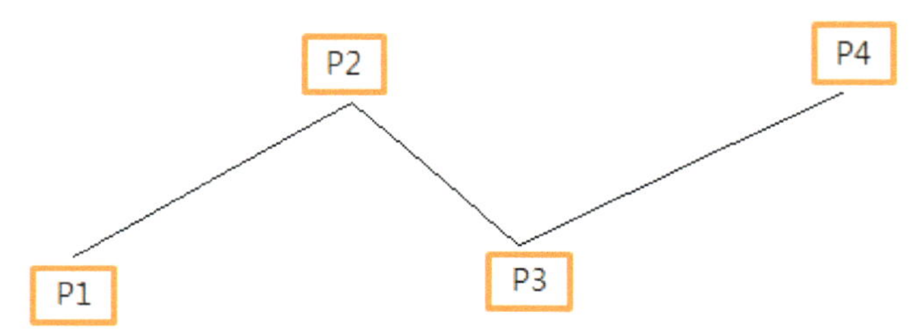

명령 : L Enter↵ **(또는 Space Bar)**
첫 번째 점 지정 : **마우스로 임의의 지점(P1) 클릭**
다음 점 지정 또는 [명령 취소(U)] : **마우스로 임의의 지점(P2) 클릭**
다음 점 지정 또는 [명령 취소(U)] : **마우스로 임의의 지점(P3) 클릭**
다음 점 지정 또는 [명령 취소(U)] : **마우스로 임의의 지점(P4) 클릭**
다음 점 지정 또는 [명령 취소(U)] : Enter↵

객체(점, 선, 원, 원호, ·· 등) 지우기

① 마우스를 이용하여 지울 객체를 선택(마우스를 드래그하여 선택)한 후,
② 키보드의 Delete 키를 누른다.

2. 절대 좌표계 : 원점(0,0)을 기준으로 좌표값(X,Y)을 지정하는 방법

입력 방법 : X좌표,Y좌표

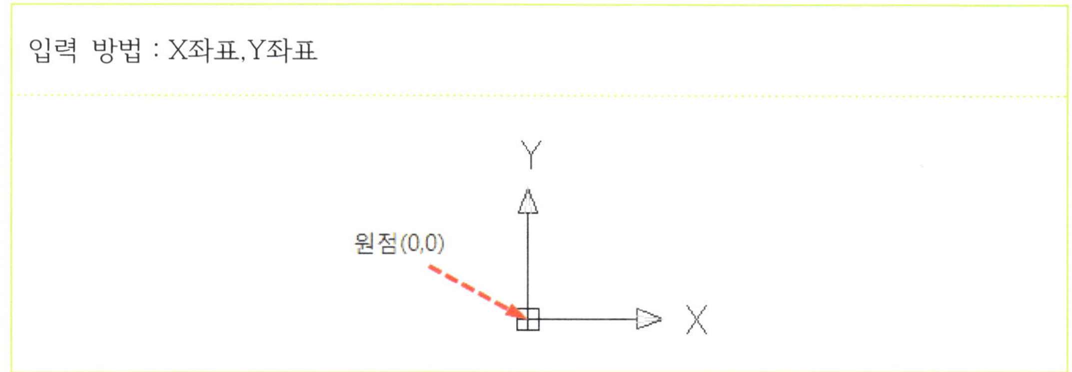

예제 절대좌표를 이용하여 선 그리기

[상태표시 메뉴 확인] : 모든 옵션 OFF 상태

스냅	그리드	직교	극좌표	OSNAP	OTRACK	DUCS	DYN	LWT	QP

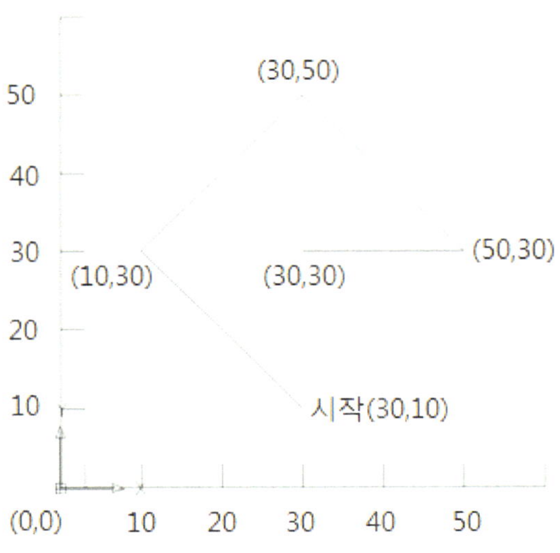

명령 : **L** Enter↵ **(또는** Space Bar **)**

첫 번째 점 지정 : **30,10** Enter↵

다음 점 지정 또는 [명령 취소(U)] : **10,30** Enter↵

다음 점 지정 또는 [명령 취소(U)] : **30,50** Enter↵

다음 점 지정 또는 [명령 취소(U)] : **50,30** Enter↵

다음 점 지정 또는 [명령 취소(U)] : **30,30** Enter↵

다음 점 지정 또는 [명령 취소(U)] : Enter↵

3. 상대 좌표계 : 직전 좌표를 기준으로 다음 좌표까지의 X축 증분과 Y축 증분으로 좌표를 지정하는 방법

입력 방법 : @X증분,Y증분

증분 방향

① 직전 점(좌표)을 기준으로 **위쪽** 또는 **오른쪽** 방향으로 이동 : + 증분

② 직전 점(좌표)을 기준으로 **아래쪽** 또는 **왼쪽** 방향으로 이동 : - 증분

예제 상대좌표를 이용하여 선 그리기

[상태표시 메뉴 확인] : 모든 옵션 OFF 상태

스냅	그리드	직교	극좌표	OSNAP	OTRACK	DUCS	DYN	LWT	QP

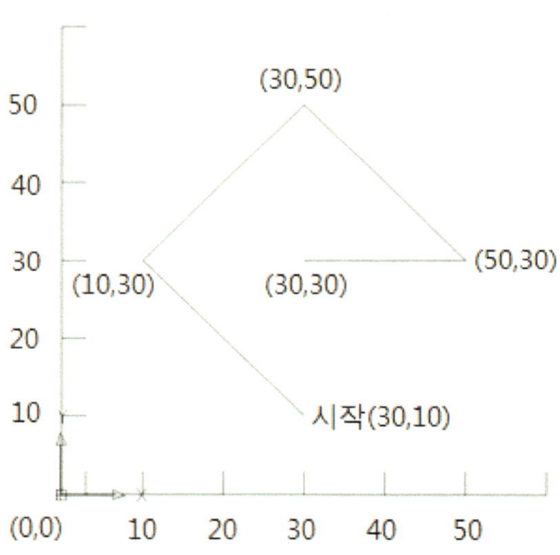

명령 : **L** Enter↵ **(또는** Space Bar**)**

첫 번째 점 지정 : **30,10** Space Bar **(첫 번째 점은 절대좌표로 입력)**

다음 점 지정 또는 [명령 취소(U)] : **@-20,20** Enter↵

다음 점 지정 또는 [명령 취소(U)] : **@20,20** Enter↵

다음 점 지정 또는 [명령 취소(U)] : **@20,-20** Enter↵

다음 점 지정 또는 [명령 취소(U)] : **@-20,0** Enter↵

다음 점 지정 또는 [명령 취소(U)] : Enter↵

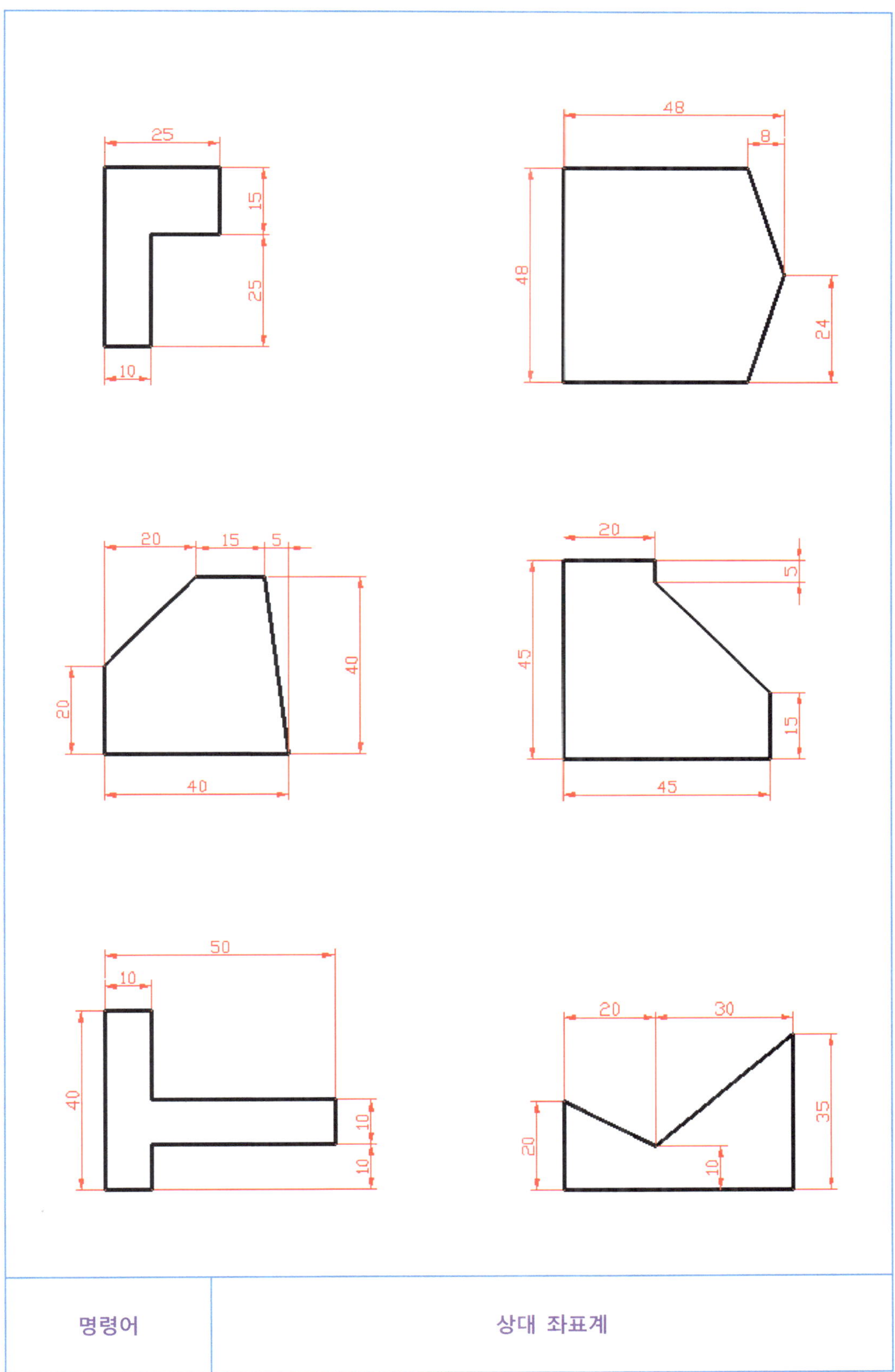
25
15
25
10
48
8
48
24
20
15
5
40
20
40
20
5
45
15
45
50
10
40
10
10
20
30
35
20
10

명령어	상대 좌표계

4. 상대 극좌표계 : 직전 좌표를 기준으로 다음 좌표까지의 거리와 각도로 좌표를 지정하는 방법

입력 방법 : @거리<각도

각도 진행 방향

① 반시계 방향(CCW) : + 각도

② 시계 방향(CW) : - 각도

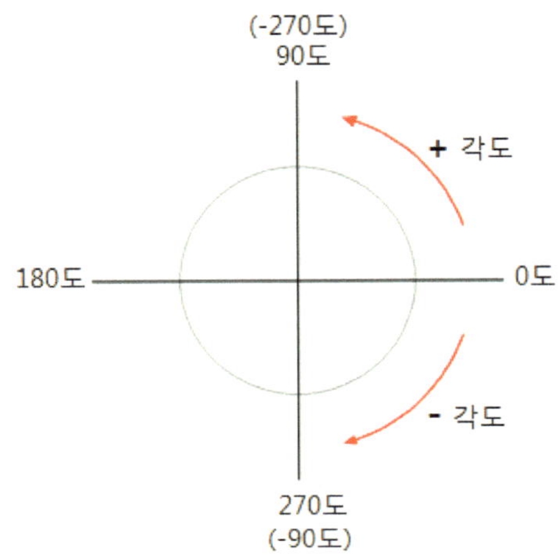

예제 상대 극좌표를 이용하여 선 그리기(1)

[상태표시 메뉴 확인] : 모든 옵션 OFF 상태

스냅	그리드	직교	극좌표	OSNAP	OTRACK	DUCS	DYN	LWT	QP

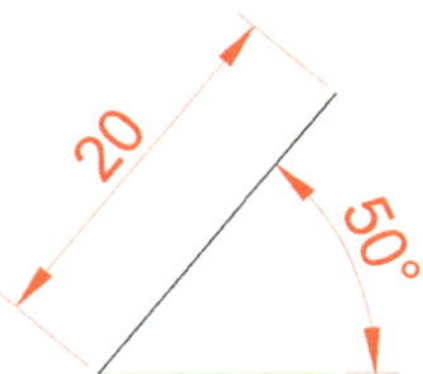

명령 : **L** Enter↵ **(또는** Space Bar**)**

첫 번째 점 지정 : **마우스로 임의의 점 클릭** Enter↵

다음 점 지정 또는 [명령 취소(U)] : **@20<50** Enter↵

다음 점 지정 또는 [명령 취소(U)] : Enter↵

예제 상대 극좌표를 이용하여 선 그리기(2)

[상태표시 메뉴 확인] : 모든 옵션 OFF 상태

스냅	그리드	직교	극좌표	OSNAP	OTRACK	DUCS	DYN	LWT	QP

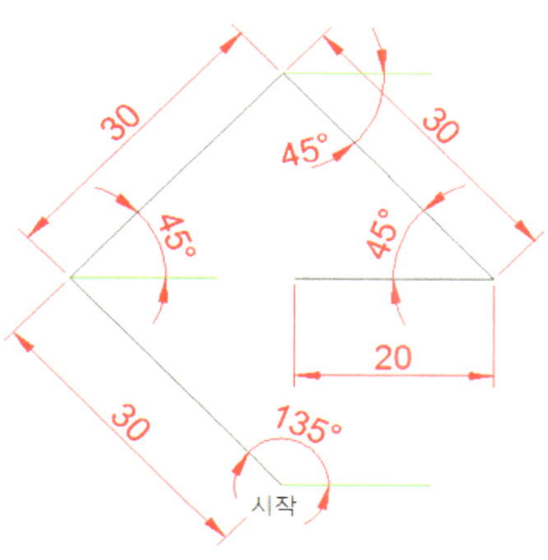

명령 : **L** Enter↵ **(또는** Space Bar**)**

첫 번째 점 지정 : **마우스로 임의의 점 클릭** Enter↵

다음 점 지정 또는 [명령 취소(U)] : **@30<135** Enter↵

다음 점 지정 또는 [명령 취소(U)] : **@30<45** Enter↵

다음 점 지정 또는 [명령 취소(U)] : **@30<315** Enter↵ **(또는 @30<-45)**

다음 점 지정 또는 [명령 취소(U)] : **@20<180** Enter↵

다음 점 지정 또는 [명령 취소(U)] : Enter↵

연습 상대 극좌표를 이용하여 선 그리기

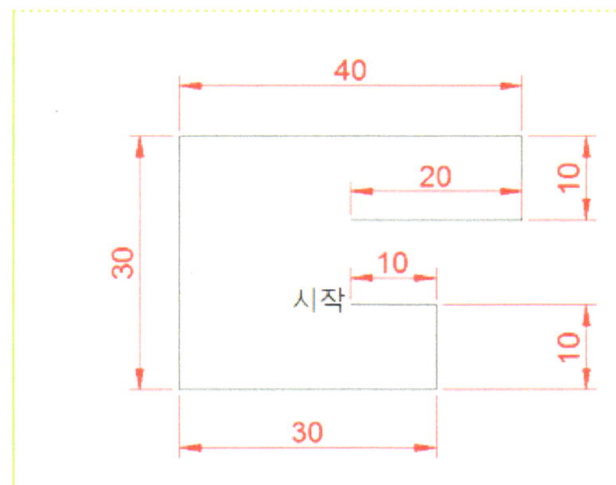

마우스로 임의의 점 클릭

@10<0

@10<-90

@30<180

@30<90

@40<0

@10<-90

@20<180

C(Close) : 닫기 = 현재의 점에서 시작점까지 연결

시작점

C

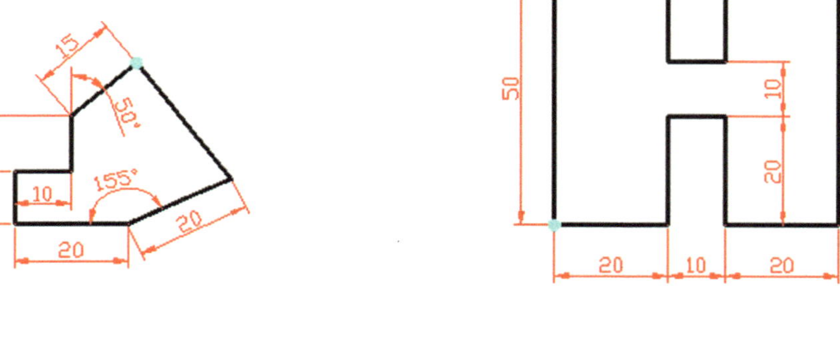

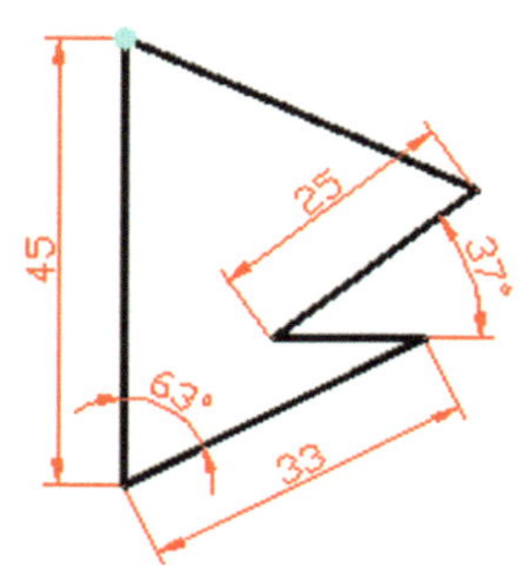

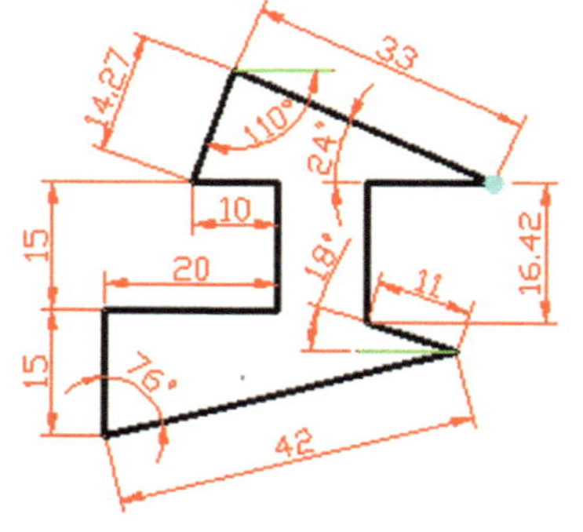

명령어	상대 극좌표계

5. 극좌표 추적하기 : 마우스 이동시, 특정 각도로 이동을 제한할 수 있는 기능이며, 화면에 좌표값을 표시

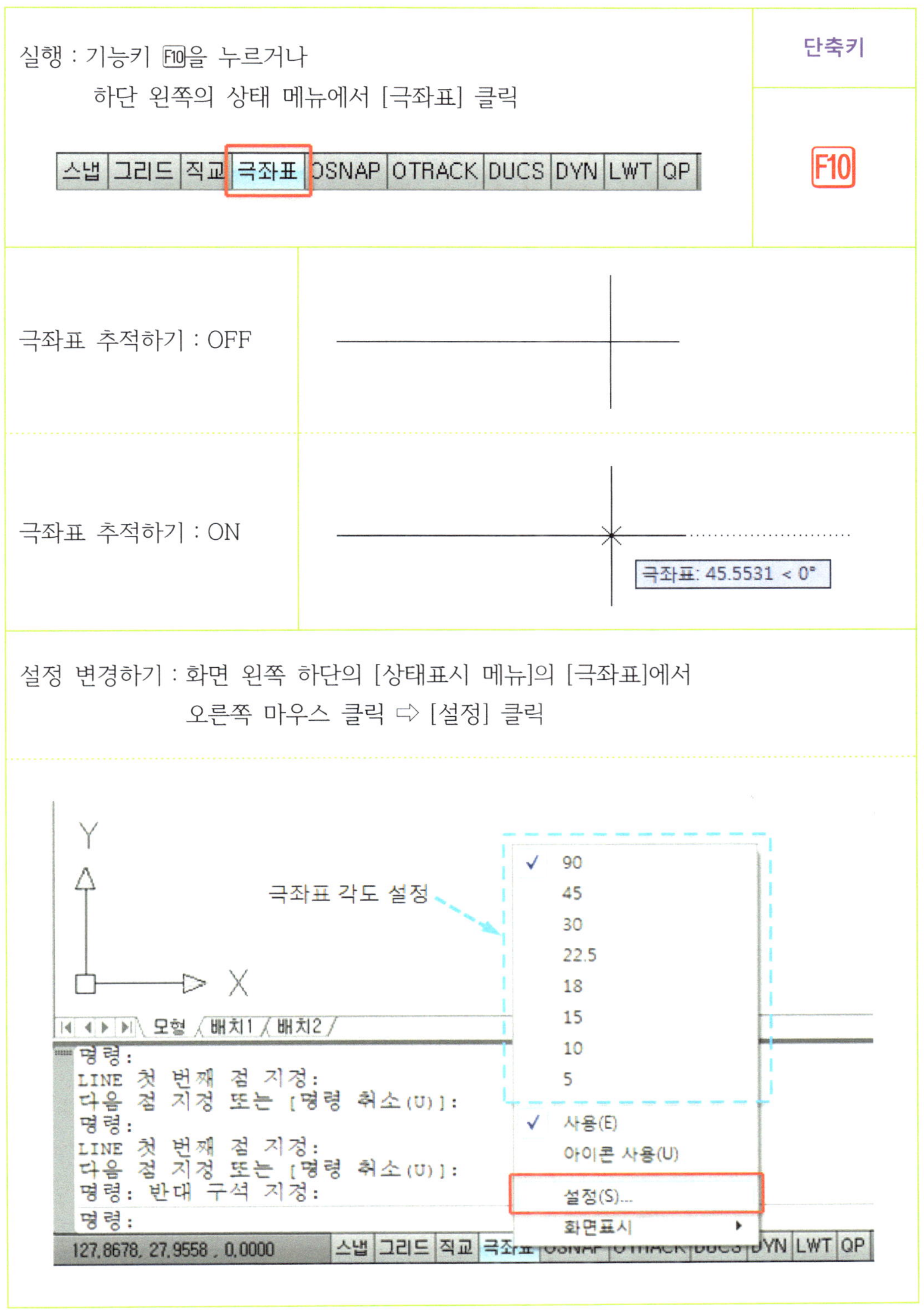

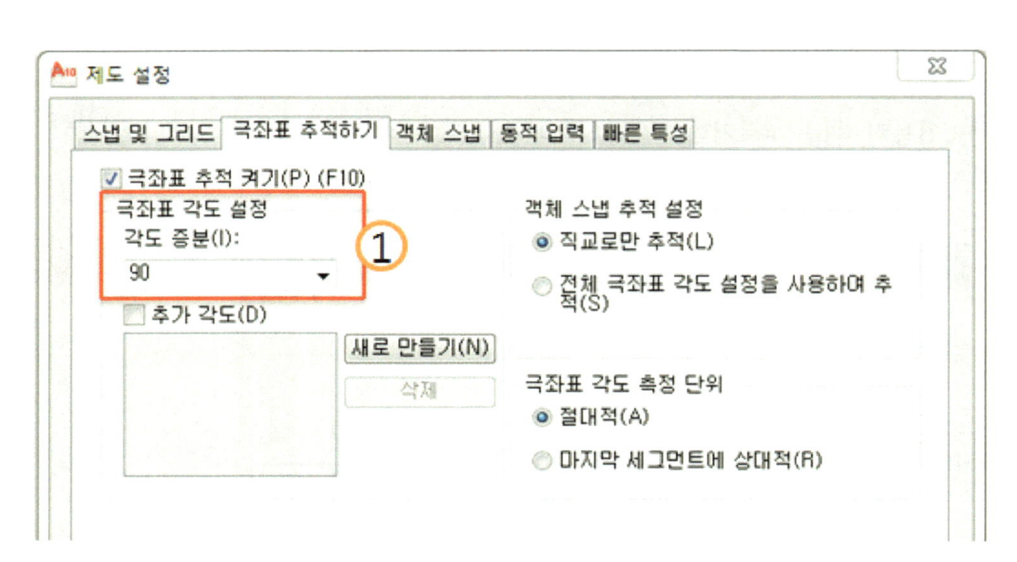

[제도 설정] ⇨ [극좌표 추적하기] ⇨ '극좌표 각도 설정'(①)에서 각도를 변경할 수 있다.

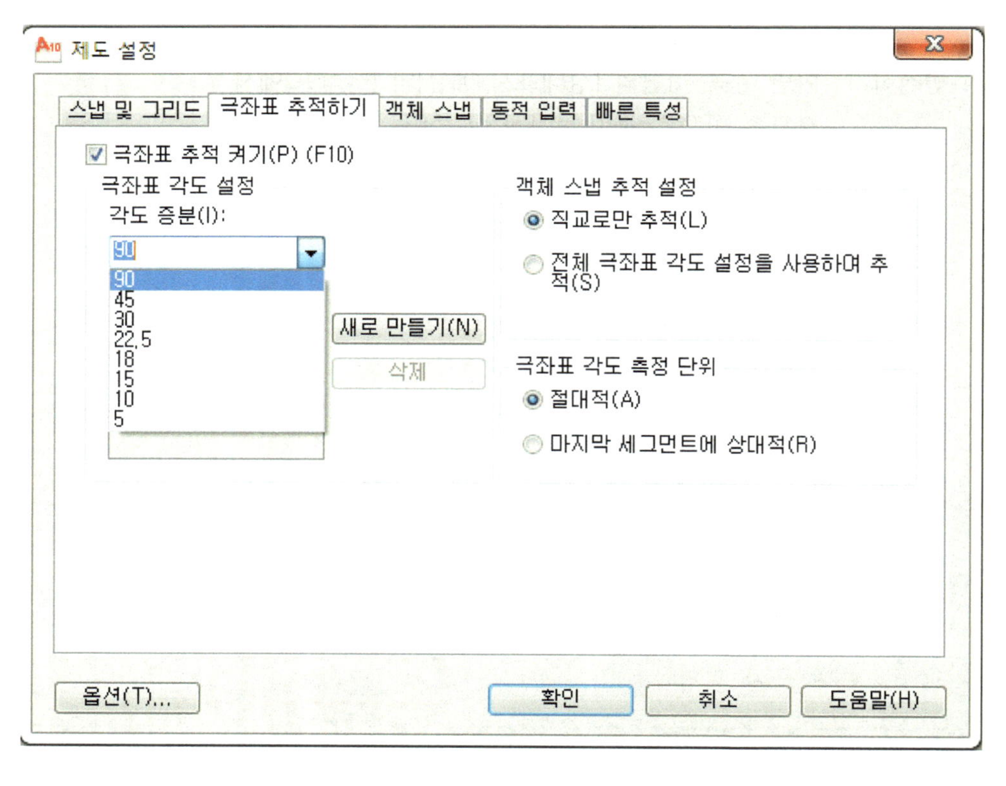

6. 동적 입력 : 마우스 커서 주변에, 명령창에 나타나는 정보(도움말)와 좌표값을 보여주는 기능

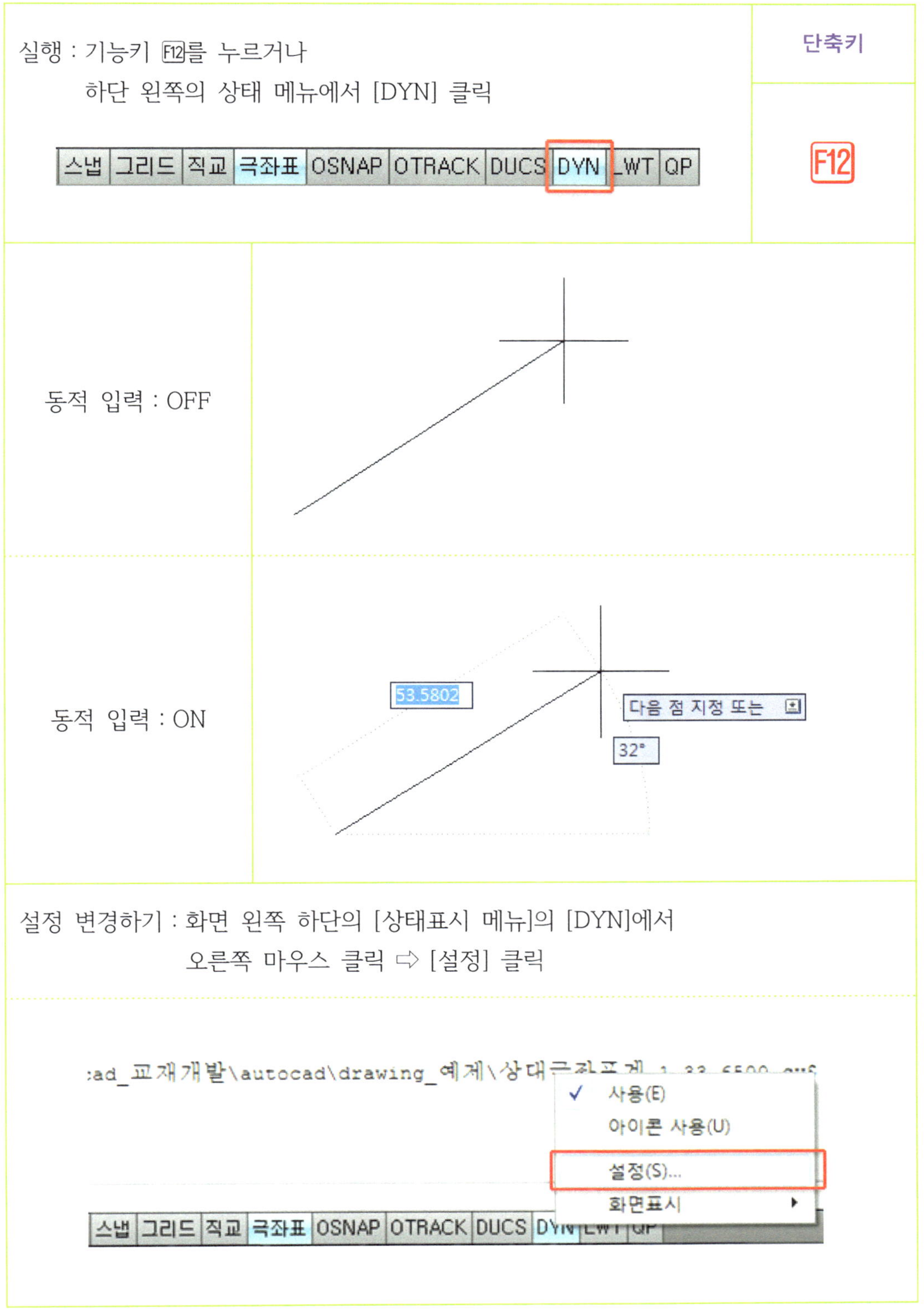

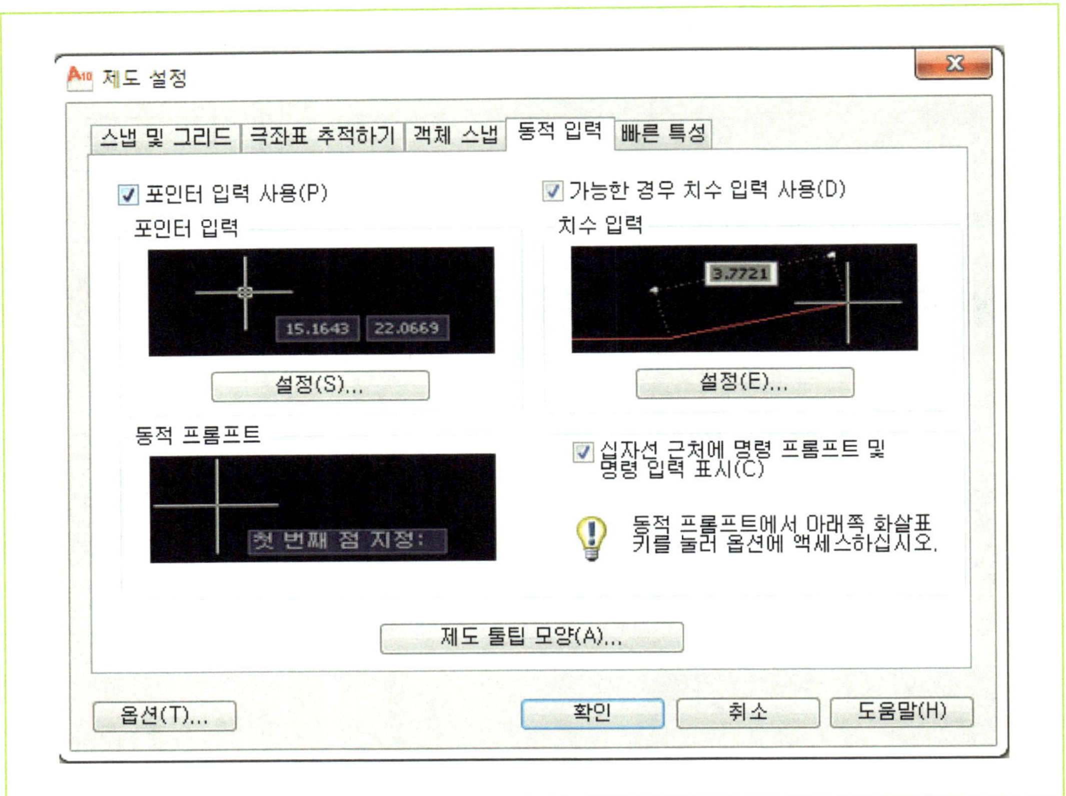
제도 설정
스냅 및 그리드
극좌표 추적하기
객체 스냅
동적 입력
빠른 특성
포인터 입력 사용(P)
포인터 입력
15.1643
22.0669
설정(S)...
가능한 경우 치수 입력 사용(D)
치수 입력
3.7721
설정(E)...
동적 프롬프트
첫 번째 점 지정:
십자선 근처에 명령 프롬프트 및 명령 입력 표시(C)
동적 프롬프트에서 아래쪽 화살표 키를 눌러 옵션에 액세스하십시오.
제도 툴팁 모양(A)...
옵션(T)...
확인
취소
도움말(H)

 예제 **극좌표 추적하기와 동적 입력 기능을 이용한 선(LINE) 그리기(1)**

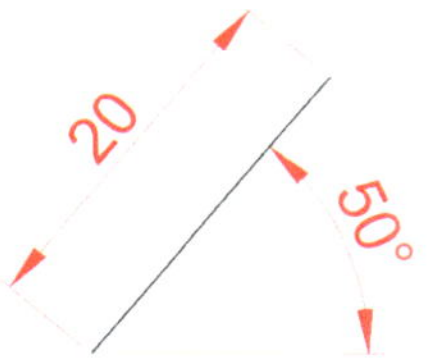

[상태표시 메뉴 확인] : [극좌표]와 [DYN] 기능 ON 상태 스냅 그리드 직교 극좌표 OSNAP OTRACK DUCS DYN LWT QP	
단축키 'L' 입력 후 Enter↵	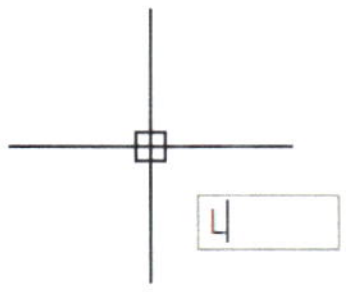
마우스로 임의의 위치(점) 클릭하여, 첫 번째 점을 지정	첫 번째 점 지정: 220.9302 86.5579
마우스를 그림과 같이 대충 이동시킨 후, ①번 상자에, 20을 입력 ⇩ (Tab 키) (상자와 상자 간의 이동은 를 누른다.)	36.0002 다음 점 지정 또는 39°
②번 상자에, 50을 입력 ⇩ Enter↵	20 다음 점 지정 또는 39°

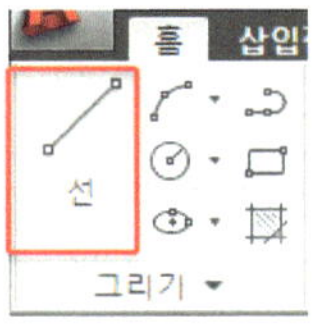

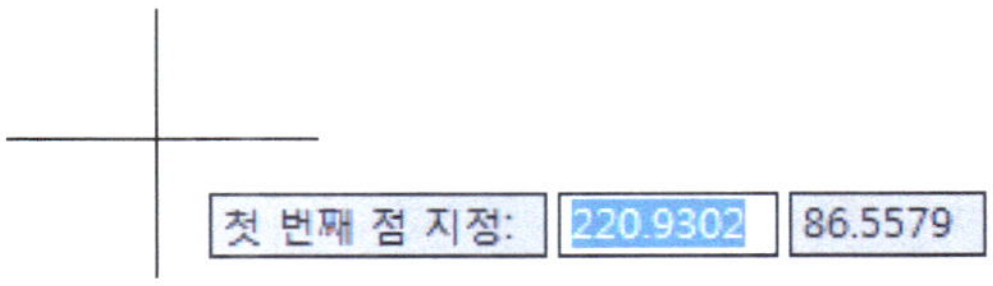

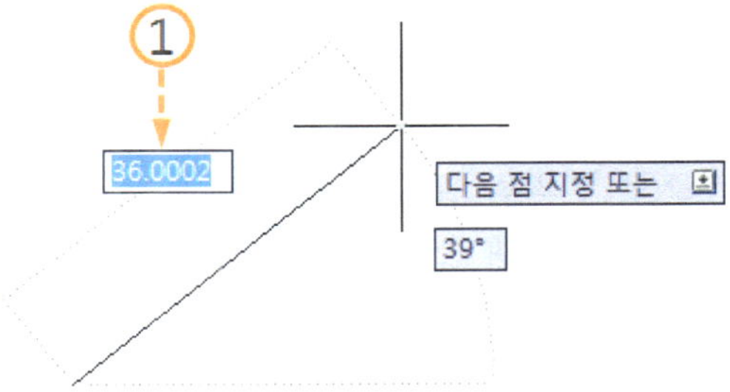

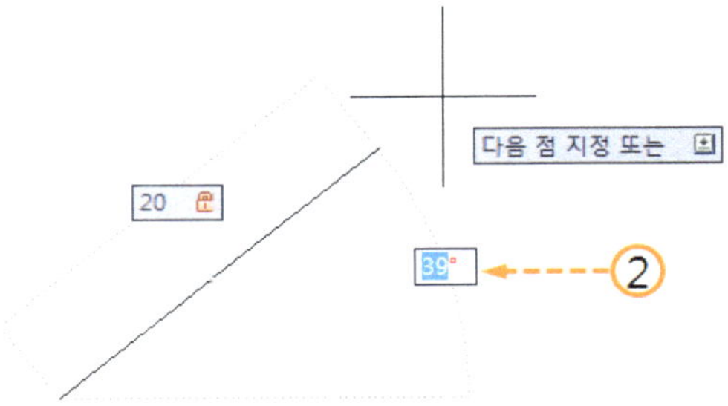

예제 극좌표 추적하기와 동적 입력 기능을 이용한 선(LINE) 그리기(2)

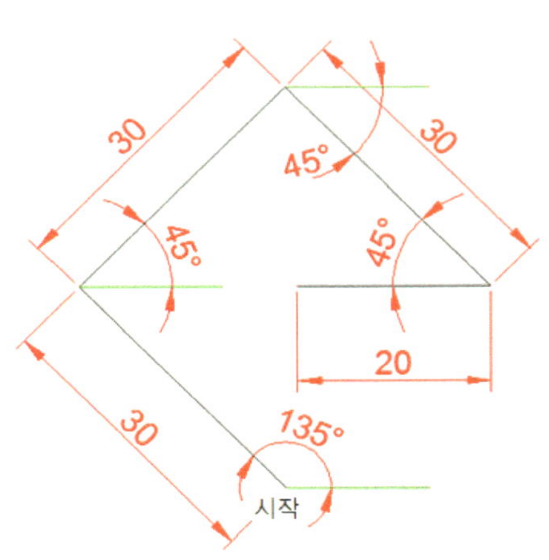

[상태표시 메뉴 확인] : [극좌표]와 [DYN] 기능 ON 상태

단축키 'L'
입력 후
Enter↵

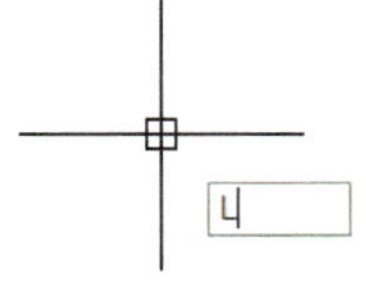

마우스로 임의의 위치(점) 클릭하여,
첫 번째 점을 지정

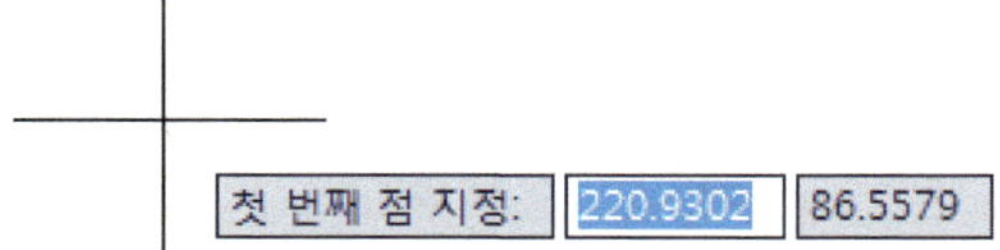

마우스를 그림과 같이
대충 이동시킨 후,
①번 상자에, 30을 입력
⇩
(Tab 키)
(상자와 상자 간의 이동은
를 누른다.)

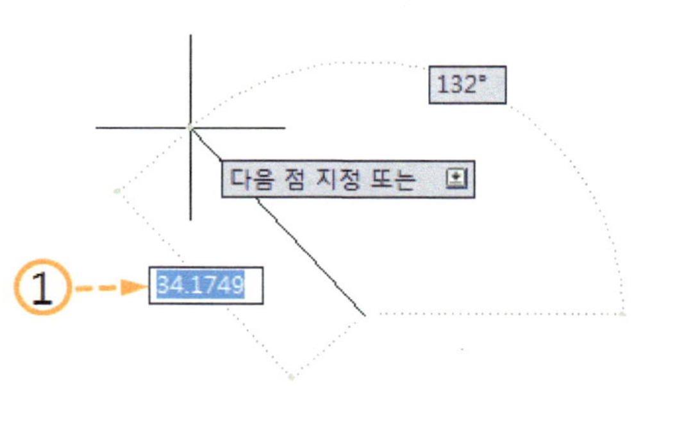

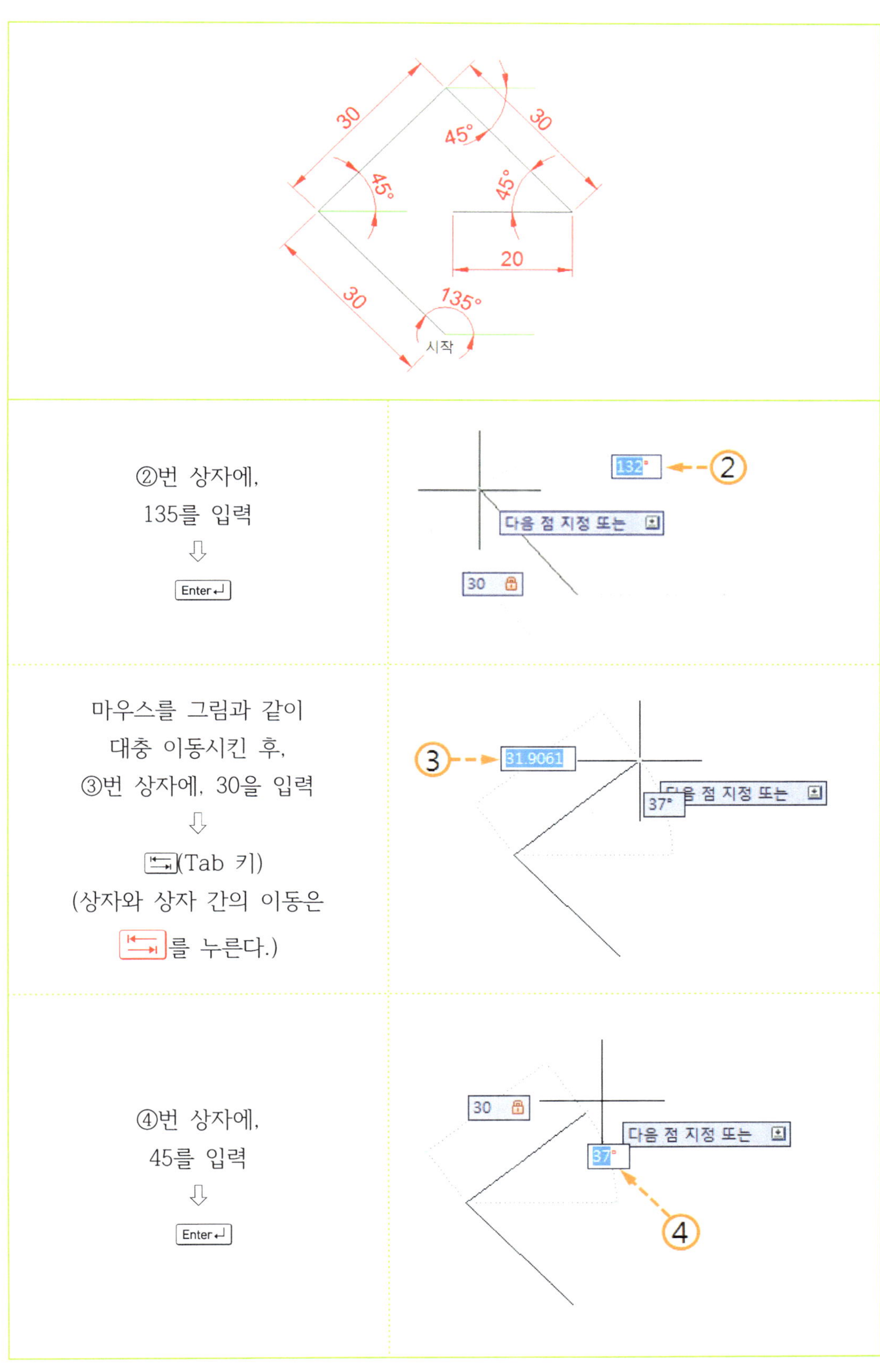
30
30
45°
45°
45°
20
30
135°
시작
②번 상자에,
135를 입력
⇩
Enter↵
132°
2
다음 점 지정 또는
30
마우스를 그림과 같이
대충 이동시킨 후,
③번 상자에, 30을 입력
⇩
(Tab 키)
(상자와 상자 간의 이동은
를 누른다.)
3
31.9061
37°
④번 상자에,
45를 입력
⇩
Enter↵
30
다음 점 지정 또는
37°
4

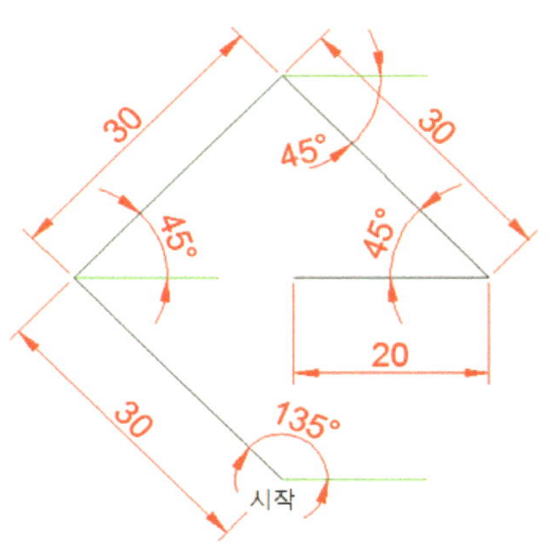

마우스를 그림과 같이
대충 이동시킨 후,
⑤번 상자에, 30을 입력
⇩
(Tab 키)
(상자와 상자 간의 이동은
를 누른다.)

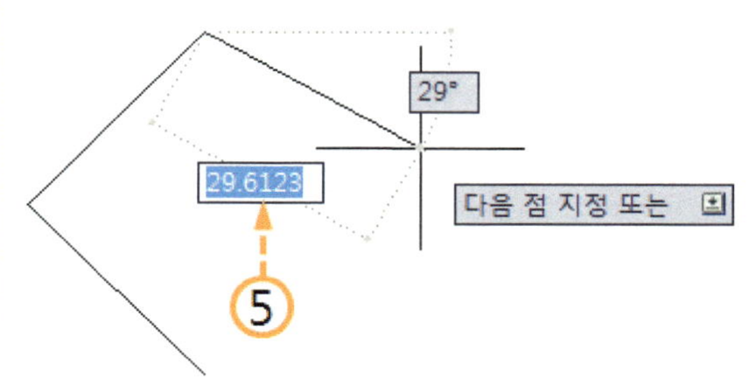

⑥번 상자에,
45를 입력
⇩
Enter

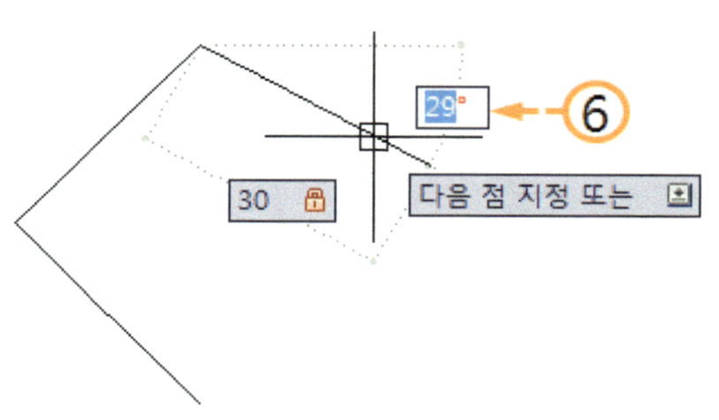

마우스를 그림과 같이
대충 이동시킨 후,
⑦번 상자에, 20을 입력
⇩
(Tab 키)
(상자와 상자 간의 이동은
를 누른다.)

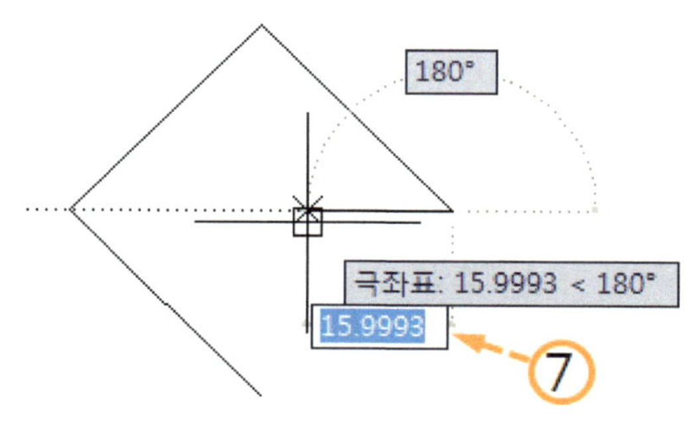

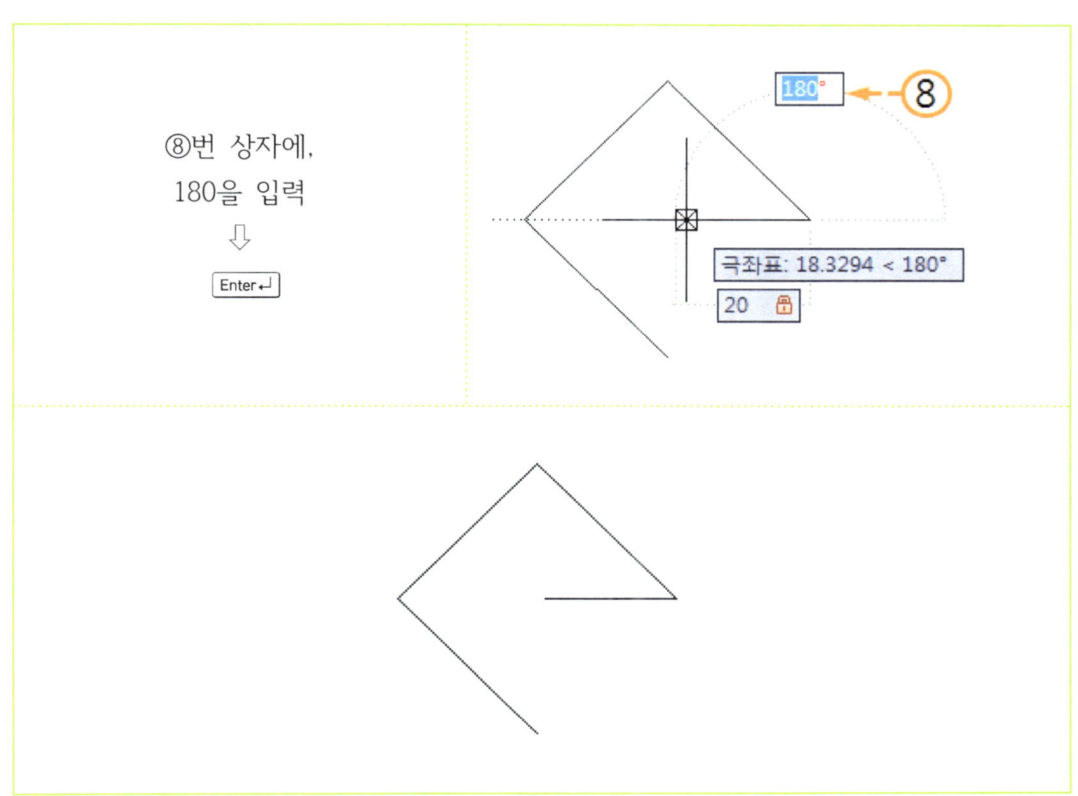

연습 **극좌표 추적하기와 동적 입력 기능을 이용한 선(LINE) 그리기**

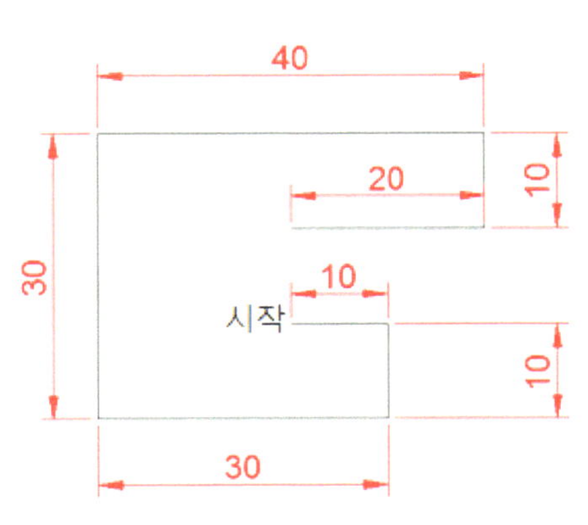

마우스로 임의의 점 클릭

- **10** (Tab 키) **0**
- **10** (Tab 키) **90**
- **30** (Tab 키) **180**
- **30** (Tab 키) **90**
- **40** (Tab 키) **0**
- **10** (Tab 키) **90**
- **20** (Tab 키) **180**

각도 입력시

① 마우스를 이동시키지 않고 좌표값을 연속해서 입력할 경우

: 극좌표 각도 방향은 반시계 방향(+), 시계방향(-)

② 마우스를 이동시킬 경우

: 마우스 커서가 있는 위치가 (+) 방향

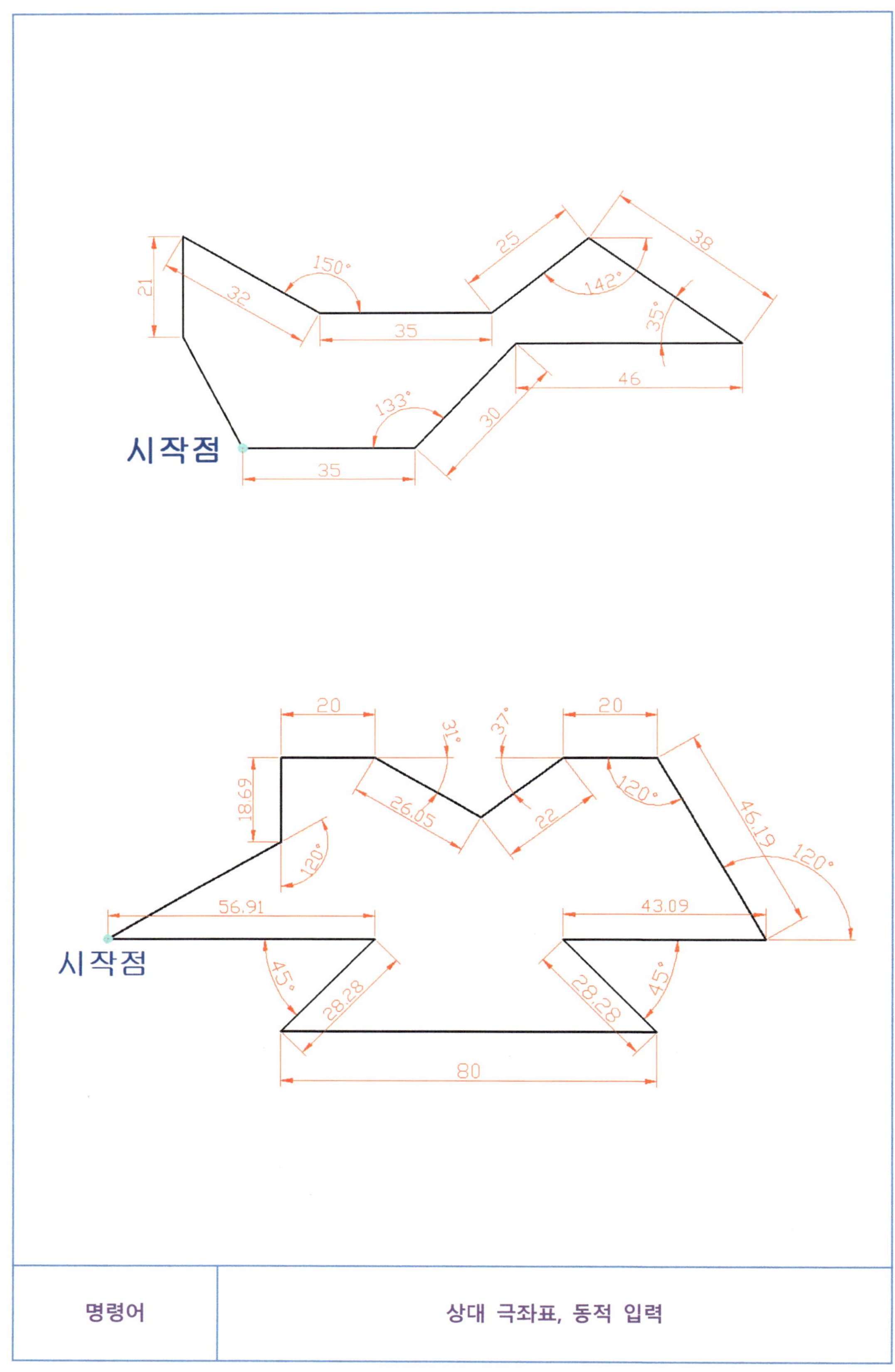

명령어	상대 극좌표, 동적 입력

7. 객체 스냅(Object Snap) : 도면 작업 시, 객체(선, 원, 원호, …)의 특정 지점(끝점, 중심점, …)을 선택할 수 있는 기능

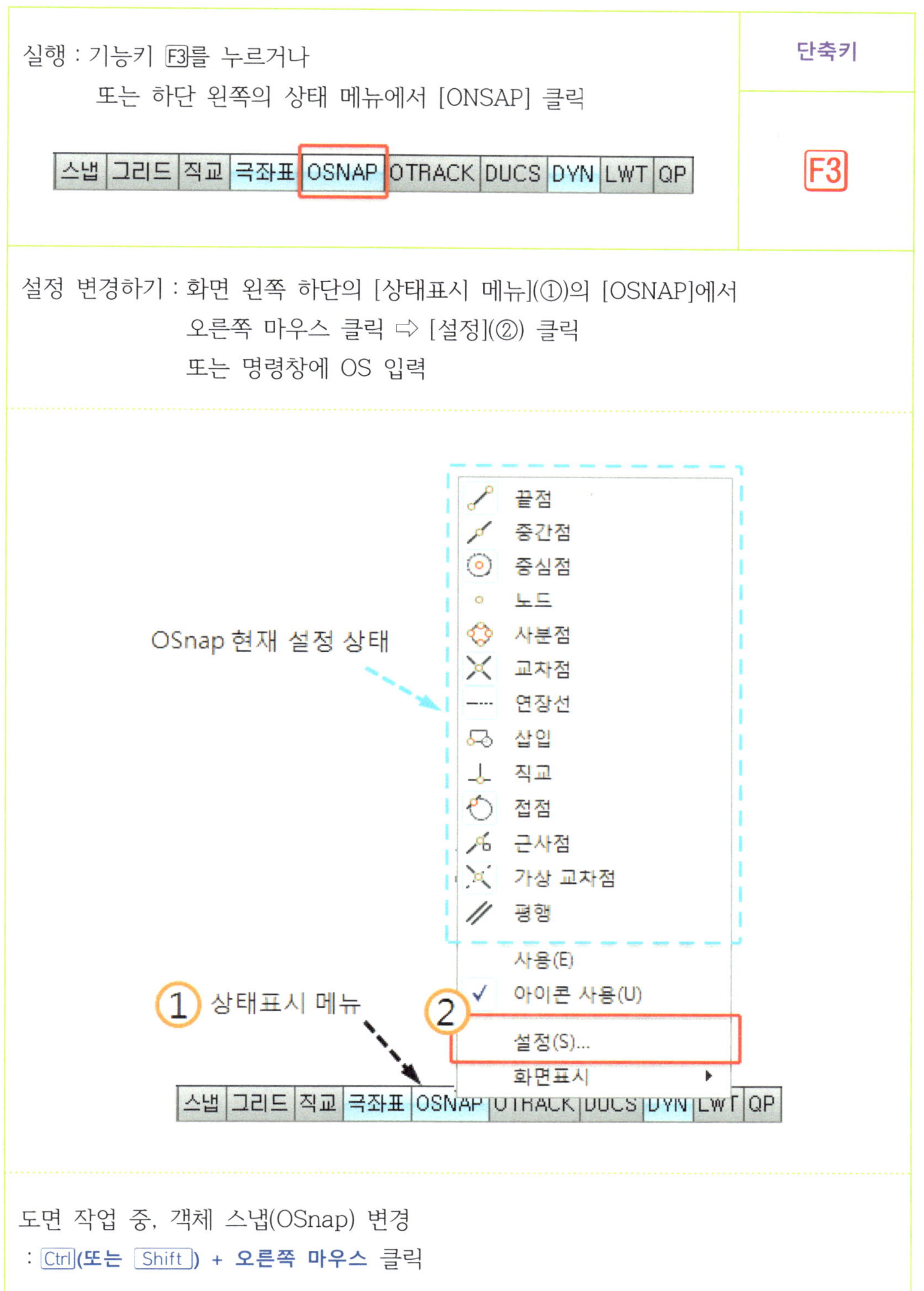

실행 : 기능키 F3를 누르거나 또는 하단 왼쪽의 상태 메뉴에서 [ONSAP] 클릭	단축키
스냅 | 그리드 | 직교 | 극좌표 | OSNAP | OTRACK | DUCS | DYN | LWT | QP	F3

설정 변경하기 : 화면 왼쪽 하단의 [상태표시 메뉴](①)의 [OSNAP]에서
오른쪽 마우스 클릭 ⇨ [설정](②) 클릭
또는 명령창에 OS 입력

도면 작업 중, 객체 스냅(OSnap) 변경
: Ctrl(**또는** Shift) **+ 오른쪽 마우스** 클릭

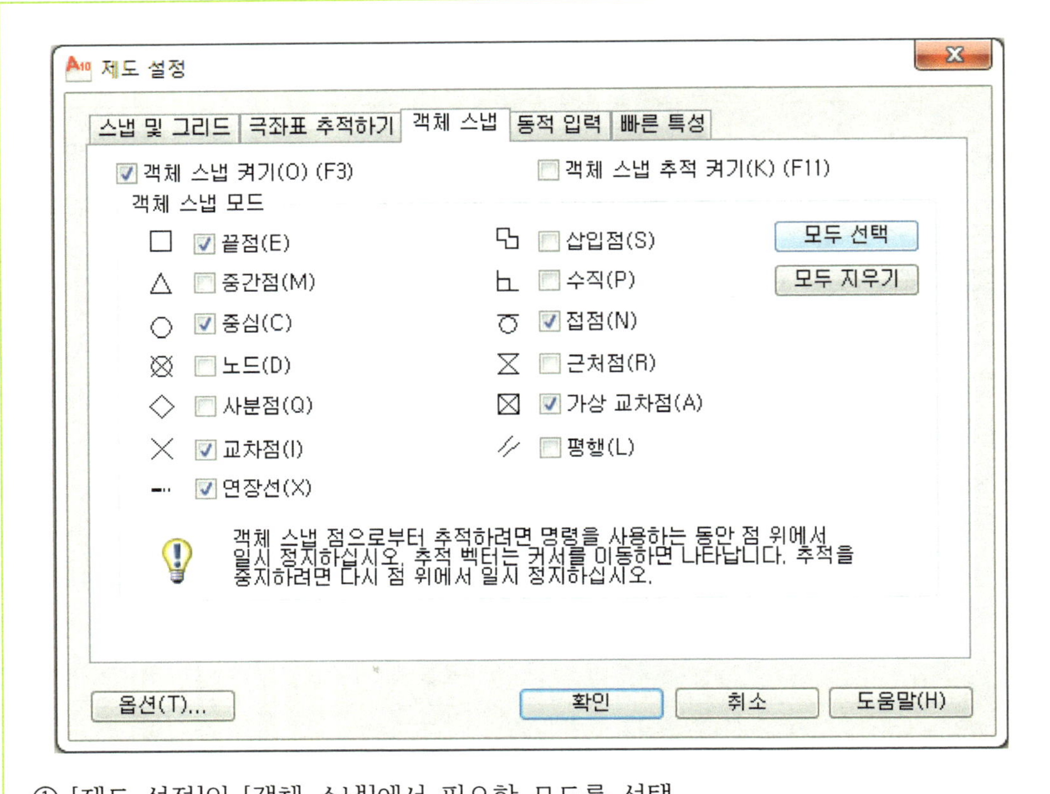

① [제도 설정]의 [객체 스냅]에서 필요한 모드를 선택

② 일반적으로 자주 사용하는 모드인 [끝점, 중심, 교차점, 연장선] 등을 선택

객체 스냅(OSnap) 옵션

기호		설명	
□	끝점	선, 원호의 끝점을 찾는다.	
△	중간점	선, 호의 중간점을 찾는다.	
○	중심	원, 호, 타원의 중심점을 찾는다.	
⊗	노드	점을 찾는다.	
◇	사분점	원, 호, 타원의 사분점(0도, 90도, 180도, 270도)을 찾는다.	
×	교차점	두 객체의 교차점을 찾는다.	
— - -	연장선	연장점을 찾는다.	
	삽입점	블록, 문자 등의 삽입점을 찾는다.	
	직교	직교점(수직점)을 찾는다.	
	접점	원, 호, 타원에 접하는 점을 찾는다.	
	근처점	객체의 가장 가까운 점을 찾는다.	
×	가상 교차점	두 객체의 연장선상에 있는 가상교차점을 찾는다.	
//	평행	평행한 점을 찾는다.	

 예제 객체 스냅을 이용, 끝점에서 선이어 그리기

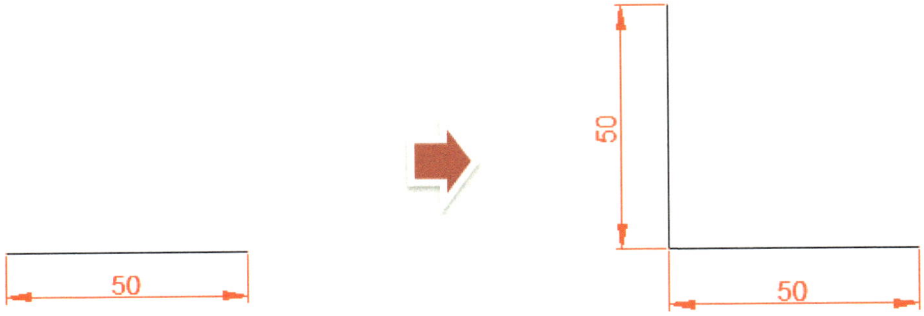

[상태표시 메뉴 확인] 아래와 같이 설정 : 극좌표, OSNAP, DYN 옵션 ON

스냅	그리드	직교	극좌표	OSNAP	OTRACK	DUCS	DYN	LWT	QP

오른쪽 그림과 같이 길이가 50인 수평선 그리기 [단축키 : L]	
선 명령어 실행 ⇨ 선의 왼쪽 끝으로 마우스를 가져가면, 끝점(□)이 자동으로 찾아짐 ⇨ 이때 마우스로 끝점 클릭(①)	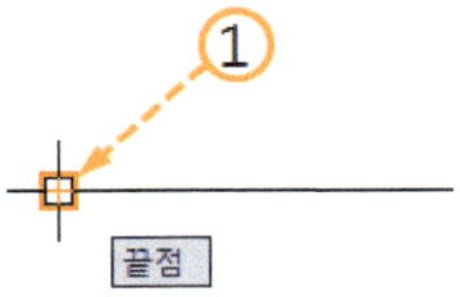 ① 끝점
길이가 50인 수직선 생성 : 500 ⇆(Tab 키) 90	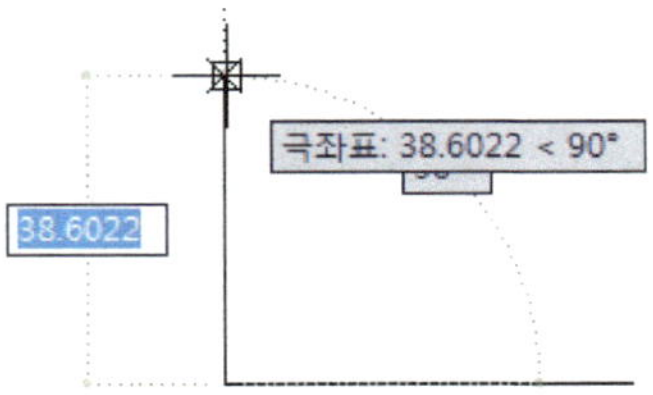 극좌표: 38.6022 < 90° 38.6022

8. 간격띄우기(OFFSET) : 객체를 지정한 거리(간격)와 방향으로 평행하게 복사하거나, 지정점으로 평행하게 복사한다

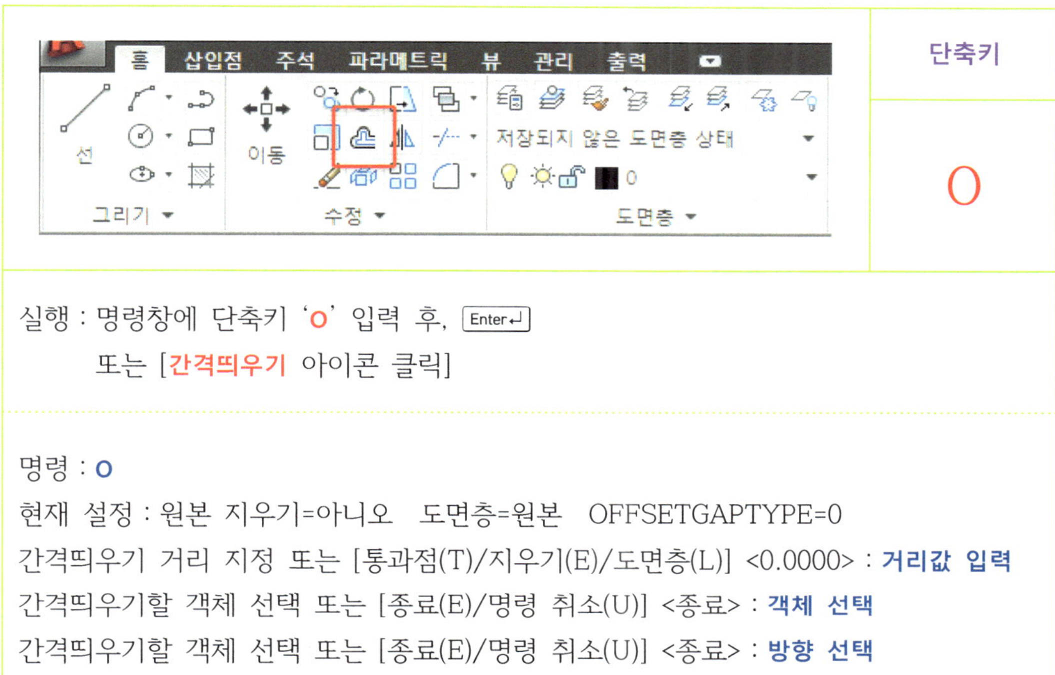

실행 : 명령창에 단축키 'o' 입력 후, Enter↵
또는 [간격띄우기 아이콘 클릭]

명령 : o
현재 설정 : 원본 지우기=아니오 도면층=원본 OFFSETGAPTYPE=0
간격띄우기 거리 지정 또는 [통과점(T)/지우기(E)/도면층(L)] <0.0000> : **거리값 입력**
간격띄우기할 객체 선택 또는 [종료(E)/명령 취소(U)] <종료> : **객체 선택**
간격띄우기할 객체 선택 또는 [종료(E)/명령 취소(U)] <종료> : **방향 선택**
간격띄우기할 객체 선택 또는 [종료(E)/명령 취소(U)] <종료> : Enter↵

예제 지정 거리(간격) 만큼 복사하기(1)

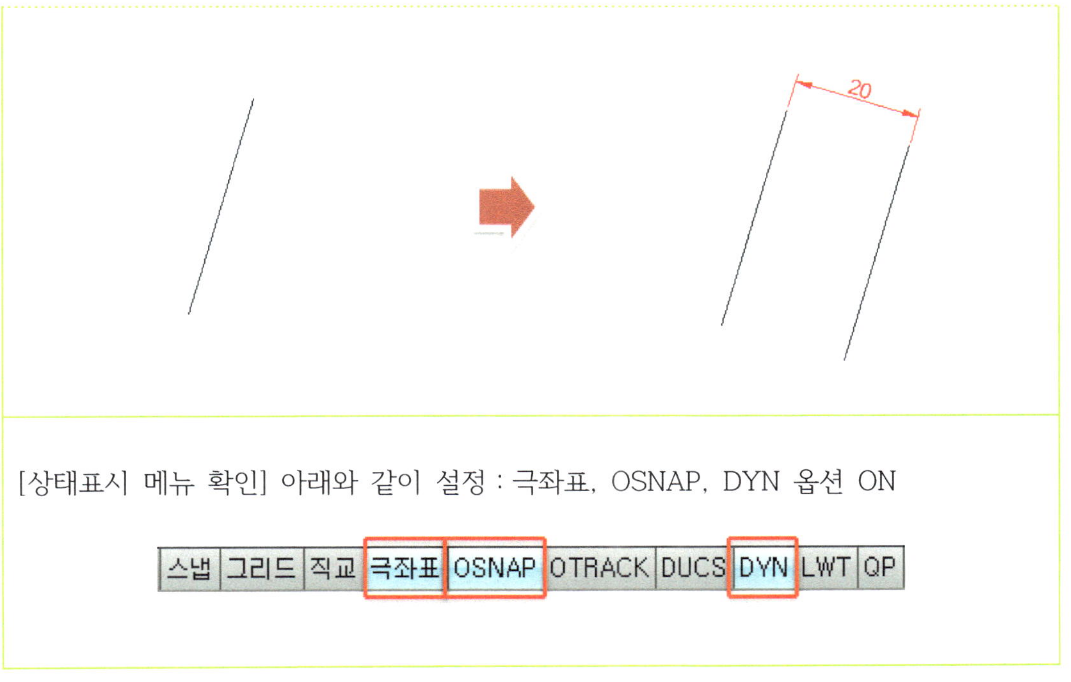

[상태표시 메뉴 확인] 아래와 같이 설정 : 극좌표, OSNAP, DYN 옵션 ON

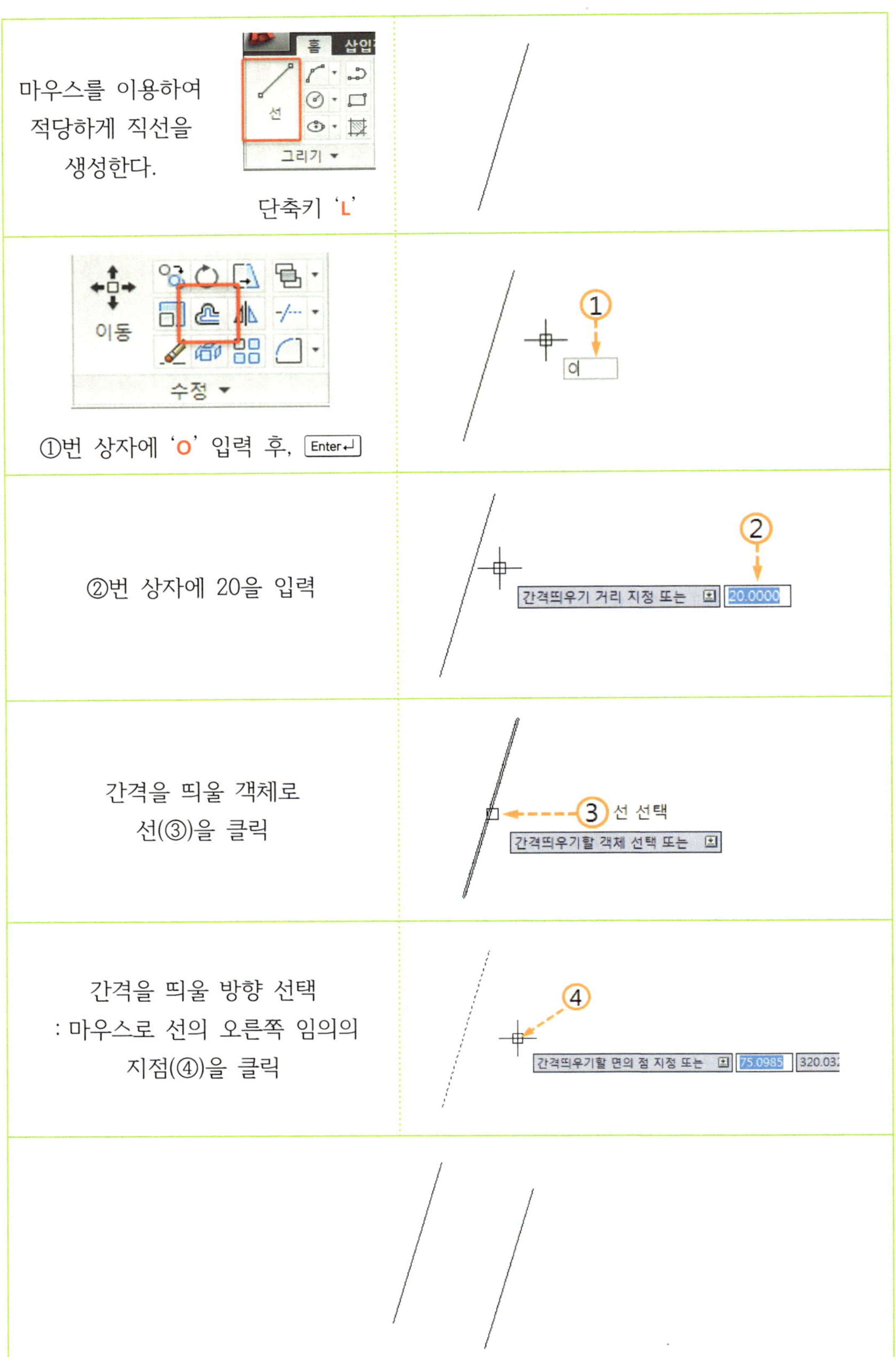

마우스를 이용하여
적당하게 직선을
생성한다.
홈
삽입
선
그리기
단축키 'L'
이동
수정
①번 상자에 'o' 입력 후, Enter
1
o
②번 상자에 20을 입력
2
간격띄우기 거리 지정 또는
20.0000
간격을 띄울 객체로
선(③)을 클릭
3
선 선택
간격띄우기할 객체 선택 또는
간격을 띄울 방향 선택
: 마우스로 선의 오른쪽 임의의
지점(④)을 클릭
4
간격띄우기할 면의 점 지정 또는
75.0985

예제 지정 거리(간격) 만큼 복사하기(2)

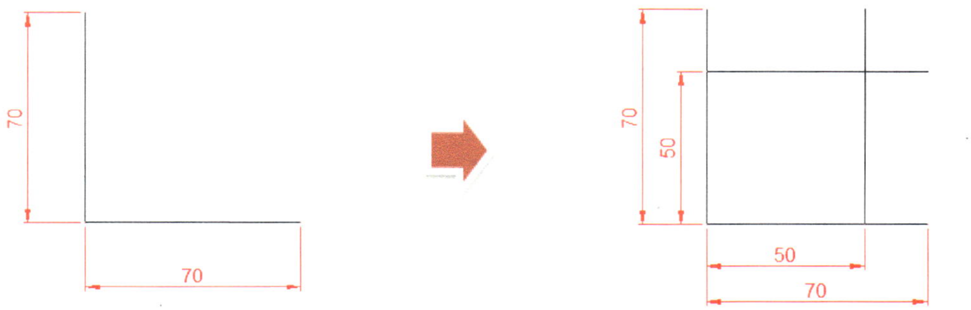

그림과 같이 마우스를 이용하여 가로 70(①), 세로 70(②)인 직선을 생성한다. [단축키 'L']	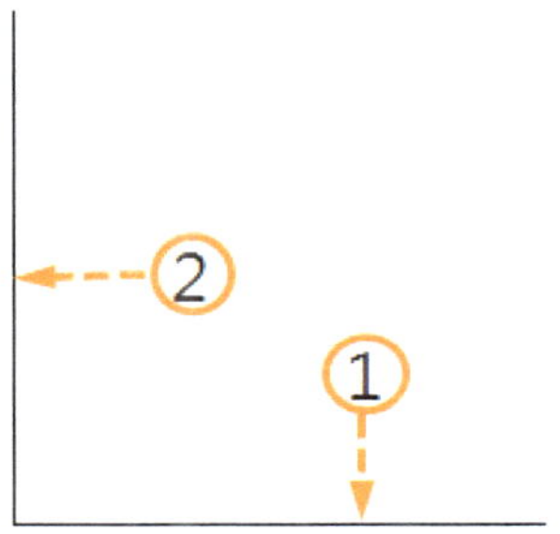
③번 상자에 'O' 입력 후, Enter↵	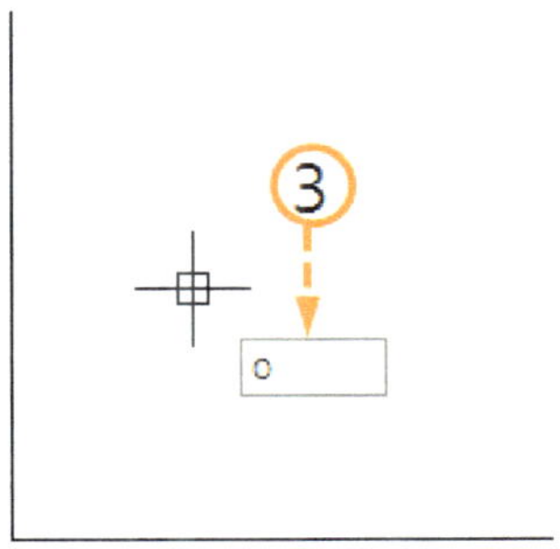
④번 상자에 50을 입력	

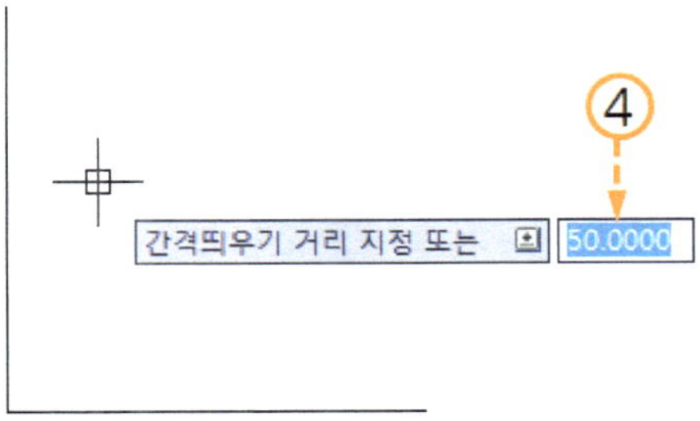

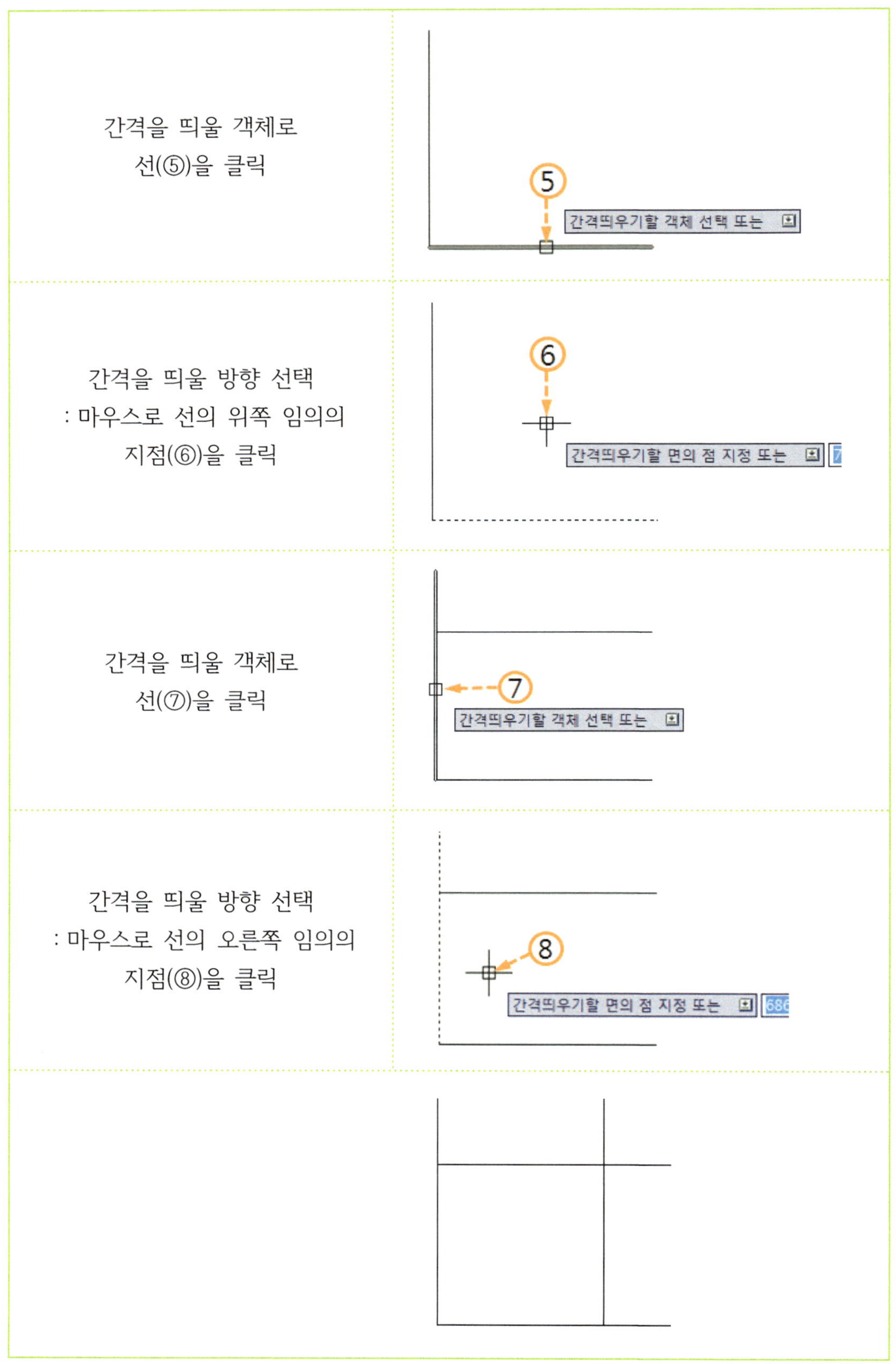
간격을 띄울 객체로
선(⑤)을 클릭
5
간격띄우기할 객체 선택 또는
간격을 띄울 방향 선택
: 마우스로 선의 위쪽 임의의
지점(⑥)을 클릭
6
간격띄우기할 면의 점 지정 또는
간격을 띄울 객체로
선(⑦)을 클릭
7
간격띄우기할 객체 선택 또는
간격을 띄울 방향 선택
: 마우스로 선의 오른쪽 임의의
지점(⑧)을 클릭
8
간격띄우기할 면의 점 지정 또는

예제 지정점(통과점)으로 복사하기

마우스를 이용하여 적당하게 직선을 생성한다.
[단축키 'L']

①번 상자에 'O' 입력 후, Enter↵

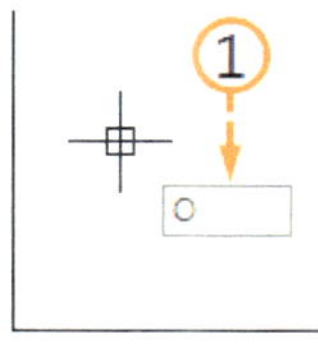

②번 상자에 'T'를 입력
[T : 통과점]

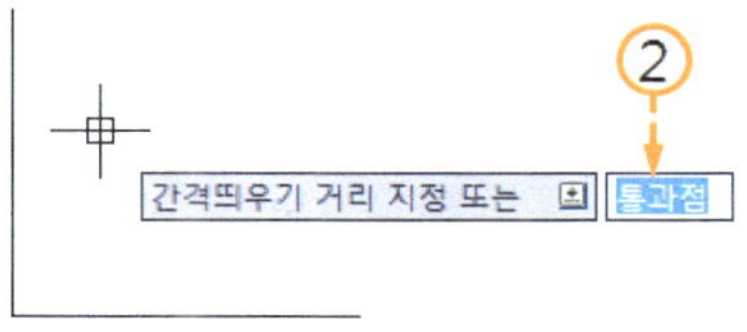

간격을 띄울 객체로 선(③)을 클릭

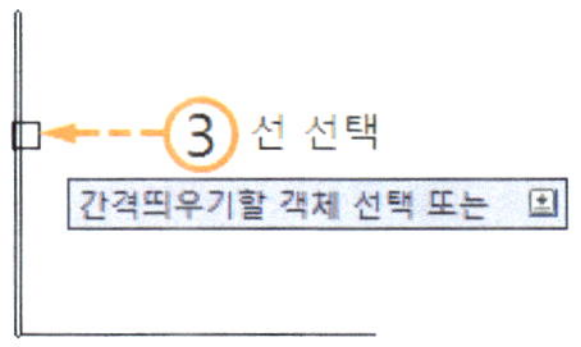

지정점(통과점) 선택
: 마우스로 선의 오른쪽 끝점(④)을 클릭

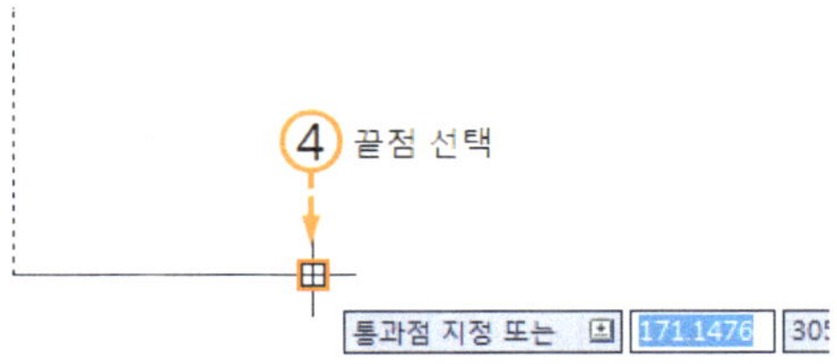

간격 띄우기

[상태표시 메뉴 확인] 아래와 같이 설정 : 극좌표, OSNAP, DYN 옵션 ON

스냅	그리드	직교	극좌표	OSNAP	OTRACK	DUCS	DYN	LWT	QP

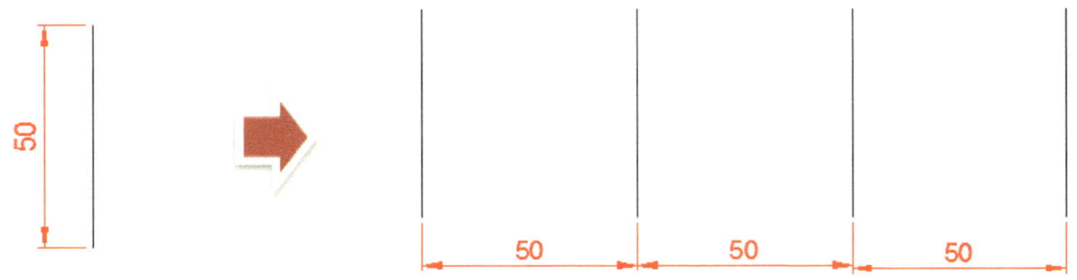

50 → 50 50 50

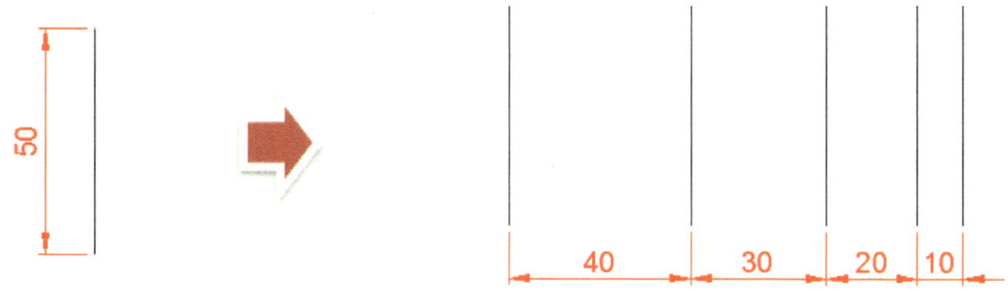

50 → 40 30 20 10

30 30 → 10 10

9. 자르기(TRIM) : 교차점(경계선)을 기준으로 필요 없는 객체(선, 원, 타원, 원호, 스플라인 등의 일부분)를 삭제하는 기능

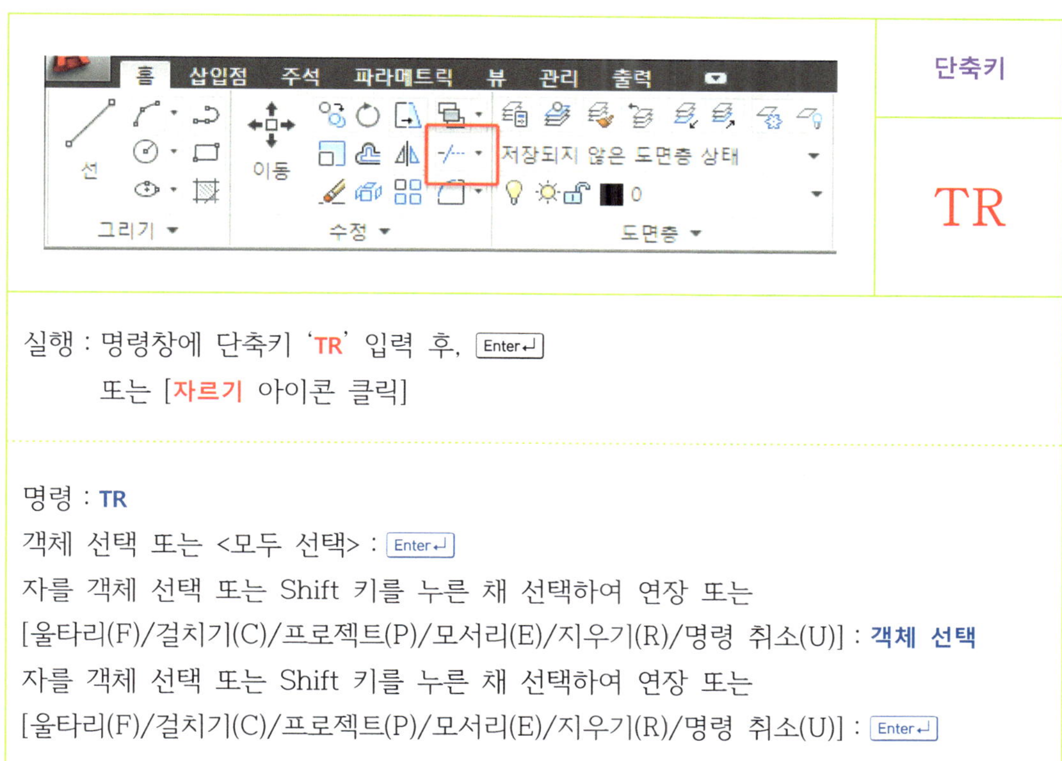

	단축키
	TR

실행 : 명령창에 단축키 'TR' 입력 후, Enter↵
또는 [자르기 아이콘 클릭]

명령 : **TR**
객체 선택 또는 <모두 선택> : Enter↵
자를 객체 선택 또는 Shift 키를 누른 채 선택하여 연장 또는
[울타리(F)/걸치기(C)/프로젝트(P)/모서리(E)/지우기(R)/명령 취소(U)] : **객체 선택**
자를 객체 선택 또는 Shift 키를 누른 채 선택하여 연장 또는
[울타리(F)/걸치기(C)/프로젝트(P)/모서리(E)/지우기(R)/명령 취소(U)] : Enter↵

예제 자르기

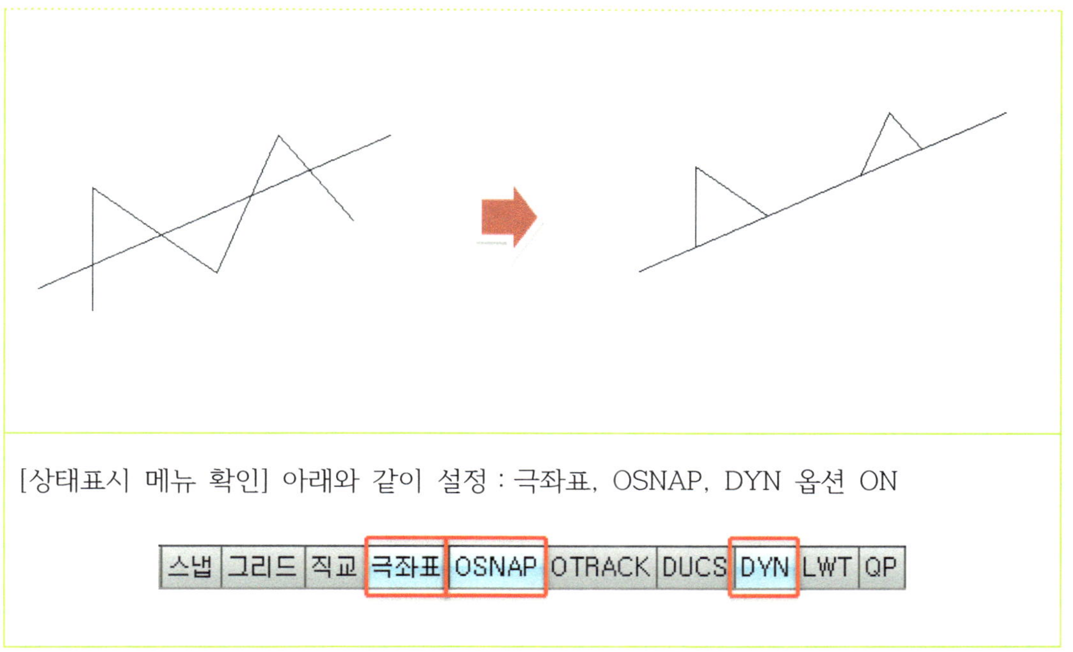

[상태표시 메뉴 확인] 아래와 같이 설정 : 극좌표, OSNAP, DYN 옵션 ON

스냅	그리드	직교	극좌표	OSNAP	OTRACK	DUCS	DYN	LWT	QP

마우스를 이용하여 그림과 같이 적당하게 직선을 생성한다. [단축키 '**L**']	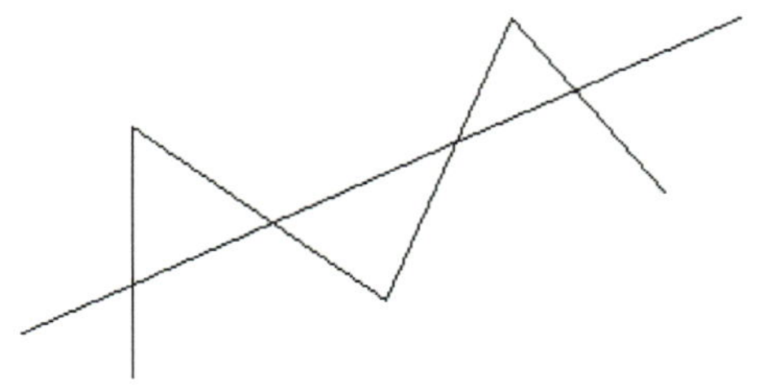
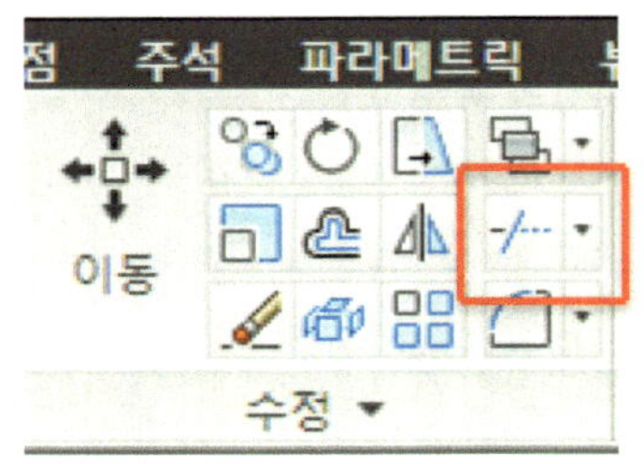 ①번 상자에 '**TR**' 입력 후, Enter↵	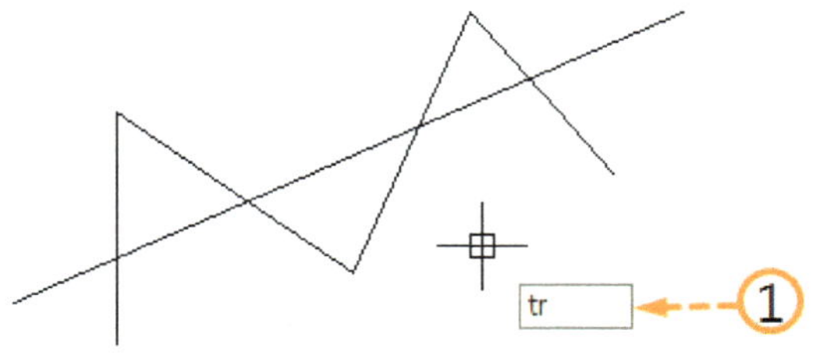
자를 객체를 <모두 선택> 하기 위해 Enter↵를 누름 (Enter↵를 누르면 <　>의 값이 선택이 된다.)	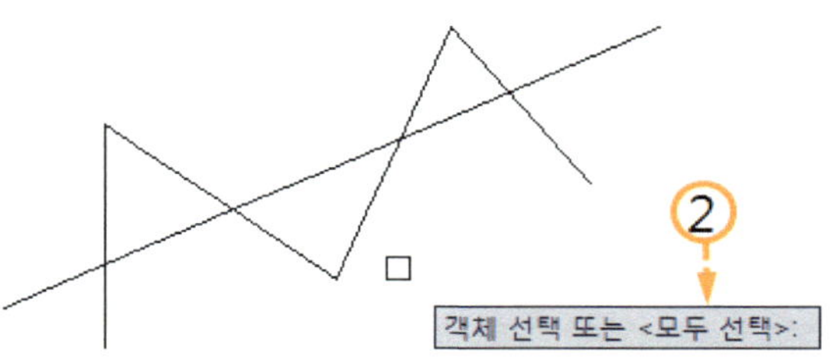
삭제하고자 하는 객체를 선택 (마우스로 클릭하거나 드래그해서 선택)	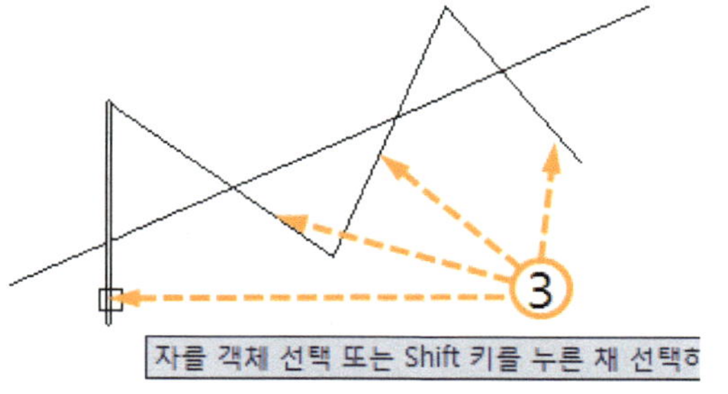
	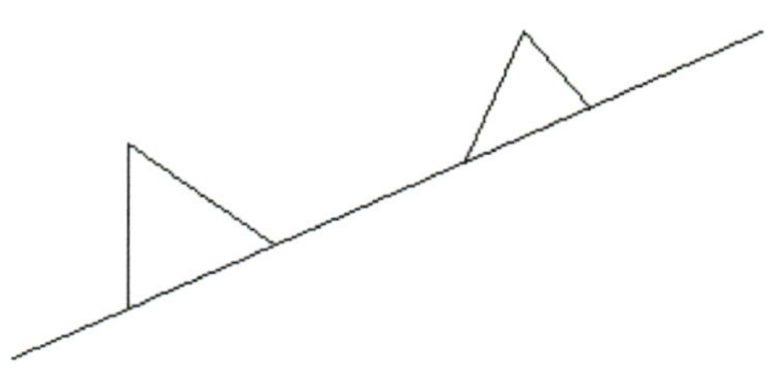

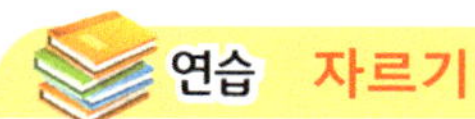

연습 자르기

15 15 15 / 15 15 15	➡	
15 15 15 / 15 15 15	➡	
15 15 15 / 15 15 15	➡	
15 15 15 / 15 15 15	➡	

응용 선(L), 간격띄우기(O), 자르기(TR)를 이용한 도면 작성

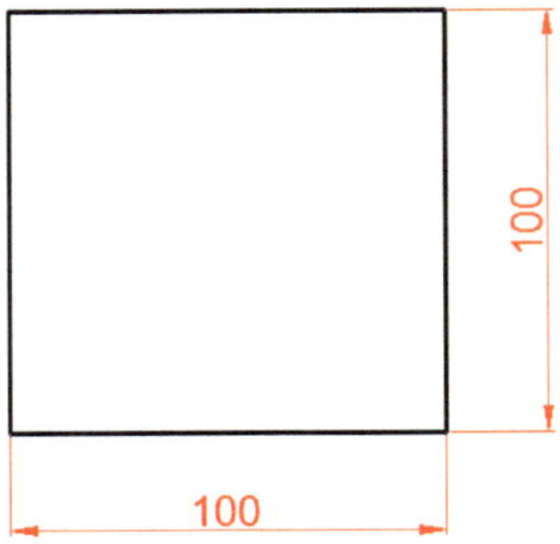

100

100

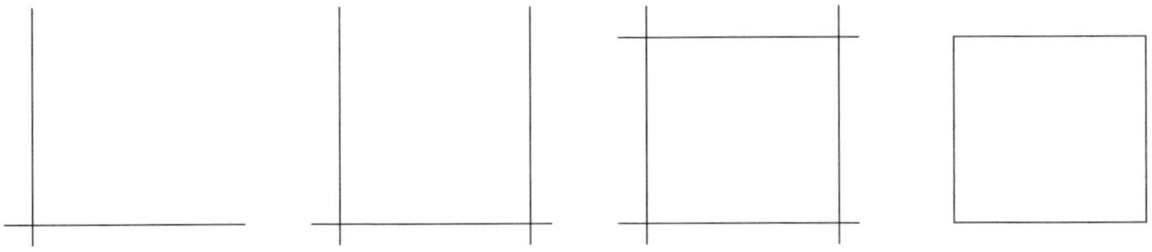

도면의 치수를 참고하여, 적당히 수평선과 수직선을 그린다.			간격띄우기 : **100**
간격띄우기 : **100**			필요 없는 부분을 자르기로 삭제한다.

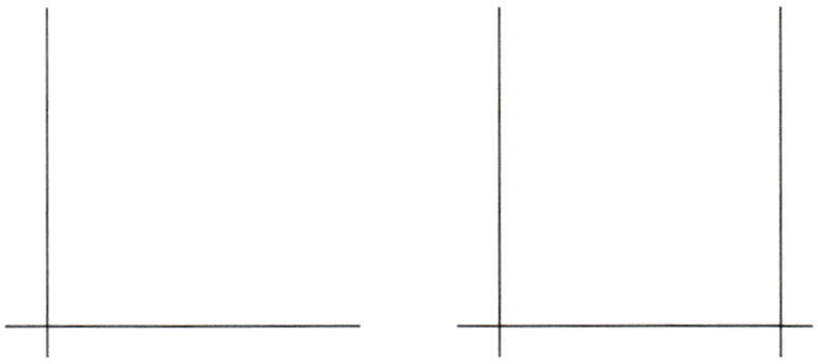

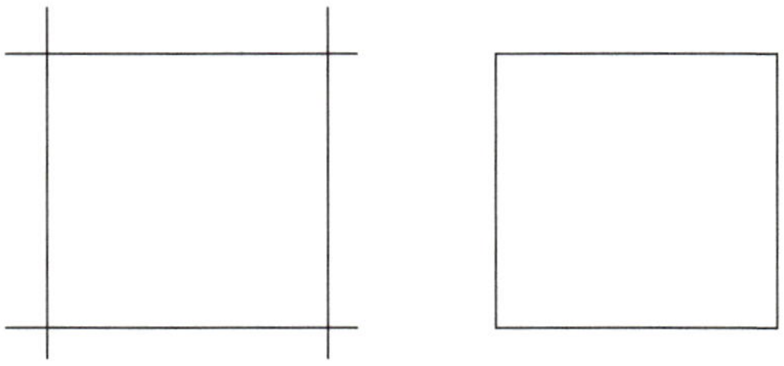

 응용 **선(L), 간격띄우기(O), 자르기(TR)를 이용한 도면 작성**

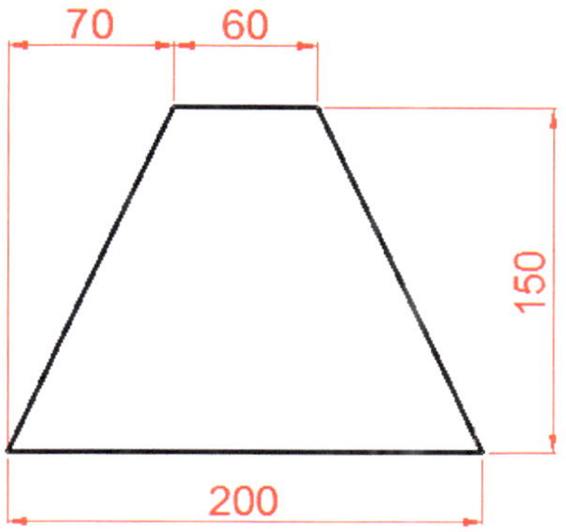

70 60

150

200

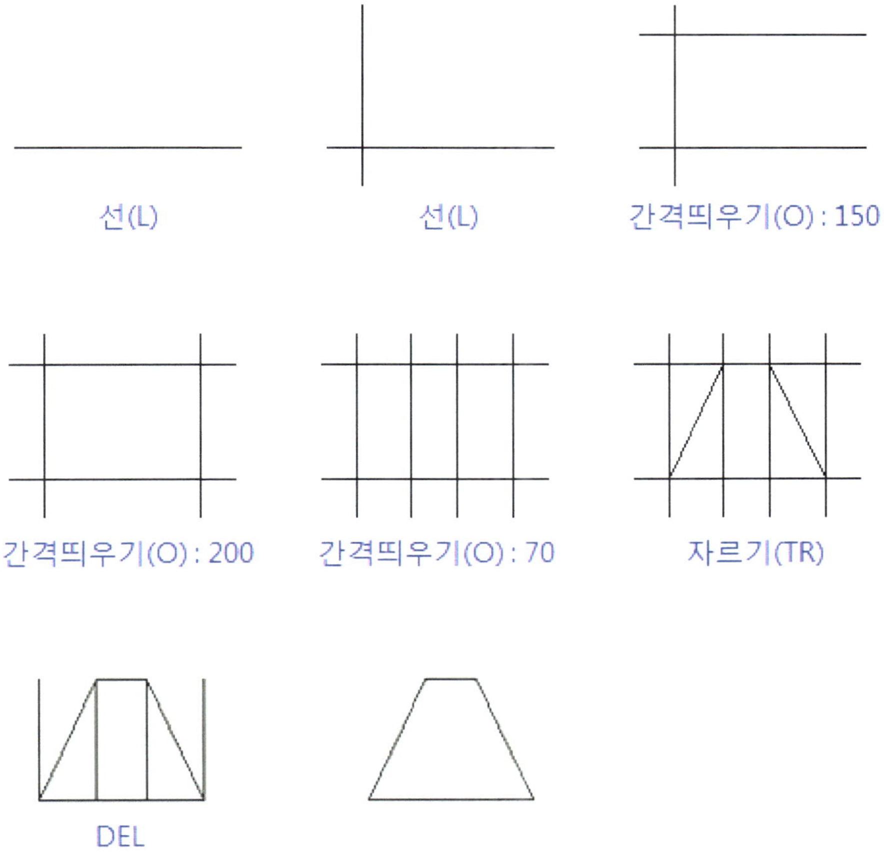

선(L) 선(L) 간격띄우기(O) : 150

간격띄우기(O) : 200 간격띄우기(O) : 70 자르기(TR)

DEL

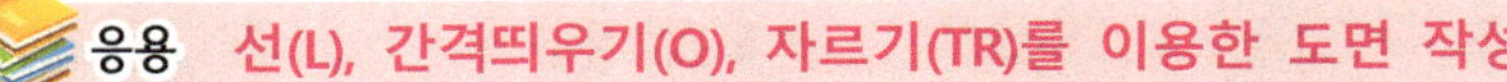

응용 선(L), 간격띄우기(O), 자르기(TR)를 이용한 도면 작성

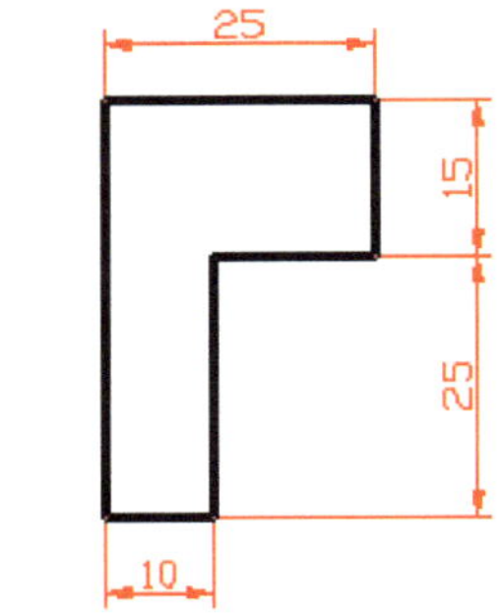

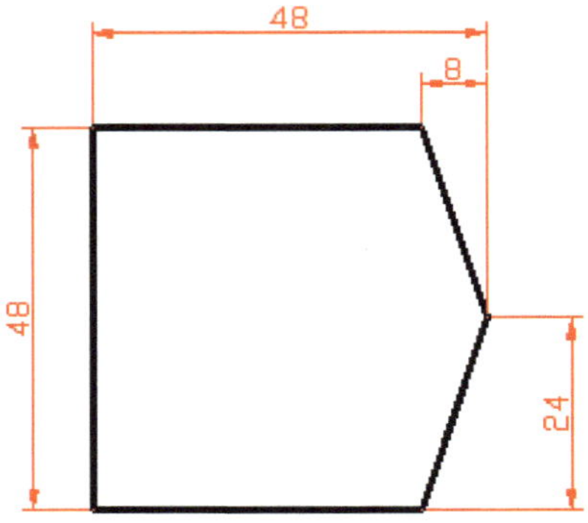

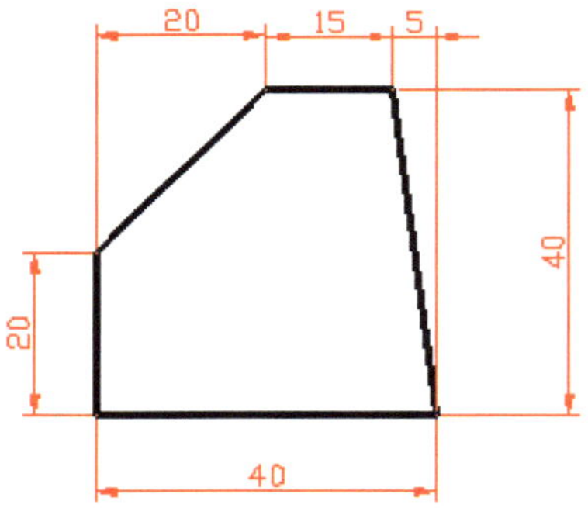

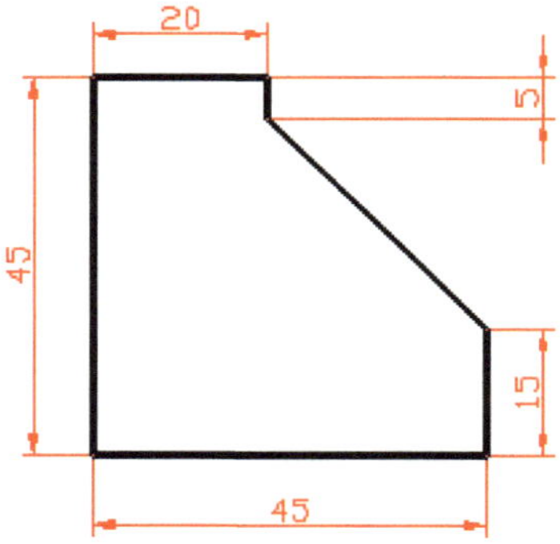

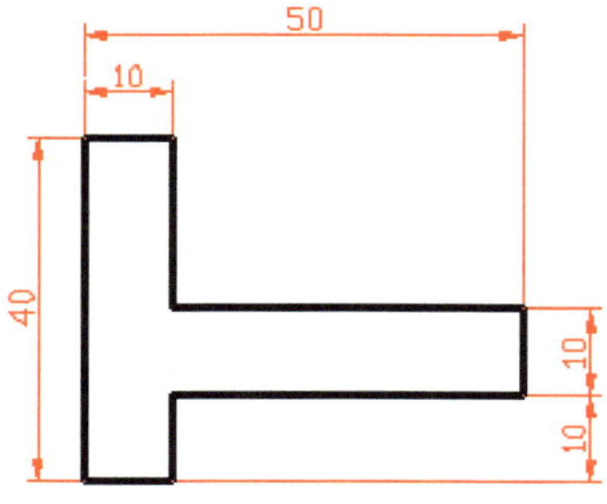

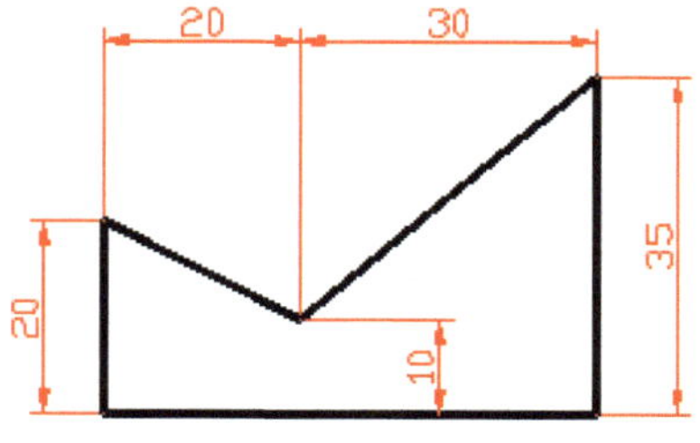

응용 선(L), 간격띄우기(O), 자르기(TR)를 이용한 도면 작성

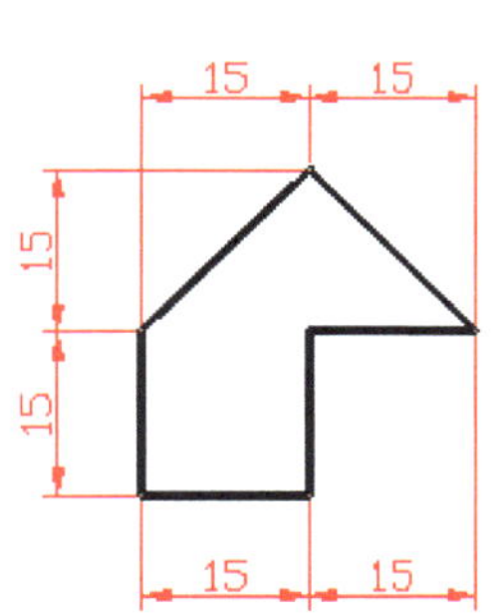

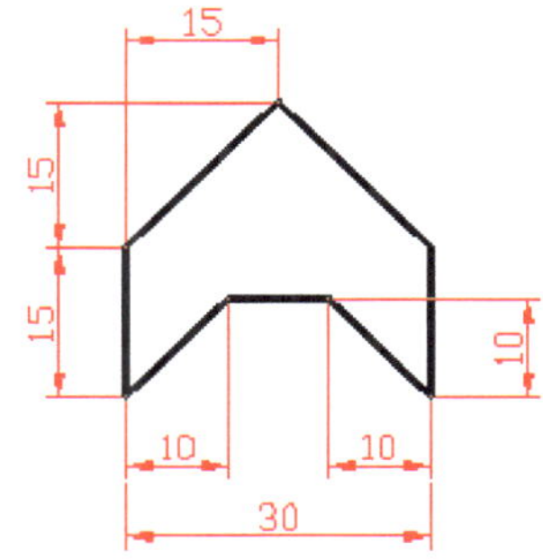

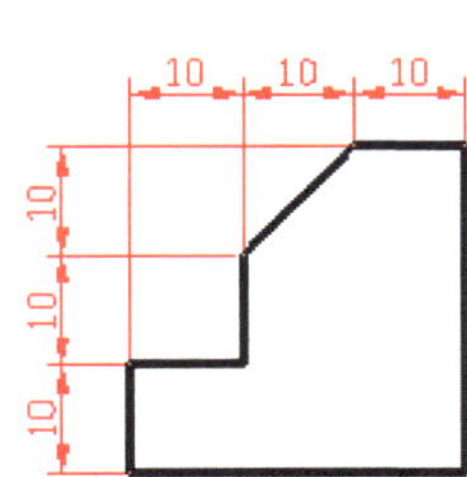

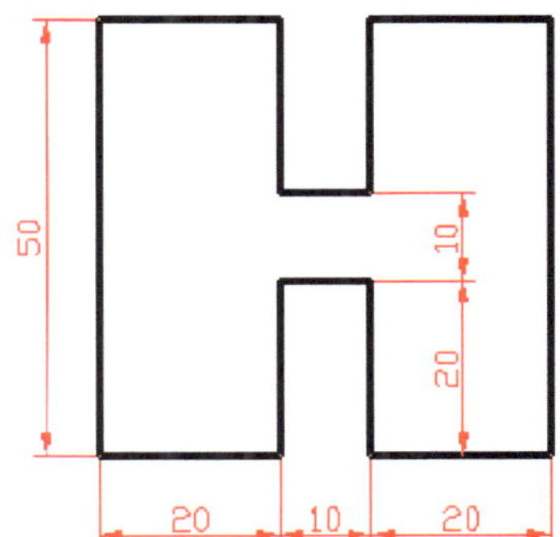

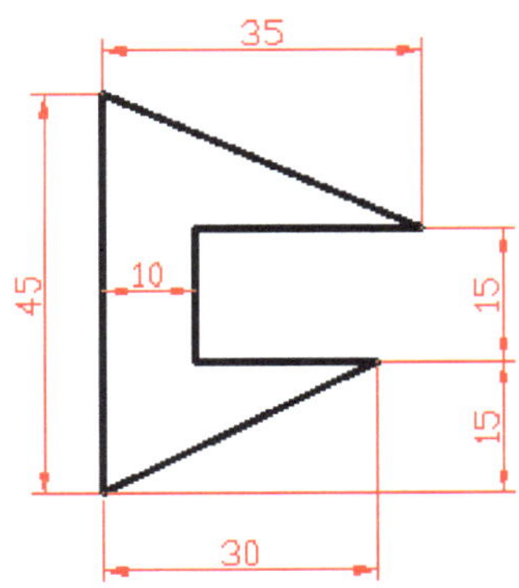

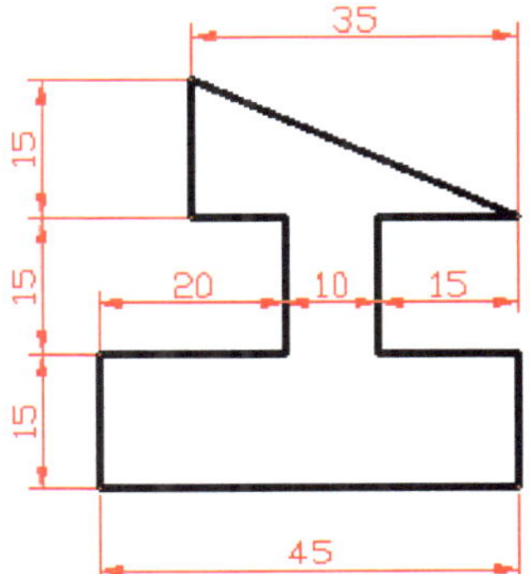

10. 직사각형(RECTANG) : 직사각형을 생성한다

단축키
REC

실행 : 명령창에 단축키 '**REC**' 입력 후, Enter↵
또는 [**직사각형** 아이콘 클릭]

명령 : **REC**
첫 번째 구석점 지정 또는 [모따기(C)/고도(E)/모깎기(F)/두께(T)/폭(W)] : **위치 지정**
다른 구석점 지정 또는 [영역(A)/치수(D)/회전(R)] : **위치 지정**

예제 원점에서 직사각형 그리기

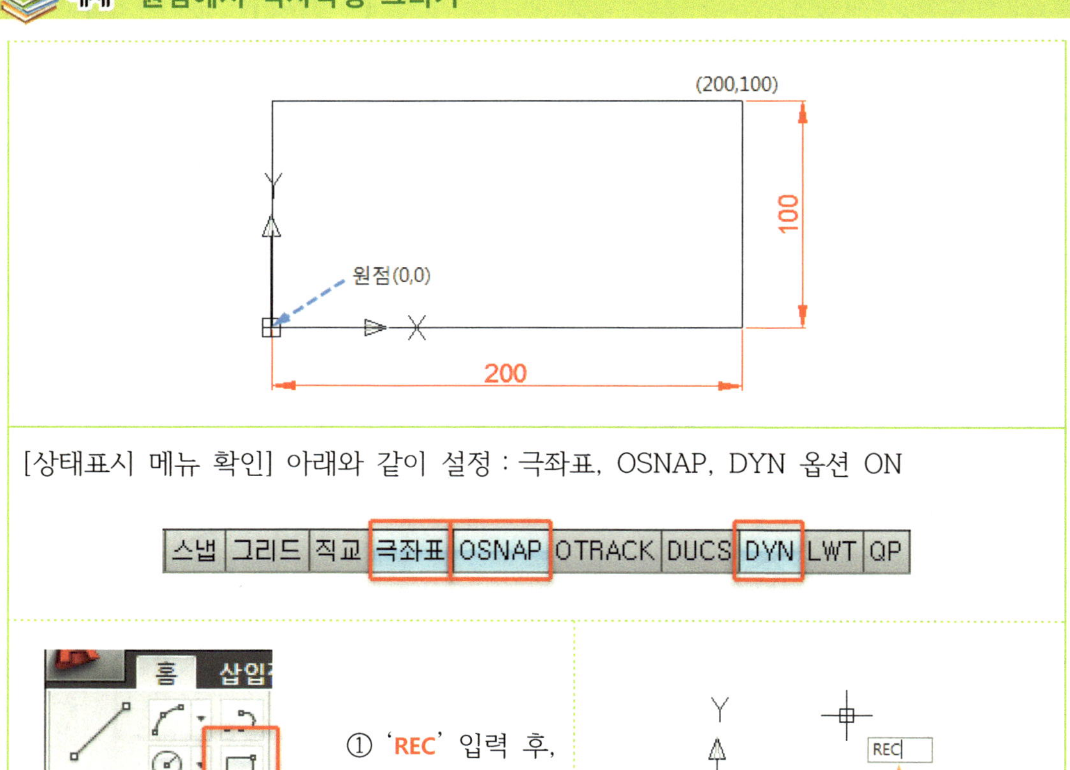

[상태표시 메뉴 확인] 아래와 같이 설정 : 극좌표, OSNAP, DYN 옵션 ON

스냅	그리드	직교	극좌표	OSNAP	OTRACK	DUCS	DYN	LWT	QP

① '**REC**' 입력 후, Enter↵

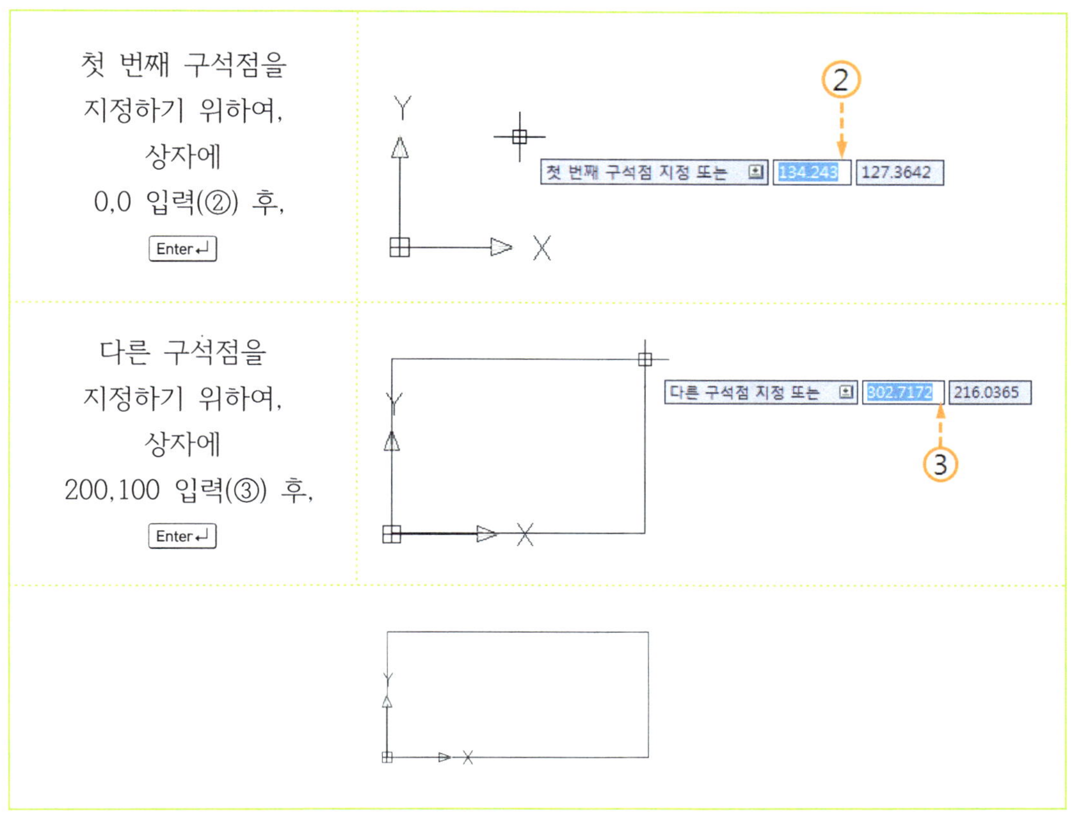

연습 임의의 위치(점)에서 정사각형 그리기

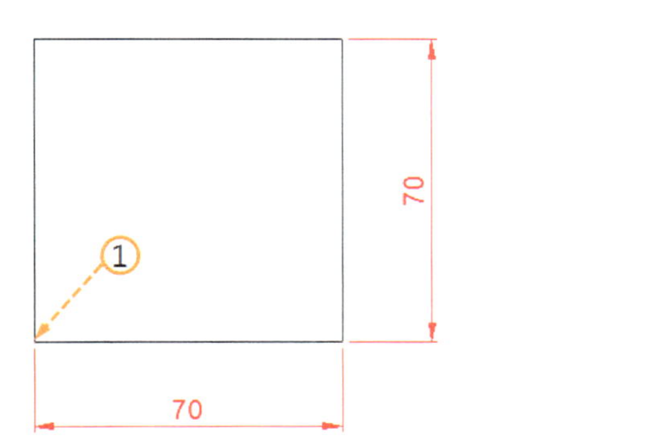

첫 번째 구석점을 지정할 때, 마우스로 임의의 지점(①)을 클릭 후, 70,70 입력

[다른 구석점 지정 또는 | 70 | 70] 상자에서, 좌표값 입력 방법

: 상자와 상자 간의 이동은 [Tab]키를 누른다.

(예) 좌표값 (70,70) 일 때, 70 [Tab](Tab 키) 70 또는 70,(쉼표)70

연습 다양한 직사각형 그리기

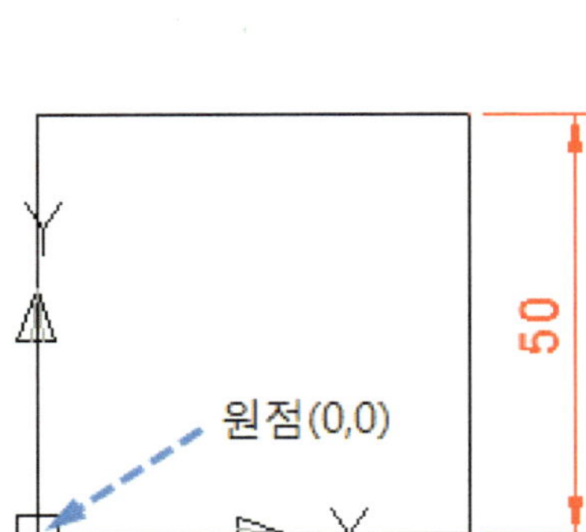

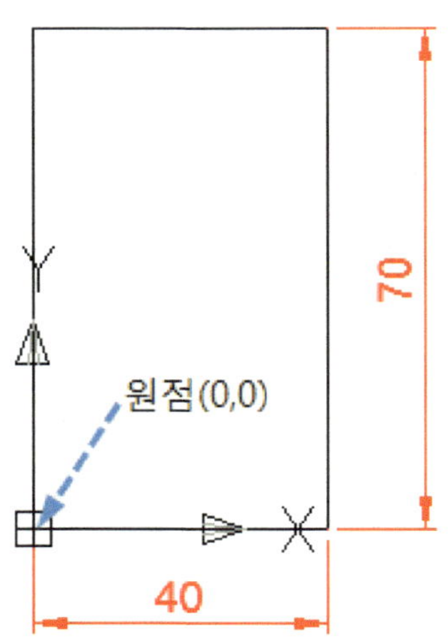

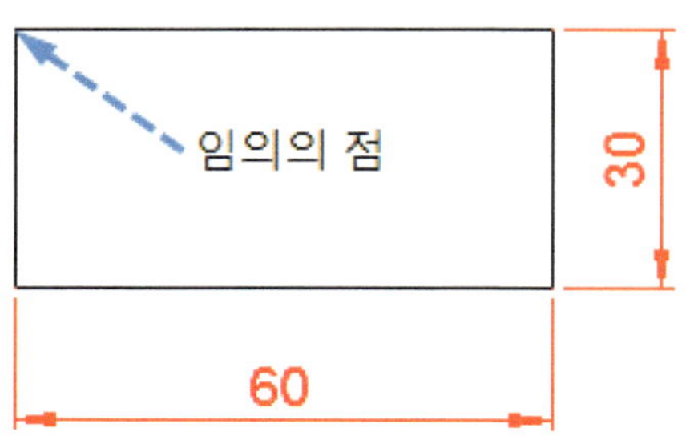

① 첫 번째 구석점 지정
⇨ 임의의 점 마우스로 클릭

② 다른 구석점 지정
⇨ 60 (Tab 키) -30

11. 분해(EXPLODE) : 결합되어 있는 객체를 각각의 객체로 분해한다

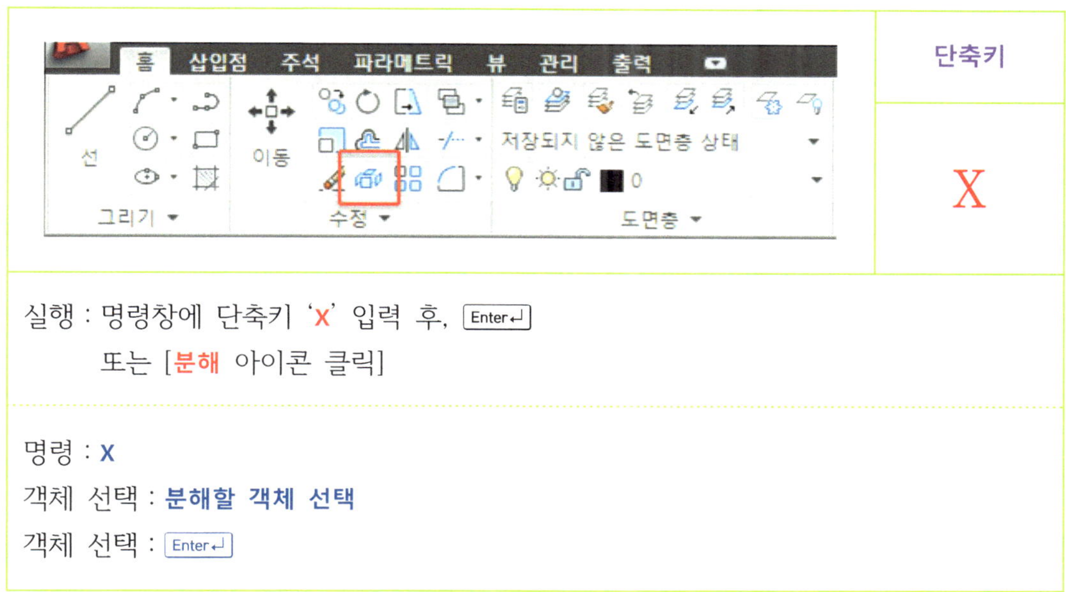

실행 : 명령창에 단축키 'x' 입력 후, Enter↵
또는 [분해 아이콘 클릭]

명령 : **X**
객체 선택 : **분해할 객체 선택**
객체 선택 : Enter↵

예제 사각형(REC)을 각각의 선으로 분해

[상태표시 메뉴 확인] 아래와 같이 설정 : 극좌표, OSNAP, DYN 옵션 ON

스냅	그리드	직교	극좌표	OSNAP	OTRACK	DUCS	DYN	LWT	QP

오른쪽과 같은
크기의 사각형 생성
[단축키 : REC]

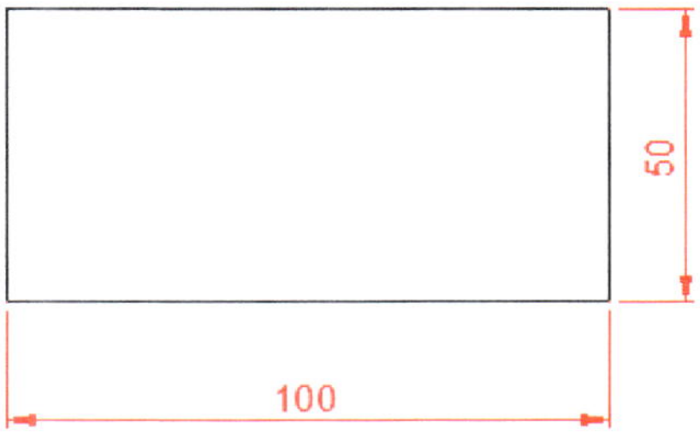

① 'x' 입력 후,
Enter↵

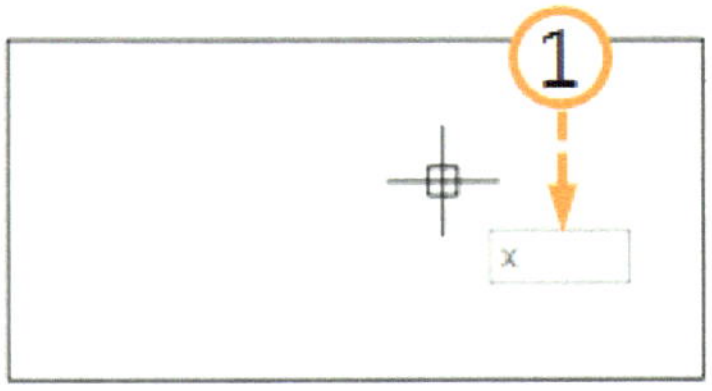

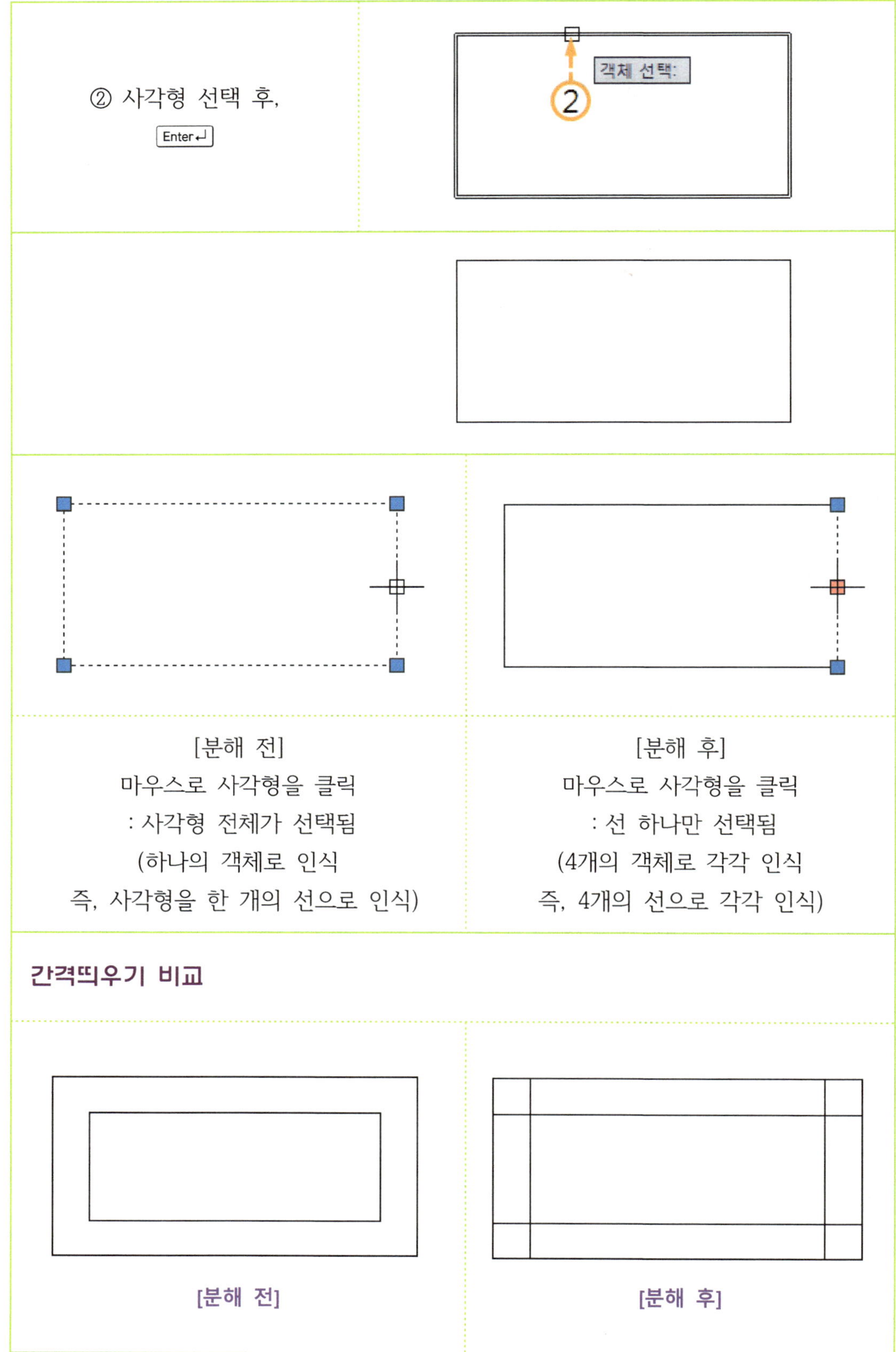
② 사각형 선택 후,
Enter
객체 선택:
2
[분해 전]
마우스로 사각형을 클릭
: 사각형 전체가 선택됨
(하나의 객체로 인식
즉, 사각형을 한 개의 선으로 인식)
[분해 후]
마우스로 사각형을 클릭
: 선 하나만 선택됨
(4개의 객체로 각각 인식
즉, 4개의 선으로 각각 인식)
간격띄우기 비교
[분해 전]
[분해 후]

 응용 **사각형(REC), 분해(X), 간격띄우기(O), 자르기(T)를 이용한 도면 작성**

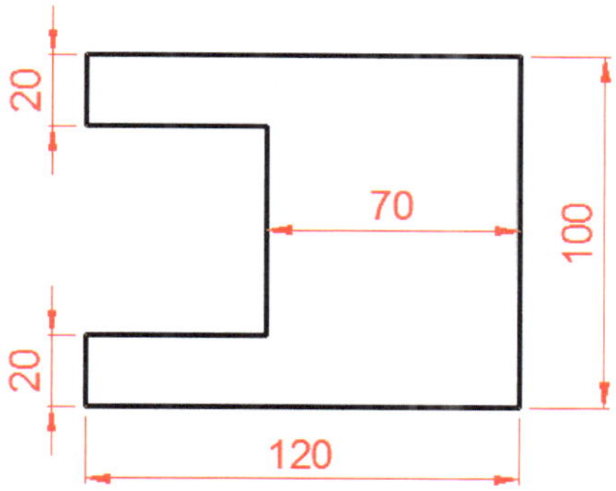

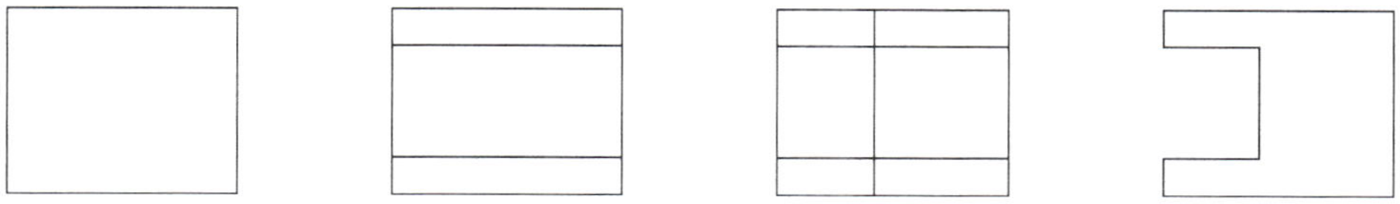

120×100 사각형을 그린다.	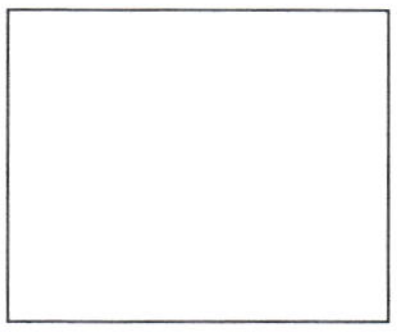	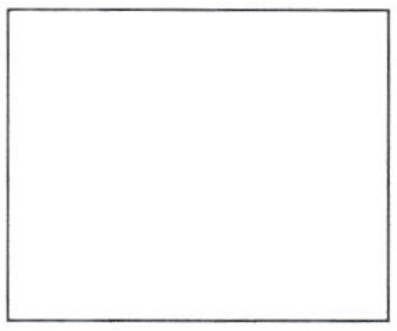	사각형을 분해시킨다.
간격띄우기 : **20**	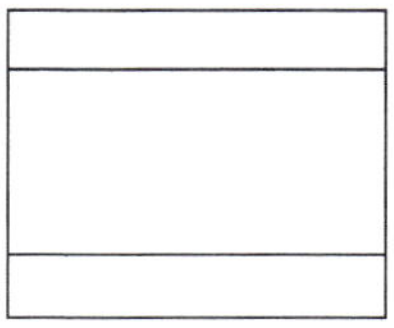	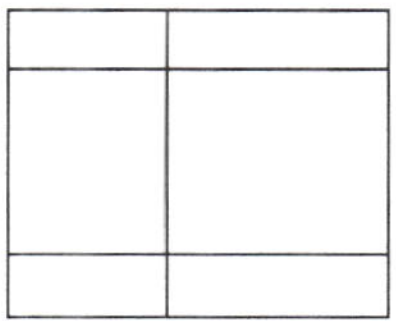	간격띄우기 : **50**
필요 없는 부분을 자르기로 제거한다.	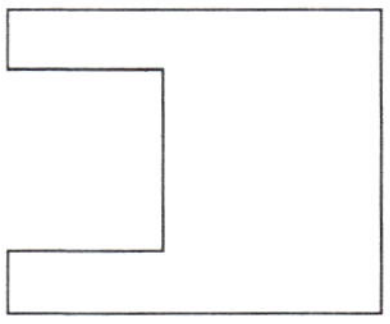		

응용 사각형(REC), 분해(X), 간격띄우기(O), 자르기(T)를 이용한 도면 작성

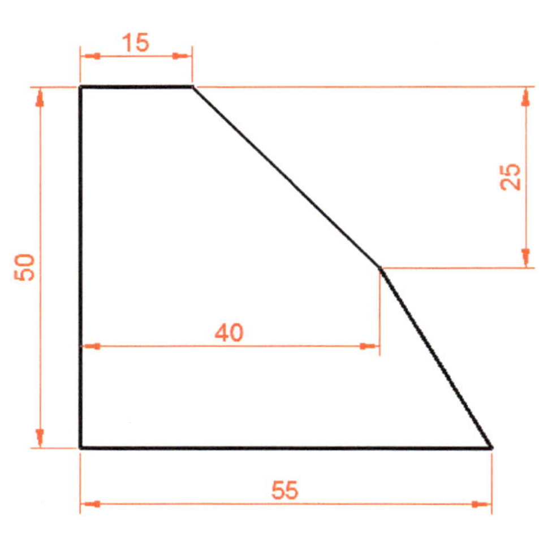

사각형(REC) -> 분해(X)

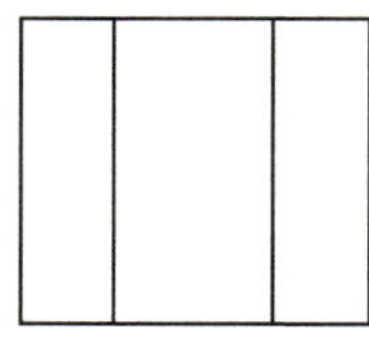

간격띄우기(O) : 15

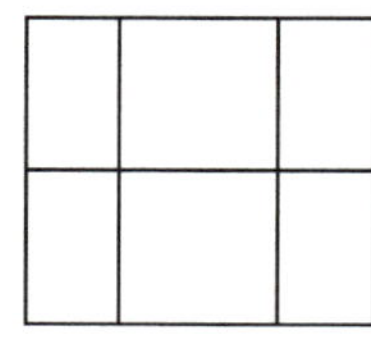

간격띄우기(O) : 25

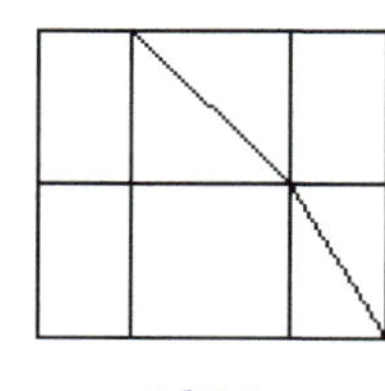

선(L)

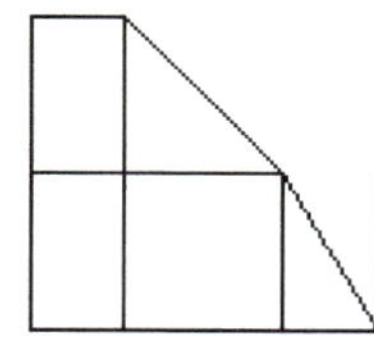

자르기(TR) -> DEL

12. 원(CIRCLE) : 원을 생성한다

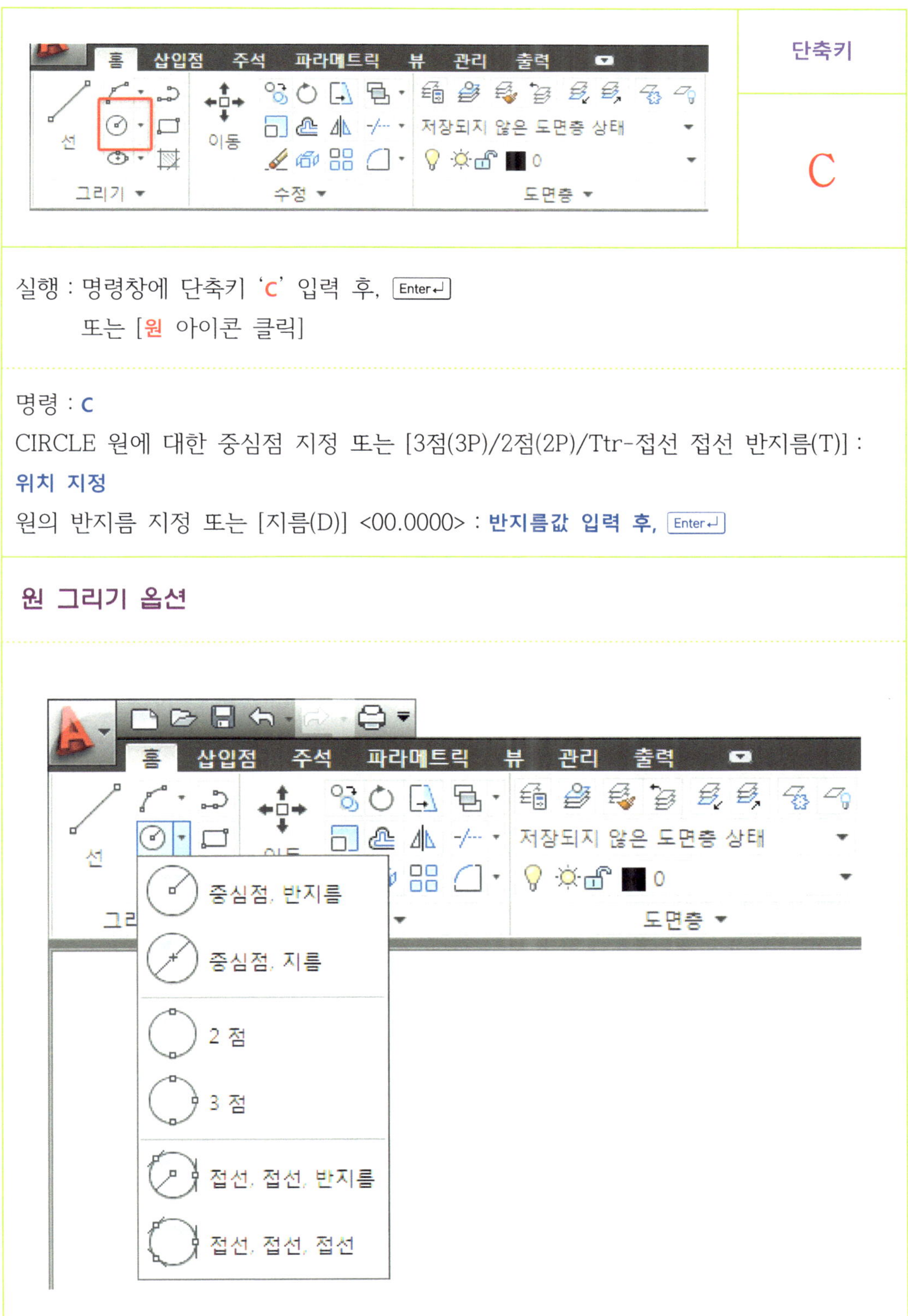

	단축키
	C

실행 : 명령창에 단축키 'c' 입력 후, Enter↵
또는 [원 아이콘 클릭]

명령 : **c**
CIRCLE 원에 대한 중심점 지정 또는 [3점(3P)/2점(2P)/Ttr-접선 접선 반지름(T)] :
위치 지정
원의 반지름 지정 또는 [지름(D)] <00.0000> : **반지름값 입력 후,** Enter↵

원 그리기 옵션

 예제

중심점, 반지름을 이용한 원 그리기

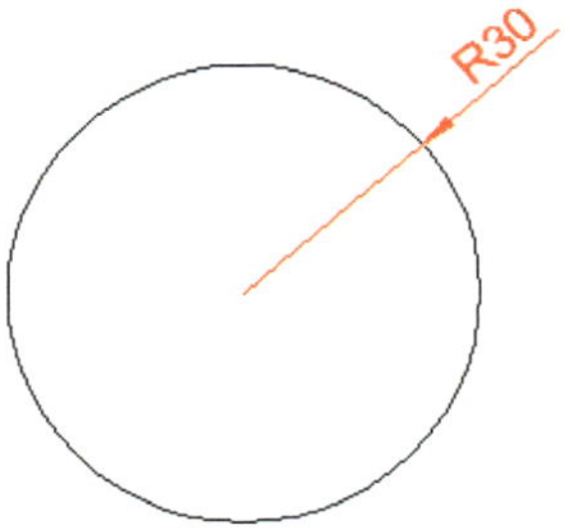

R30

[상태표시 메뉴 확인]
극좌표, OSNAP, DYN 옵션 ON

① 'c' 입력 후, Enter↵

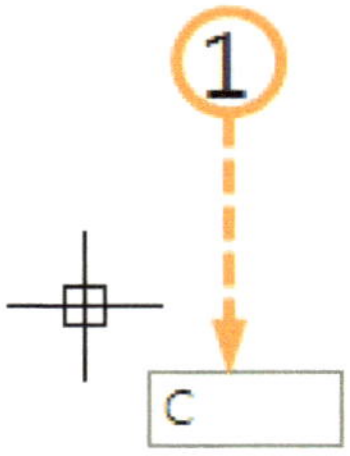

원의 중심점 지정
: 임의의 위치를
마우스로 클릭(②)

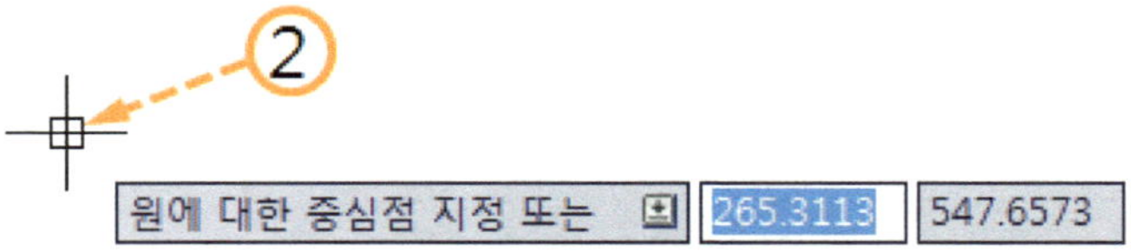

원의 반지름 입력
: 상자에 반지름값
30 입력
⇩
Enter↵

또는

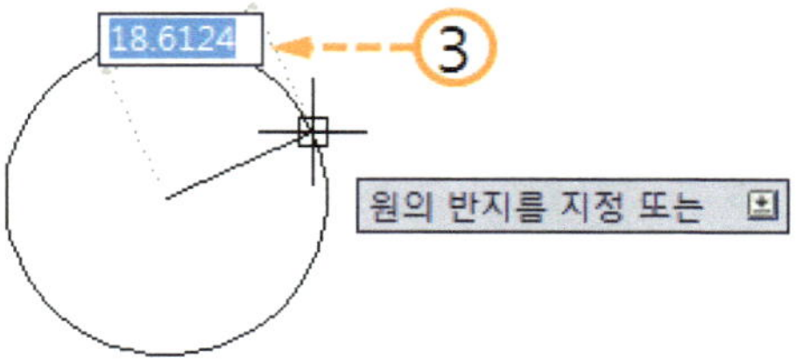

(마우스를
움직이면
반지름값이
나타남)

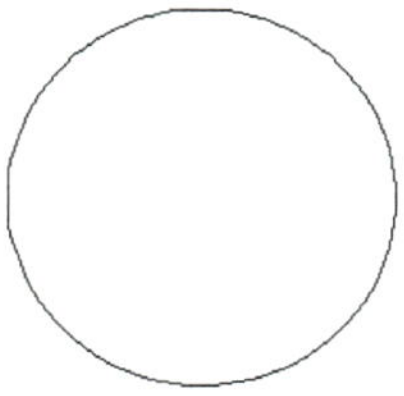

예제 끝점, 교차점에 중심점, 반지름을 이용한 원 그리기

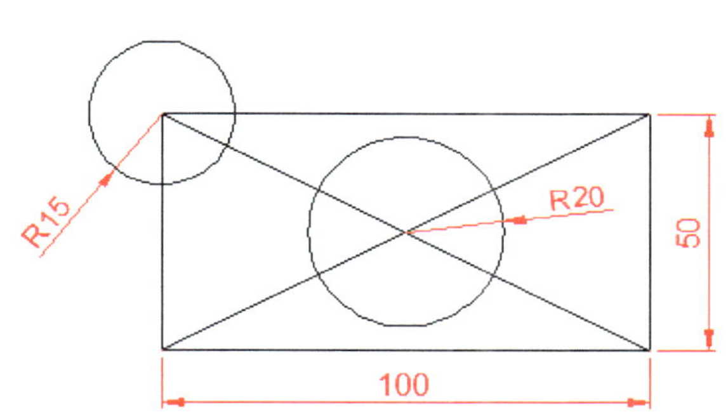

가로 100, 세로 50 인 사각형 생성 [단축키 : **REC**]	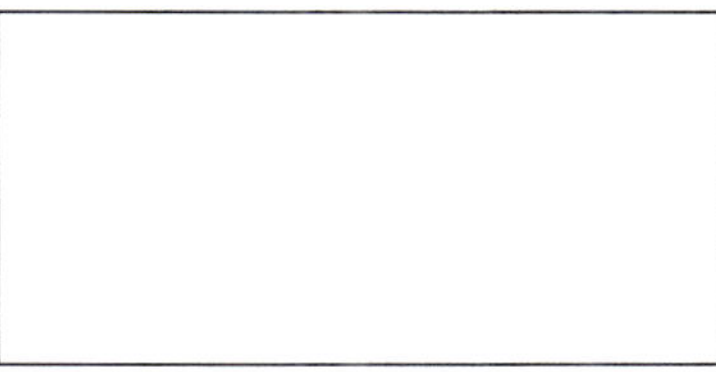
대각선 생성 [단축키 : **L**]	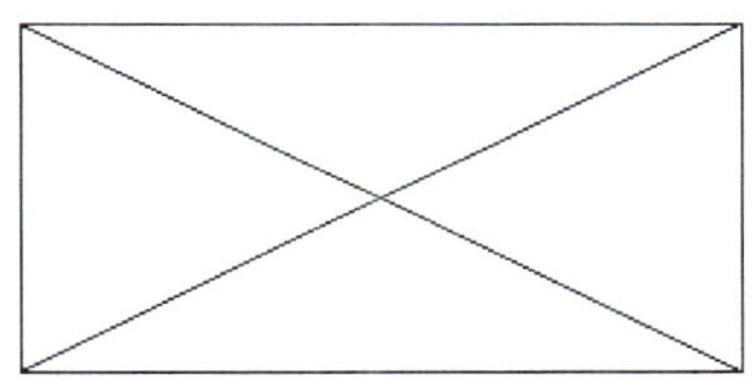
원 생성 : 'C' 입력 후, Enter↵	
원의 중심점으로 사각형의 끝점(□)을 선택(①)	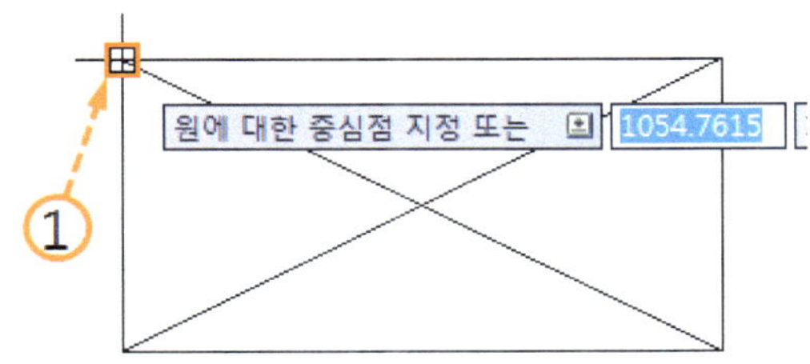
상자에 반지름 15 입력(②)	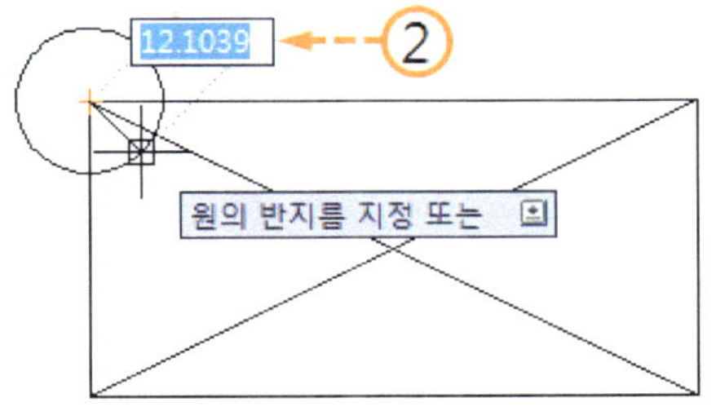

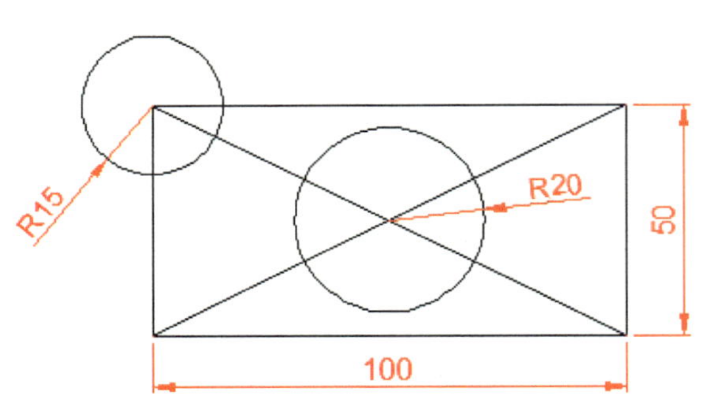

원 생성 : Enter↵ 또는 Space Bar

(앞 명령어 반복해서 수행하고자 할 때는 명령어 대신, Enter↵ 또는 Space Bar를 누른다.)

원의 중심점으로 대각선의 교차점(X)을 선택(③)	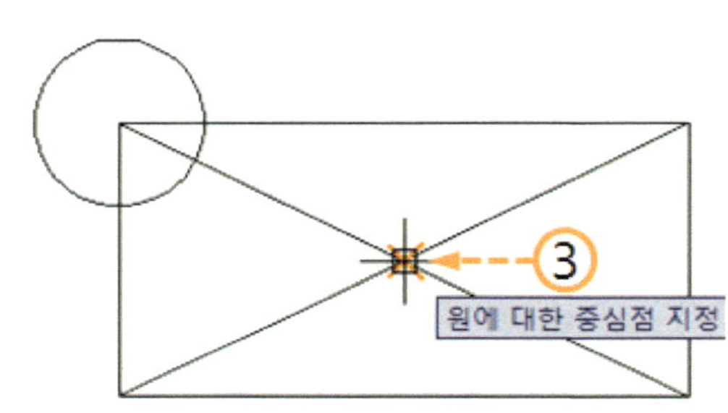
상자에 반지름 20 입력(④) ⇩ Enter↵	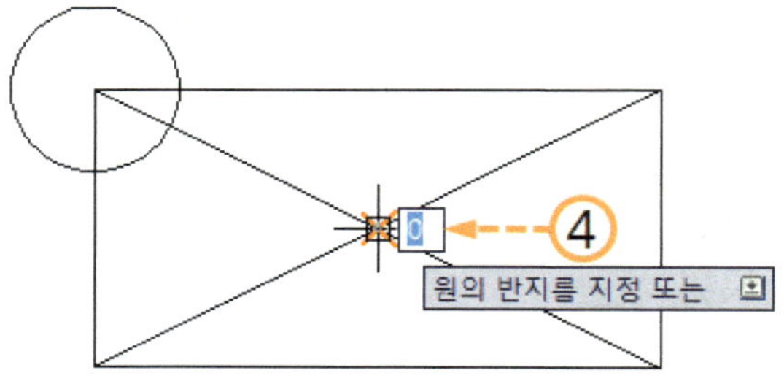
	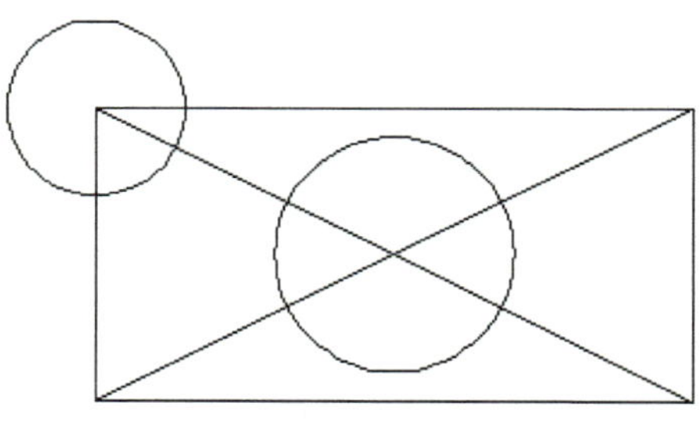

응용 원(C)과 선(접선)을 이용한 도면 작성

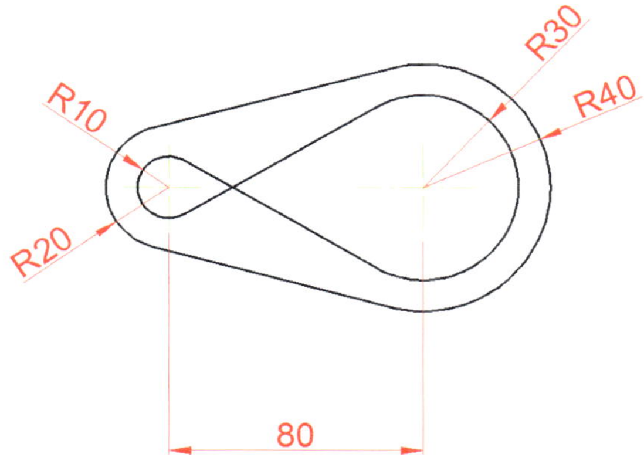

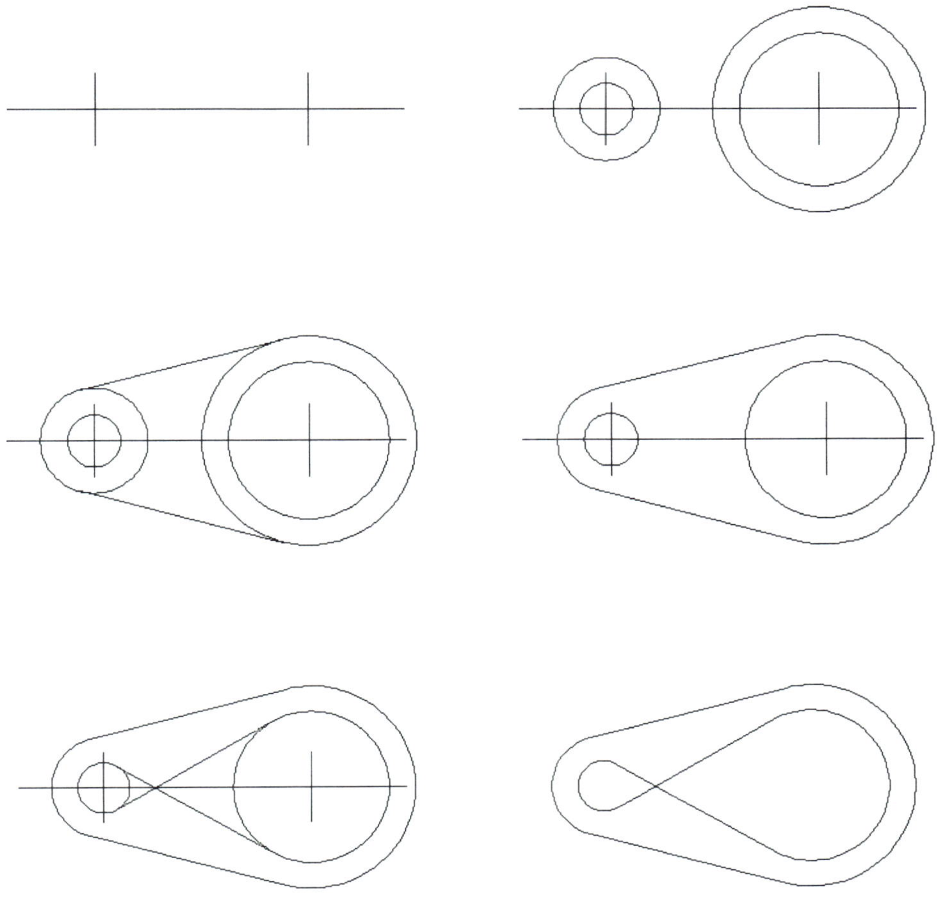

R30
R10
R40
R20
80

도면 치수를 참고하여 적당히 수평선과 수직선을 그린다.
⇨ 간격띄우기 : **80**

중심선을 기준으로
원을 그린다.

반지름 **10, 20**
반지름 **30, 40**

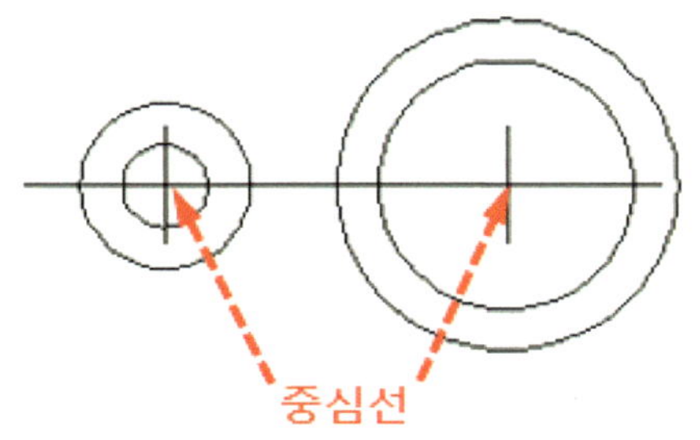

원과 원을 잇는
선(접선)을 그린다.
(객체 스냅 : **접점** 선택)

객체 스냅 변경
: Ctrl + **오른쪽 마우스**
클릭

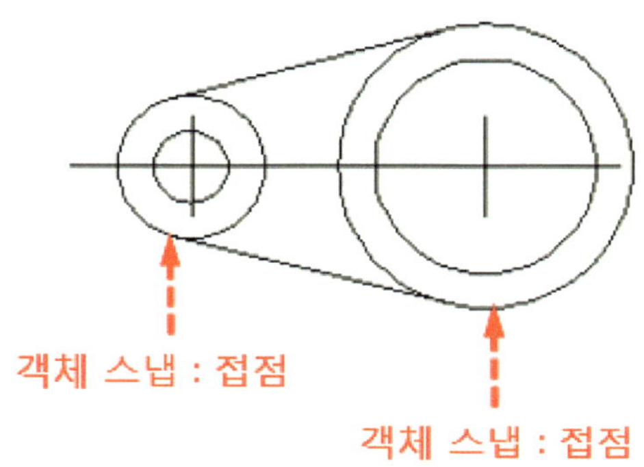

필요 없는 부분을
자르기로 삭제한다.

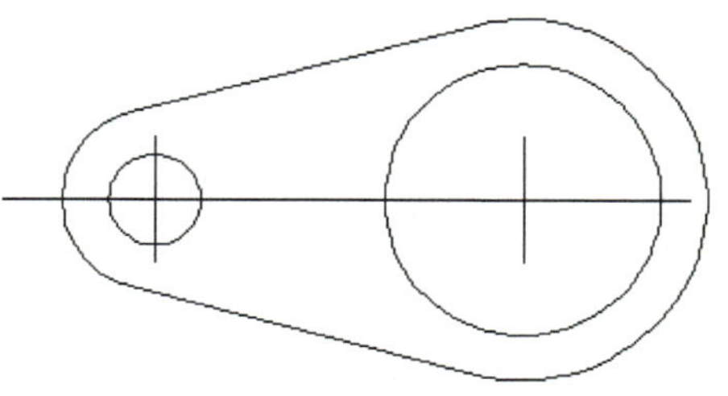

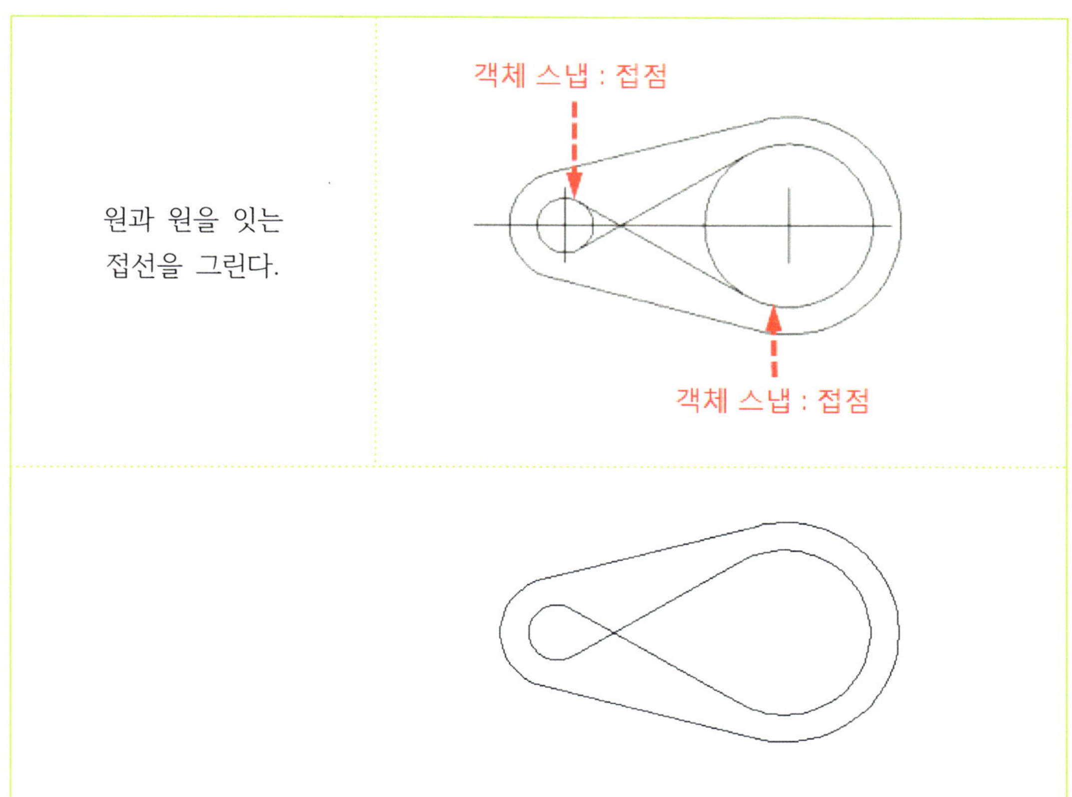
원과 원을 잇는
접선을 그린다.
객체 스냅 : 접점
객체 스냅 : 접점

응용 원(C)을 이용한 도면 작성

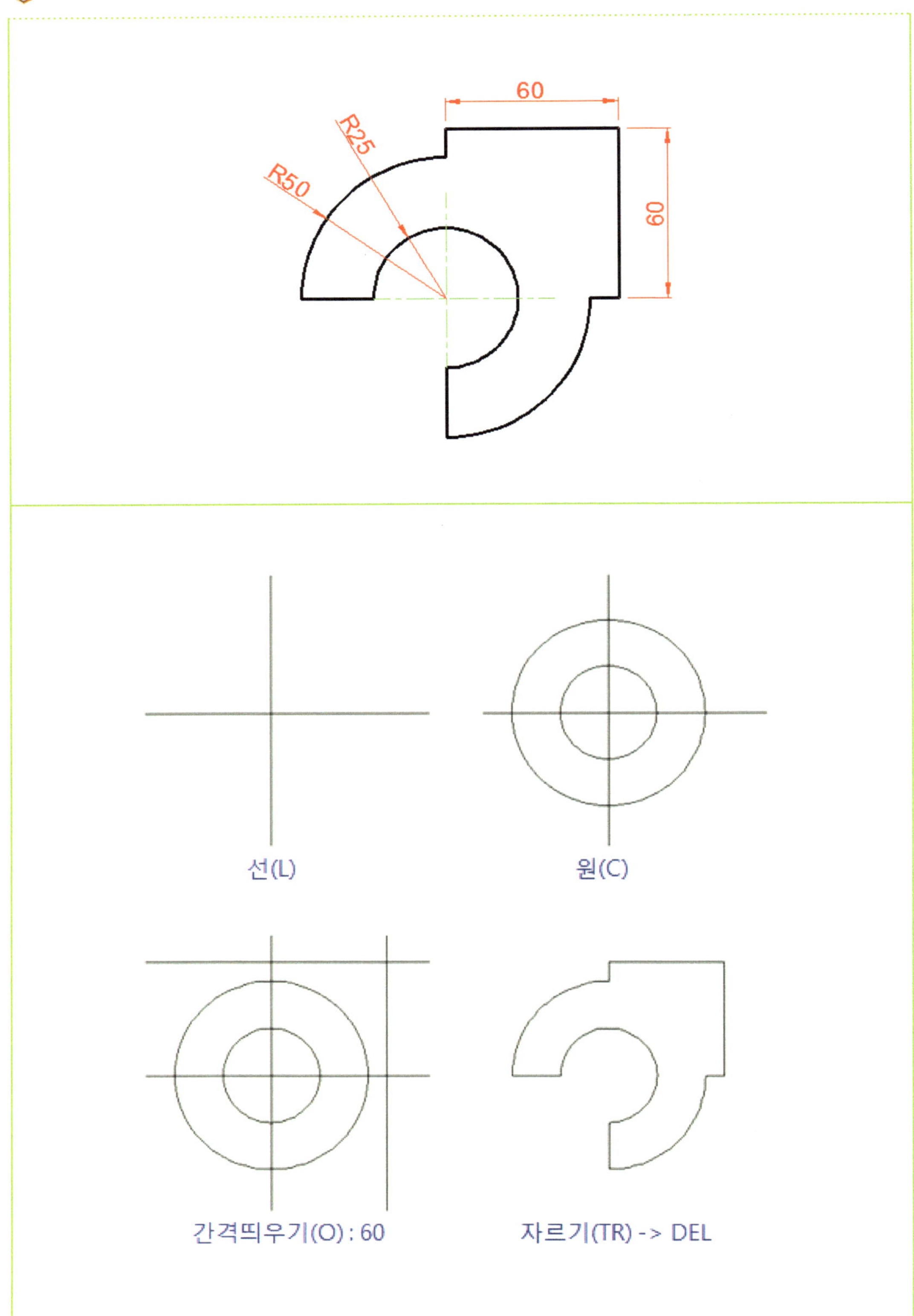

응용 원(C)을 이용한 도면 작성

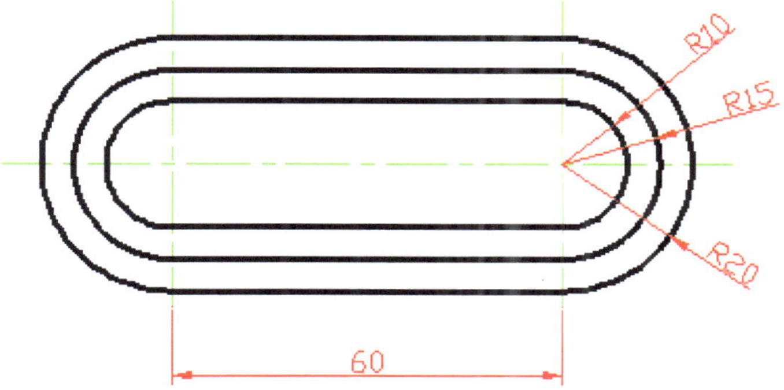

R10

R15

R20

60

선(L)

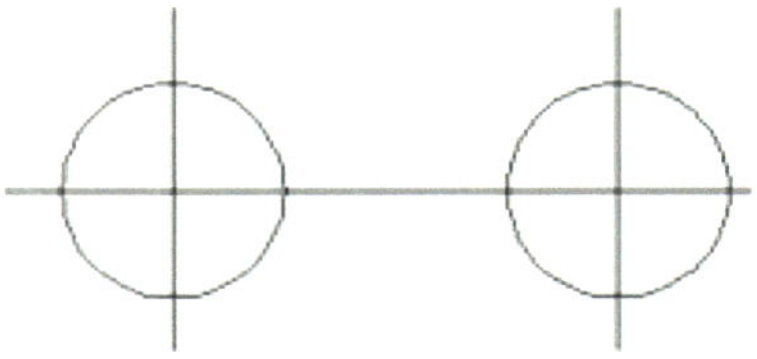

원(C)

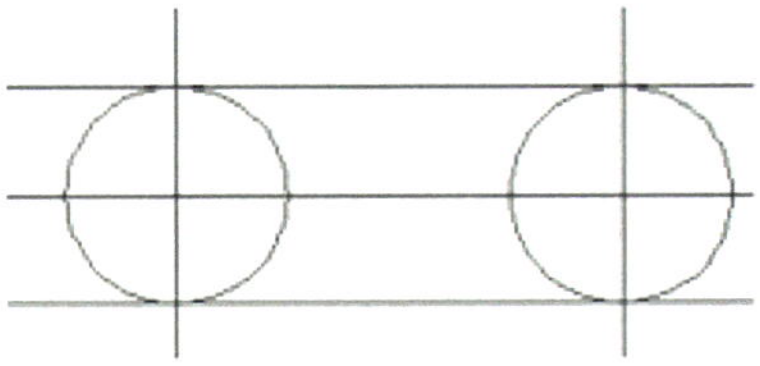

간격띄우기(O) : 15

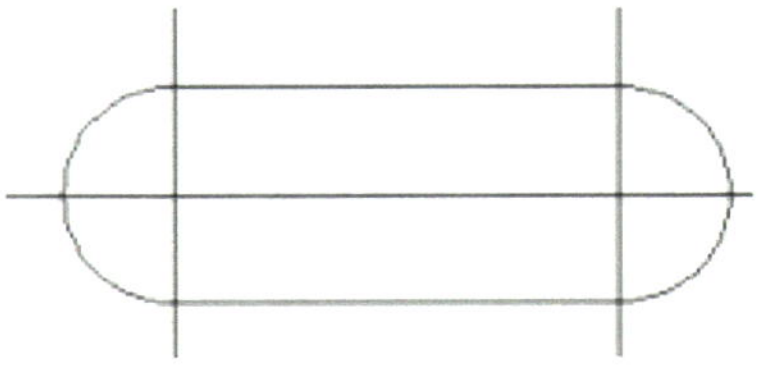

자르기(TR) -> DEL

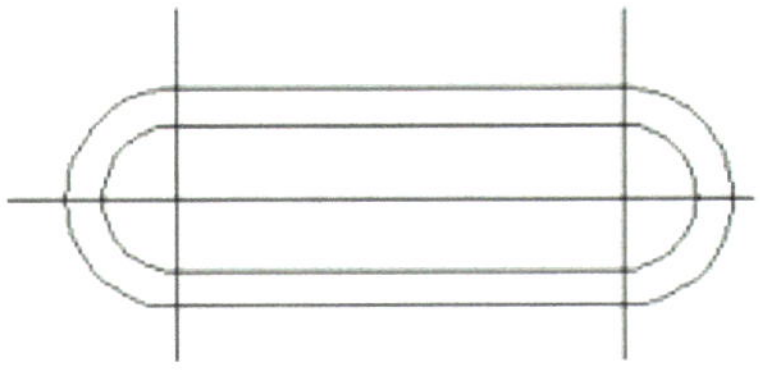

간격띄우기(O) : 5

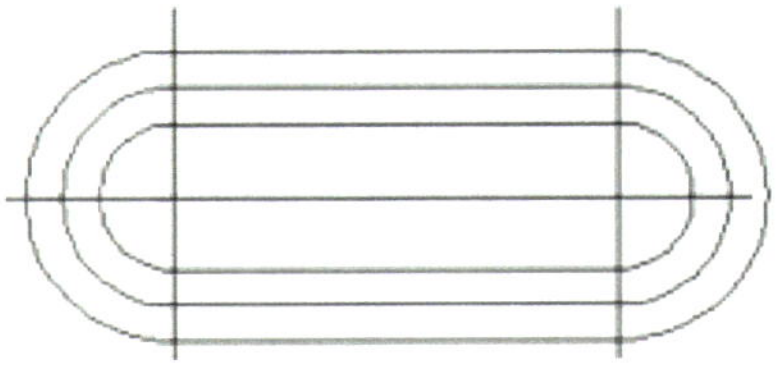

간격띄우기(O) : 5

응용 원(C)을 이용한 도면 작성

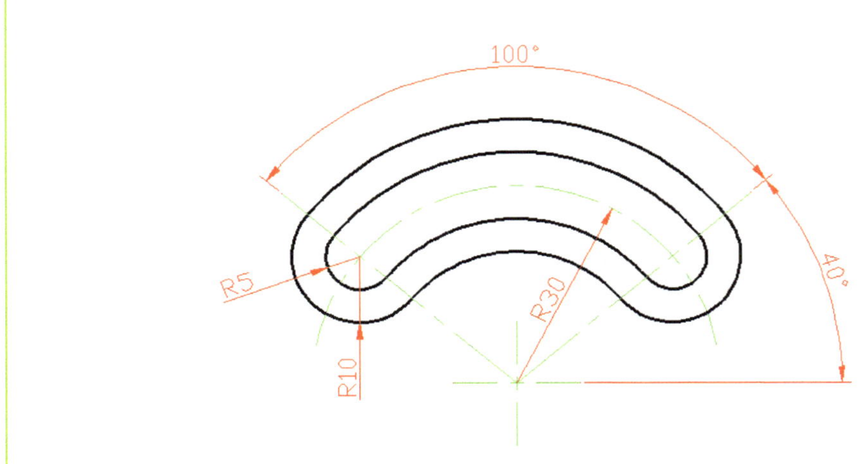

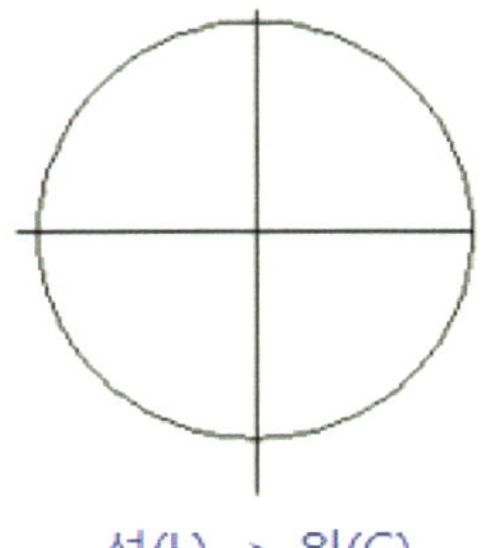

선(L) -> 원(C)

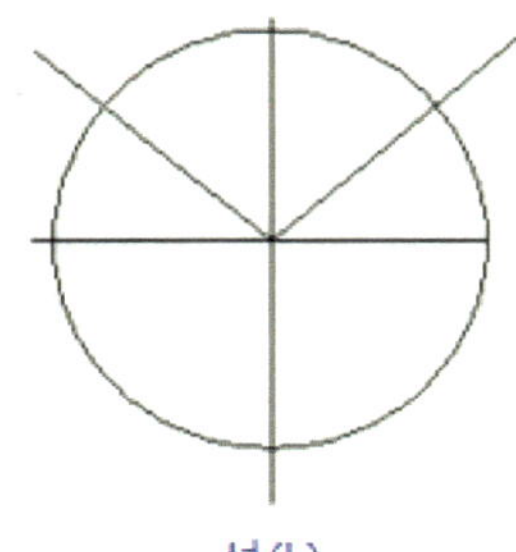

선(L)

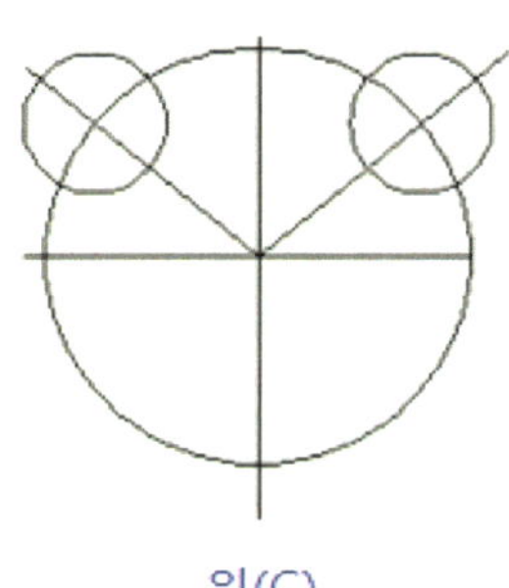

원(C)

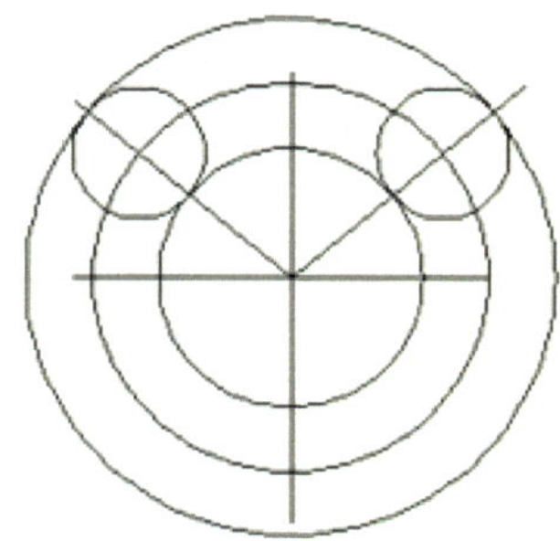

간격띄우기(O) : 10

자르기(TR) -> DEL

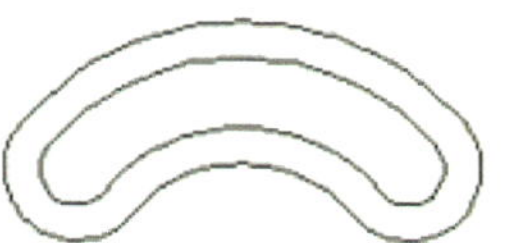

간격띄우기(O) : 5

 응용 **원(C)을 이용한 도면 작성**

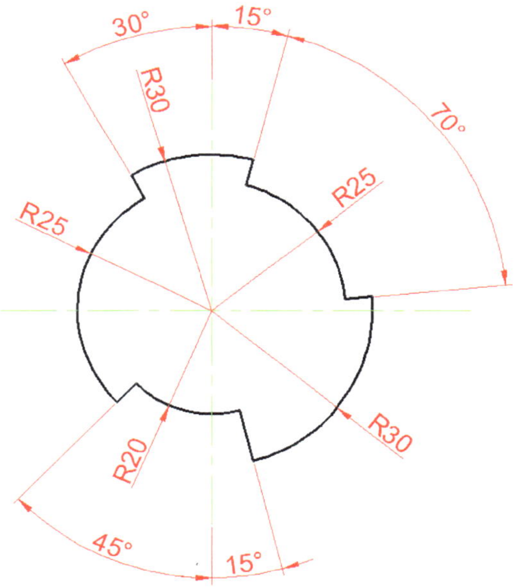

30°
15°
R30
70°
R25
R25
R30
R20
45°
15°

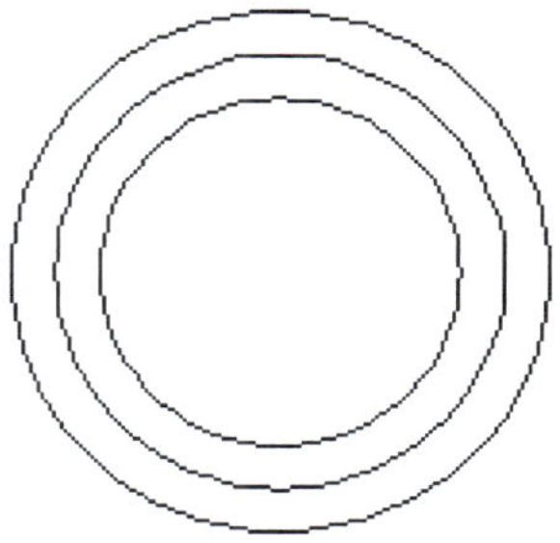

원(C)

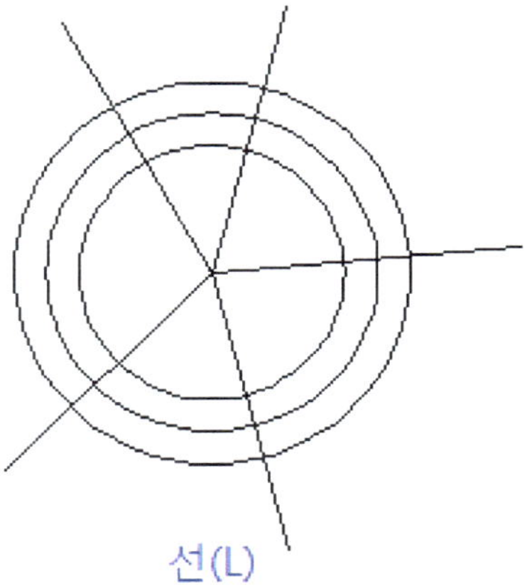

선(L)

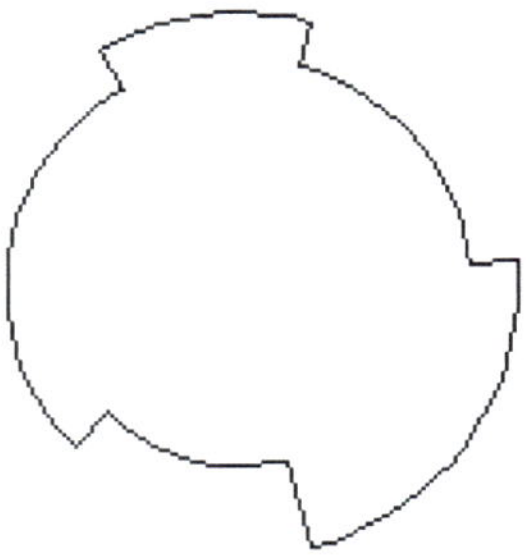

자르기(TR) -> DEL

응용 원(TTR : 접선, 접선, 반지름)을 이용한 도면 작성

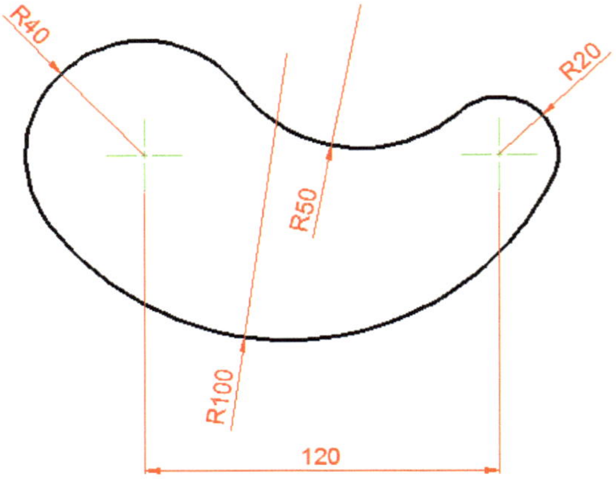

R40

R20

R50

R100

120

선(L)

간격띄우기(O) : 120

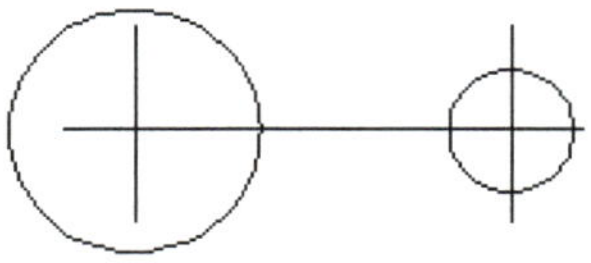

원(C)

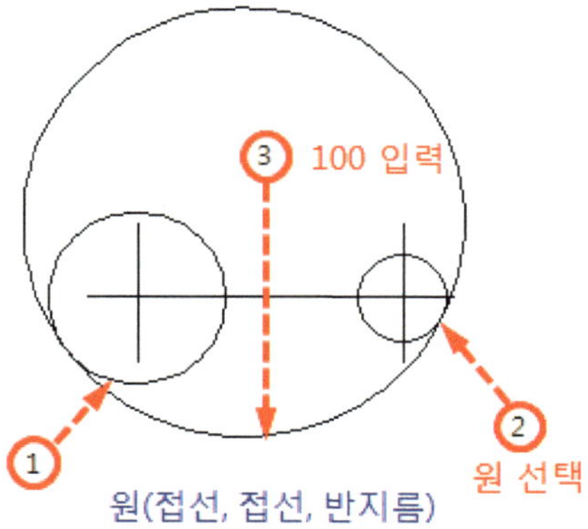

③ 100 입력

① ② 원 선택

원(접선, 접선, 반지름)
아이콘 선택

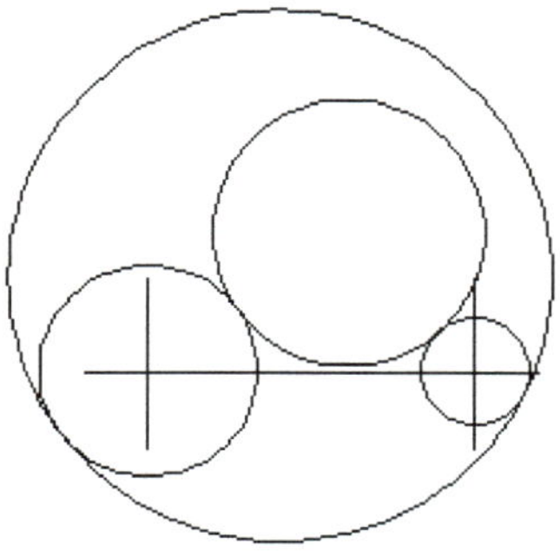

원(접선, 접선, 반지름)
아이콘 선택

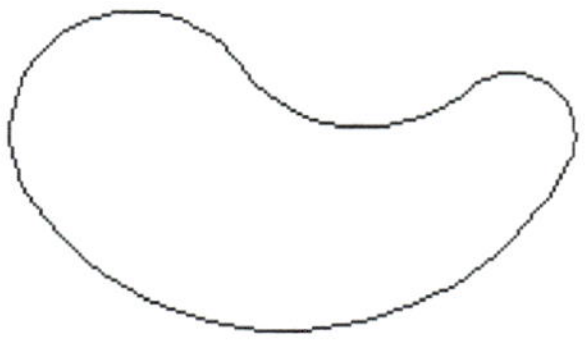

자르기(TR) -> DEL

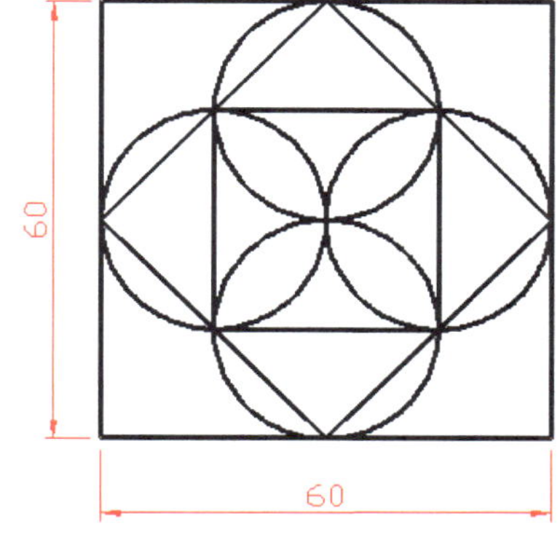

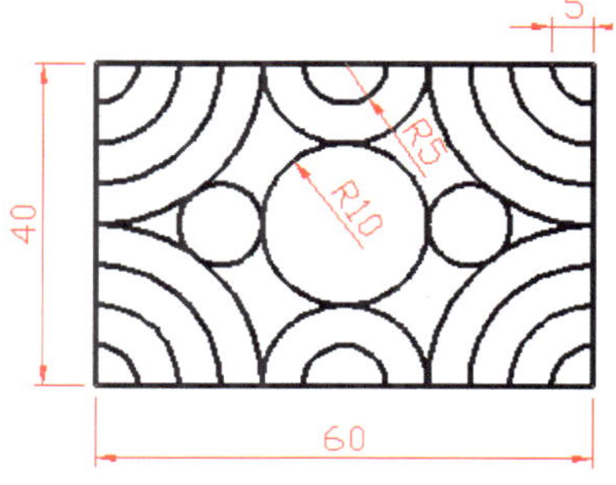

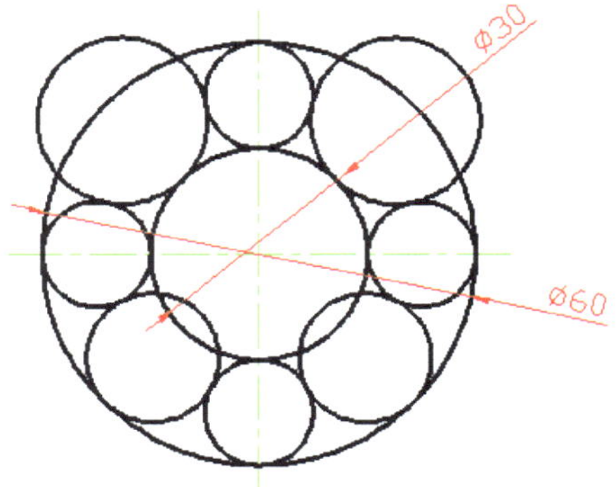

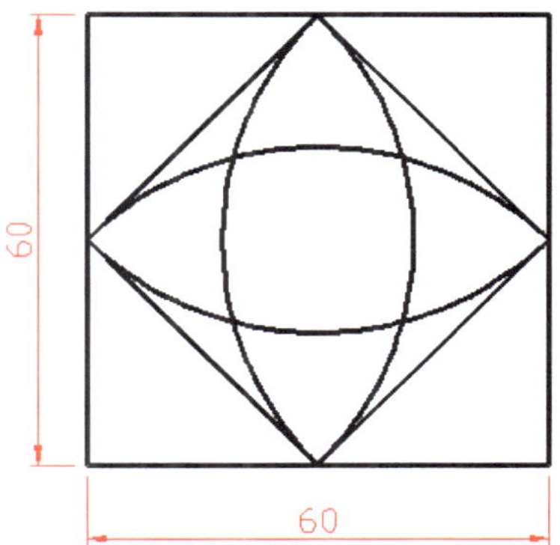

명령어	사각형, 원, 간격띄우기, 자르기

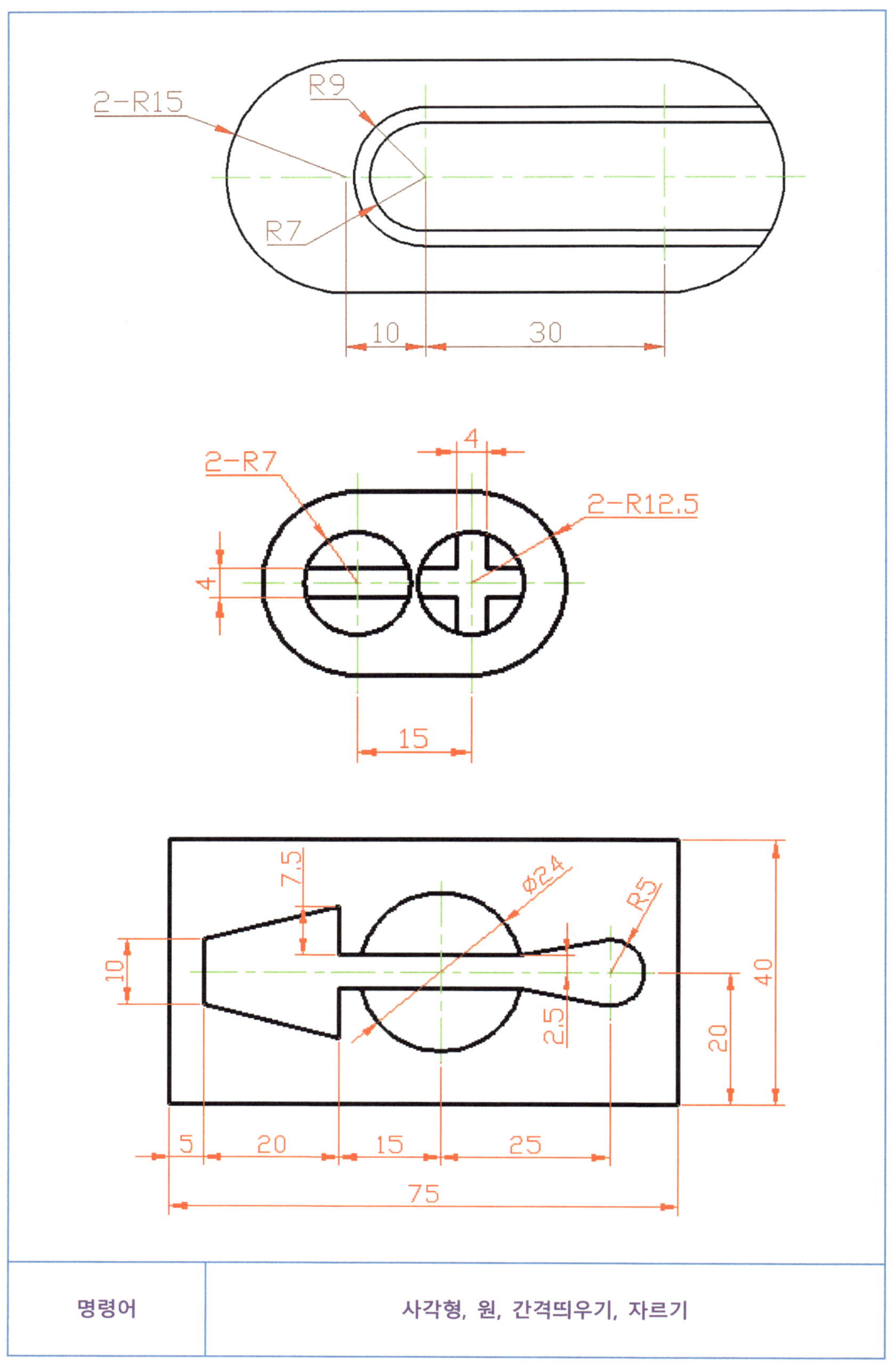

명령어	사각형, 원, 간격띄우기, 자르기

13. 모깍기(FILLET) : 선택한 두 객체 사이를 반지름값 만큼 둥글게 처리한다

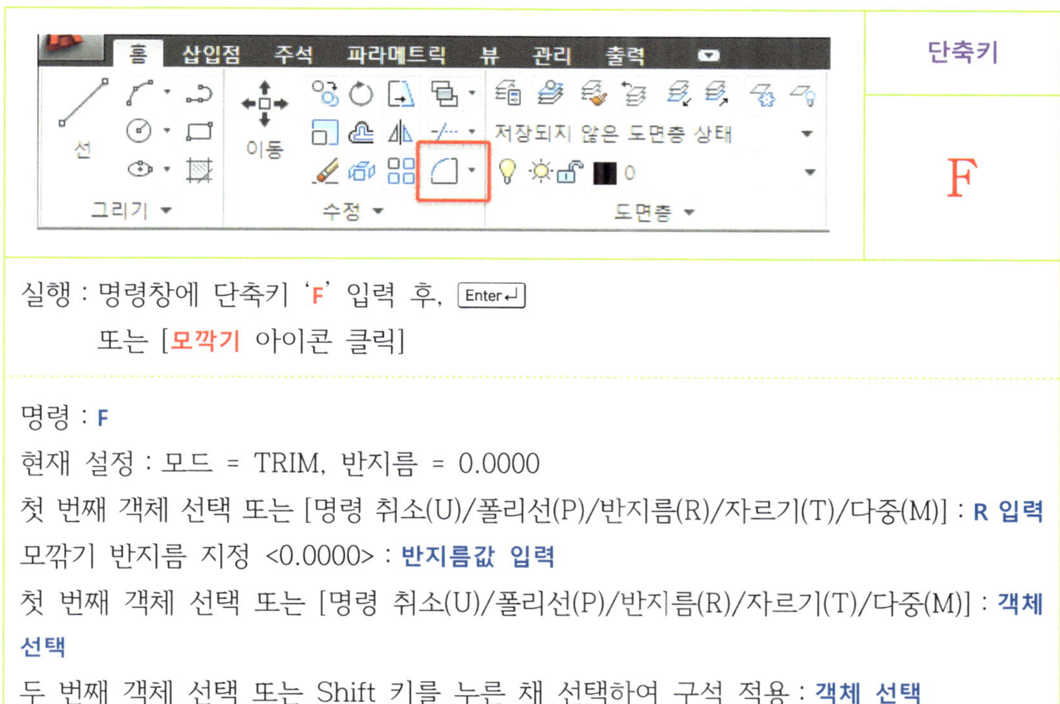

단축키: F

실행 : 명령창에 단축키 'F' 입력 후, Enter↵
또는 [모깍기 아이콘 클릭]

명령 : **F**
현재 설정 : 모드 = TRIM, 반지름 = 0.0000
첫 번째 객체 선택 또는 [명령 취소(U)/폴리선(P)/반지름(R)/자르기(T)/다중(M)] : **R 입력**
모깎기 반지름 지정 <0.0000> : **반지름값 입력**
첫 번째 객체 선택 또는 [명령 취소(U)/폴리선(P)/반지름(R)/자르기(T)/다중(M)] : **객체 선택**
두 번째 객체 선택 또는 Shift 키를 누른 채 선택하여 구석 적용 : **객체 선택**

예제 모깍기(1)

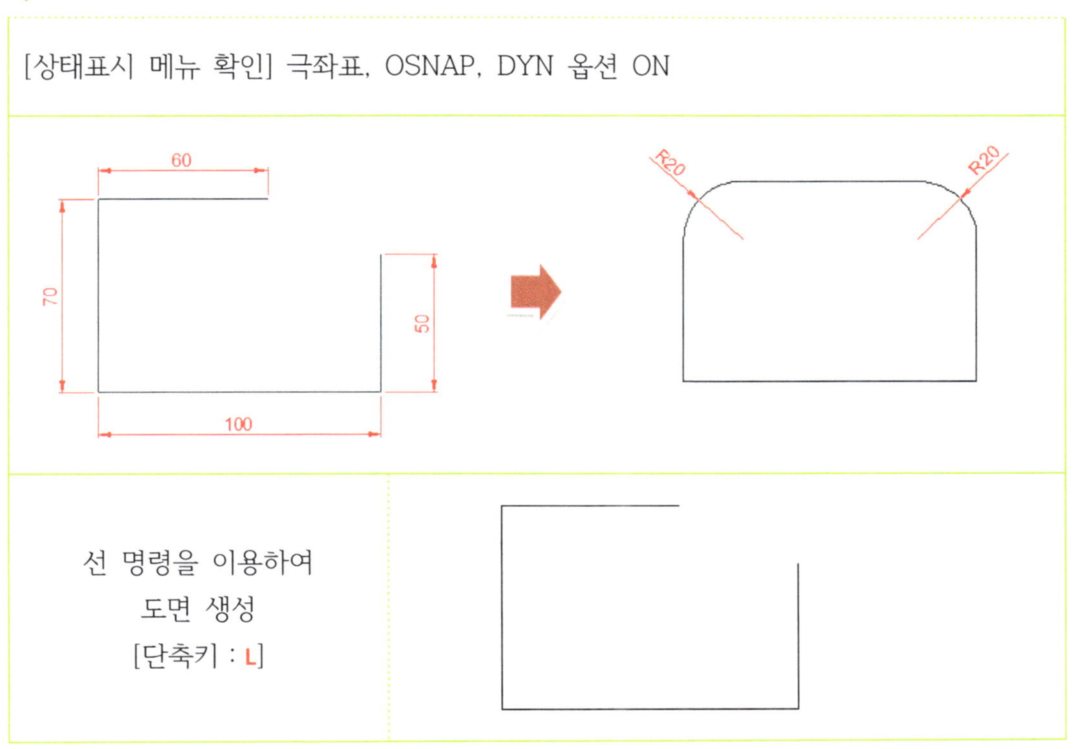

[상태표시 메뉴 확인] 극좌표, OSNAP, DYN 옵션 ON

선 명령을 이용하여
도면 생성
[단축키 : L]

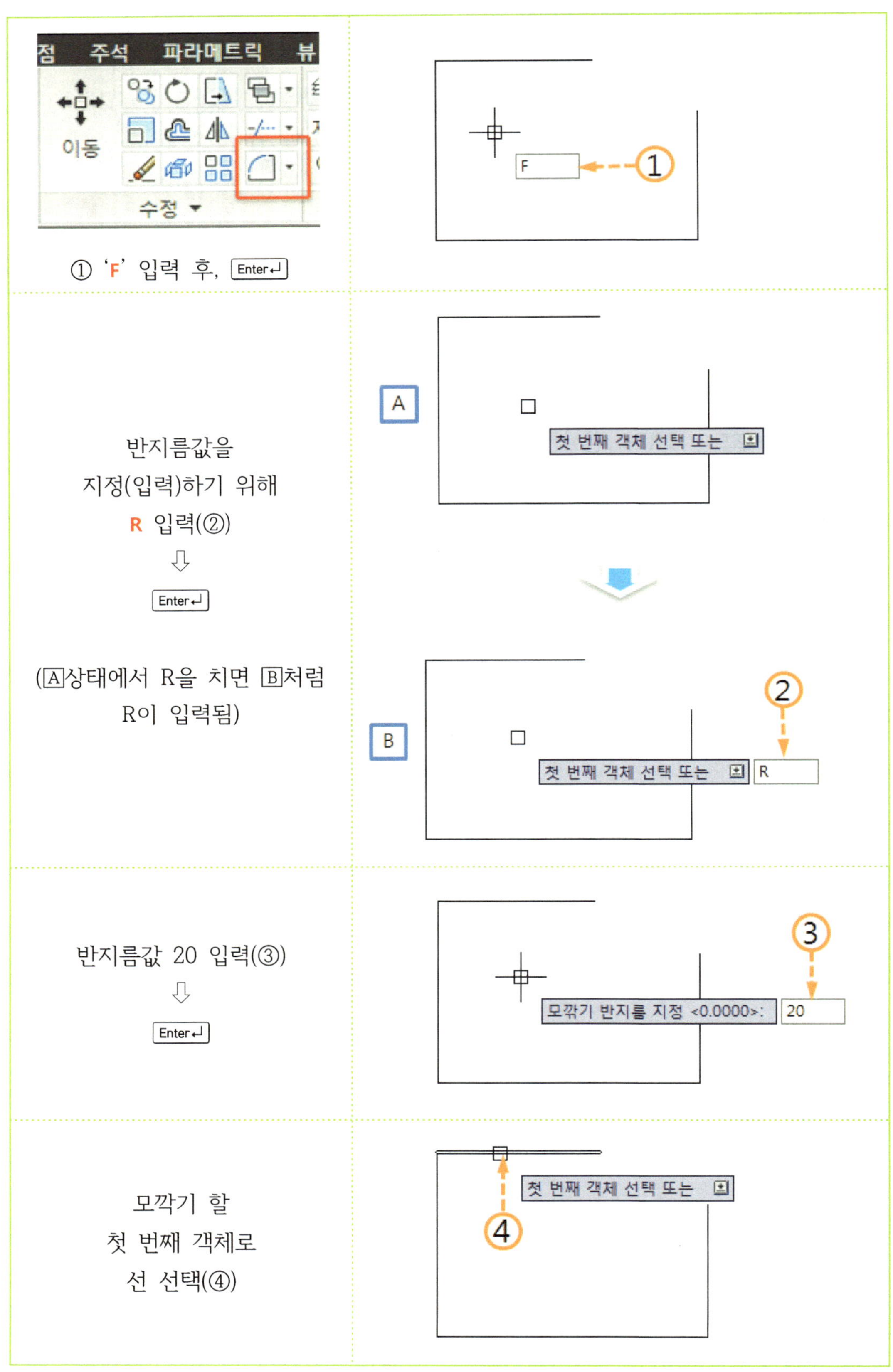
점 주석 파라메트릭 뷰
이동
수정
① 'F' 입력 후, Enter↵
F
1
반지름값을
지정(입력)하기 위해
R 입력(②)
⇩
Enter↵
(A상태에서 R을 치면 B처럼
R이 입력됨)
A
첫 번째 객체 선택 또는
B
첫 번째 객체 선택 또는
R
2
반지름값 20 입력(③)
⇩
Enter↵
모깎기 반지름 지정 <0.0000>:
20
3
모깎기 할
첫 번째 객체로
선 선택(④)
첫 번째 객체 선택 또는
4

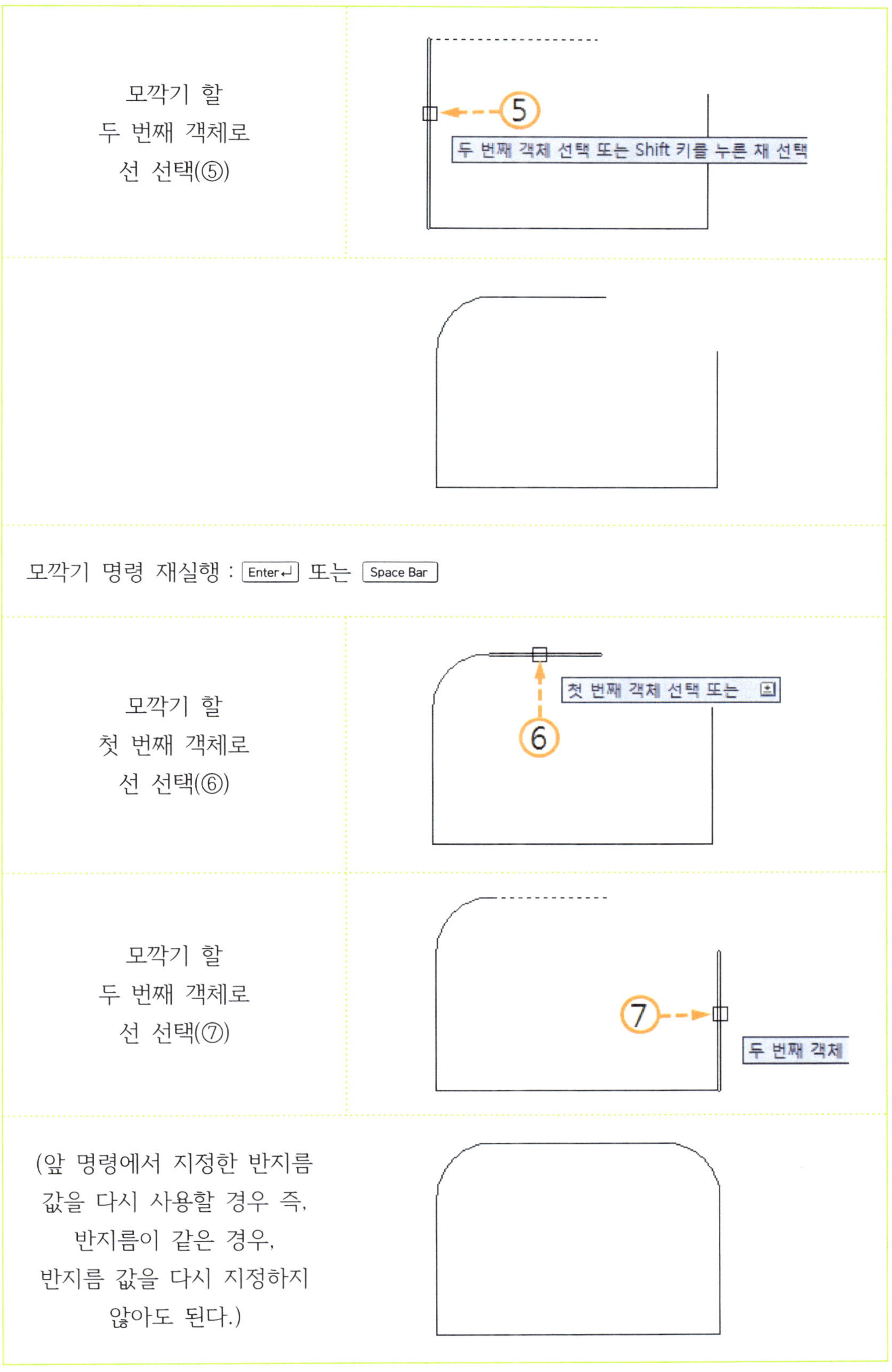
모깎기 할
두 번째 객체로
선 선택(⑤)
5
두 번째 객체 선택 또는 Shift 키를 누른 채 선택
모깎기 명령 재실행 : Enter↵ 또는 Space Bar
모깎기 할
첫 번째 객체로
선 선택(⑥)
첫 번째 객체 선택 또는
6
모깎기 할
두 번째 객체로
선 선택(⑦)
7
두 번째 객체
(앞 명령에서 지정한 반지름
값을 다시 사용할 경우 즉,
반지름이 같은 경우,
반지름 값을 다시 지정하지
않아도 된다.)

모깍기 : 자르기 옵션 변경(자르기 : T, 자르지 않기 : N)

① 'F' 입력 후, Enter↵	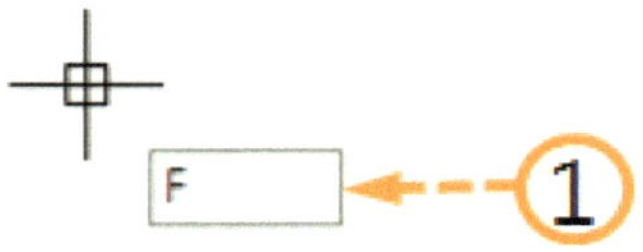 F ← 1
자르기 옵션을 변경하기 위해 T 입력(②) ⇩ Enter↵	첫 번째 객체 선택 또는 T ← 2
자르지 않기 클릭(③) (또는 N 입력)	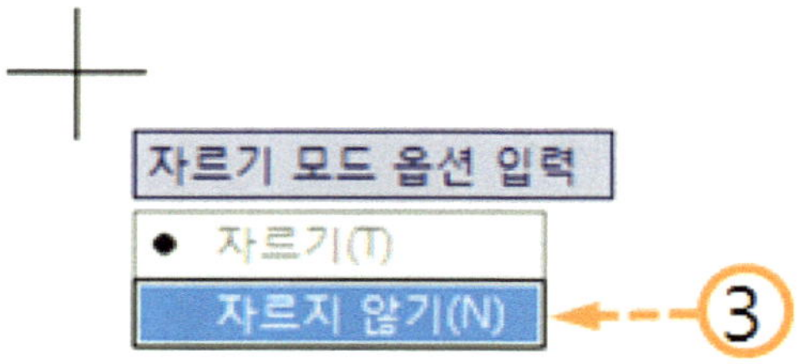 자르기 모드 옵션 입력 ● 자르기(T) 자르지 않기(N) ← 3

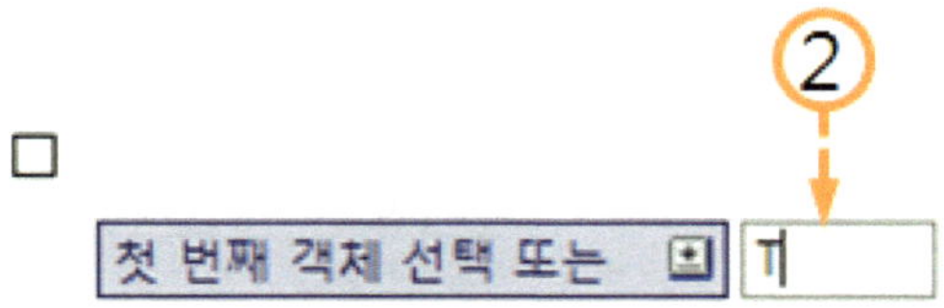

연습 모깍기(2)

[상태표시 메뉴 확인] 극좌표, OSNAP, DYN 옵션 ON

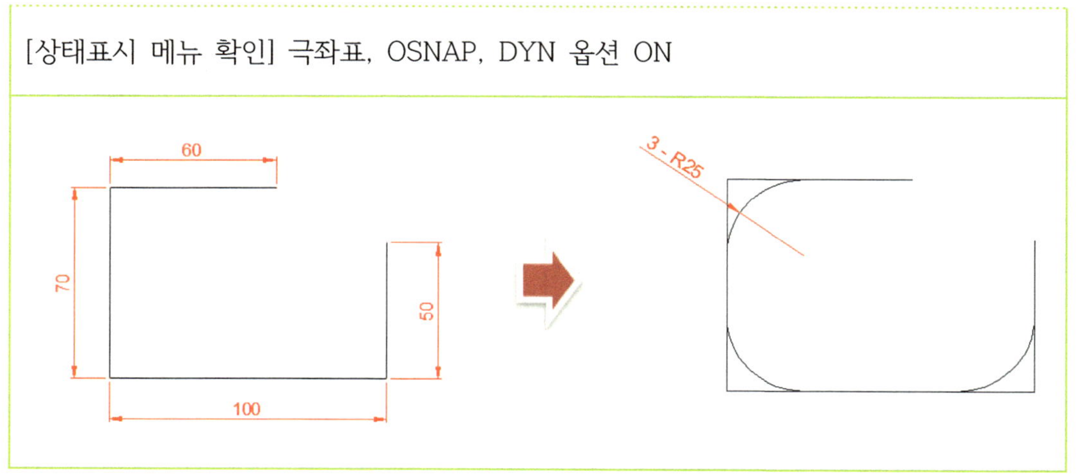

 응용 **모깍기(F)를 이용한 도면 작성**

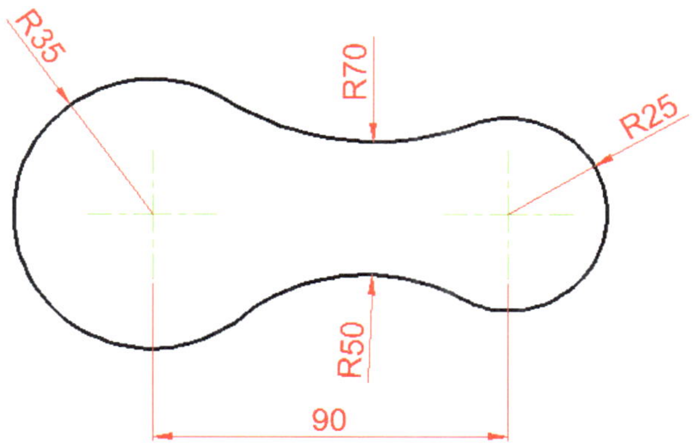

R35
R70
R25
R50
90

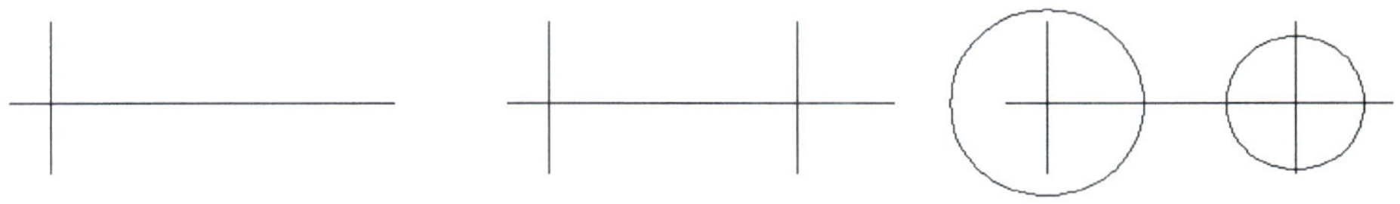

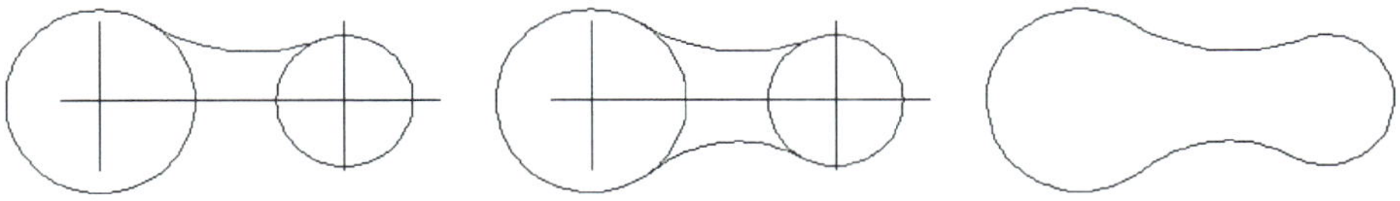

도면 치수를 참고하여 적당히 수평선과 수직선을 그린다.
⇨ 간격띄우기 : **90**

중심선을 기준으로
원을 그린다.

반지름 **35, 25**

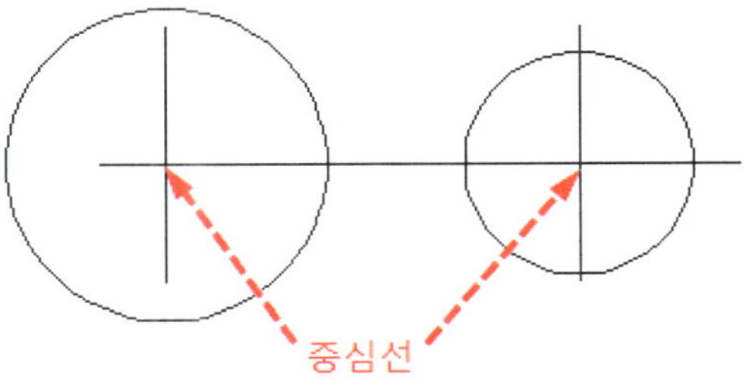

중심선

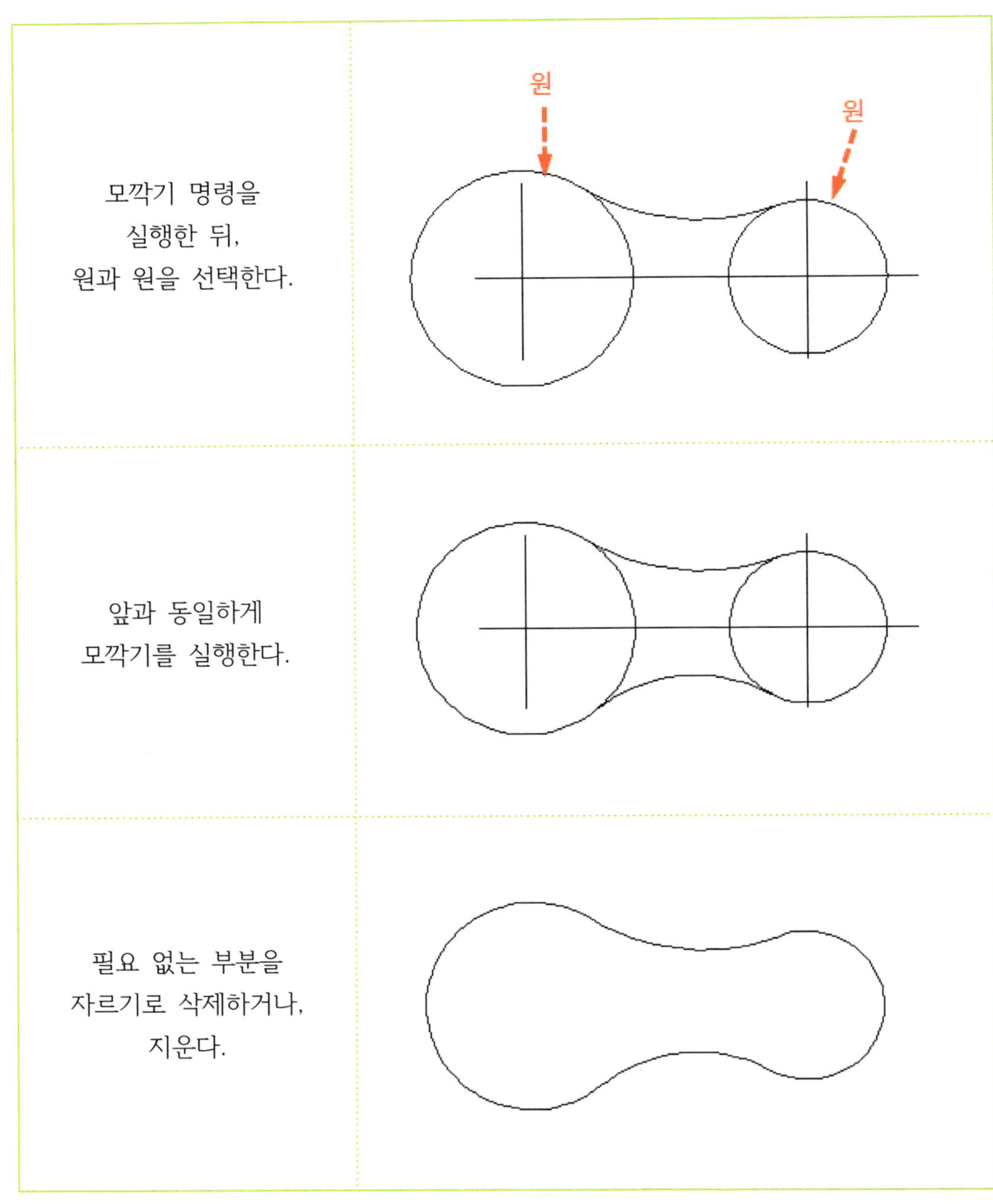

모깍기 명령을
실행한 뒤,
원과 원을 선택한다.

앞과 동일하게
모깍기를 실행한다.

필요 없는 부분을
자르기로 삭제하거나,
지운다.

응용 모깍기(F)를 이용한 도면 작성

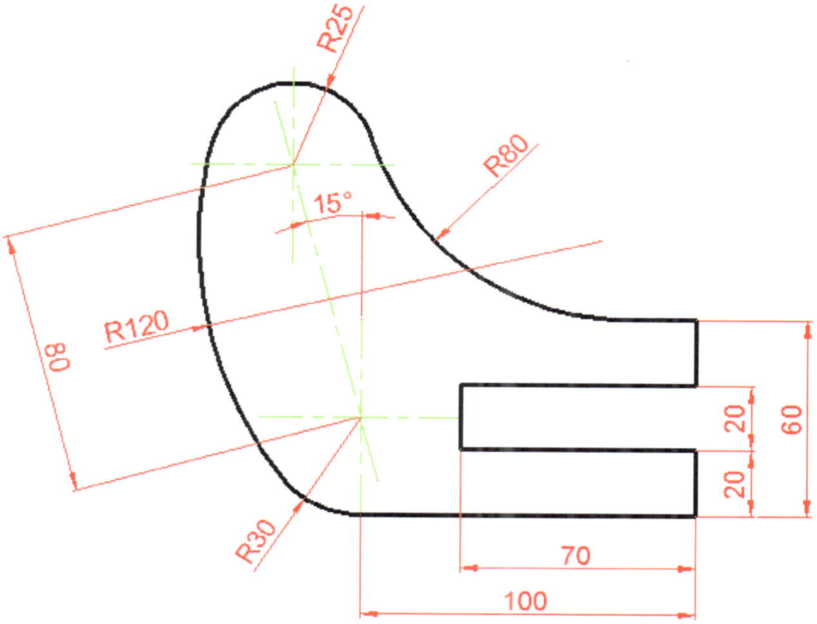

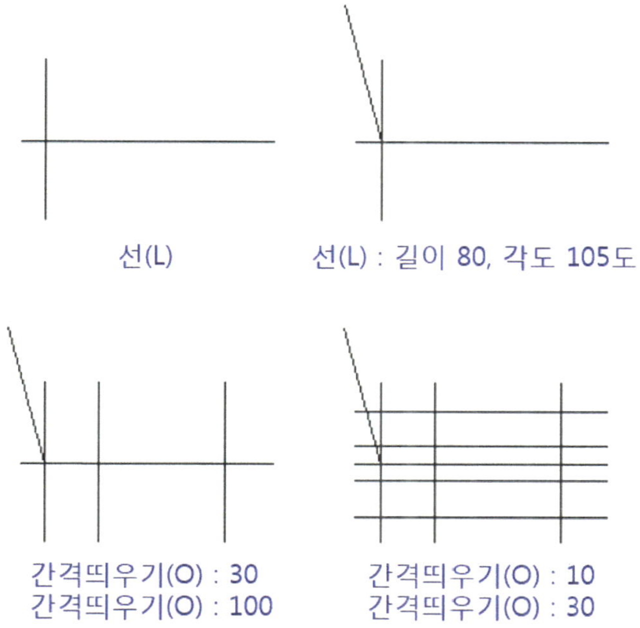

선(L)

선(L) : 길이 80, 각도 105도

간격띄우기(O) : 30
간격띄우기(O) : 100

간격띄우기(O) : 10
간격띄우기(O) : 30

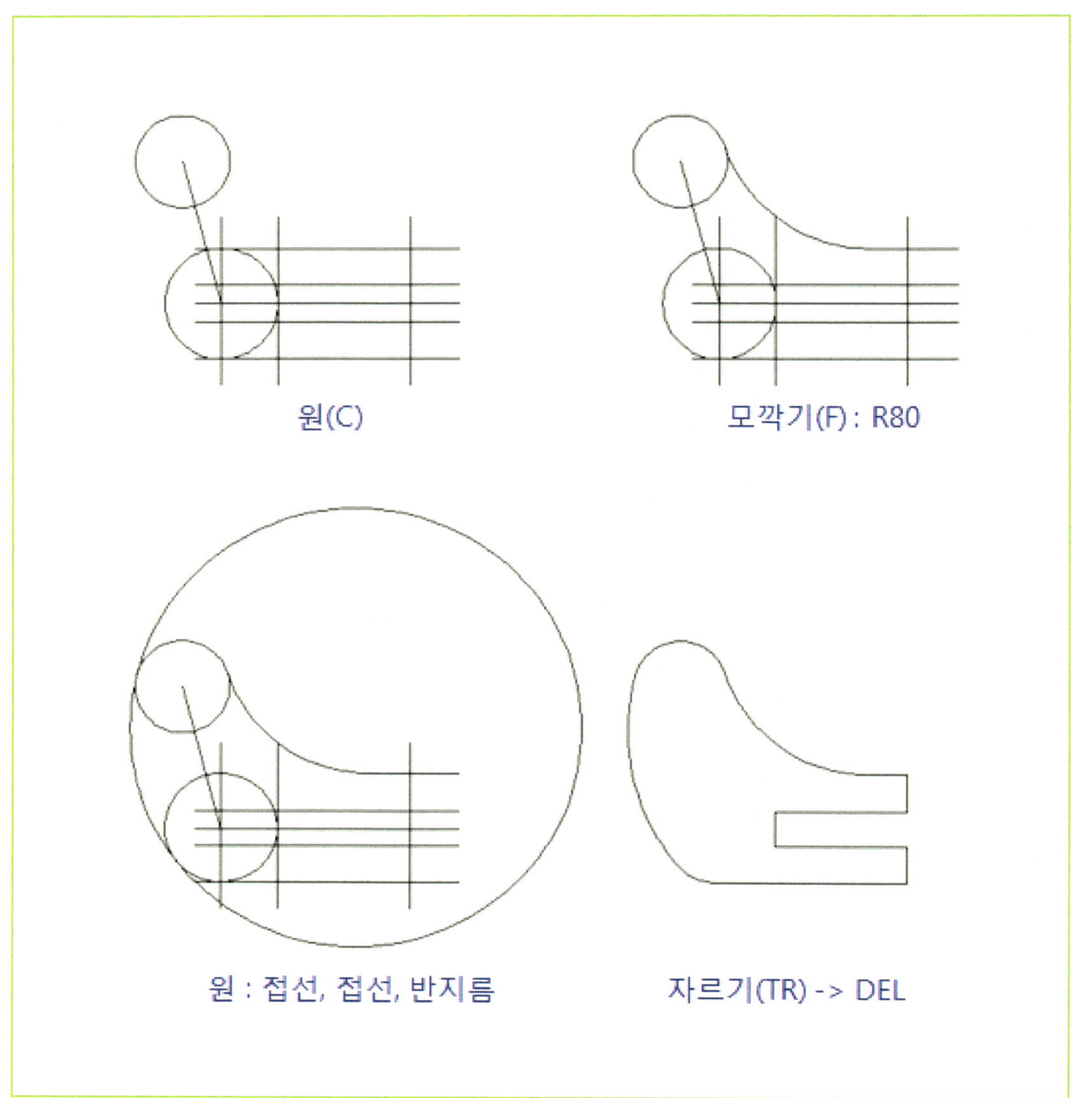
원(C)
모깍기(F) : R80
원 : 접선, 접선, 반지름
자르기(TR) -> DEL

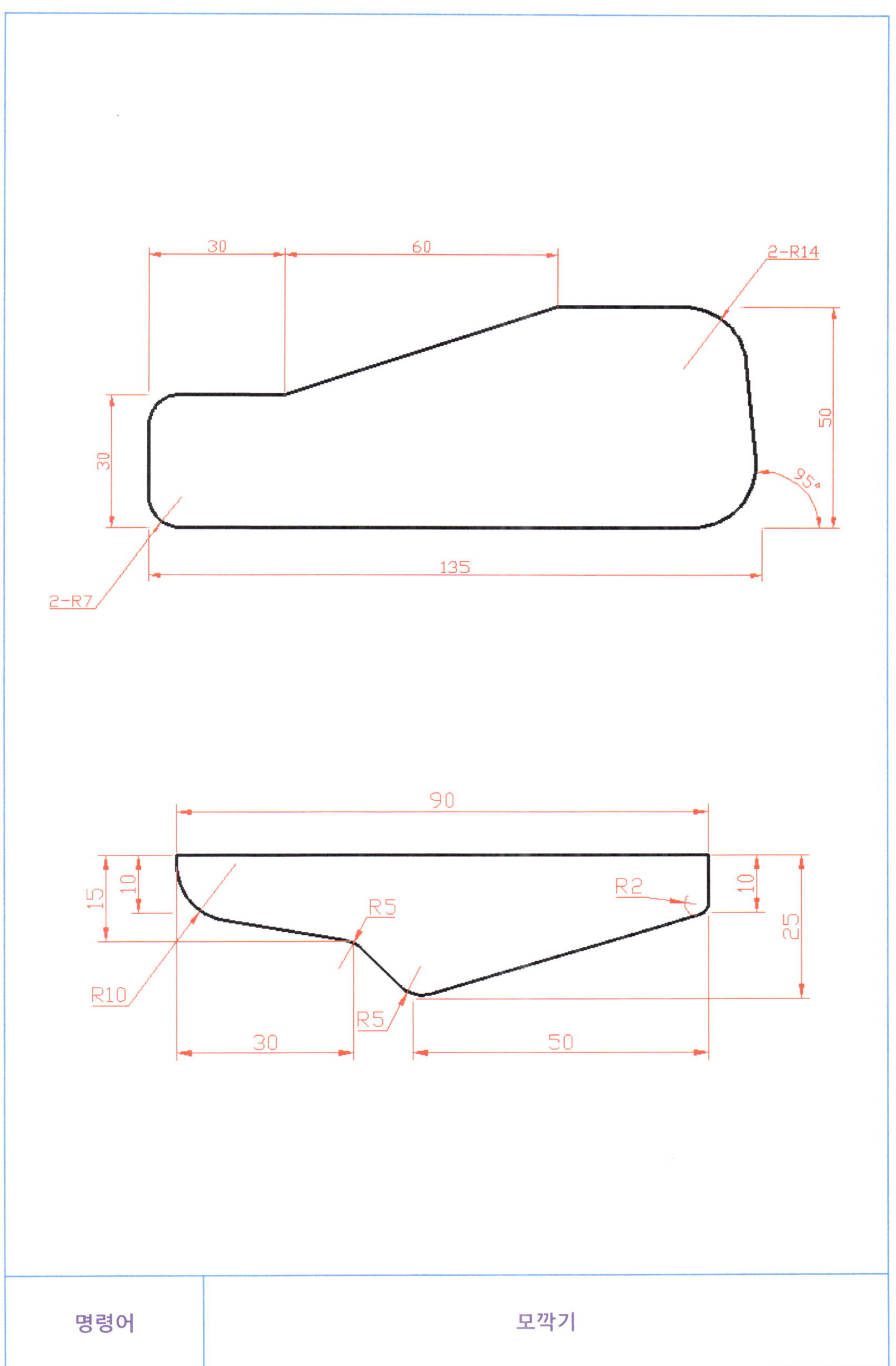
30
60
2-R14
50
30
95°
135
2-R7
90
15
10
R2
10
25
R5
R10
R5
30
50
명령어
모깍기

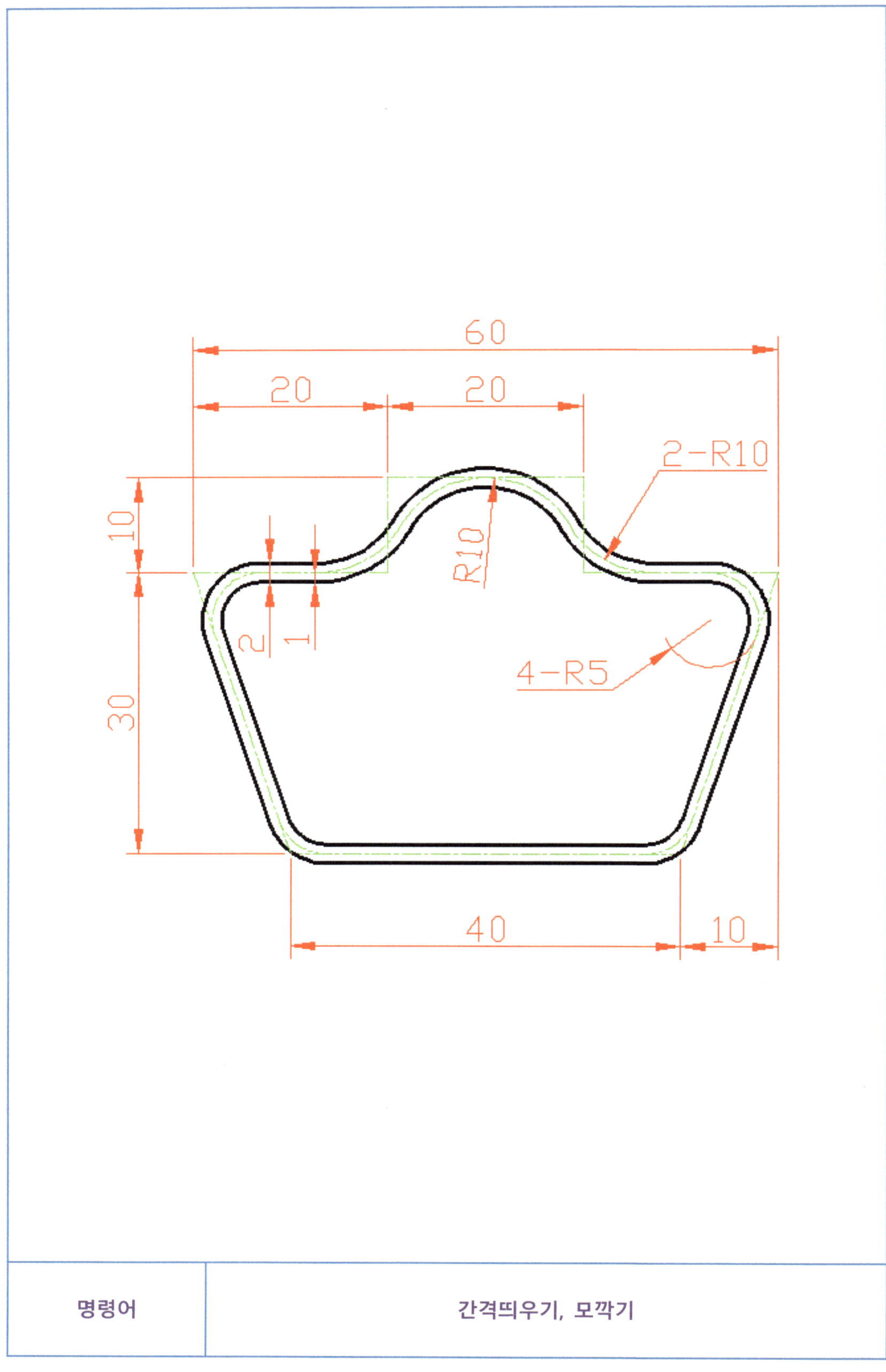

명령어	간격띄우기, 모깍기

14. 모따기(CHAMBER) : 선택한 두 객체 사이를 일정값만큼 비스듬하게 깍는다

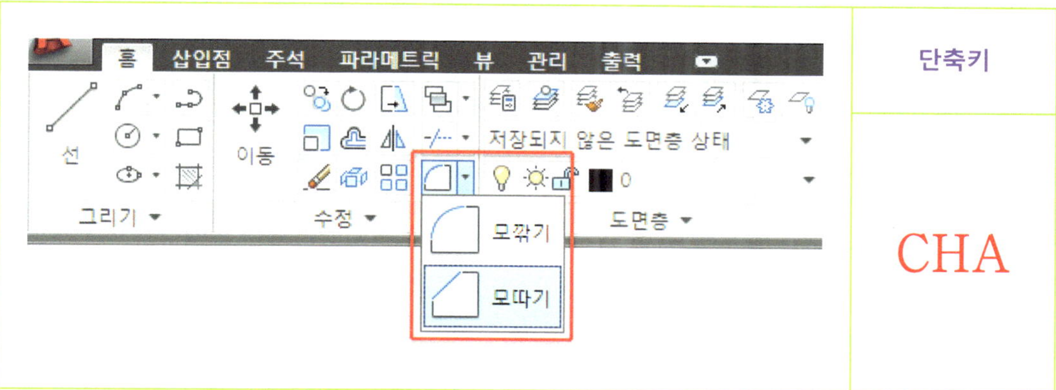

실행 : 명령창에 단축키 'CHA' 입력 후, Enter↵
또는 [모따기 아이콘 클릭]

[모따기 옵션 : 거리, 거리]

명령 : **CHA**
(TRIM 모드) 현재 모따기 거리1 = 0.0000, 거리2 = 0.0000
첫 번째 선 선택 또는 [명령 취소(U)/폴리선(P)/거리(D)/각도(A)/자르기(T)/메서드(E)/다중(M)] : **D 입력**
첫 번째 모따기 거리 지정 <0.0000> : **거리값 입력**
두 번째 모따기 거리 지정 <0.0000> : **거리값 입력**
첫 번째 선 선택 또는 [명령 취소(U)/폴리선(P)/거리(D)/각도(A)/자르기(T)/메서드(E)/다중(M)] : **객체 선택**
두 번째 선 선택 또는 Shift 키를 누른 채 선택하여 구석 적용 : **객체 선택**

[모따기 옵션 : 길이, 각도]

명령 : **CHA**
(TRIM 모드) 현재 모따기 거리1 = 0.0000, 거리2 = 0.0000
첫 번째 선 선택 또는 [명령 취소(U)/폴리선(P)/거리(D)/각도(A)/자르기(T)/메서드(E)/다중(M)] : **A 입력**
첫 번째 선의 모따기 길이 지정 <0.0000> : **길이값 입력**
첫 번째 선으로부터 모따기 각도 지정 <0> : **각도값 입력**
첫 번째 선 선택 또는 [명령 취소(U)/폴리선(P)/거리(D)/각도(A)/자르기(T)/메서드(E)/다중(M)] : **객체 선택**
두 번째 선 선택 또는 Shift 키를 누른 채 선택하여 구석 적용 : **객체 선택**

예제 모따기

[상태표시 메뉴 확인] 극좌표, OSNAP, DYN 옵션 ON

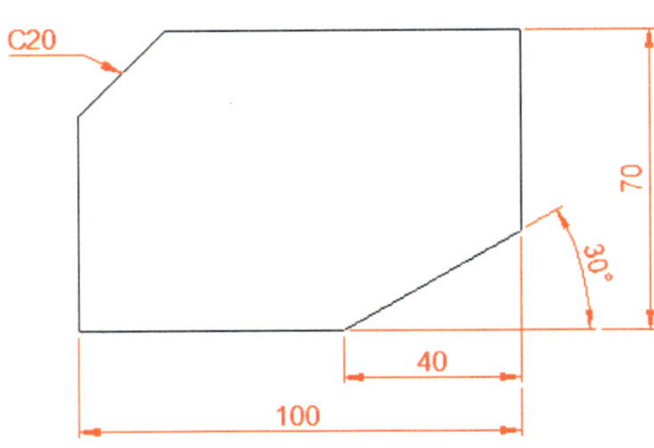

사각형 생성 [단축키 : **REC**]	
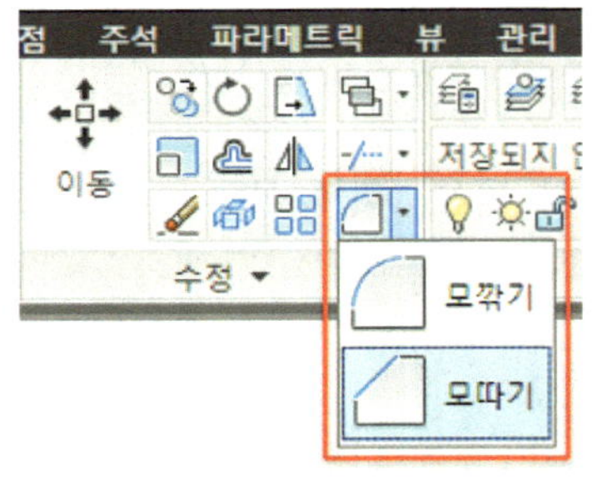 ① '**CHA**' 입력 후, Enter↵	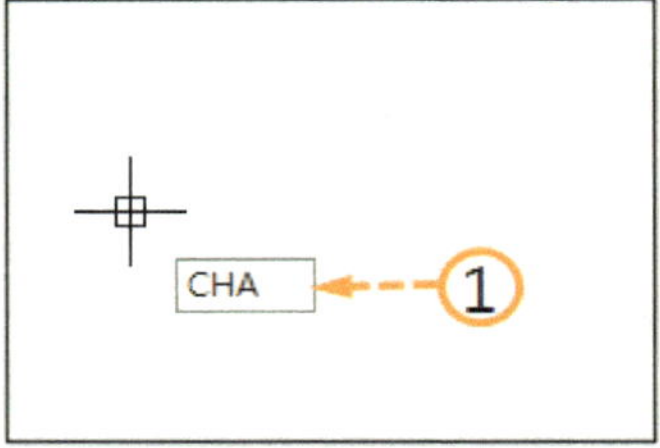
거리값을 지정하기 위해 **D** 입력 ⇩ Enter↵	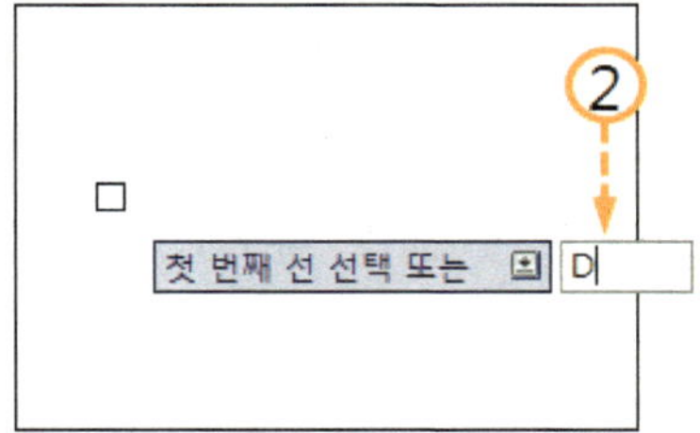

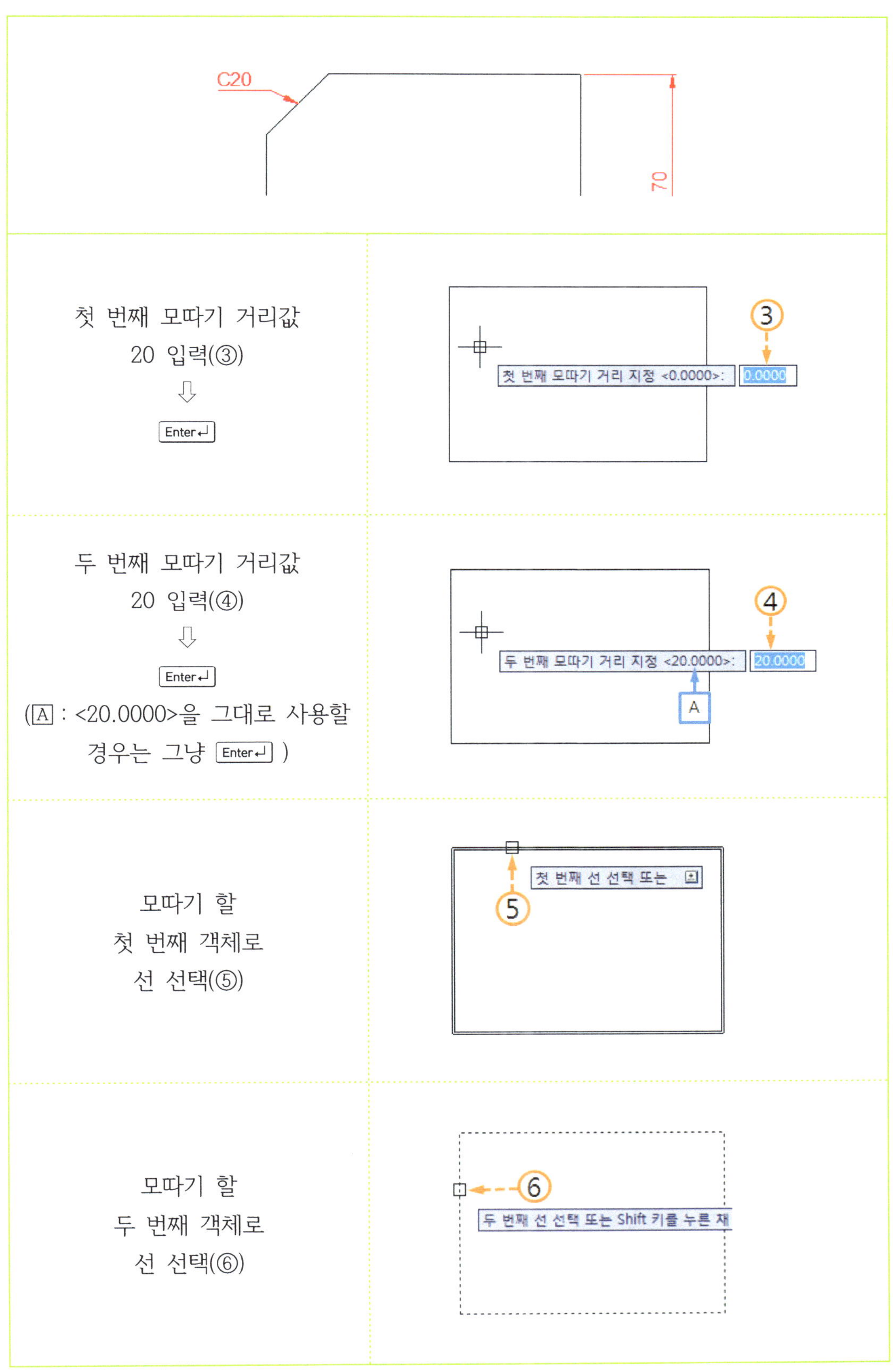
C20
70
첫 번째 모따기 거리값
20 입력(③)
Enter
첫 번째 모따기 거리 지정 <0.0000>:
0.0000
③
두 번째 모따기 거리값
20 입력(④)
Enter
(A : <20.0000>을 그대로 사용할
경우는 그냥 Enter)
두 번째 모따기 거리 지정 <20.0000>:
20.0000
④
A
모따기 할
첫 번째 객체로
선 선택(⑤)
첫 번째 선 선택 또는
⑤
모따기 할
두 번째 객체로
선 선택(⑥)
두 번째 선 선택 또는 Shift 키를 누른 채
⑥

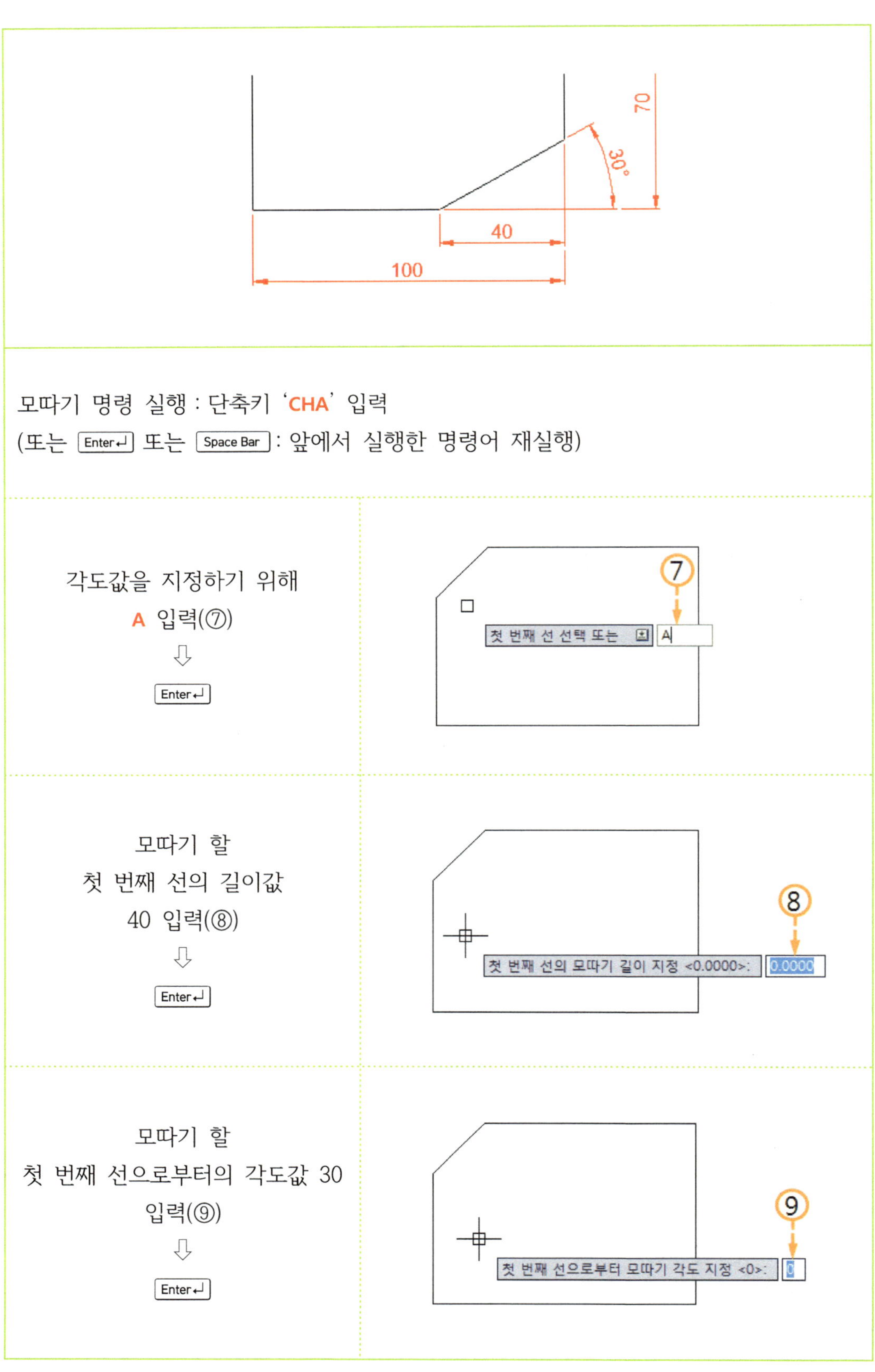
70
30°
40
100
모따기 명령 실행 : 단축키 'CHA' 입력
(또는 Enter 또는 Space Bar : 앞에서 실행한 명령어 재실행)
각도값을 지정하기 위해
A 입력(⑦)
Enter
7
첫 번째 선 선택 또는
A
모따기 할
첫 번째 선의 길이값
40 입력(⑧)
Enter
8
첫 번째 선의 모따기 길이 지정 <0.0000>:
0.0000
모따기 할
첫 번째 선으로부터의 각도값 30
입력(⑨)
Enter
9
첫 번째 선으로부터 모따기 각도 지정 <0>:
0

모따기 할 첫 번째 선 선택(⑩)	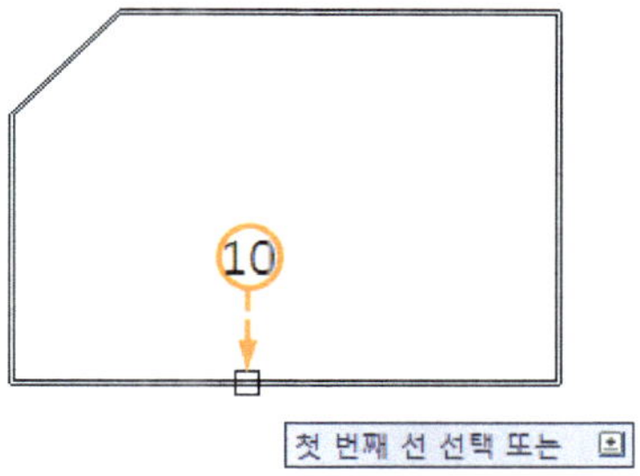 10 첫 번째 선 선택 또는
모따기 할 두 번째 선 선택(⑪)	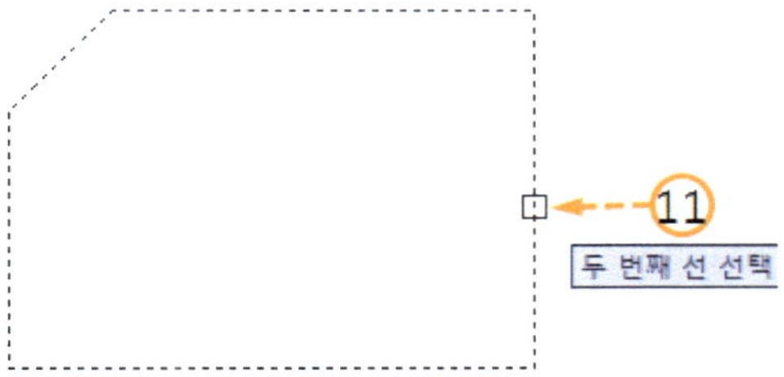 11 두 번째 선 선택
	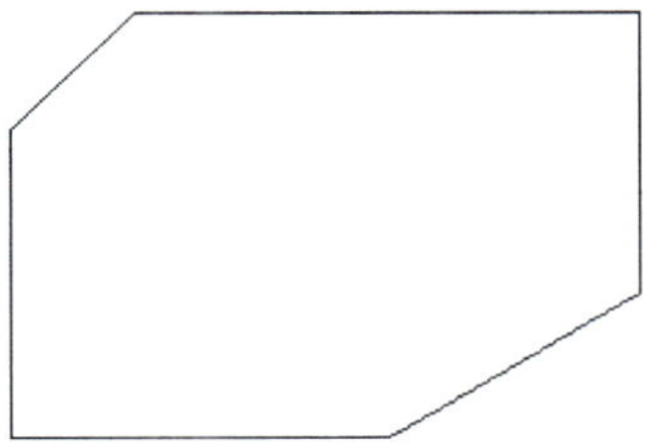

연습 모따기

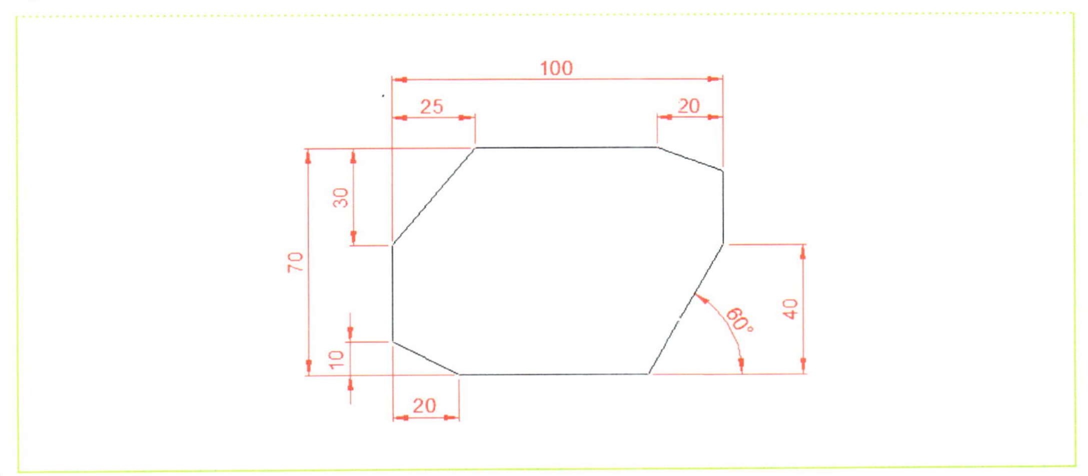

응용 모따기(CHA)를 이용한 도면 작성

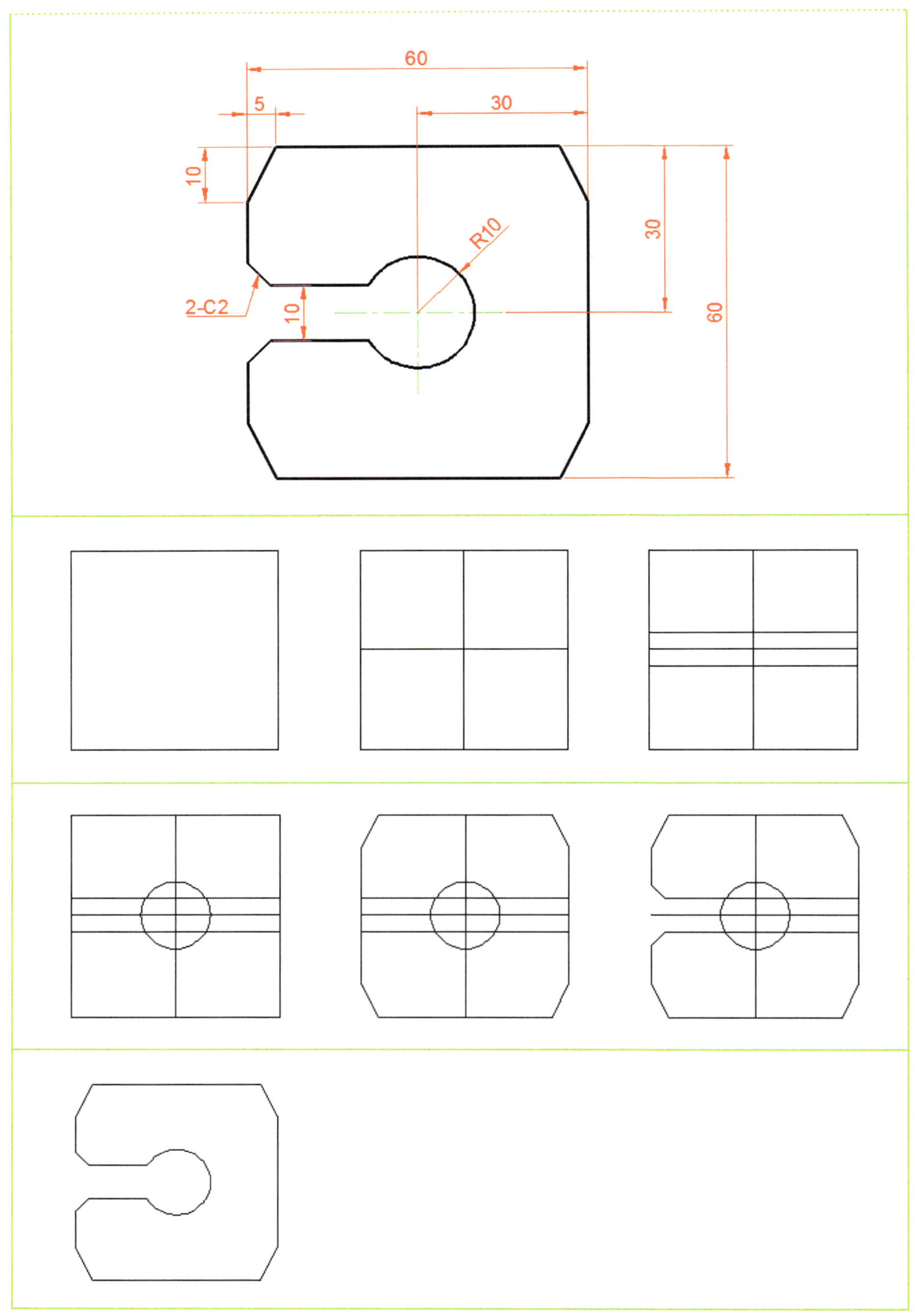

60×60 사각형을 그린다.		사각형을 분해시킨다.
간격띄우기 : **30**		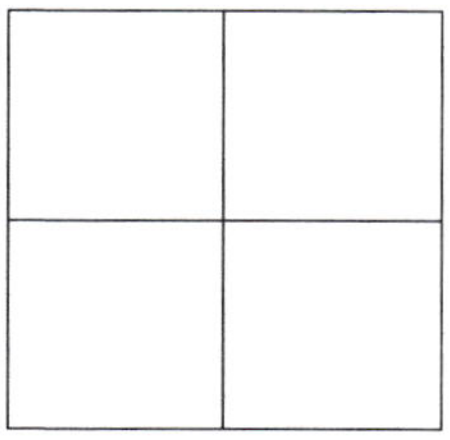 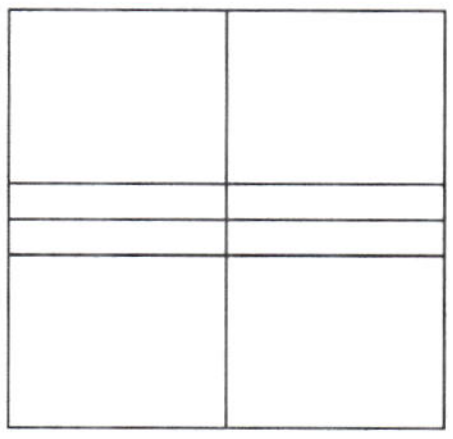 간격띄우기 : **5**
원을 그린다. 반지름 **10**		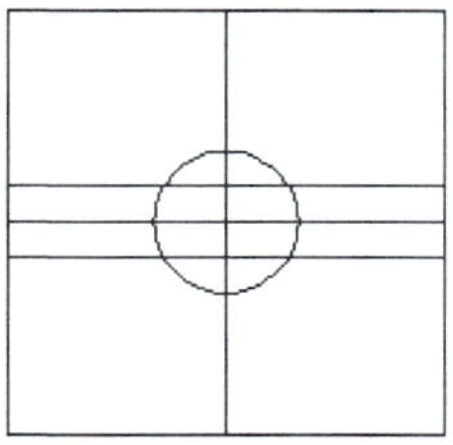 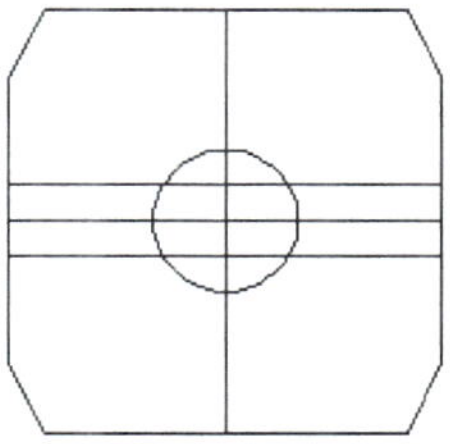 모따기 : **5 / 10**
모따기 : **C2**		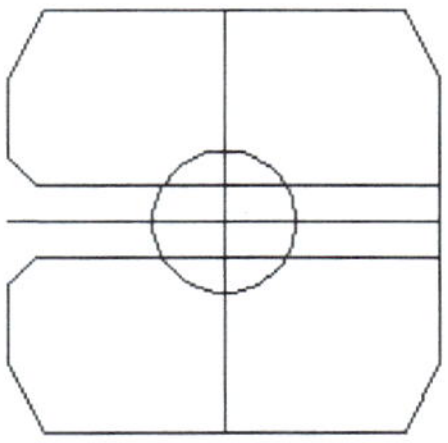 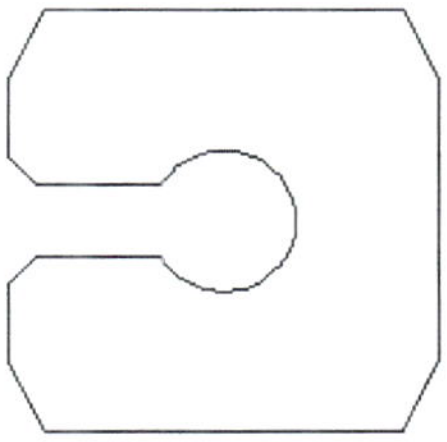 필요 없는 부분을 자르기로 제거한다.

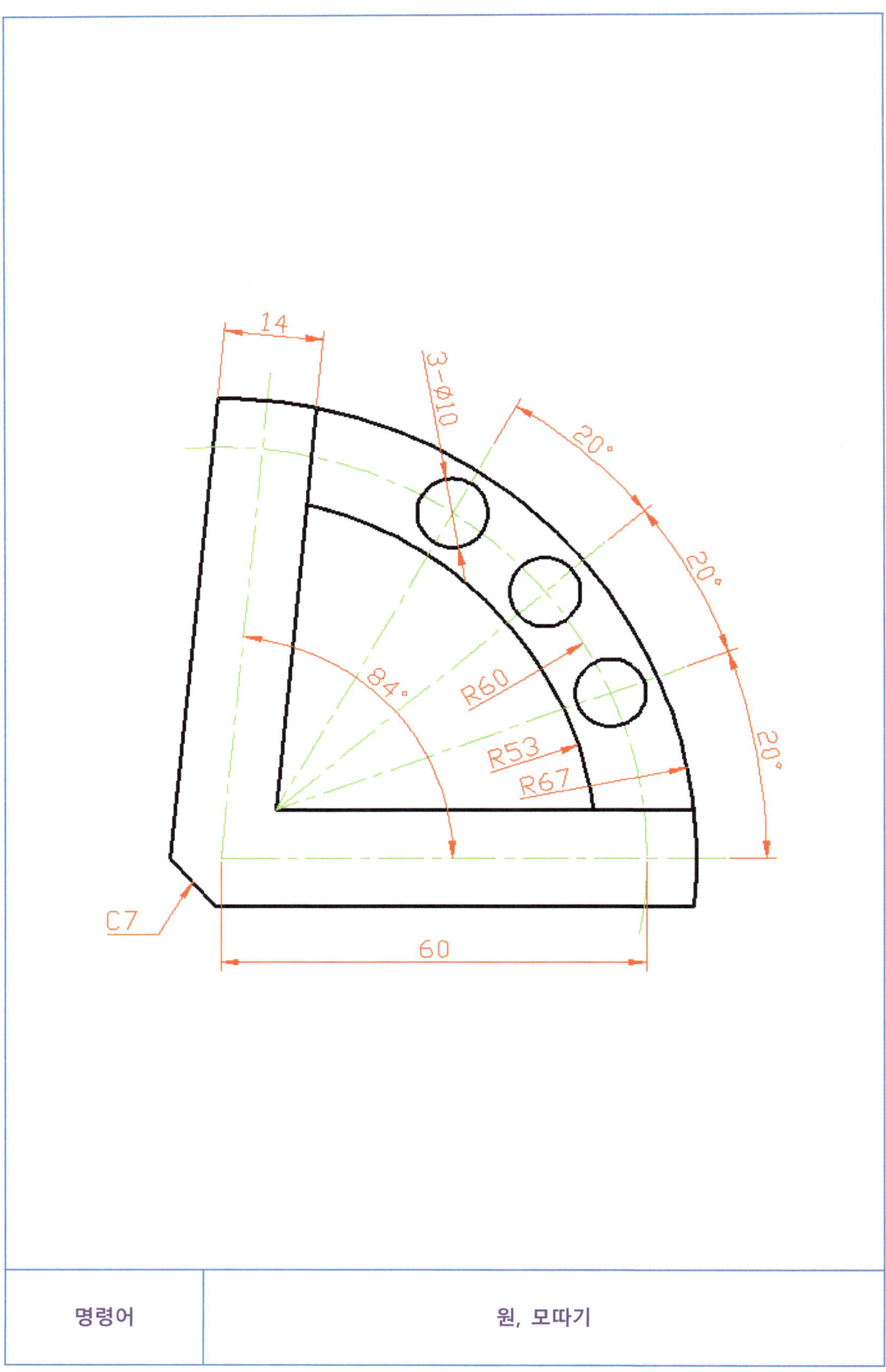

명령어	원, 모따기

15. 다각형(POLYGON) : 다각형을 생성한다

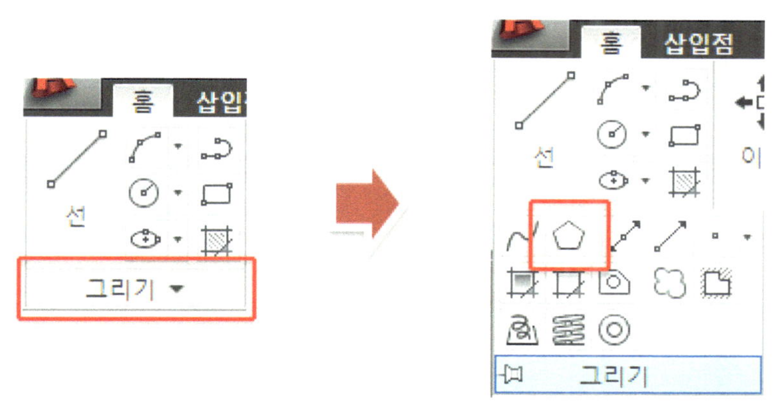

단축키
POL

실행 : 명령창에 단축키 'POL' 입력 후, Enter↵
또는 [다각형 아이콘 클릭]

명령 : **POL**
POLYGON 면의 수 입력 <4> : **다각형의 면수 입력**
다각형의 중심을 지정 또는 [모서리(E)] : **중심 지정**
옵션을 입력 [원에 내접(I)/원에 외접(C)] <I> : **내접/외접 선택**
원의 반지름 지정 : **반지름값 입력**

다각형 옵션 : 내접(I)/외접(C)

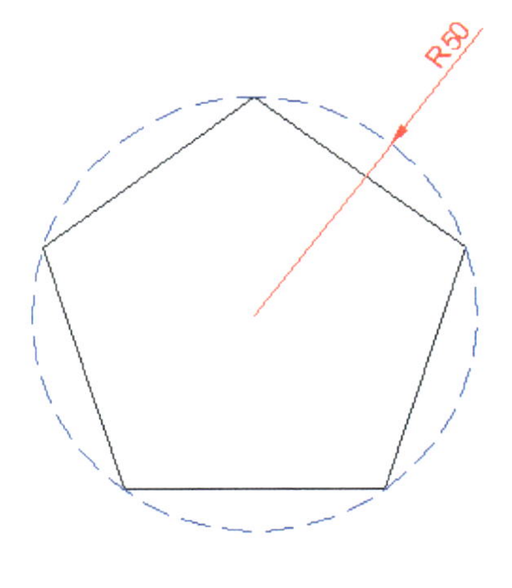

[원에 내접한 다각형]

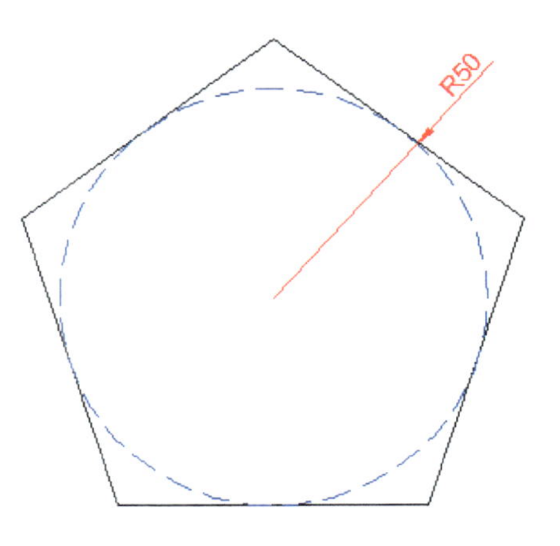

[원에 외접한 다각형]

예제 원에 내접하는 5각형 그리기

[상태표시 메뉴 확인] 극좌표, OSNAP, DYN 옵션 ON

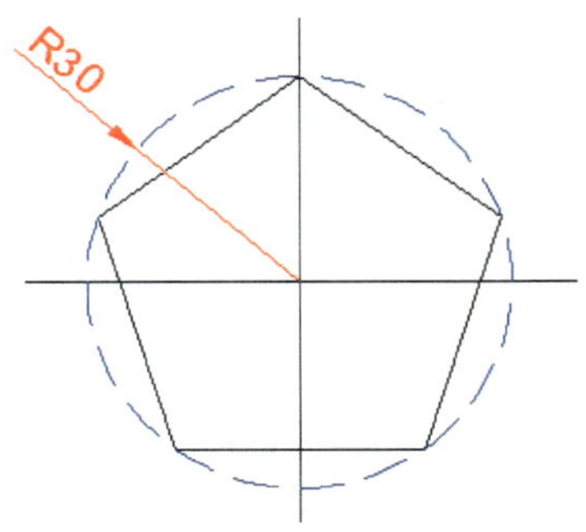

도면을 참고하여 적당한 길이의 선 생성 [단축키 : **REC**]	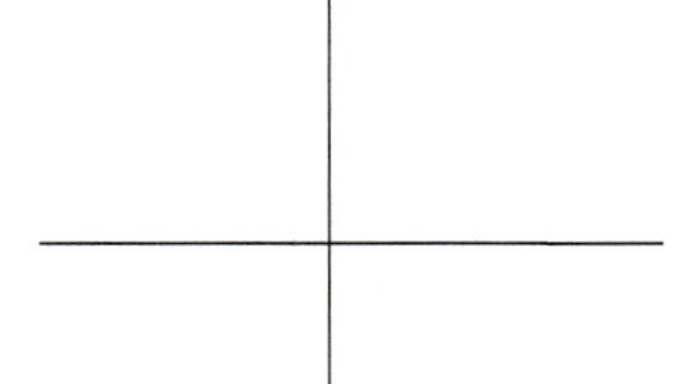
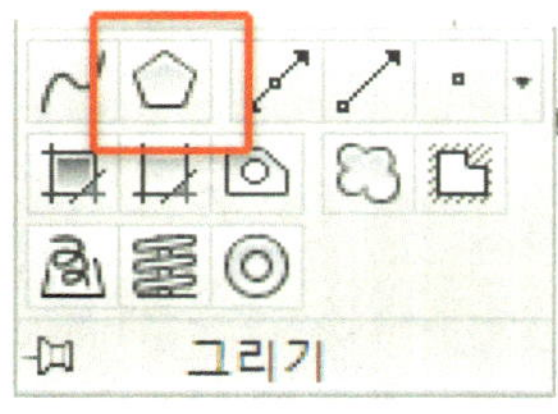 ① '**POL**' 입력 후, Enter↵	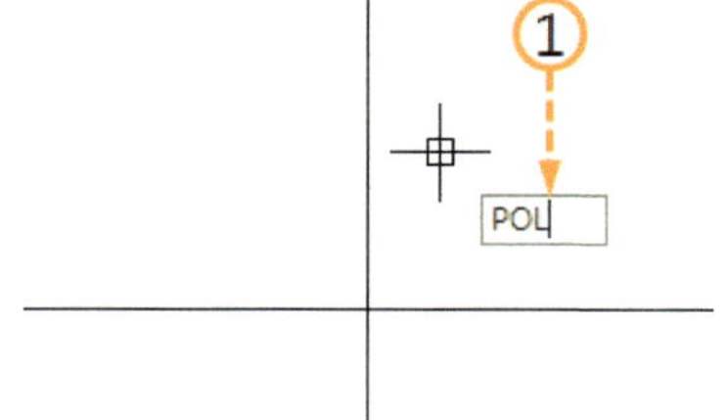
다각형 면의 수 5 입력(②) ⇩ Enter↵	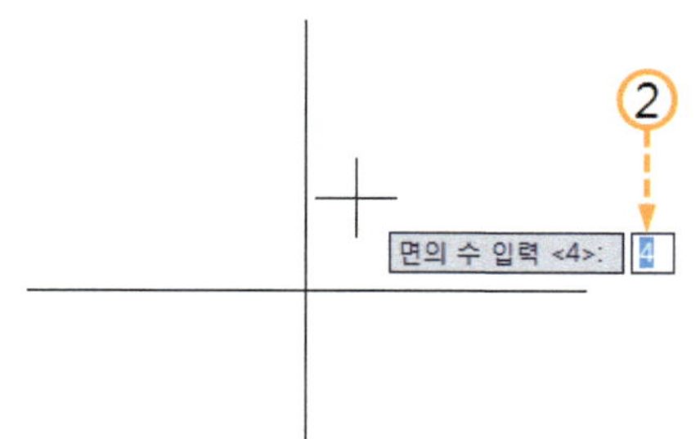

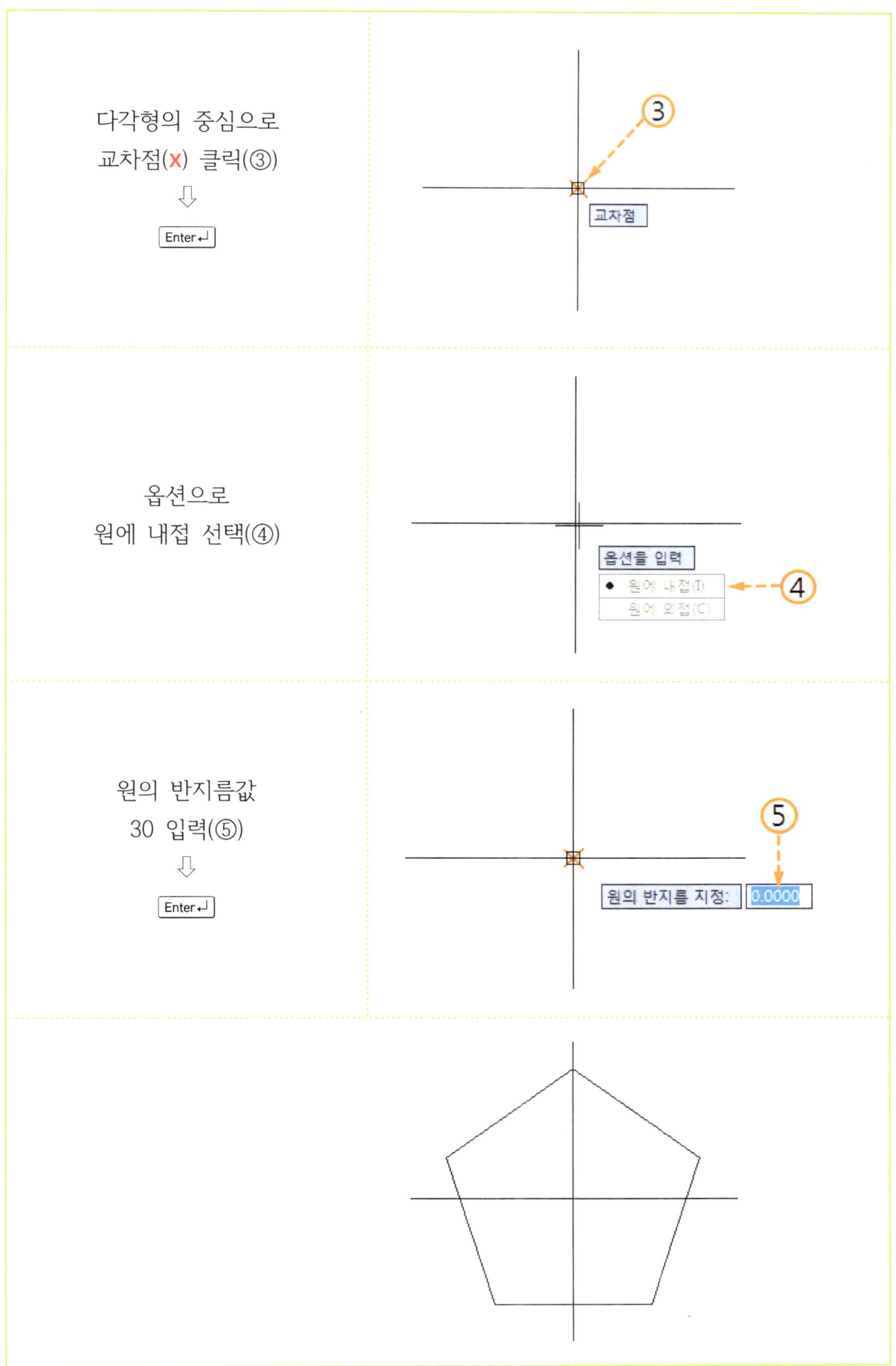

다각형의 중심으로
교차점(x) 클릭(③)
Enter
3
교차점
옵션으로
원에 내접 선택(④)
옵션을 입력
원에 내접(I)
원에 외접(C)
4
원의 반지름값
30 입력(⑤)
Enter
5
원의 반지름 지정:
0.0000

예제 모서리 옵션을 이용한 5각형 그리기

[상태표시 메뉴 확인] 극좌표, OSNAP, DYN 옵션 ON

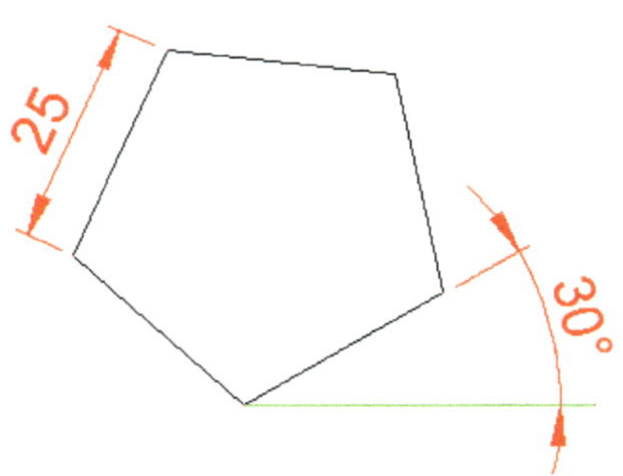

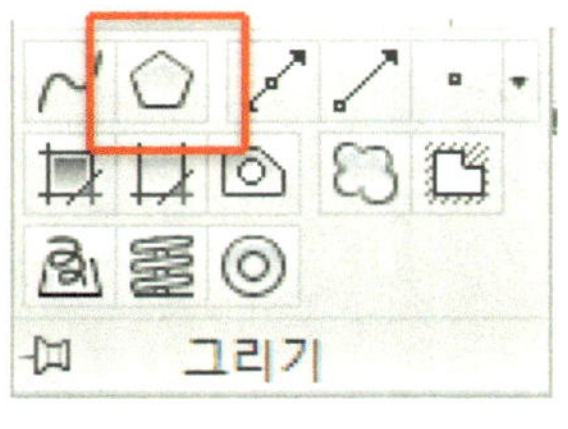

① 'POL' 입력 후, Enter↵

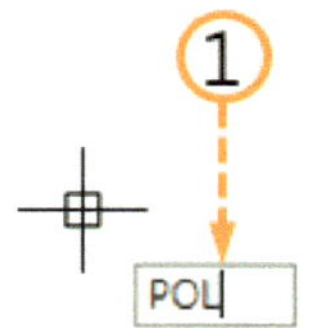

다각형 면의 수
5 입력(②)
⇩
Enter↵

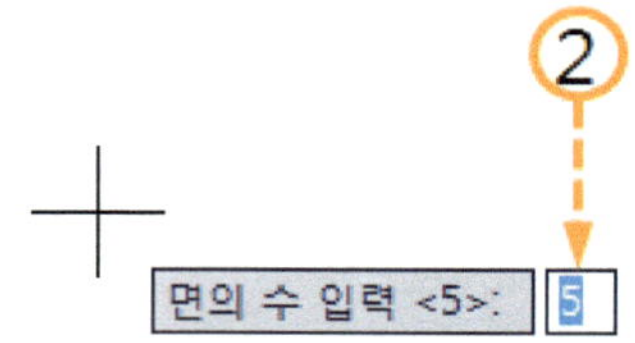

모서리(다각형 한 변의 값)를
지정하기 위하여
'E' 입력(③)
⇩
Enter↵

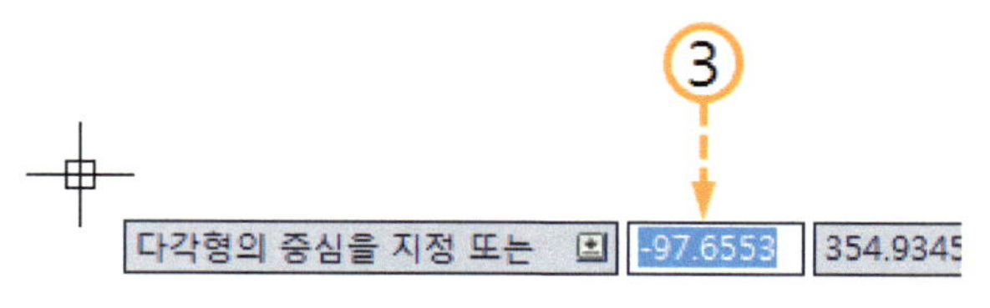

모서리의 첫 번째 끝점을 지정하기 위하여 : 마우스로 임의 지점 클릭

⇩

Enter↵

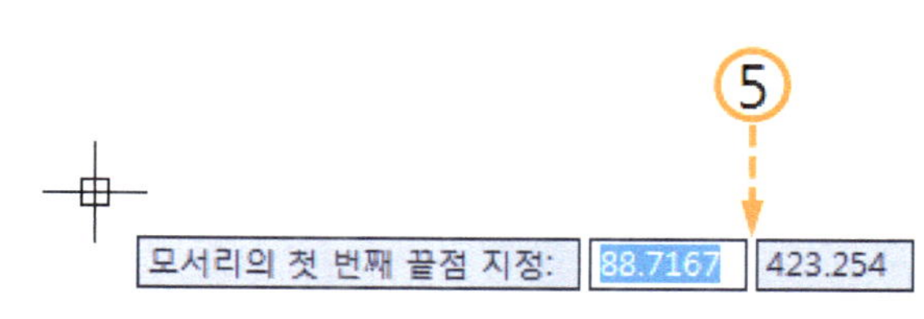

모서리의 두 번째 끝점을 지정하기 위하여 : 상자에 25와 30 입력

⇩

Enter↵

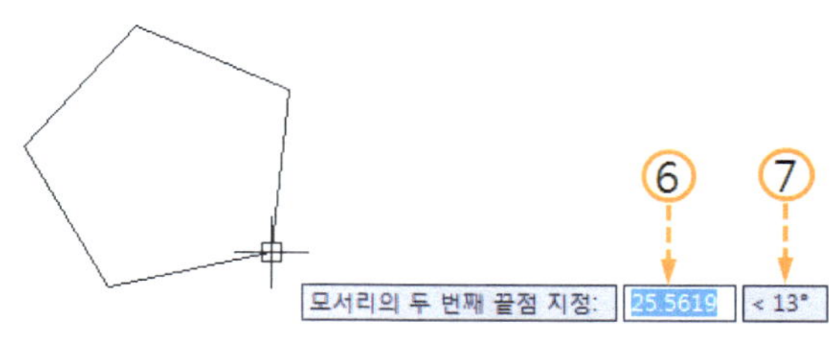

상자에 숫자 입력 : 25 ⭾(Tab 키) 30

(상자와 상자 간의 이동은 ⭾를 누른다.)

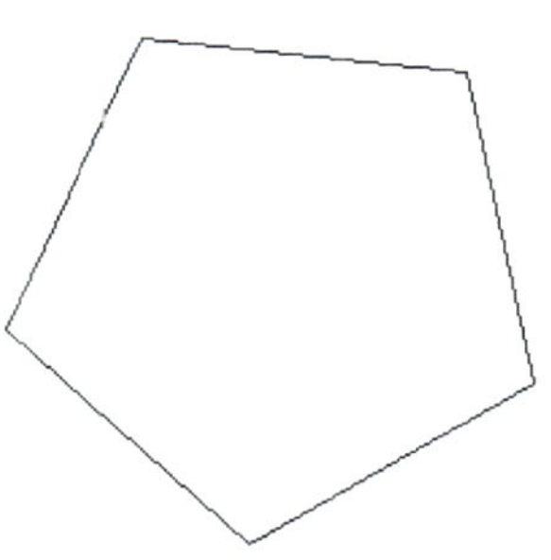

 연습 **여러 가지 다각형 그리기**

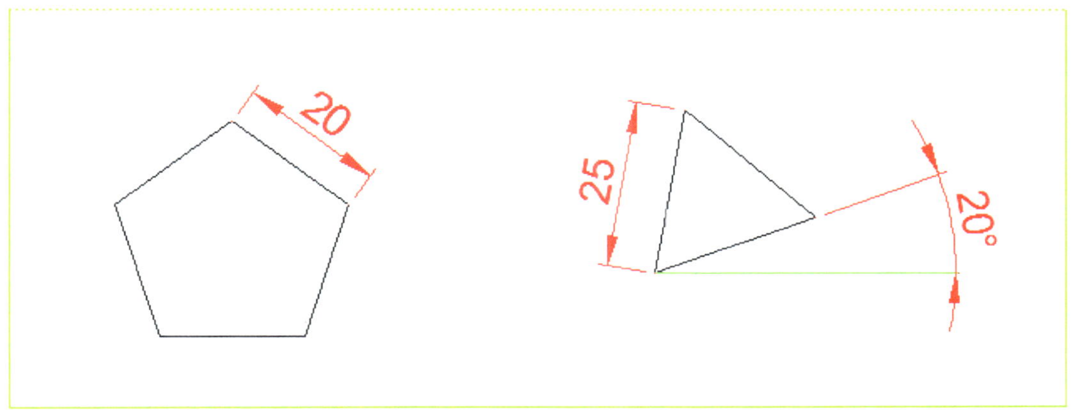

 응용 **다각형(POL)을 이용한 도면 작성**

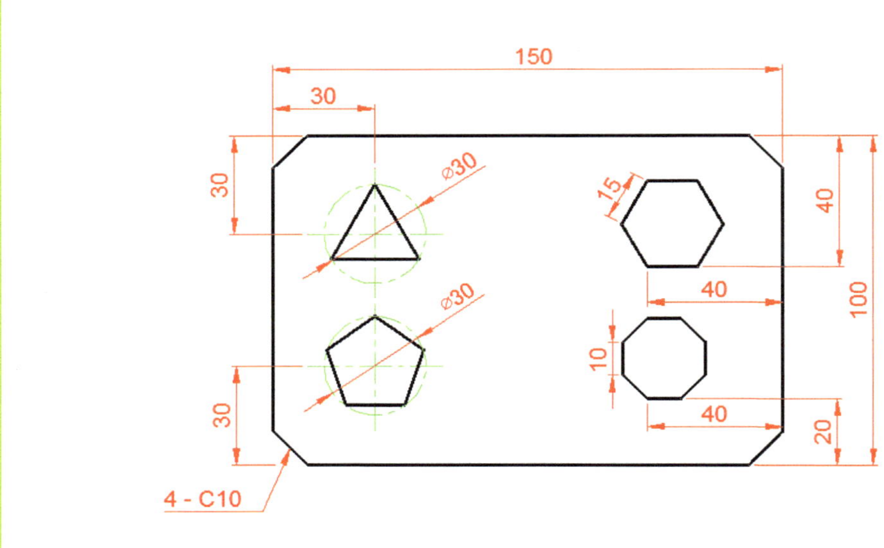

사각형(REC) -> 분해(X)

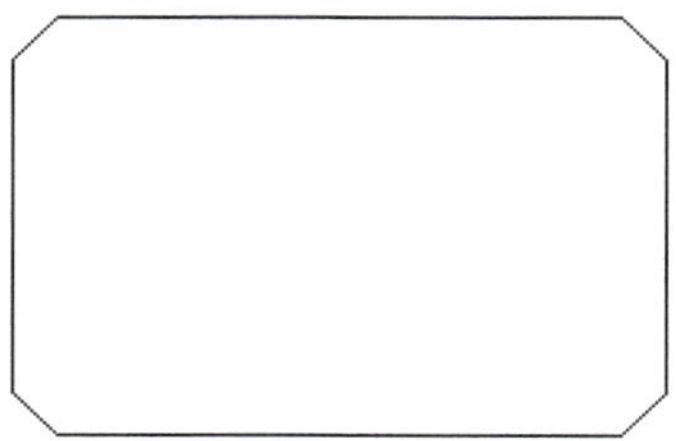

모따기(CHA) : C10

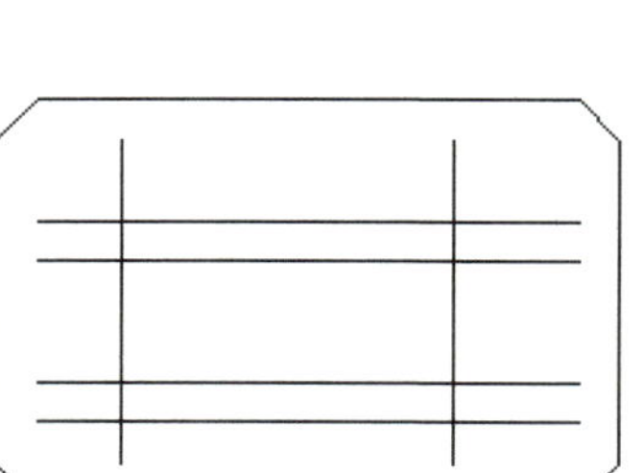

간격띄우기(O)

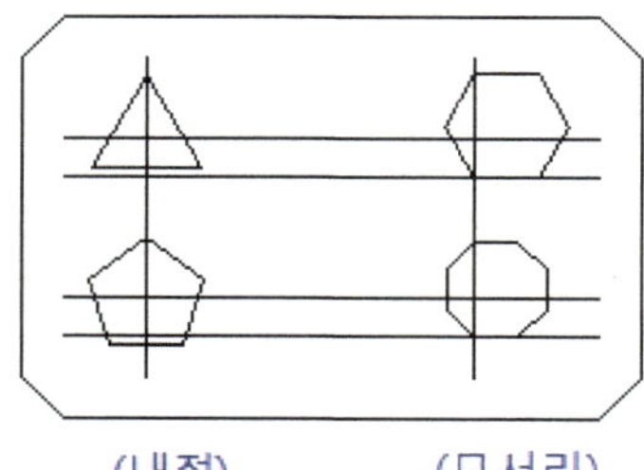

(내접) (모서리)
다각형(POL)

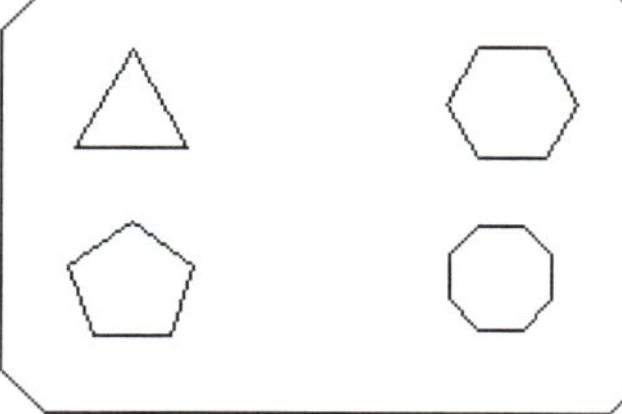

16. 회전(ROTATE) : 객체를 일정 각도만큼 회전시킨다

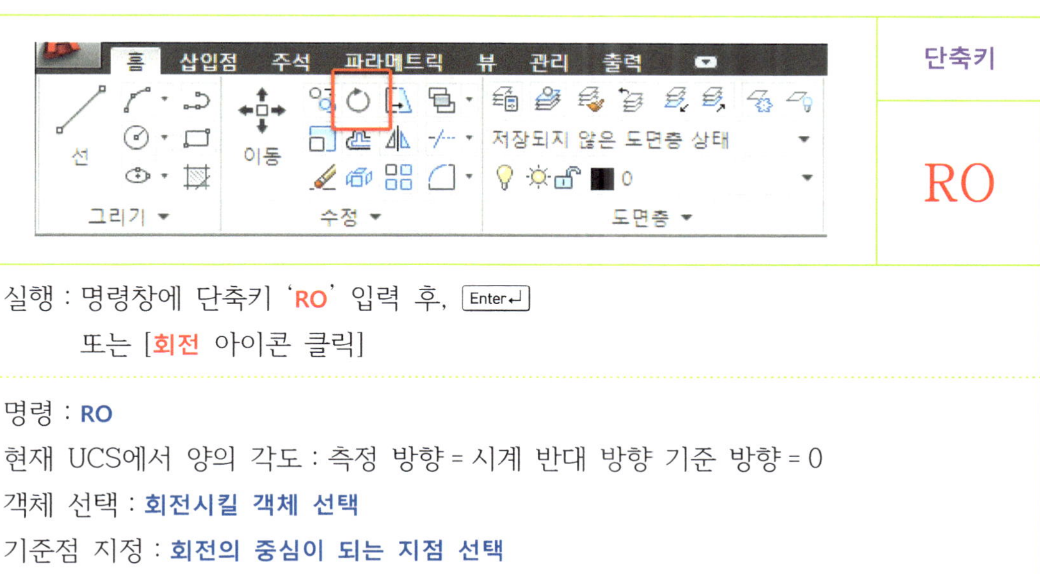

	단축키
	RO

실행 : 명령창에 단축키 'RO' 입력 후, Enter↵
또는 [회전 아이콘 클릭]

명령 : RO
현재 UCS에서 양의 각도 : 측정 방향 = 시계 반대 방향 기준 방향 = 0
객체 선택 : **회전시킬 객체 선택**
기준점 지정 : **회전의 중심이 되는 지점 선택**
회전 각도 지정 또는 [복사(C)/참조(R)] <0> : **각도 입력**

예제 직사각형 회전

[상태표시 메뉴 확인] 극좌표, OSNAP, DYN 옵션 ON

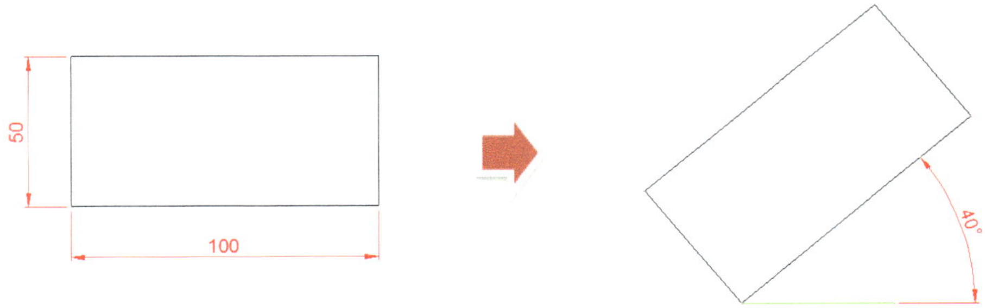

50
100
40°

도면과 같은 크기의 사각형 생성 [단축키 : REC]	
① 단축키 'RO' 입력 후, Enter↵	① RO

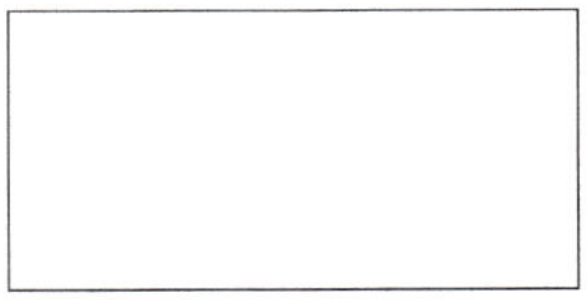

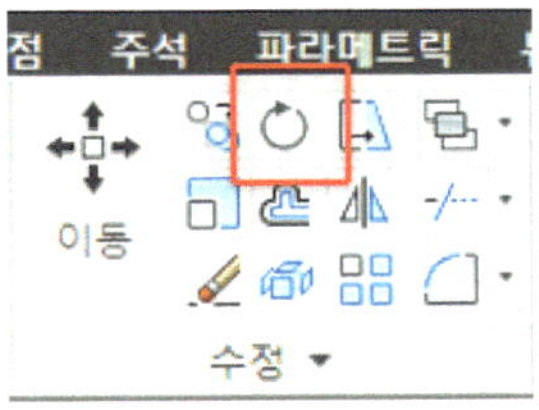

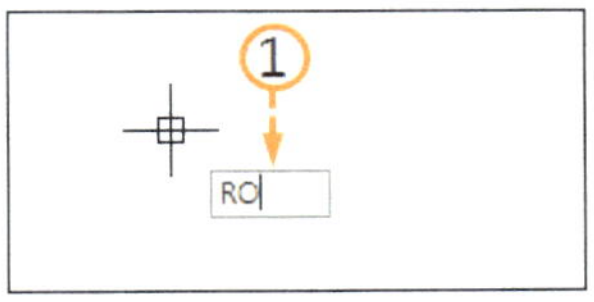

회전시킬 객체로 사각형 선택(②) ⇩ 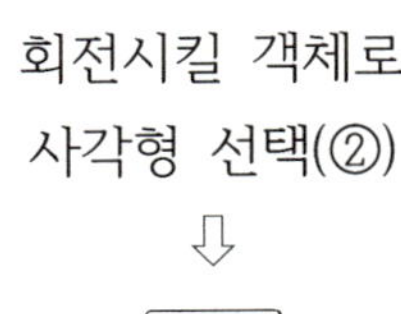	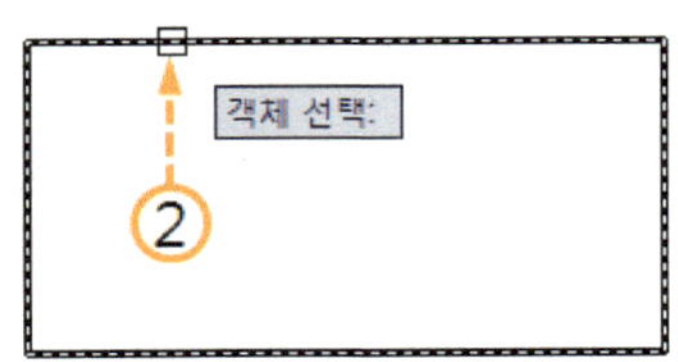
회전의 중심이 되는 기준점으로 사각형의 왼쪽 하단 끝점(□)을 선택(③)	
회전 각도 40 입력(④) (반시계 방향 : + 시계 방향 : -)	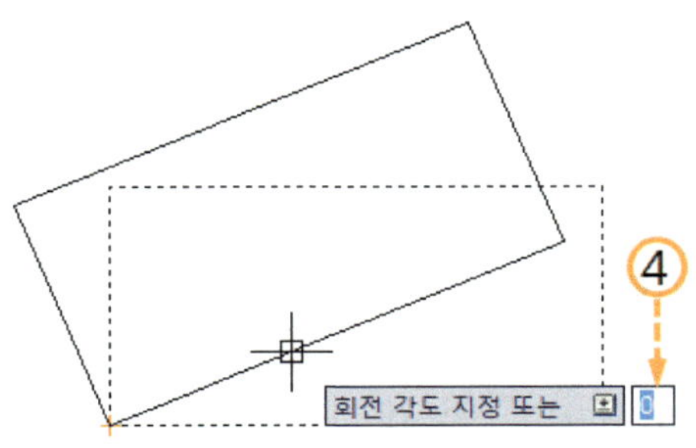
	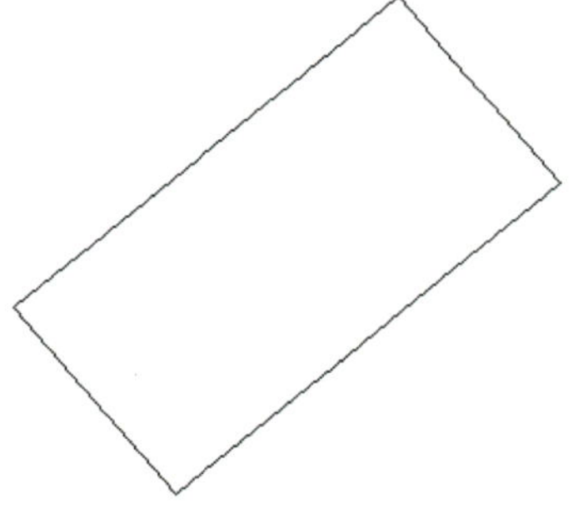

연습 원의 중심을 기준점으로 회전

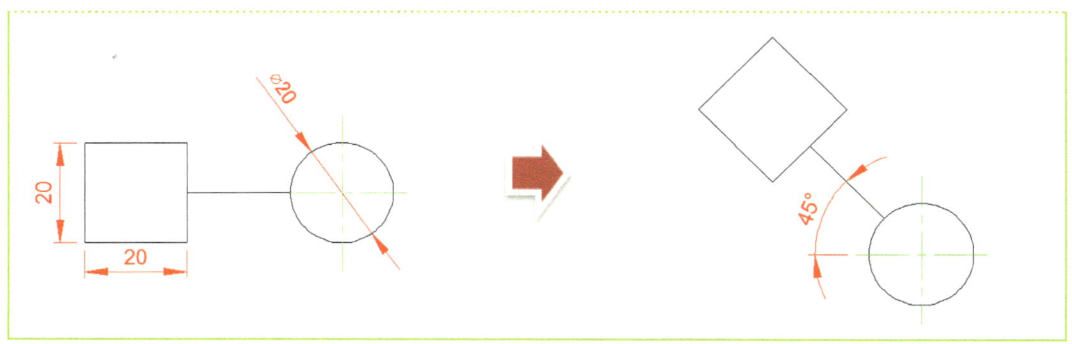

응용 회전(RO)을 이용한 도면 작성

선(L) ->간격띄우기(O) : 50

간격띄우기(O) : 10

원(C)

다각형(POL)

회전(RO)

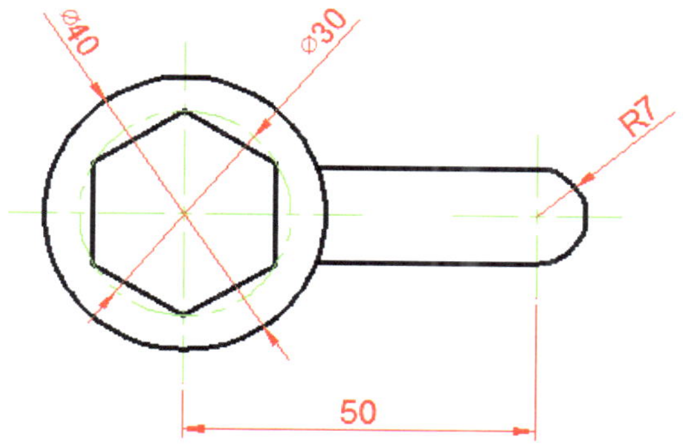

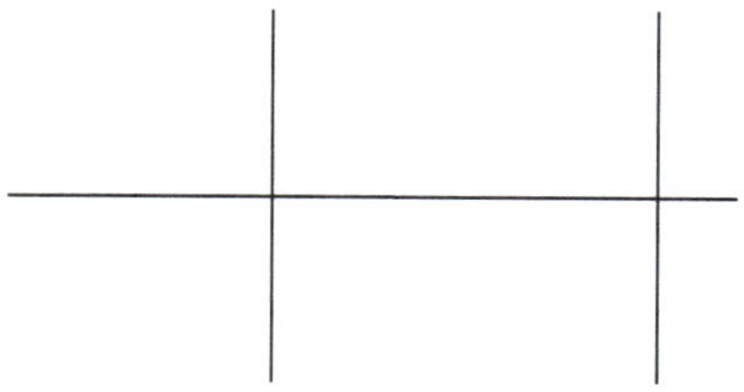

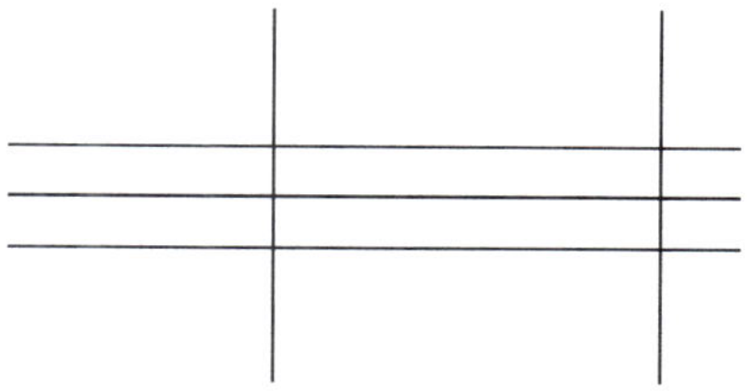

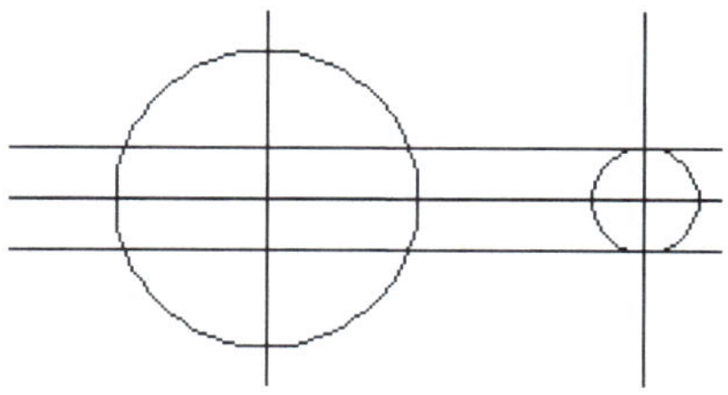

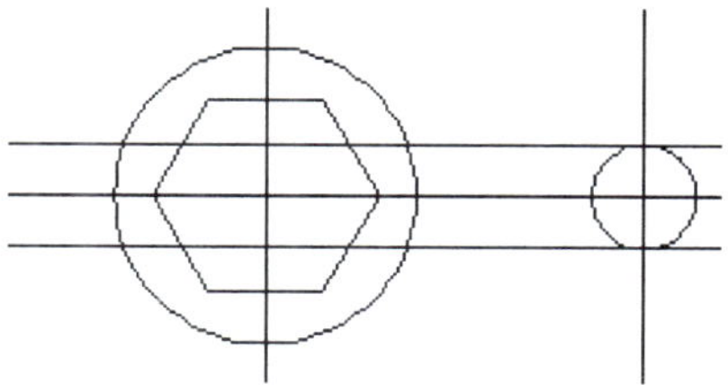

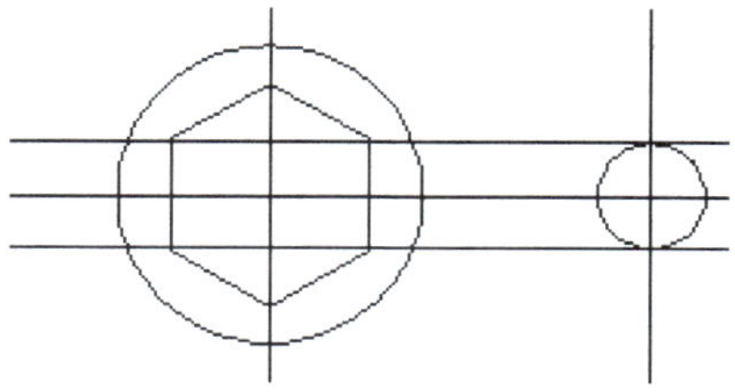

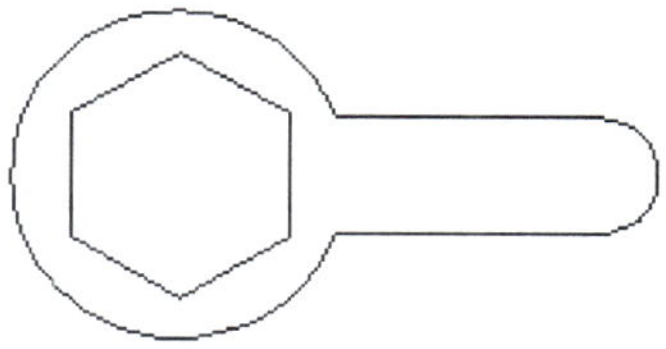

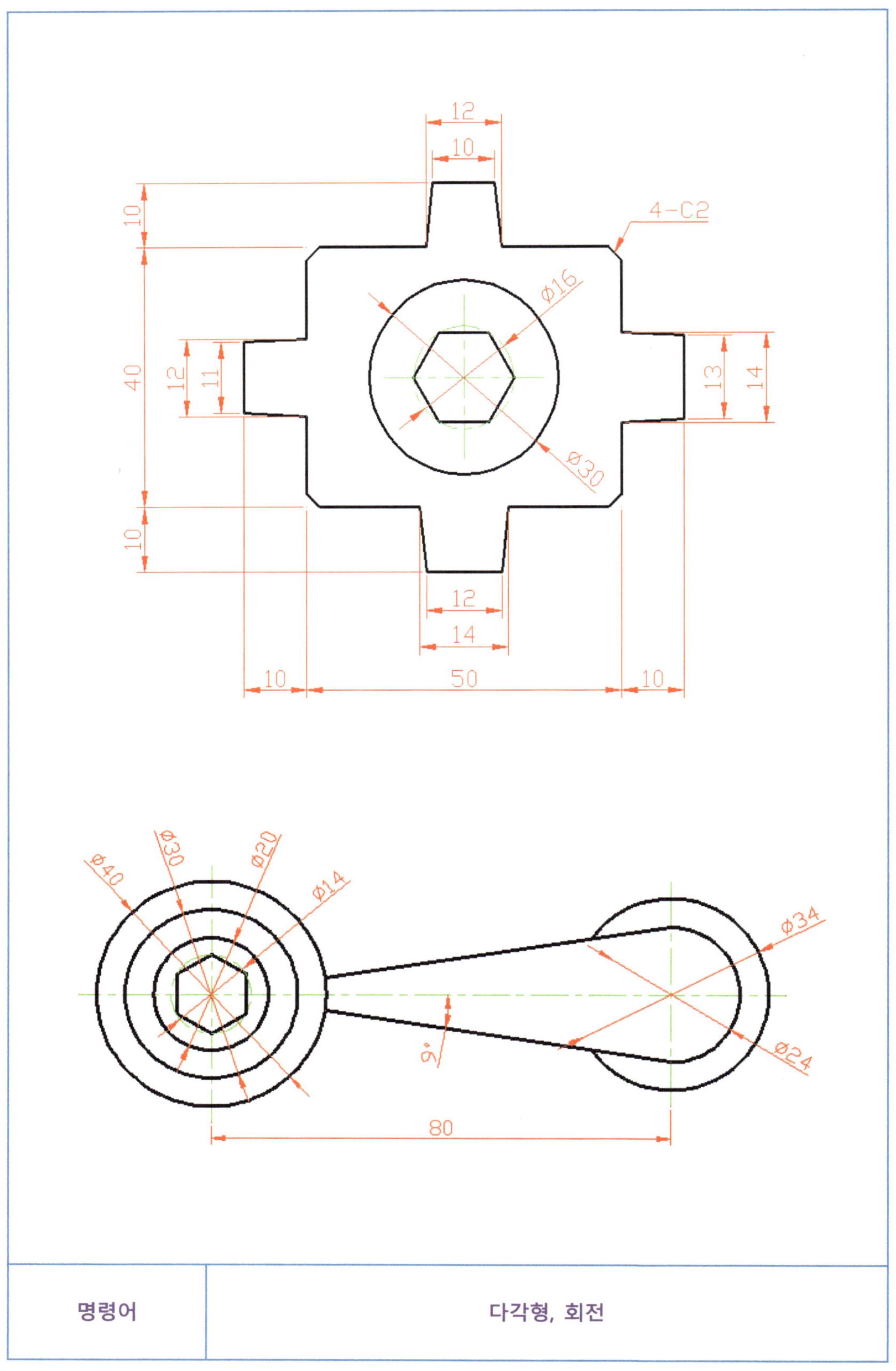
12
10
4-C2
10
40
10
12
11
13
14
Ø16
Ø30
12
14
10
50
10
Ø40
Ø30
Ø20
Ø14
Ø34
Ø24
9°
80

명령어	다각형, 회전

17. 구성선(XLINE) : 무한선을 생성한다

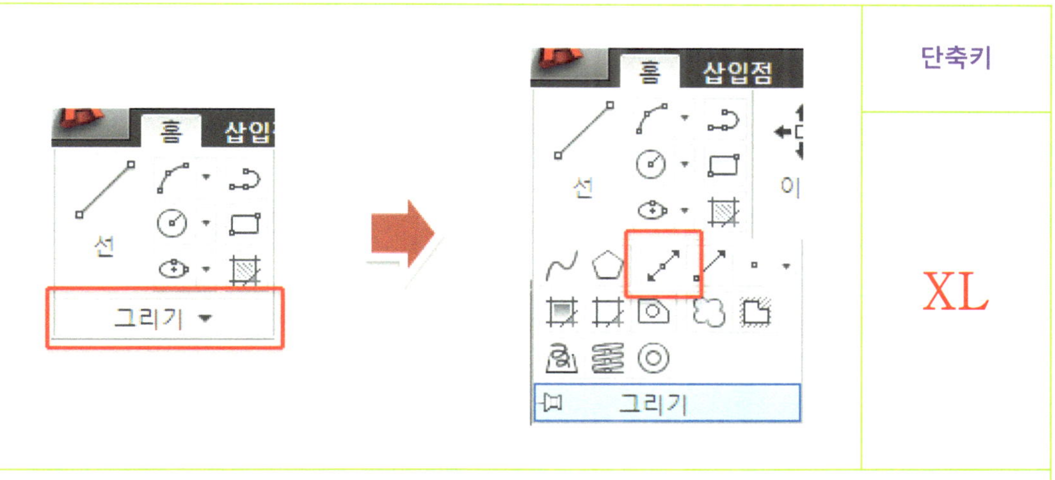

실행 : 명령창에 단축키 'XL' 입력 후, Enter↵ 또는 [구상선 아이콘 클릭]

명령 : **XL**
XLINE 점을 지정 또는 [수평(H)/수직(V)/각도(A)/이등분(B)/간격띄우기(O)] : **위치 지정**
통과점을 지정 : **각도 입력**

예제 원의 중심점을 지나는 무한선 그리기

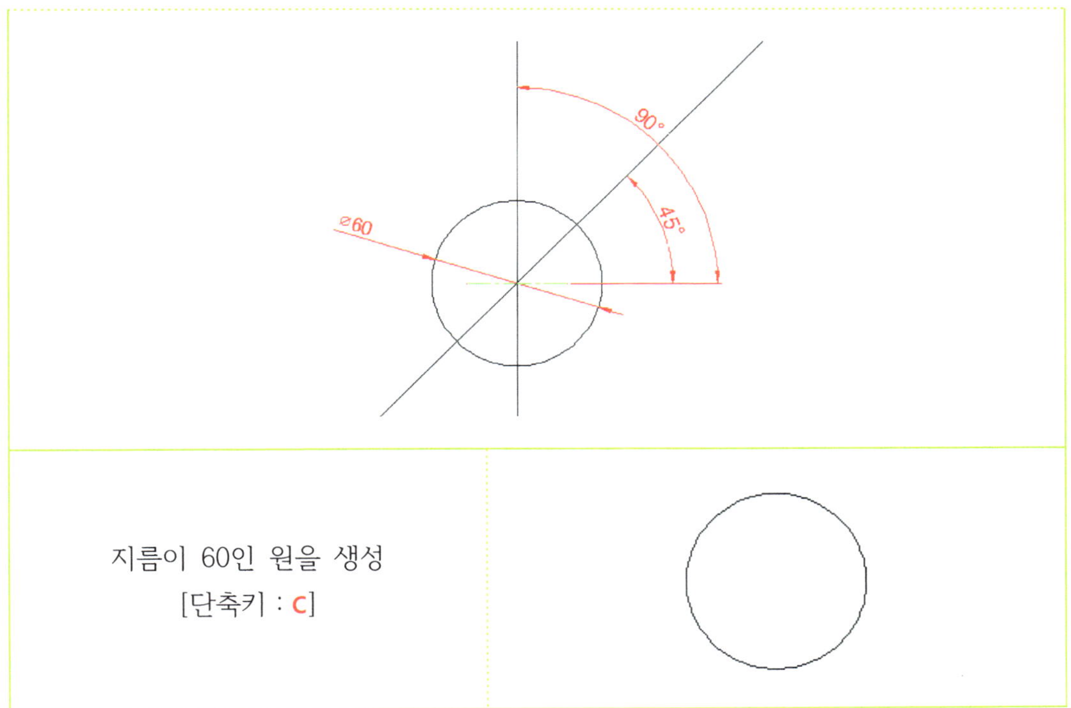

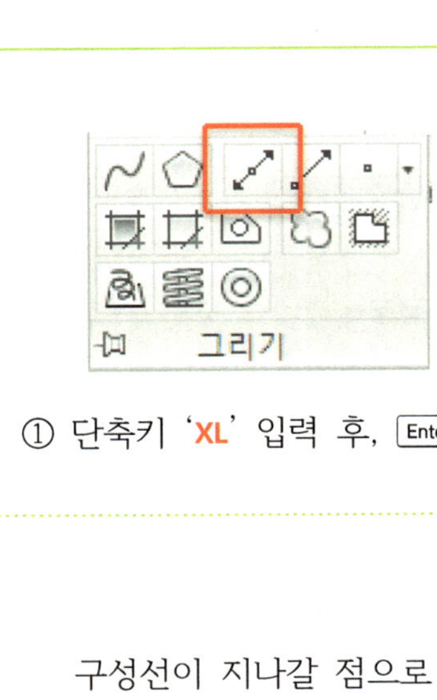

① 단축키 'XL' 입력 후, Enter↵

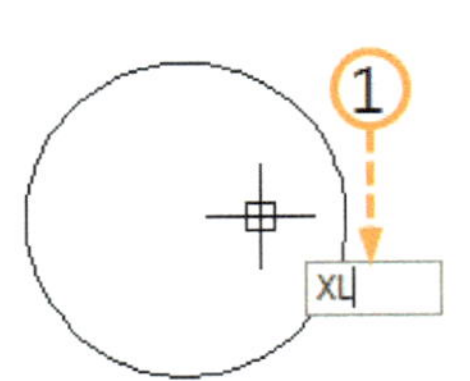

구성선이 지나갈 점으로
원의 중심정(○)을 선택(②)

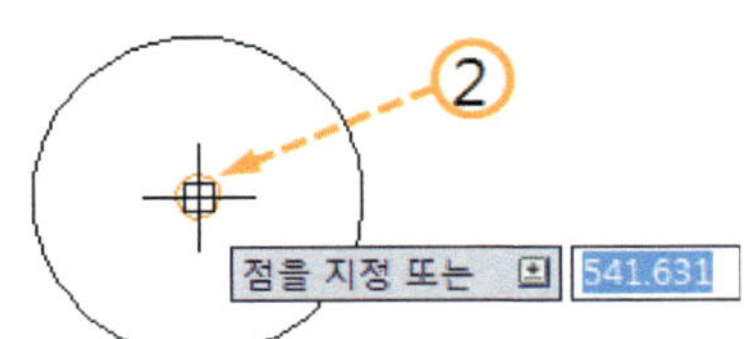

통과점으로
각도만 입력할 것이므로,
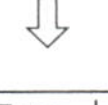**(Tab 키)를 눌러 각도값 입력상자로 이동**

⇩

각도값 45 입력(③)

⇩

Enter↵

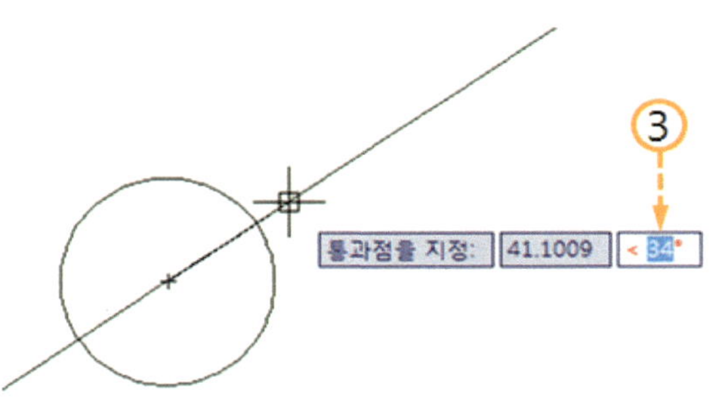

통과점으로
각도만 입력할 것이므로,
**(Tab 키)를 눌러 각도값 입력상자로 이동**

⇩

각도값 90 입력(④)

⇩

Enter↵

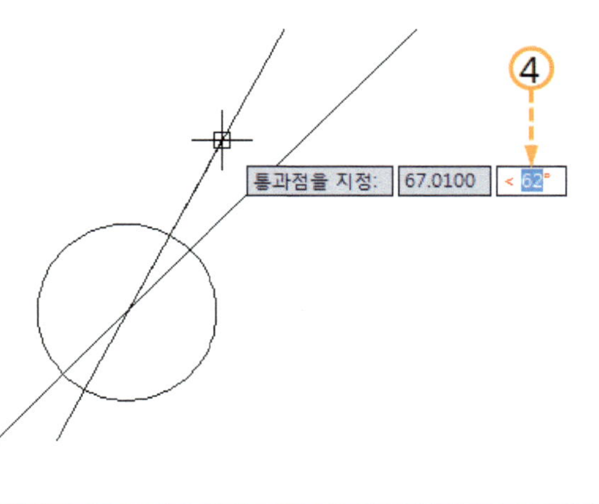

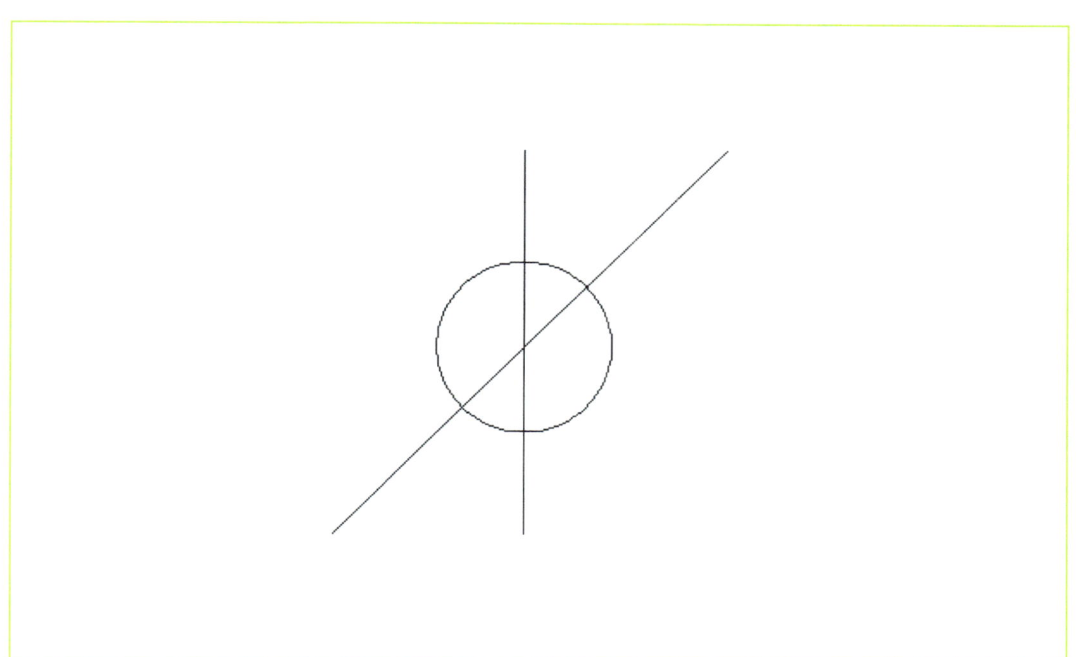

연습 구성선 그리기

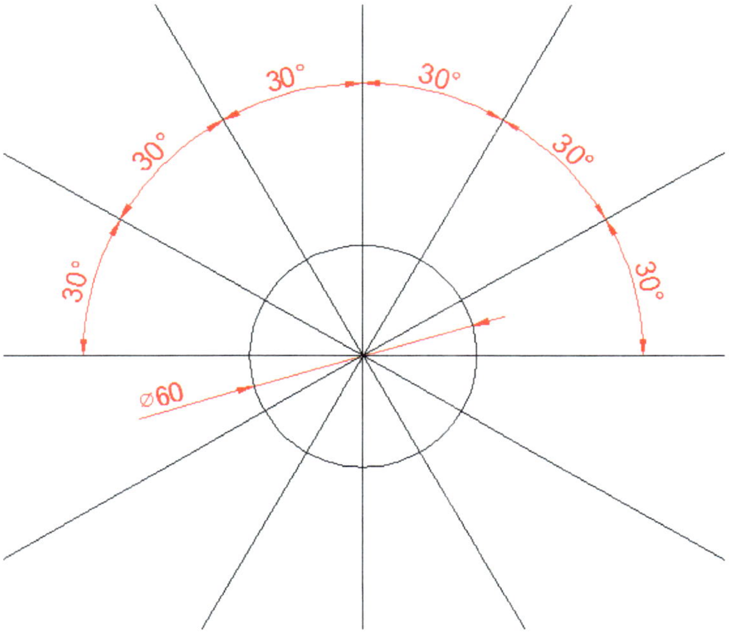

예제 두 점을 지나는 구성선 그리기

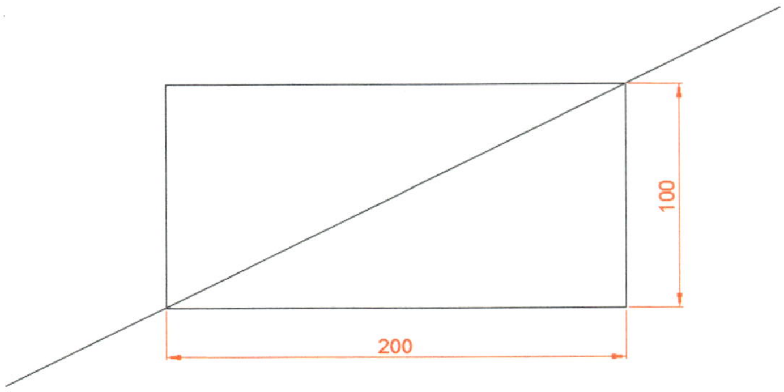

사각형을 생성 [단축키 : **REC**]	
① 단축키 'XL' 입력 후, Enter↵	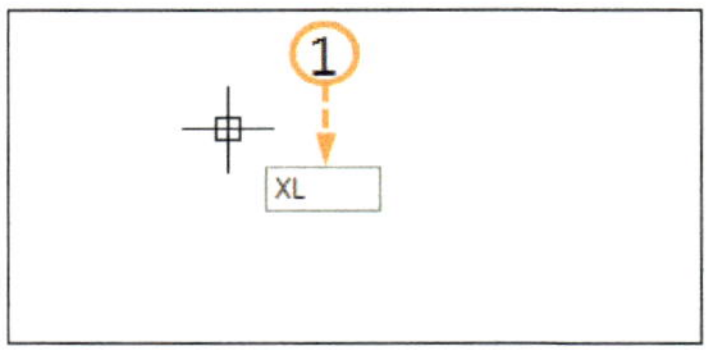 XL
구성선이 지날갈 점으로 사각형의 끝정(□)을 선택(②)	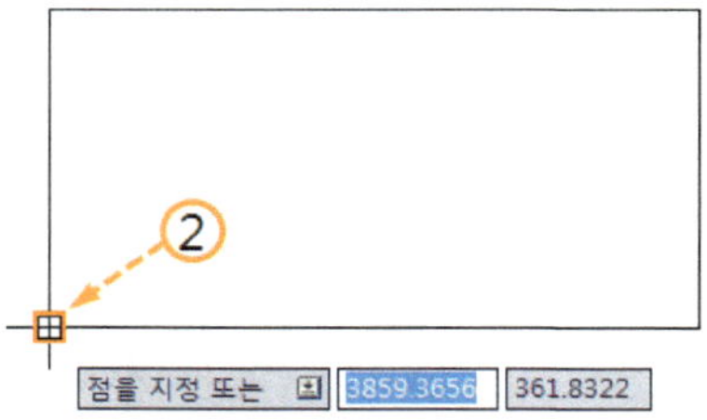 점을 지정 또는 3859.3656 361.8322
통과점으로 사각형의 끝정(□)을 선택(③) ⇩ Enter↵	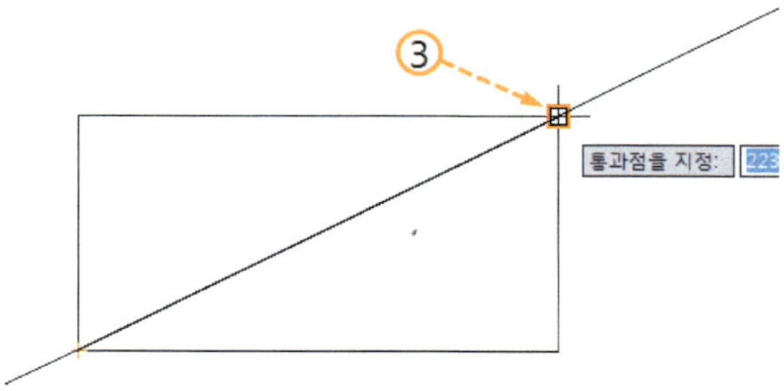 통과점을 지정:

 응용 **구성선(XL)을 이용한 도면 작성**

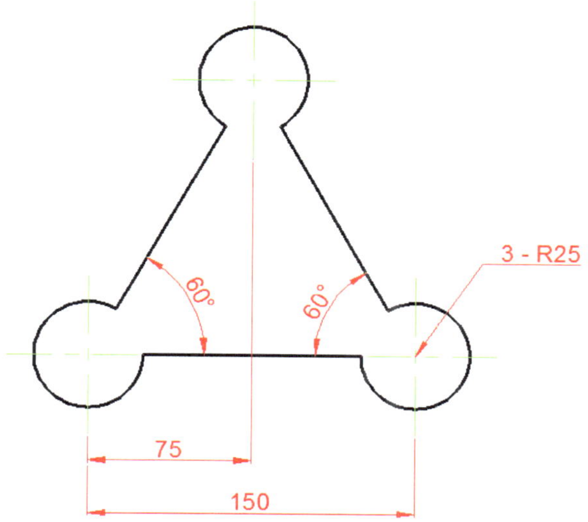

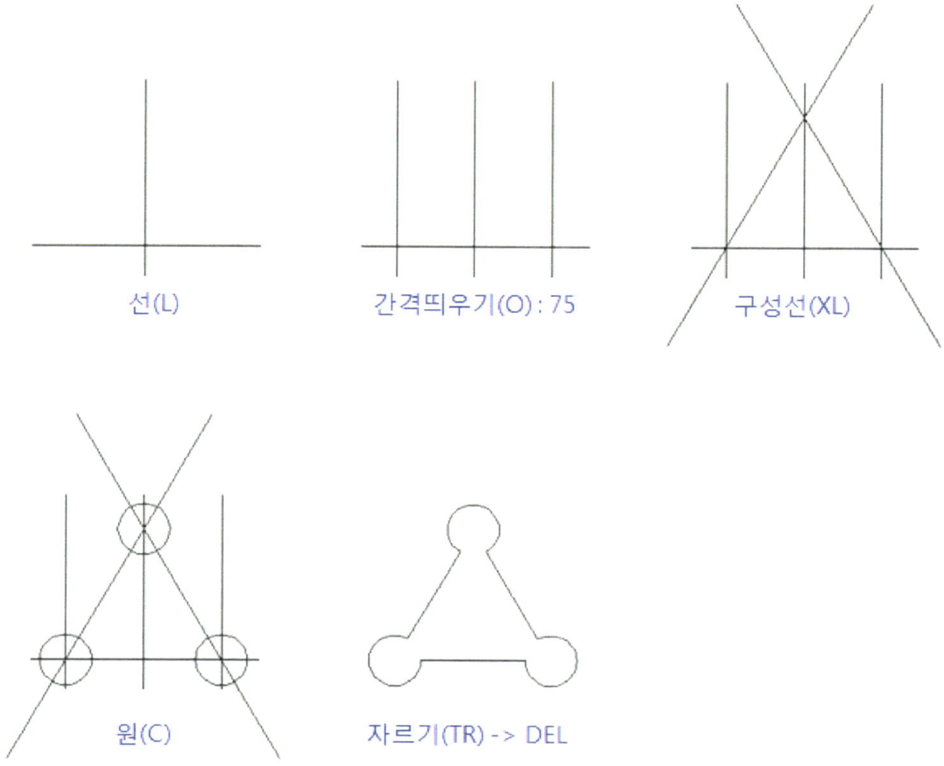

18. 연장(EXTEND) : 객체를 경계선까지 연장한다

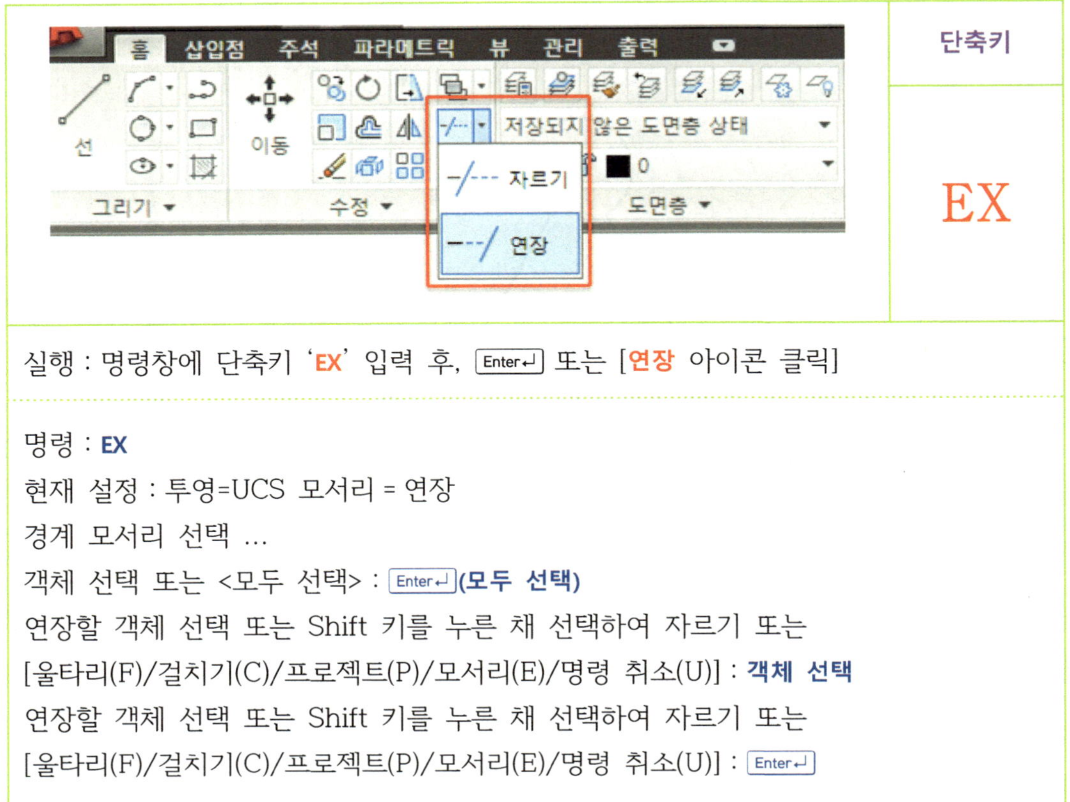

실행 : 명령창에 단축키 'EX' 입력 후, Enter↵ 또는 [연장 아이콘 클릭]

명령 : **EX**

현재 설정 : 투영=UCS 모서리 = 연장

경계 모서리 선택 ...

객체 선택 또는 <모두 선택> : Enter↵ **(모두 선택)**

연장할 객체 선택 또는 Shift 키를 누른 채 선택하여 자르기 또는

[울타리(F)/걸치기(C)/프로젝트(P)/모서리(E)/명령 취소(U)] : **객체 선택**

연장할 객체 선택 또는 Shift 키를 누른 채 선택하여 자르기 또는

[울타리(F)/걸치기(C)/프로젝트(P)/모서리(E)/명령 취소(U)] : Enter↵

예제 선을 앞쪽 직사각형과 원까지 연장하기

[상태표시 메뉴 확인] 극좌표, OSNAP, DYN 옵션 ON

선(**L**), 직사각형(**REC**), 원(**C**) 명령어를 이용하여
도면과 같이 적당하게 생성

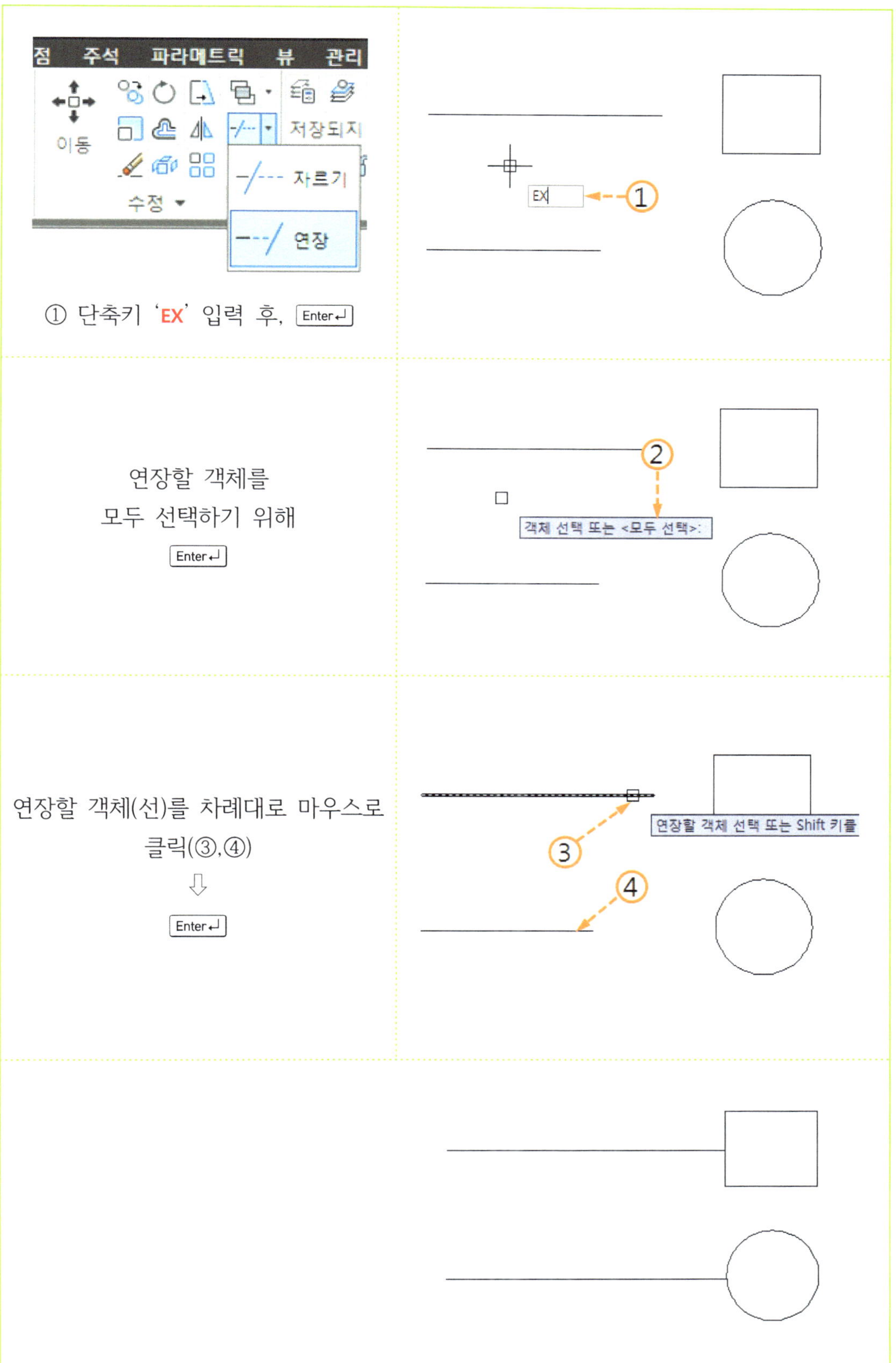

점
주석
파라메트릭
뷰
관리
이동
저장되지
자르기
연장
수정
EX
1
① 단축키 'EX' 입력 후, Enter↵
연장할 객체를
모두 선택하기 위해
Enter↵
2
객체 선택 또는 <모두 선택>:
연장할 객체(선)를 차례대로 마우스로
클릭(③,④)
⇩
Enter↵
3
4
연장할 객체 선택 또는 Shift 키를

 연습 아래 도면을 적당히 크기로 그린 후, 선을 연장해 보자.

[상태표시 메뉴 확인] 극좌표, OSNAP, DYN 옵션 ON

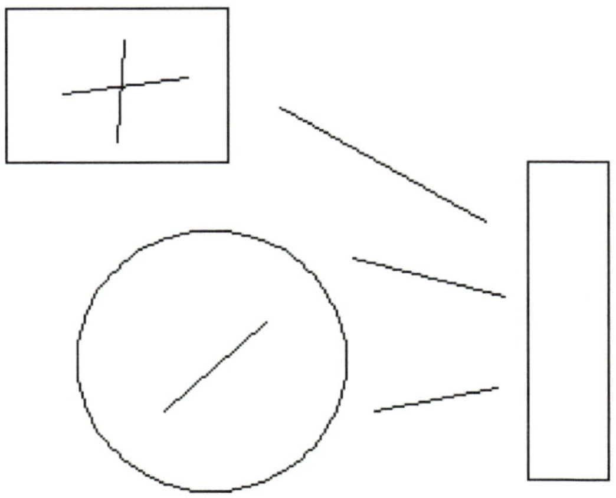

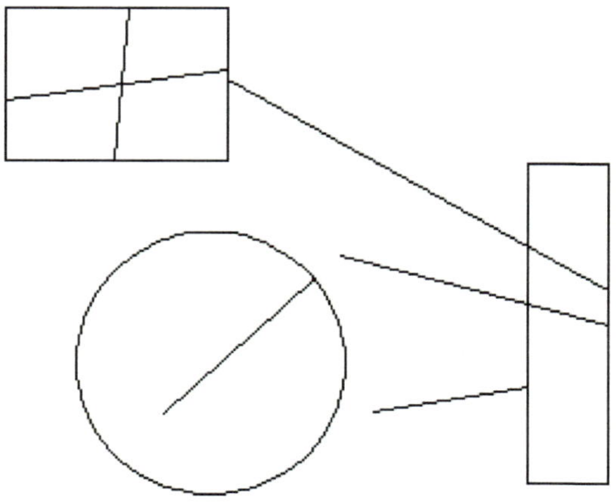

응용 연장(EX)을 이용한 도면 작성

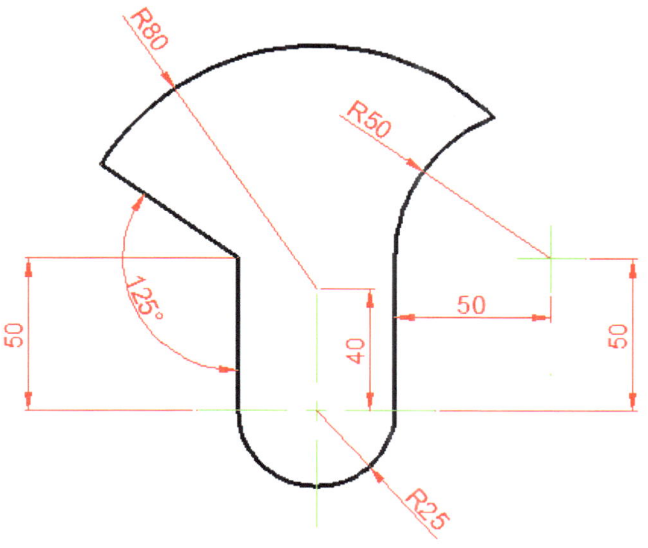

R80
R50
125°
50
40
50
50
R25

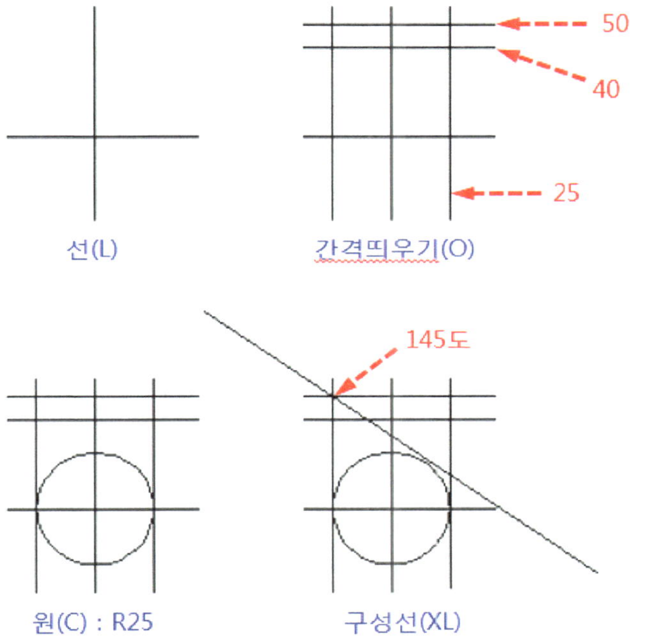

50
40
25

선(L)

간격띄우기(O)

145도

원(C) : R25

구성선(XL)

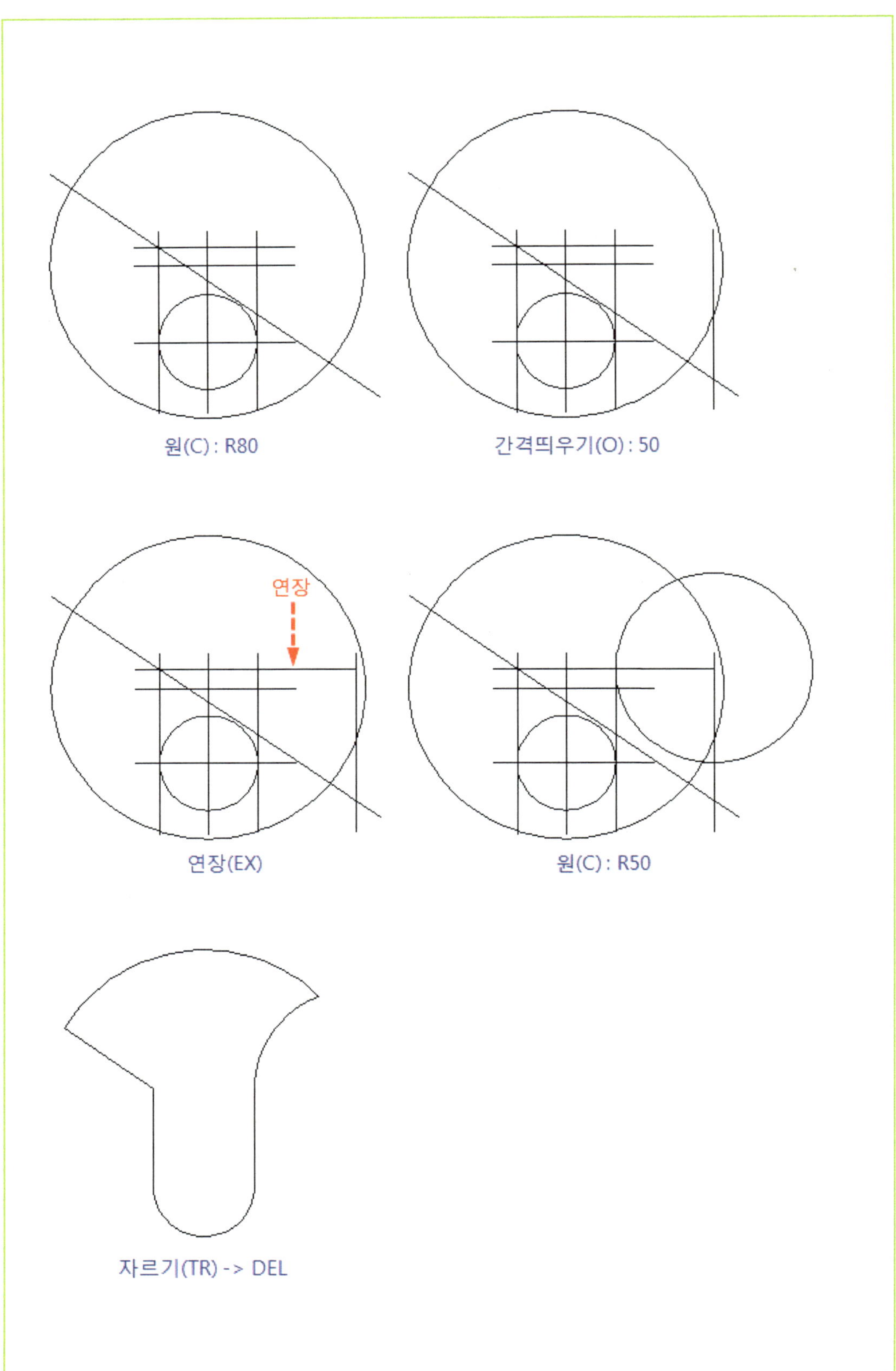
원(C) : R80
간격띄우기(O) : 50
연장
연장(EX)
원(C) : R50
자르기(TR) -> DEL

19. 호(ARC) : 호를 생성한다

단축키
A

실행 : 명령창에 단축키 'A' 입력 후, Enter 또는 [호 아이콘 클릭]

명령 : **A**

ARC 호의 시작점 또는 [중심(C)] 지정 : **위치 지정**

호의 두 번째 점 또는 [중심(C)/끝(E)] 지정 : **위치 지정**

호의 끝점 지정 : **위치 지정**

호 그리기 옵션

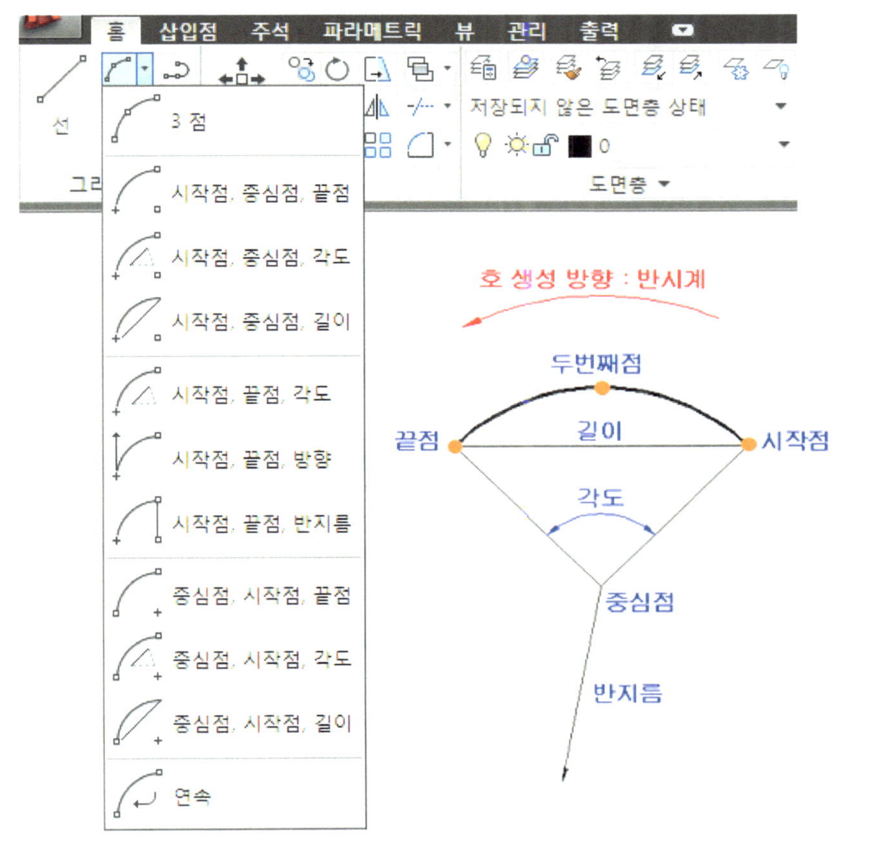

 예제 3점을 지나는 호 그리기(3점은 호 생성 방향과 상관 없음)

[상태표시 메뉴 확인] 극좌표, OSNAP, DYN 옵션 ON

10 60 10 10 30

사각형을 생성 [단축키 : REC]	
사각형을 각각의 선으로 분해 [단축키 : X]	
오른쪽 그림과 같이 10만큼 간격띄우기 [단축키 : O]	
홈 삽입 선 그리기 ① 'A' 입력 후, Enter↵	① A

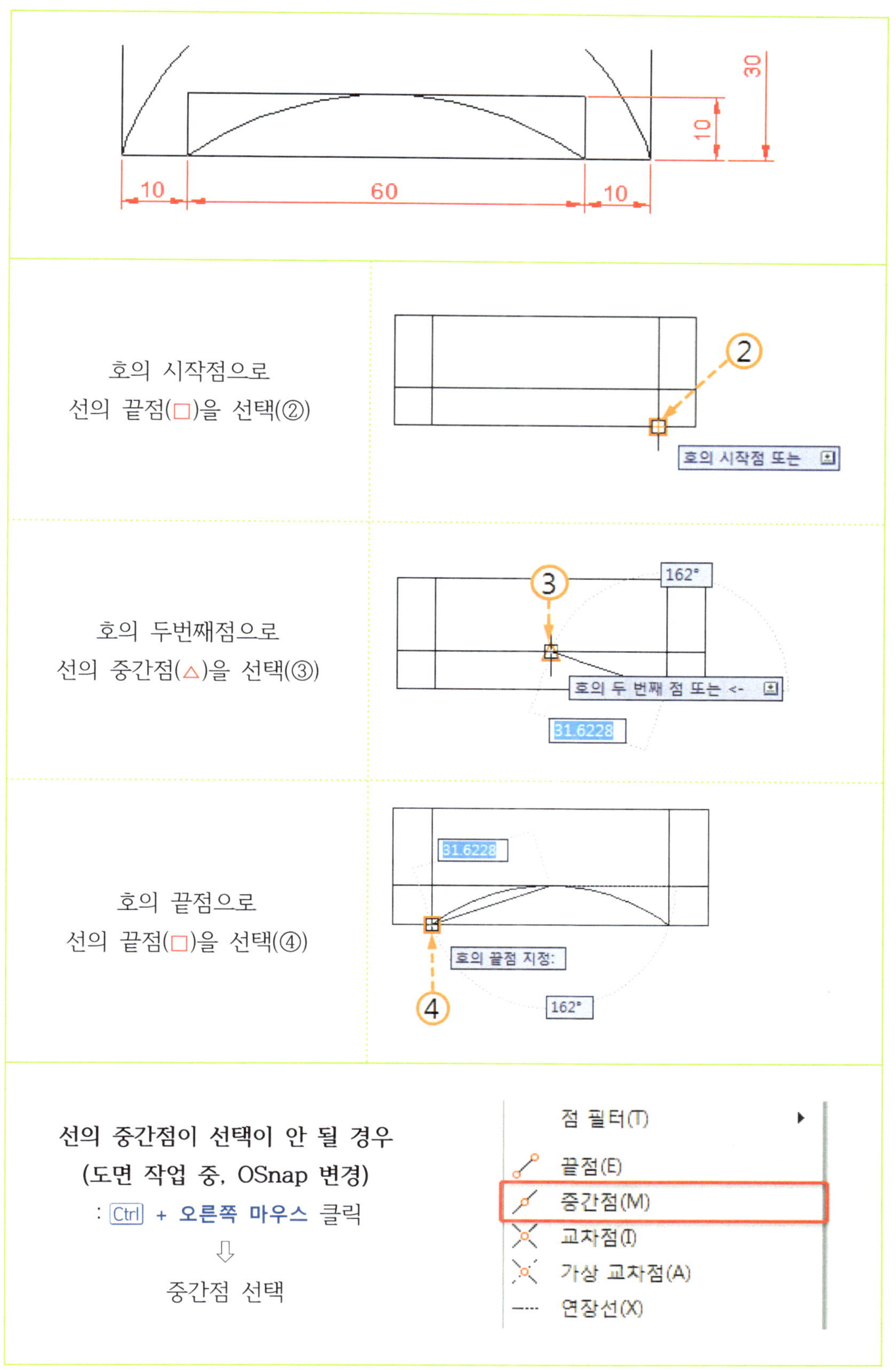
30
10
10
60
10
호의 시작점으로
선의 끝점(□)을 선택(②)
2
호의 시작점 또는
호의 두번째점으로
선의 중간점(△)을 선택(③)
3
162°
호의 두 번째 점 또는 <-
31.6228
호의 끝점으로
선의 끝점(□)을 선택(④)
31.6228
호의 끝점 지정:
4
162°
선의 중간점이 선택이 안 될 경우
(도면 작업 중, OSnap 변경)
: Ctrl + 오른쪽 마우스 클릭
⇩
중간점 선택
점 필터(T)
끝점(E)
중간점(M)
교차점(I)
가상 교차점(A)
연장선(X)

호 명령 실행 : 단축키 'A' 입력
(또는 Enter↵ 또는 Space Bar : 앞에서 실행한 명령어 재실행)

시작점(⑤)
⇨ 두 번째점(⑥)
⇨ 끝점(⑦)
을 차례로 선택

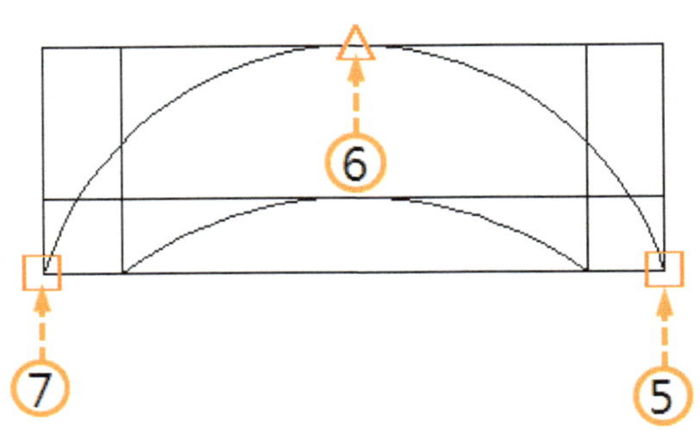

자르기 명령을 이용하여
필요없는 부분 제거
[단축키 : **TR**]

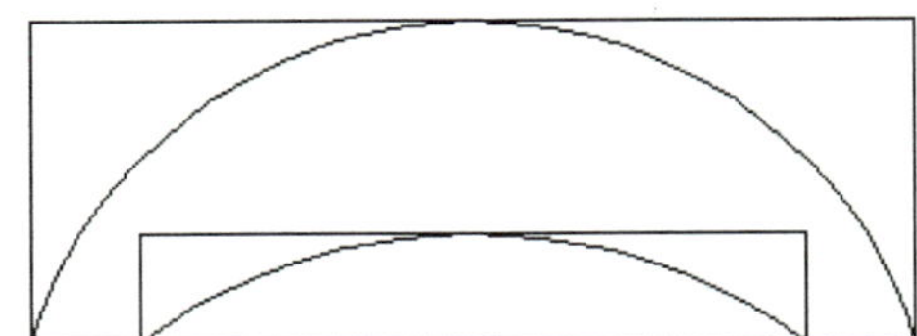

연습 3점을 지나는 호 그리기

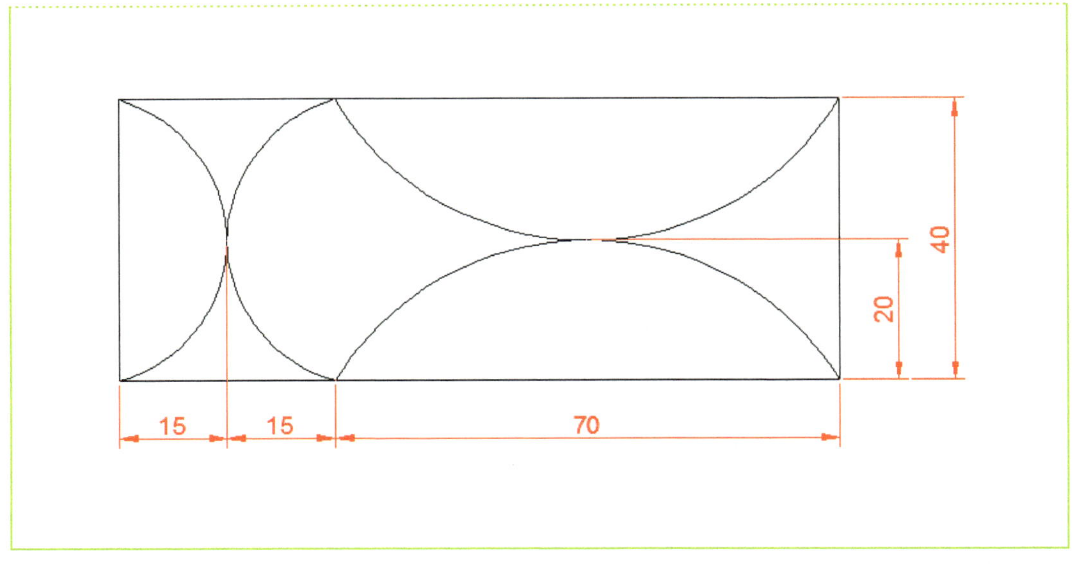

응용 호(시작점, 중심점, 끝점) 그리기

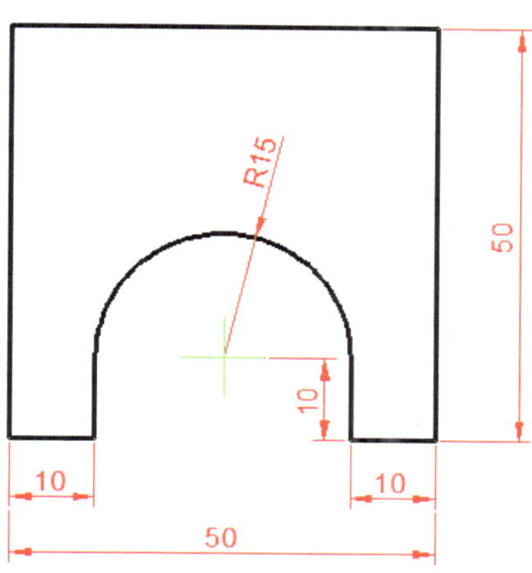

사각형(REC) -> 분해(X)

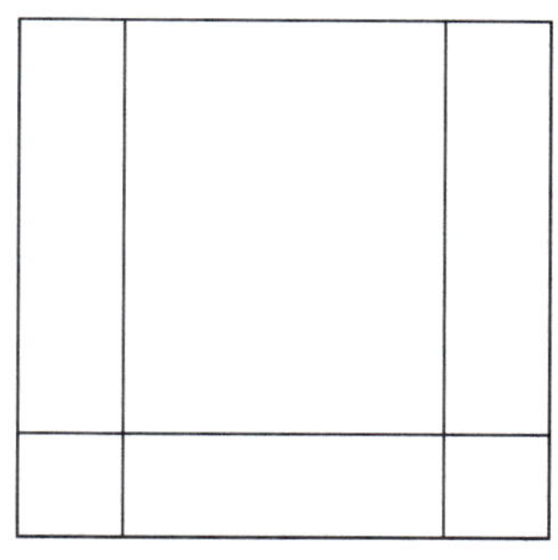

간격띄우기(O) : 10

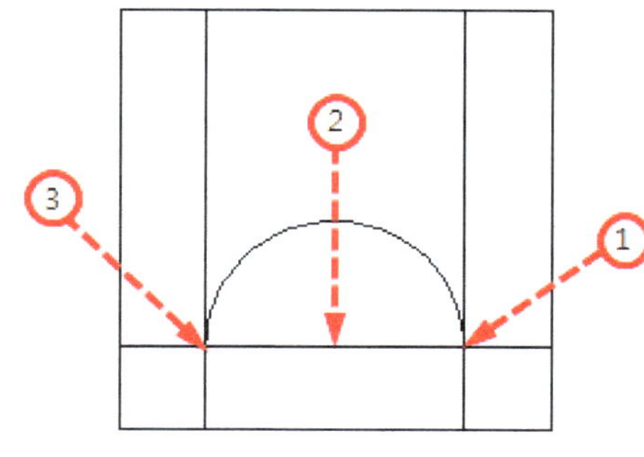

호(시작점, 중심점, 끝점)
아이콘 선택

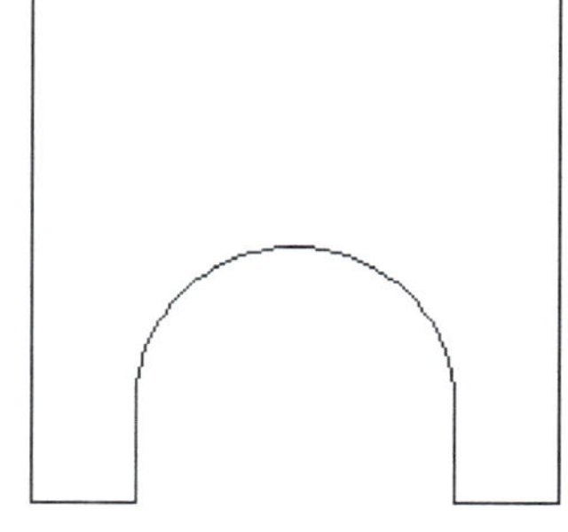

자르기(TR) -> DEL

(중심점은 객체 스냅으로 선의 중간점을 잡아준다.)

응용 호(시작점, 끝점, 반지름) 그리기

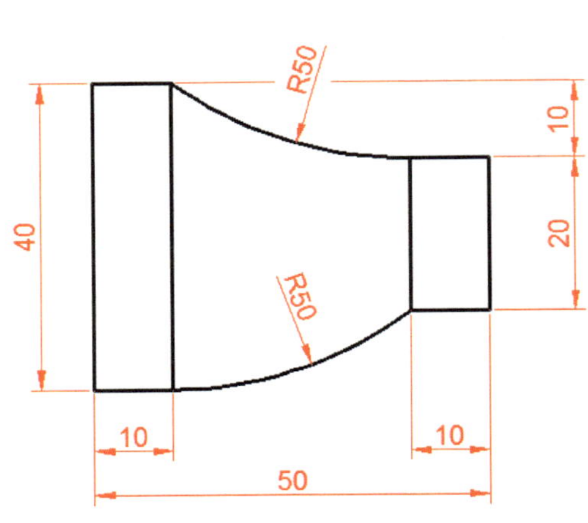

사각형(REC) -> 분해(X)

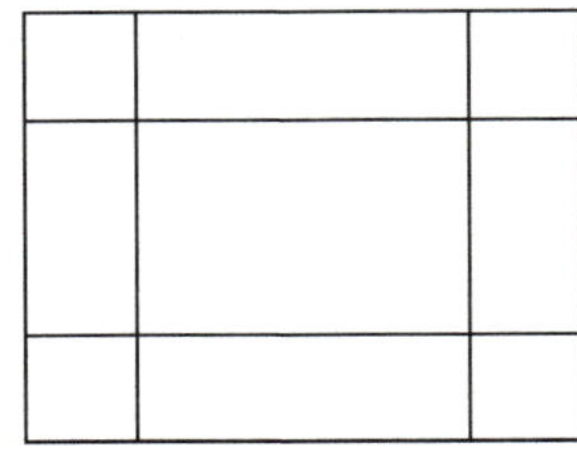

간격띄우기(O) : 10

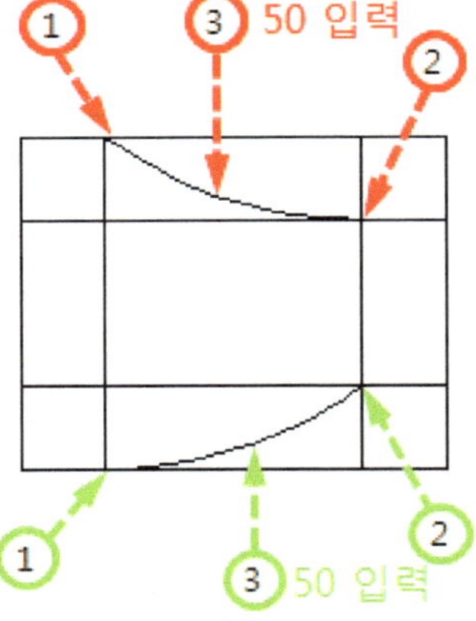

호(시작점, 끝점, 반지름)
아이콘 선택

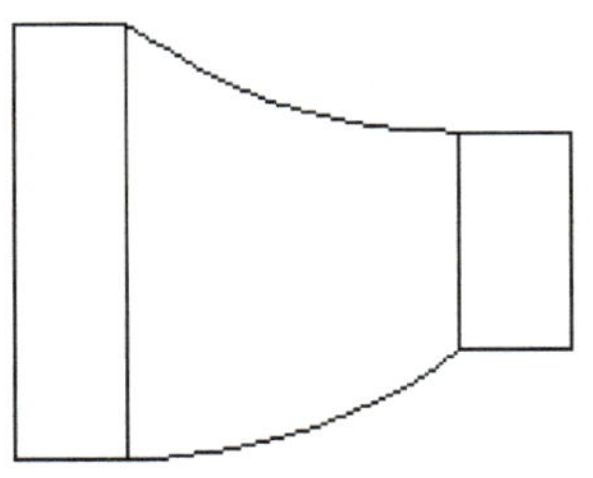

자르기(TR) -> DEL

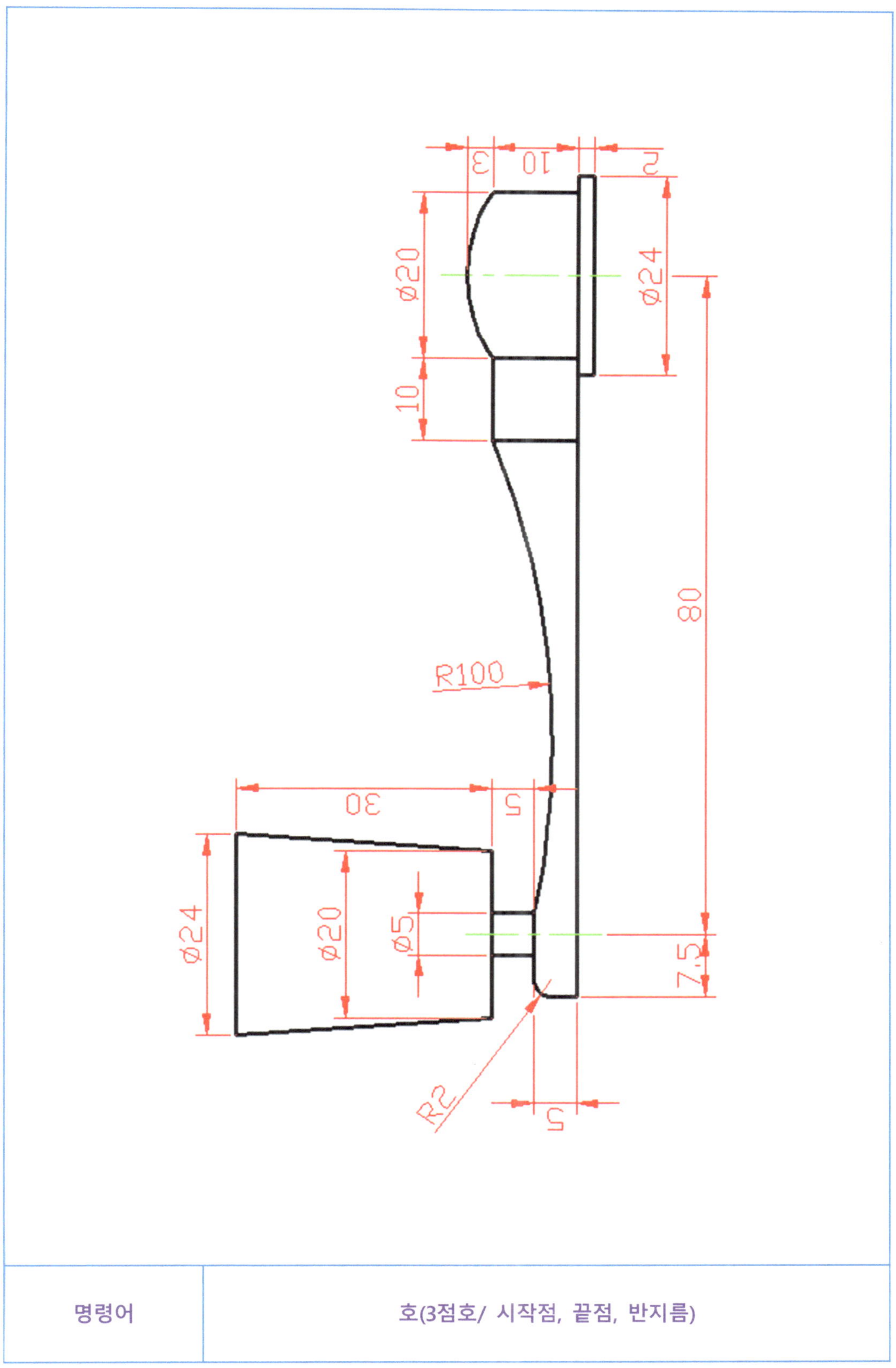

명령어	호(3점호/ 시작점, 끝점, 반지름)

20. 도면층(LAYER) : 도면 작성을 용이하게 하거나 체계적으로 관리하기 위하여 동일한 특성(선 굵기, 문자 크기, 색상 등)이나 용도(외형선, 숨은선, 중심선 치수선 등)를 가진 객체끼리 하나의 층(LAYER)으로 그룹화한다

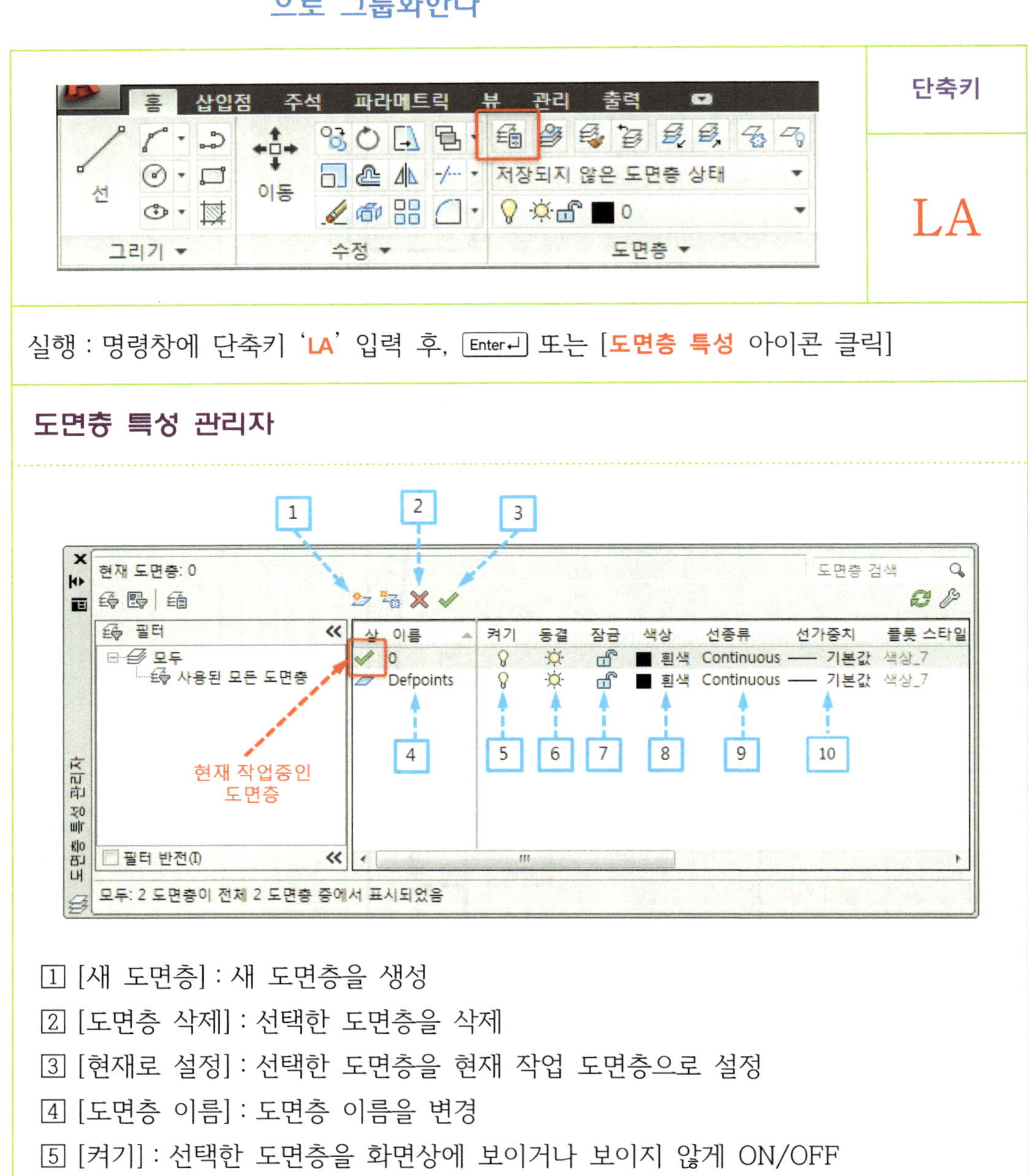

	단축키
	LA

실행 : 명령창에 단축키 'LA' 입력 후, Enter↵ 또는 [도면층 특성 아이콘 클릭]

도면층 특성 관리자

1 [새 도면층] : 새 도면층을 생성
2 [도면층 삭제] : 선택한 도면층을 삭제
3 [현재로 설정] : 선택한 도면층을 현재 작업 도면층으로 설정
4 [도면층 이름] : 도면층 이름을 변경
5 [켜기] : 선택한 도면층을 화면상에 보이거나 보이지 않게 ON/OFF
6 [동결] : 선택한 도면층을 모든 뷰포트에서 동결시킴
7 [잠금] : 선택한 도면층을 잠그거나 해제[잠금 상태 : 객체수정 불가]
8 [색상] : 선택한 도면층에 색상을 부여하거나 변경
9 [선종류] : 선택한 도면층에 선종류를 부여하거나 변경
10 [선가중치] : 선택한 도면층의 선종류에 따른 가중치를 부여하거나 변경

⑧ [색상] 클릭
: 선의 색깔을 선택할 수 있음

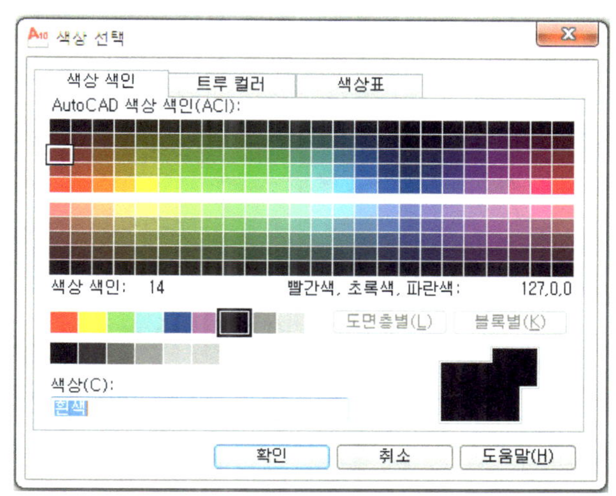

⑨ [선종류] 클릭
: 선의 종류를 선택할 수 있음
: 새로운 선은 [로드(L)...] 클릭

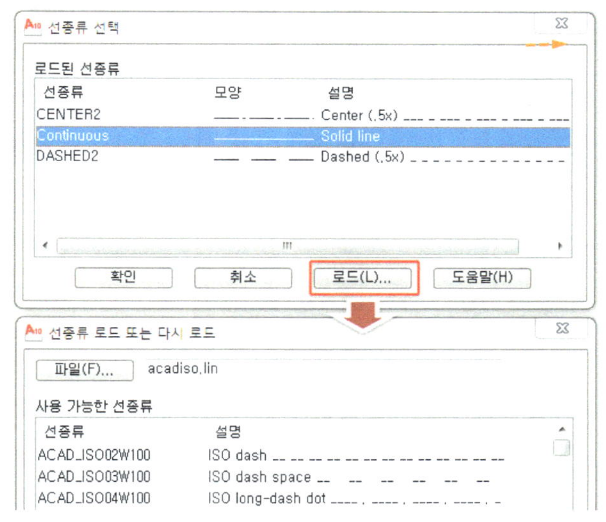

⑩ [선가중치] 클릭
: 선의 종류나 용도에 따른 가중치를 선택할 수 있음

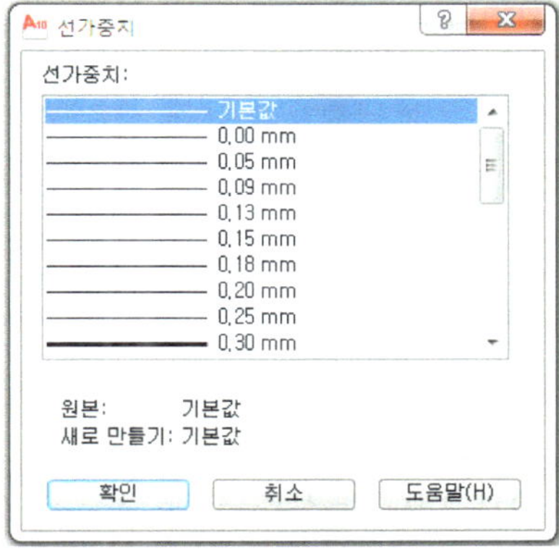

예제 선의 종류에 따른 도면층 지정하기

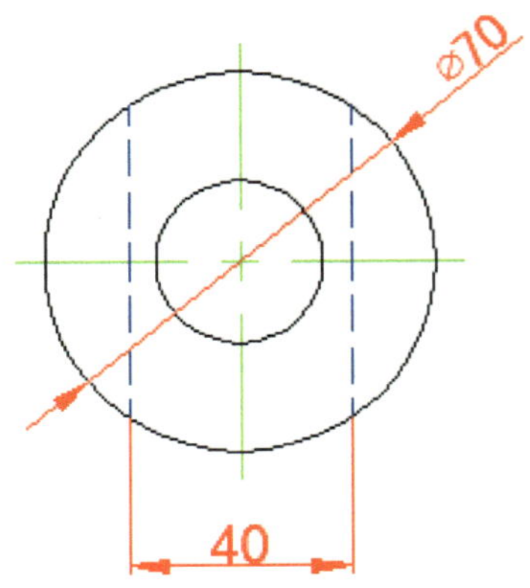

도면층 이름	색상	선종류	선가중치	용도
외형선	흰색	Continuous	0.5 ~ 0.7	도면의 외형선
중심선	초록색	CENTER	0.1 ~ 0.25	도면의 중심선
숨은선	파란색	HIDDEN	0.3 ~ 0.4	보이지 않는 선
치수기입	빨간색	Continuous		치수 기입

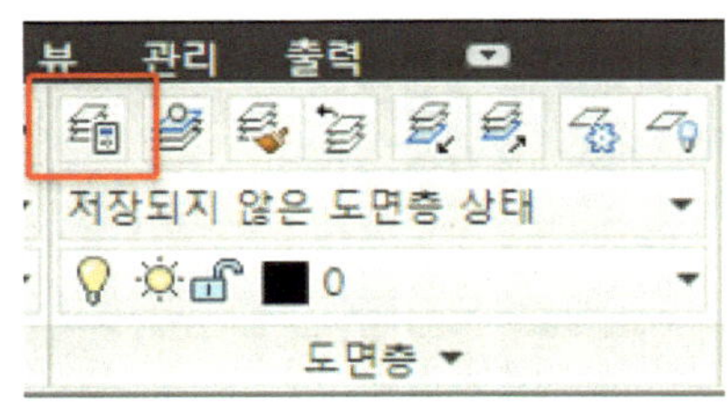

① 단축키 'LA' 입력 후, Enter↵

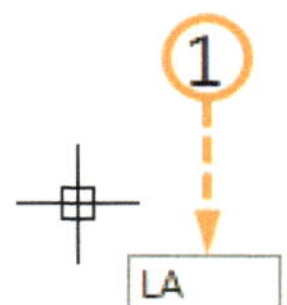

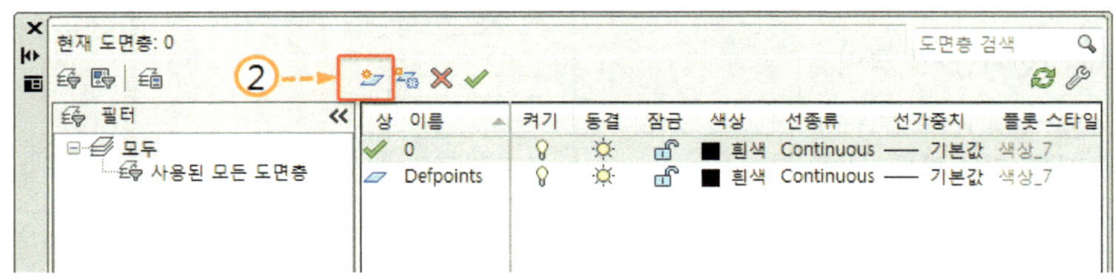

박스가 나타나면 새로운 도면층을 만들기 위하여, 새 도면층 클릭(②)

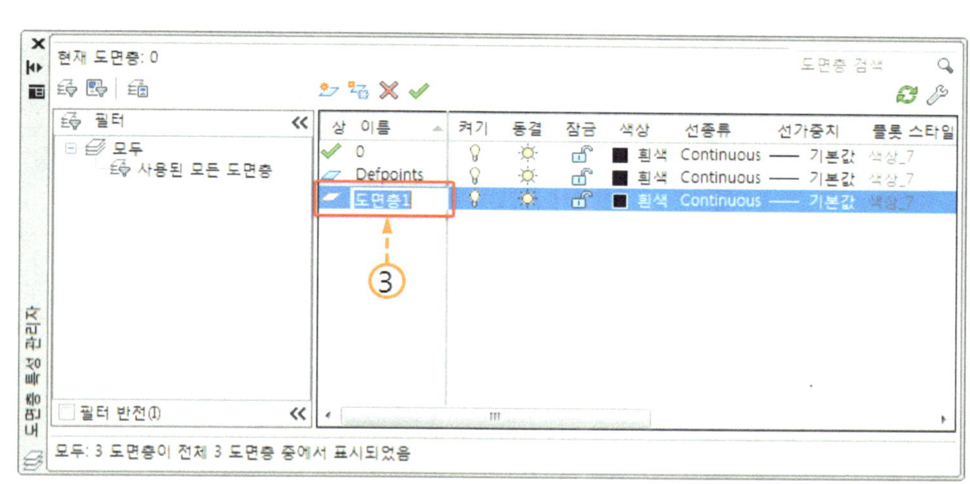

[도면층1] 이름을 '외형선'으로 변경(③)

동일한 방법으로, '중심선, 숨은선, 치수기입' 도면층을 생성

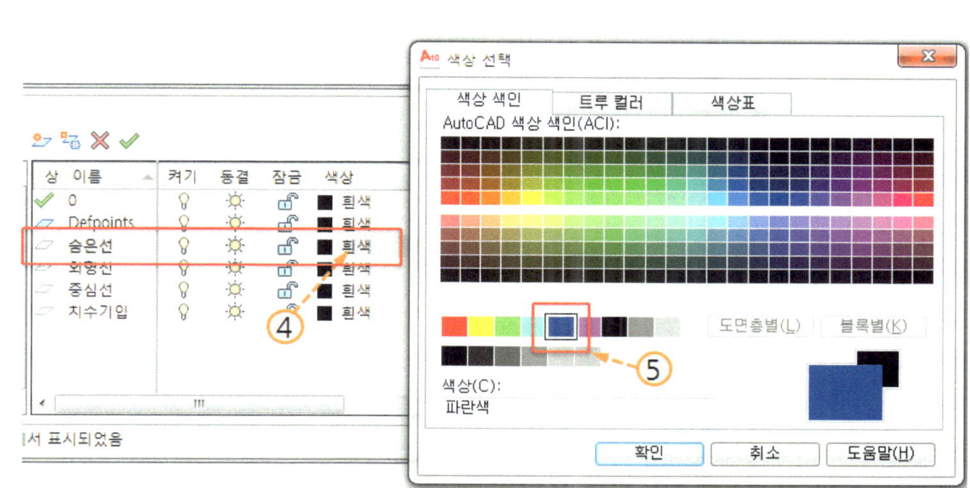

숨은선(도면층)의 색상 변경 : 색상을 클릭(④)한 후, 파란색을 선택(⑤)

동일한 방법으로, '중심선(초록색), 치수기입(빨간색)'으로 색상 변경

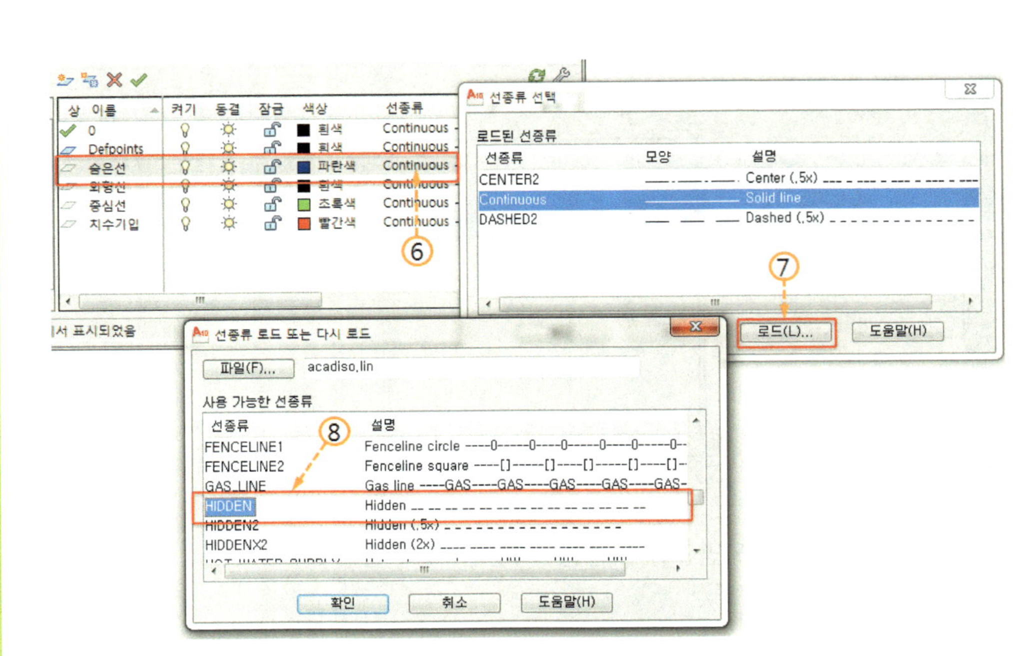

숨은선(도면층)의 선종류 변경
: 선종류를 클릭(⑥) ⇨ 로드(L)... 클릭(⑦) ⇨ HIDDEN 선택(⑧) ⇨ 확인

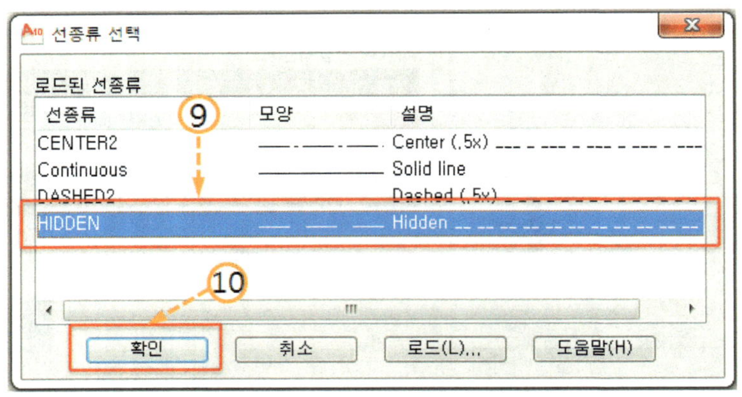

로드된 선을 숨은선(도면층)에 적용시키기 위하여,
HIDDEN 선택(⑨) 후, 확인 클릭(⑩)

동일한 방법으로, '중심선(CENTER)'의 선종류 변경

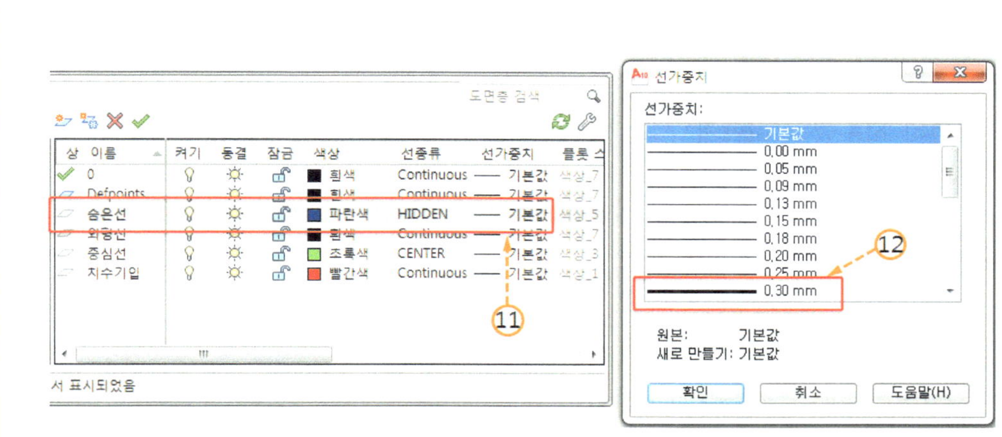

숨은선(도면층)의 선가중치 변경

: 선가중치를 클릭(⑪) ⇨ 0.30mm 선택(⑫) ⇨ 확인

동일한 방법으로, '외형선(0.5), 중심선(0.15)'의 선가중치 변경

도면의 외형선을 작성하기 위하여, 현재 도면층을 '외형선'으로 변경

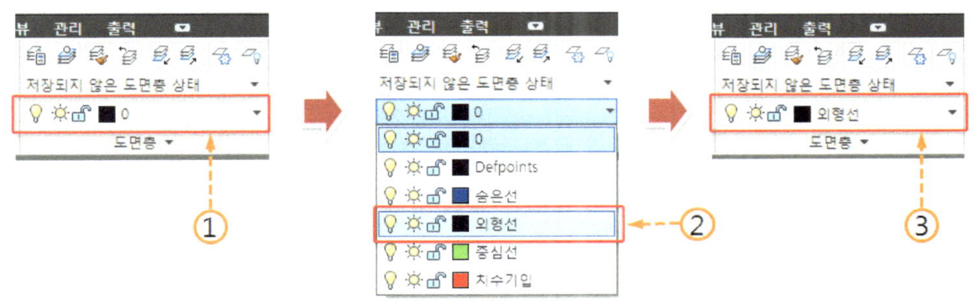

리본(패널)의 도면층 ①부분을 클릭

⇩

도면층으로 외형선 클릭(②)

⇩

현재 도면층이 '외형선'으로 변경됨(③)

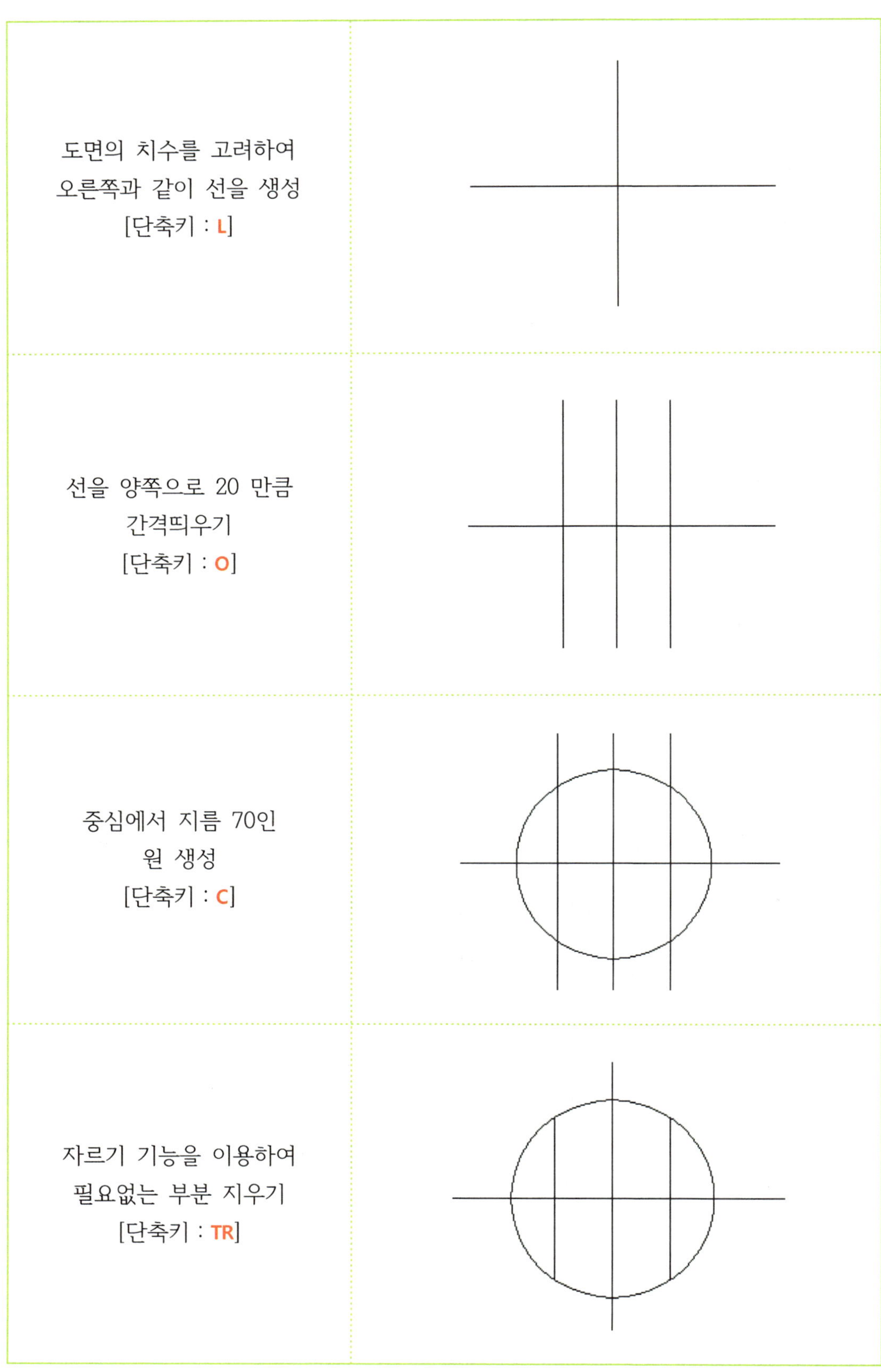

설명	그림
도면의 치수를 고려하여 오른쪽과 같이 선을 생성 [단축키 : L]	
선을 양쪽으로 20 만큼 간격띄우기 [단축키 : O]	
중심에서 지름 70인 원 생성 [단축키 : C]	
자르기 기능을 이용하여 필요없는 부분 지우기 [단축키 : TR]	

숨은선의 도면층을 변경하기 위해,
그림과 같이 선을 선택
(현재 작업층이 '외형선'이므로 선의 용도에 따라 도면층 변경 필요)

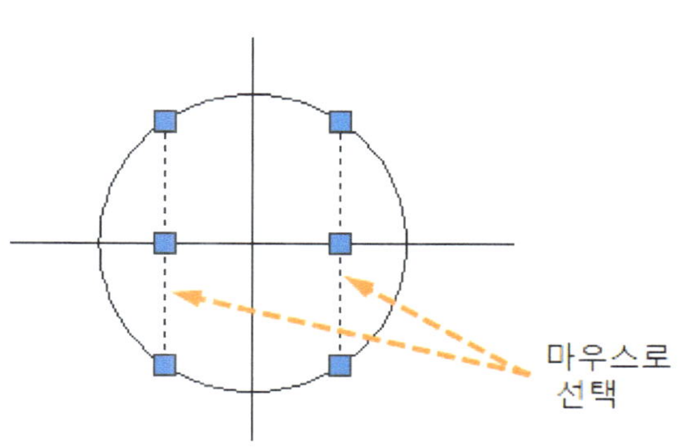

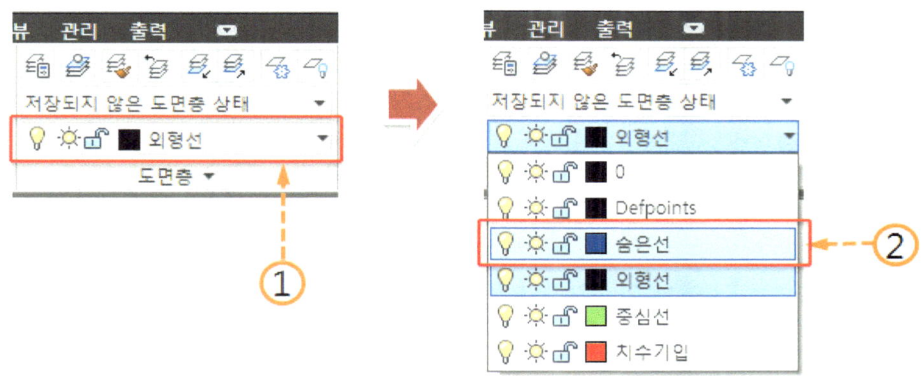

리본(패널)의 도면층 ①부분을 클릭 ⇨ 도면층으로 '숨은선' 클릭(②)

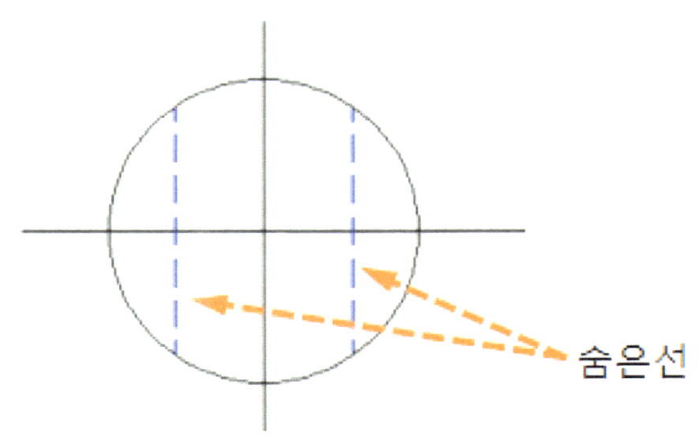

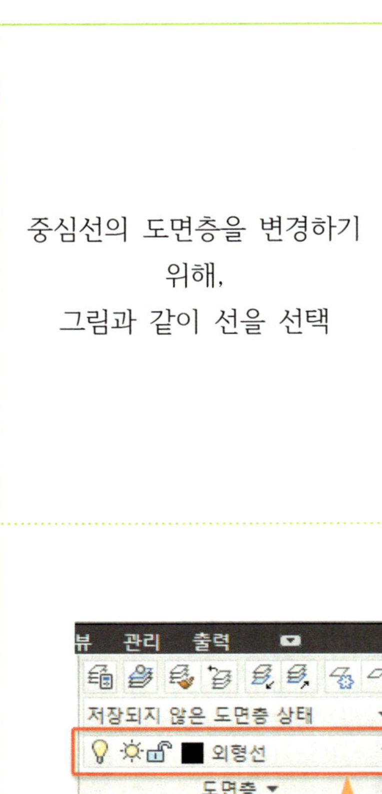

중심선의 도면층을 변경하기 위해,
그림과 같이 선을 선택

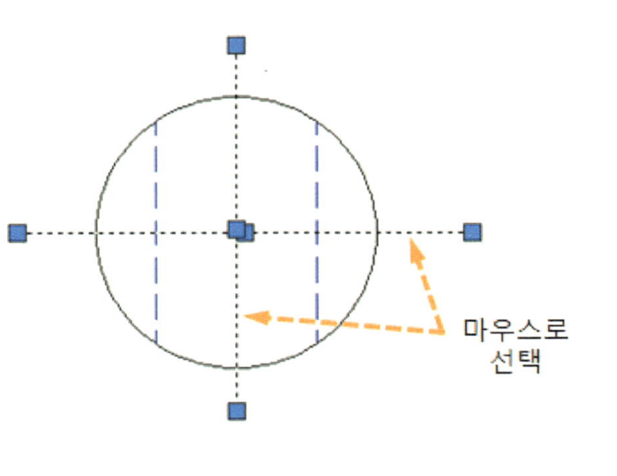

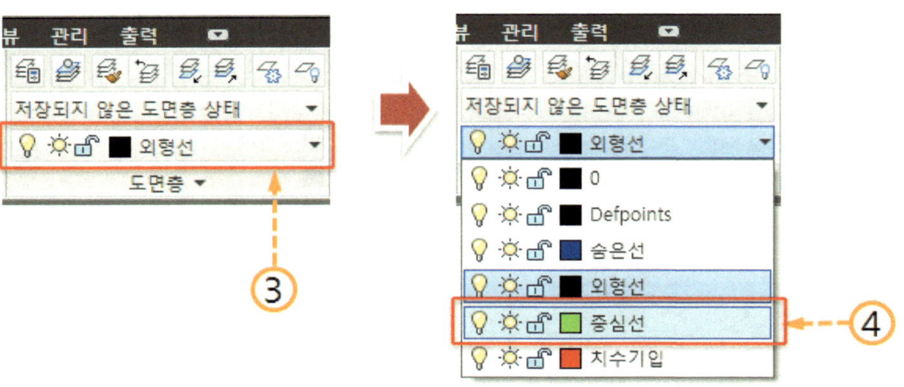

리본(패널)의 도면층 ③부분을 클릭 ⇨ 도면층으로 '중심선' 클릭(④)

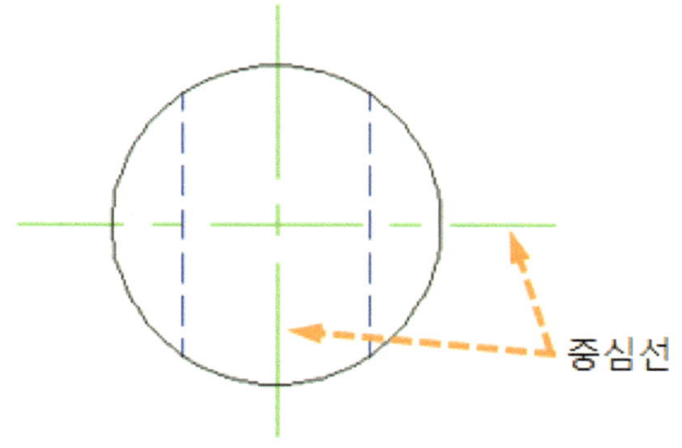

실습 도면층 변경하기

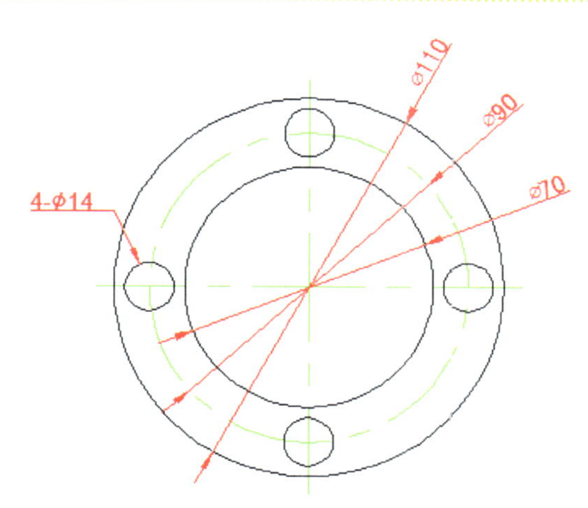

도면층 이름	색상	선종류	선가중치
외형선	흰색	Continuous	0.5
중심선	초록색	CENTER	0.1

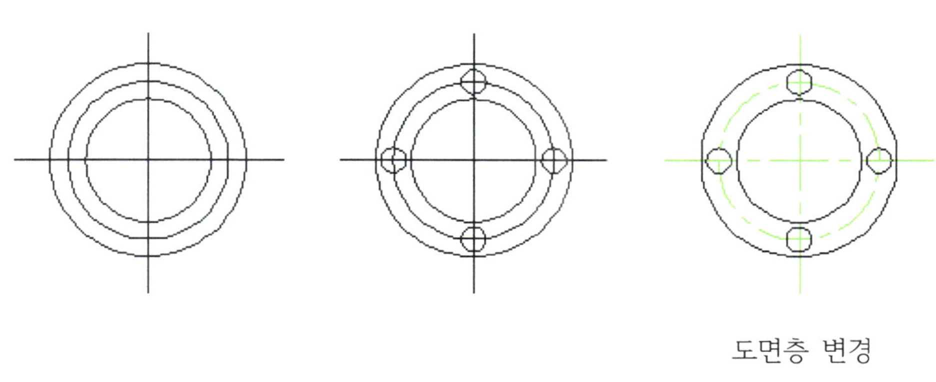

도면층 변경

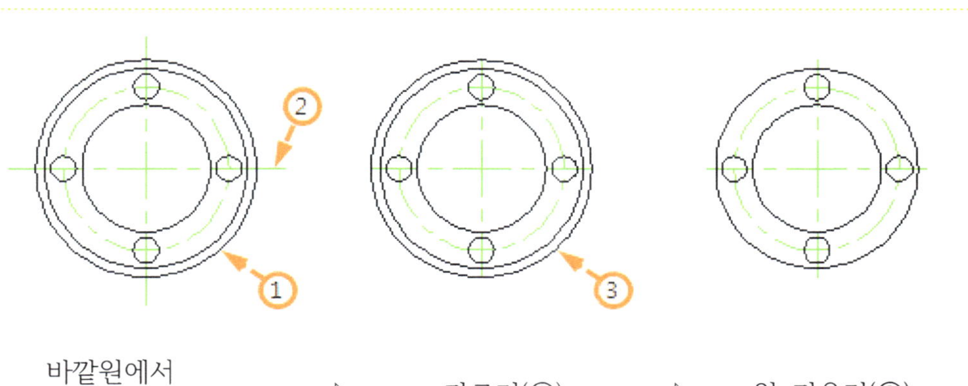

바깥원에서 5만큼 간격띄우기(①) ⇨ 자르기(②) ⇨ 원 지우기(③)

21. 선가중치(LWEIGHT) 표시 : 선에 부여한 가중치를 화면에 표시한다

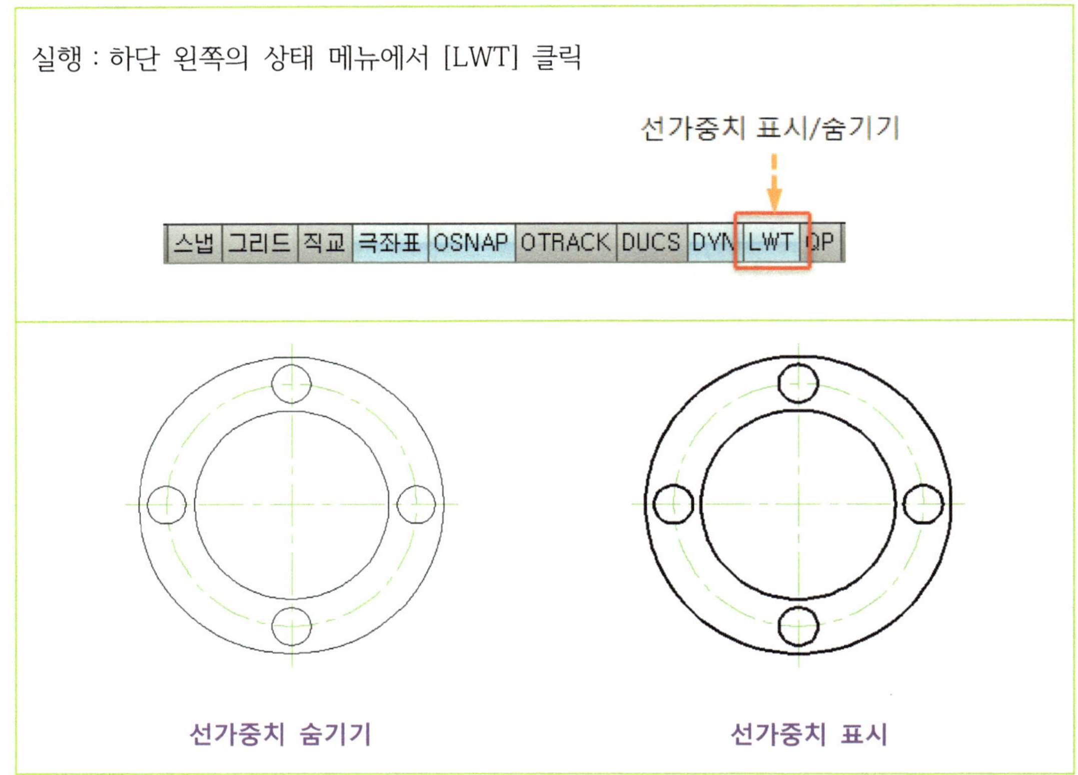

22. 화면 재생성(REGEN) : 원, 호 등이 다각형으로 왜곡되어 보일 때 화면 재생성

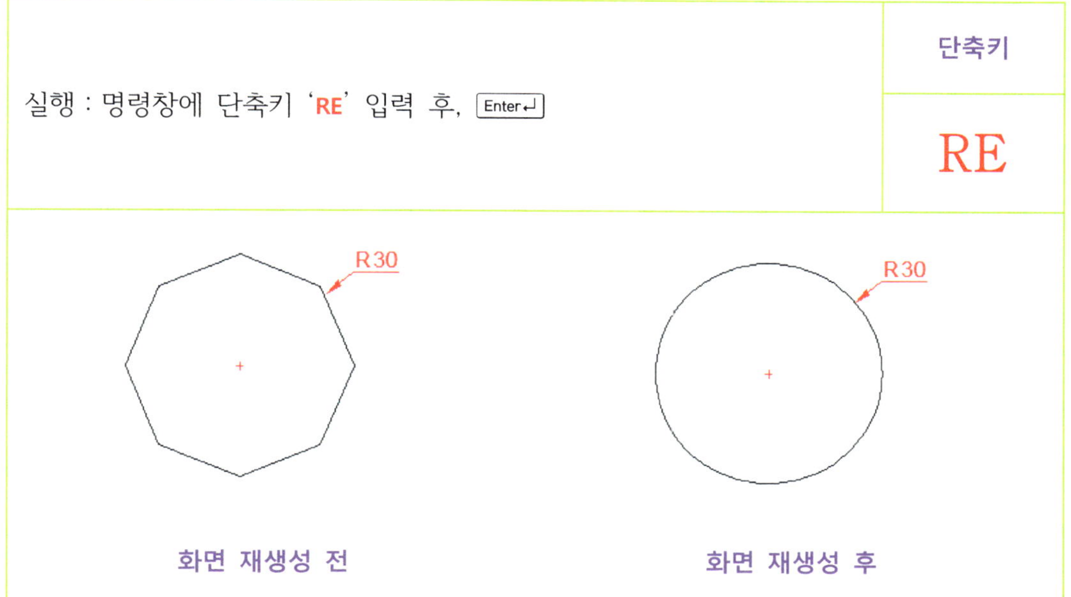

23. 선종류 축척(LTSCALE) : 선의 축척 비율을 변경한다

실행 : 명령창에 단축키 'LTS' 입력 후, Enter↵	단축키 LTS

명령 : **LTS**
새 선종류 축척 비율 입력 <1.0000> : **축척 입력** Enter↵

예제 선의 축척을 1에서 0.5로 변경

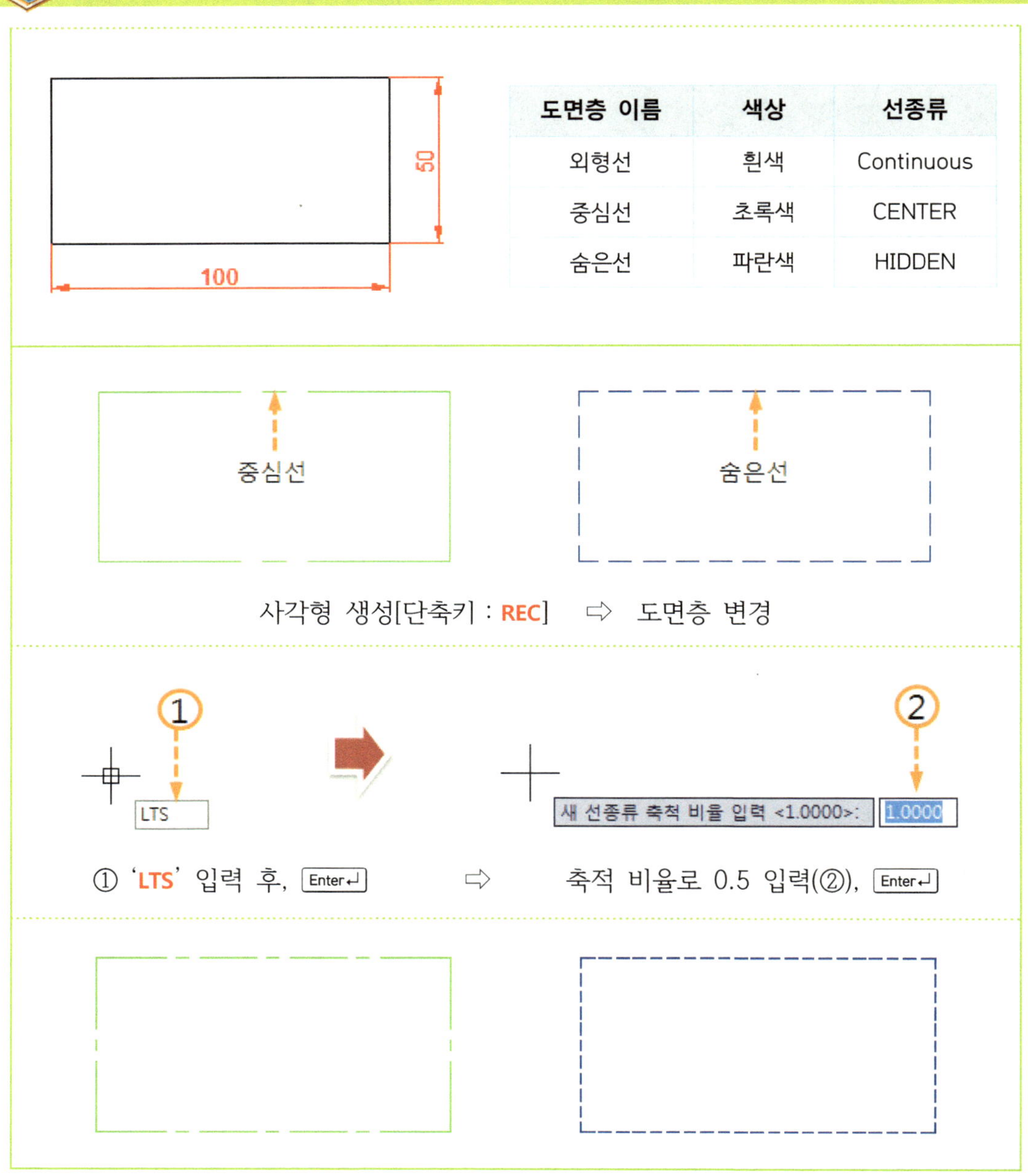

도면층 이름	색상	선종류
외형선	흰색	Continuous
중심선	초록색	CENTER
숨은선	파란색	HIDDEN

24. 길이조정(LENGTHEN) : 객체의 길이를 늘이거나 줄인다

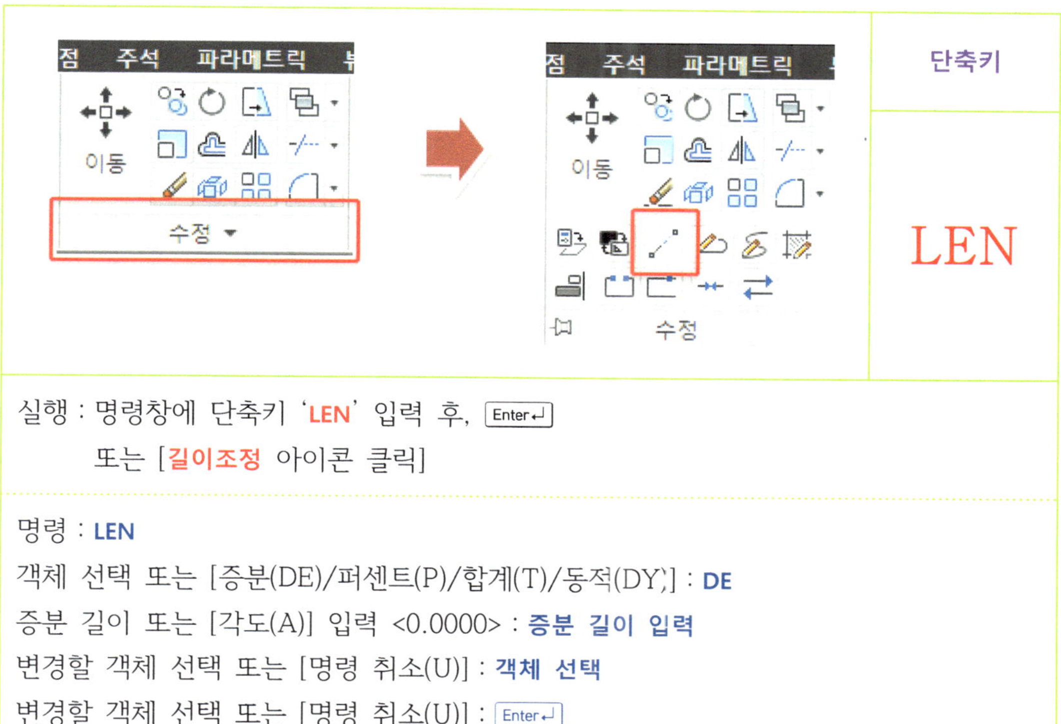

실행 : 명령창에 단축키 'LEN' 입력 후, Enter↵
또는 [길이조정 아이콘 클릭]

명령 : LEN
객체 선택 또는 [증분(DE)/퍼센트(P)/합계(T)/동적(DY)] : DE
증분 길이 또는 [각도(A)] 입력 <0.0000> : 증분 길이 입력
변경할 객체 선택 또는 [명령 취소(U)] : 객체 선택
변경할 객체 선택 또는 [명령 취소(U)] : Enter↵

예제 100mm인 선의 끝을 10mm 늘이기(증분 옵션을 이용)

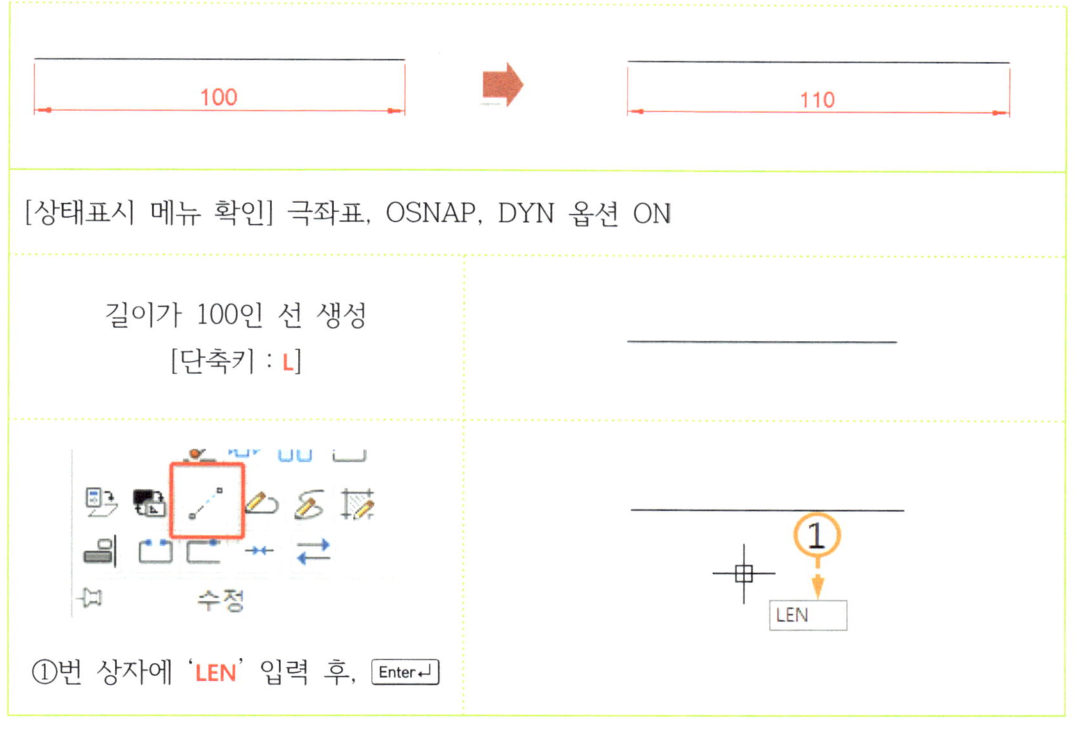

[상태표시 메뉴 확인] 극좌표, OSNAP, DYN 옵션 ON

길이가 100인 선 생성
[단축키 : L]

①번 상자에 'LEN' 입력 후, Enter↵

길이조정 옵션으로 'DE' 입력(②)	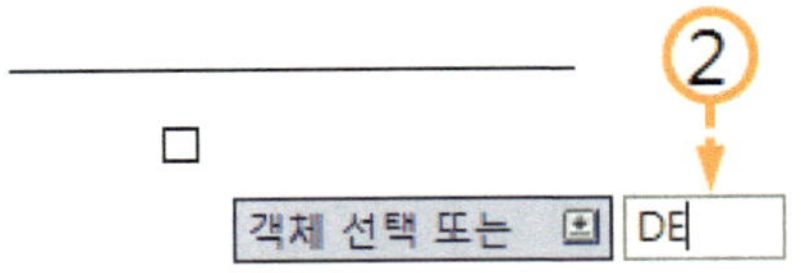 객체 선택 또는 DE
증분 길이 : 10 입력(③)	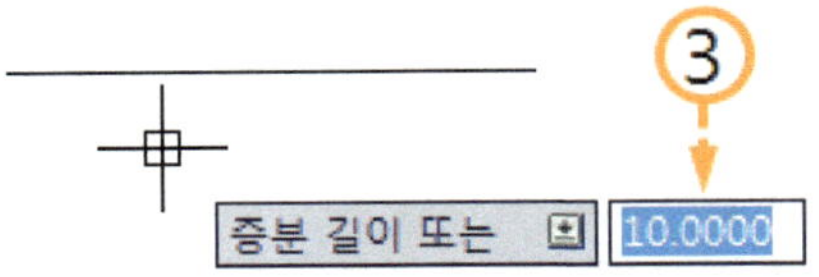 증분 길이 또는 10.0000
늘일 부분으로 선의 오른쪽 끝부분을 클릭(④)	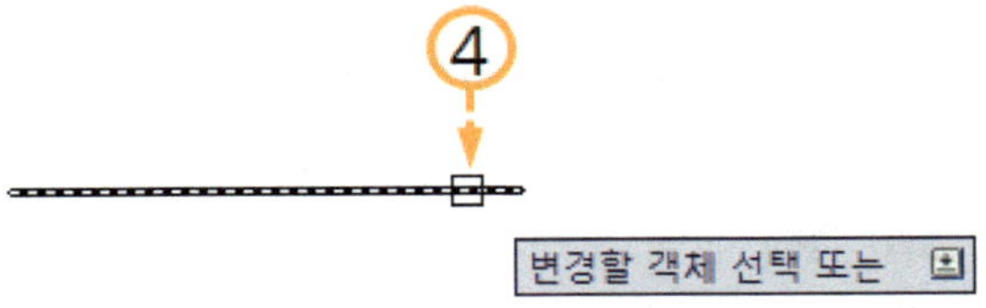 변경할 객체 선택 또는

연습 100mm인 선의 끝을 20mm 줄이기(증분 옵션을 이용)

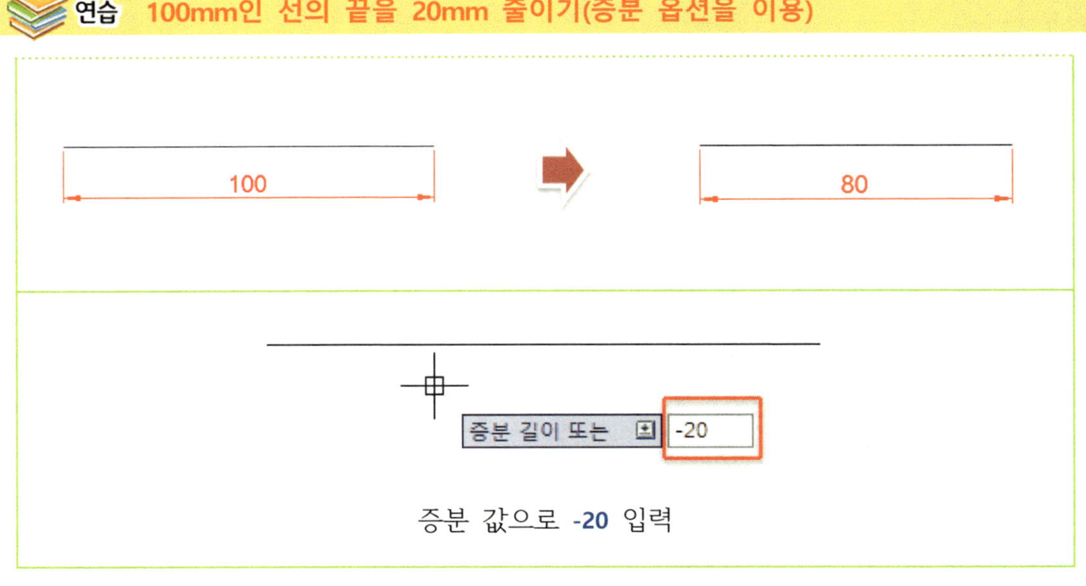

증분 값으로 **-20** 입력

 응용 길이조정을 이용한 도면 작성

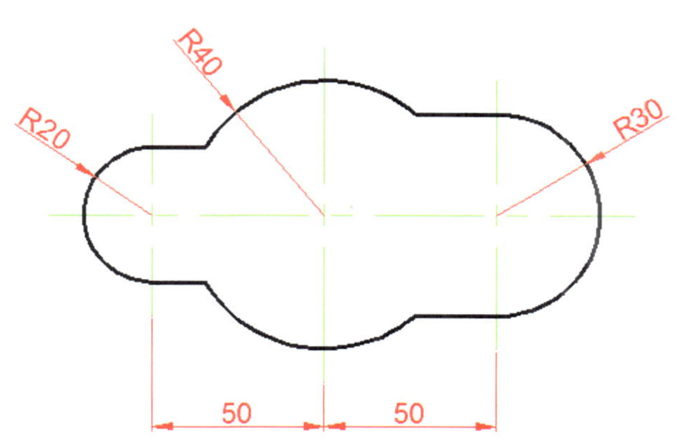

아래와 같이
도면층 생성
⇩
현재 도면층을
외형선으로 지정

도면층 이름	색상	선종류	선가중치	용도
외형선	흰색	Continuous	0.5 ~ 0.7	도면의 외형선
중심선	초록색	CENTER	0.1 ~ 0.25	도면의 중심선

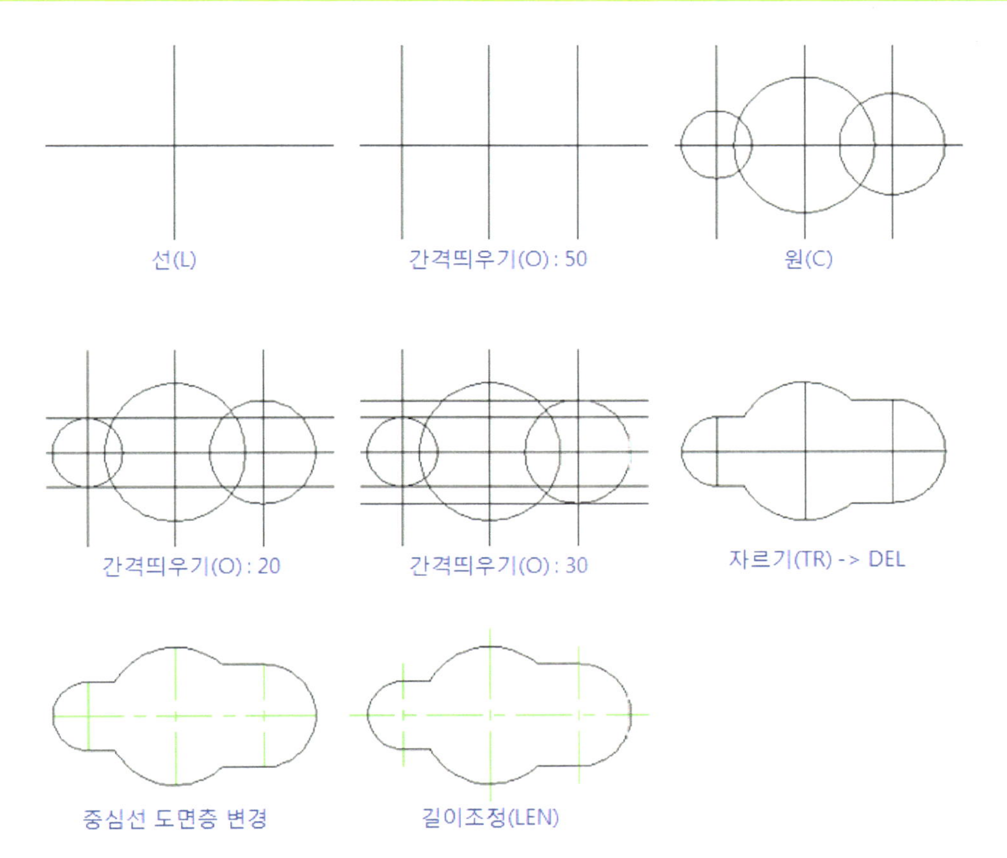

 응용 길이조정을 이용한 도면 작성

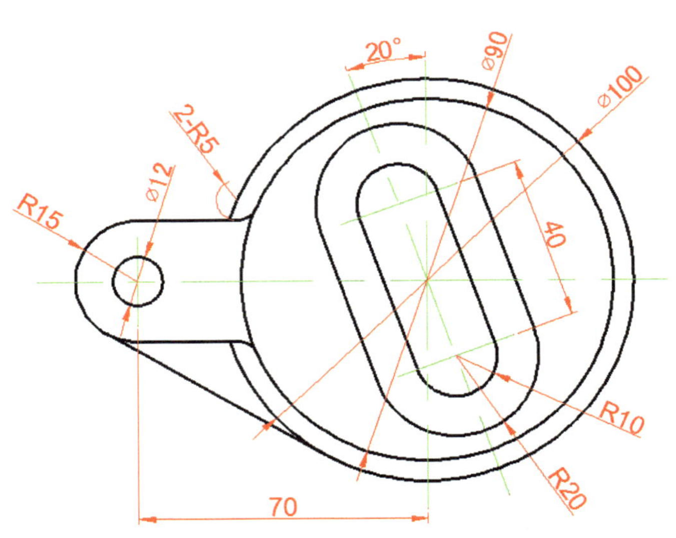

아래와 같이 도면층 생성 ⇨ 현재 도면층을 외형선으로 지정

도면층 이름	색상	선종류	선가중치	용도
외형선	흰색	Continuous	0.5 ~ 0.7	도면의 외형선
중심선	초록색	CENTER	0.1 ~ 0.25	도면의 중심선

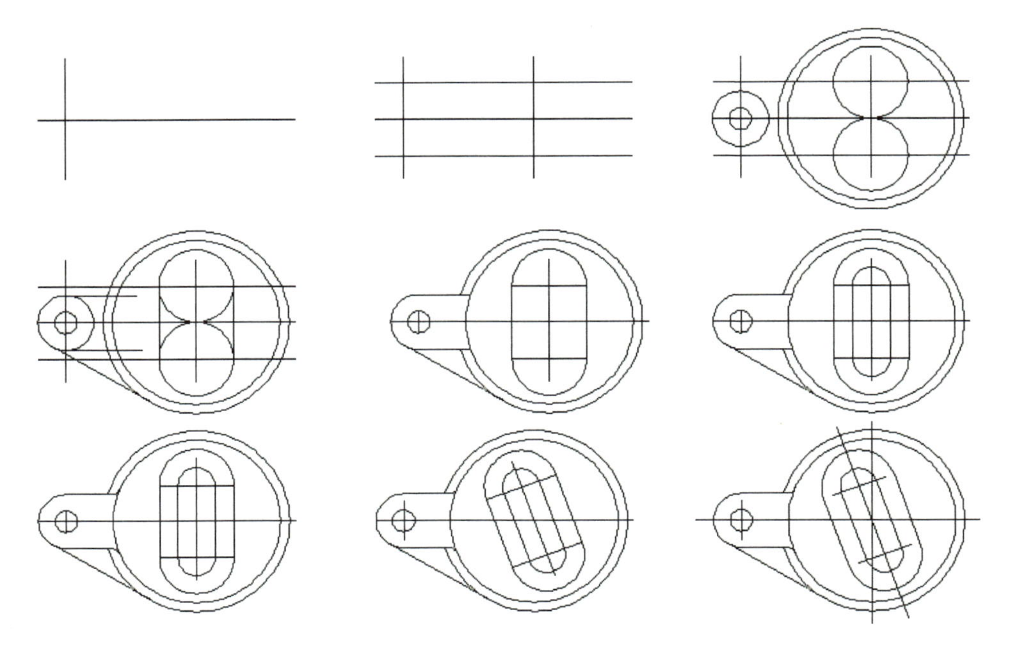

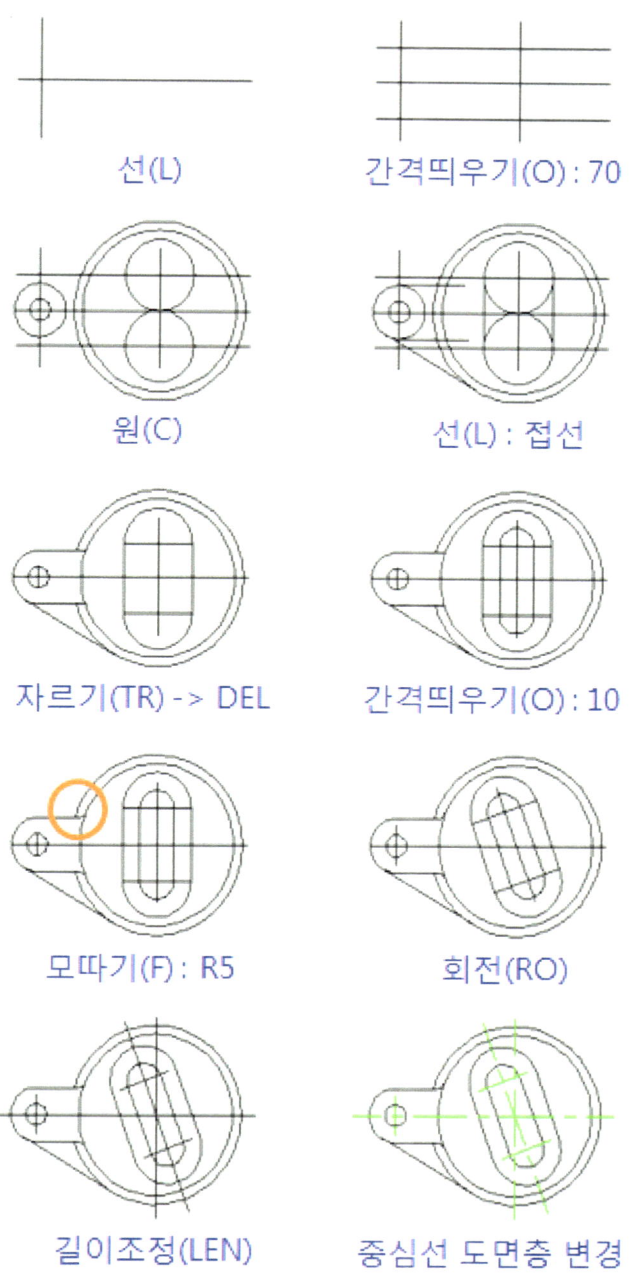
선(L)
간격띄우기(O) : 70
원(C)
선(L) : 접선
자르기(TR) -> DEL
간격띄우기(O) : 10
모따기(F) : R5
회전(RO)
길이조정(LEN)
중심선 도면층 변경

25. 대칭(MIRROR) : 대칭선을 기준으로 객체를 대칭으로 복사한다

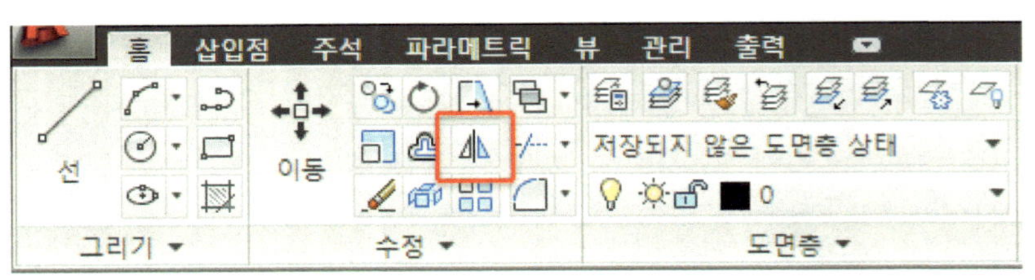

단축키
MI

실행 : 명령창에 단축키 'MI' 입력 후, Enter↵ 또는 [대칭 아이콘 클릭]

명령 : **MI**
객체 선택 : **마우스로 객체 선택**
객체 선택 : Enter↵
대칭선의 첫 번째 점 지정 : **점 선택**
대칭선의 두 번째 점 지정 : **점 선택**
원본 객체를 지우시겠습니까? [예(Y)/아니오(N)] <N> : Enter↵

예제 대칭으로 복사하기

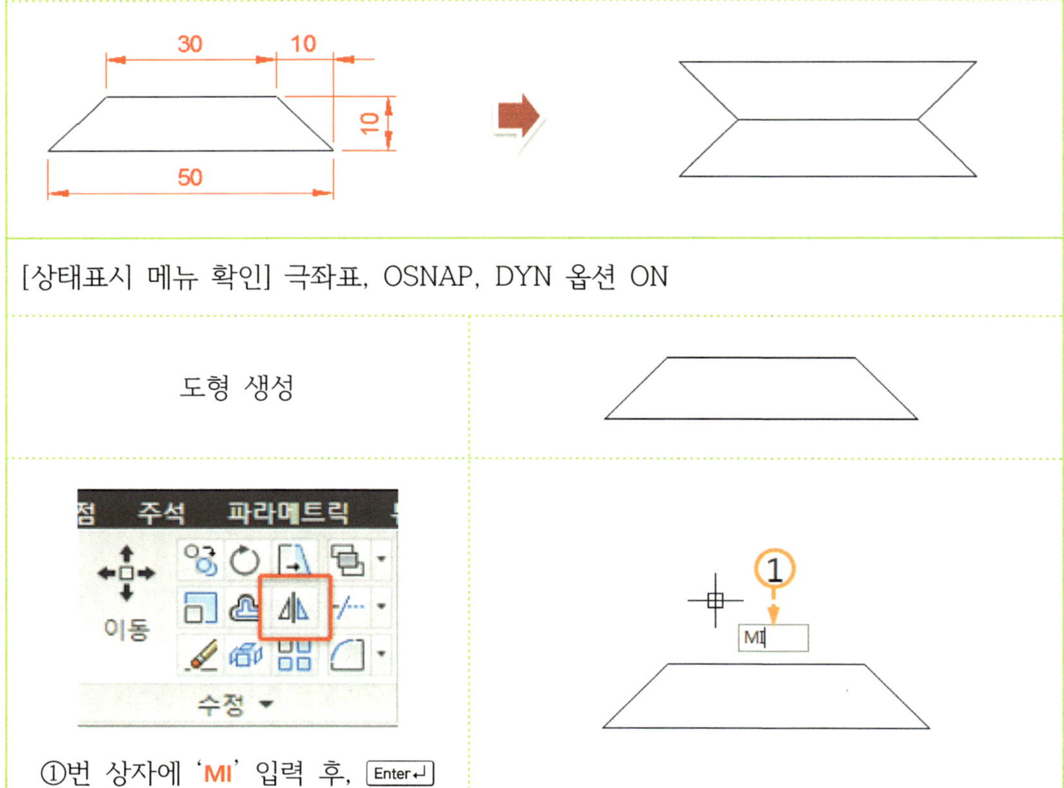

[상태표시 메뉴 확인] 극좌표, OSNAP, DYN 옵션 ON

도형 생성

①번 상자에 'MI' 입력 후, Enter↵

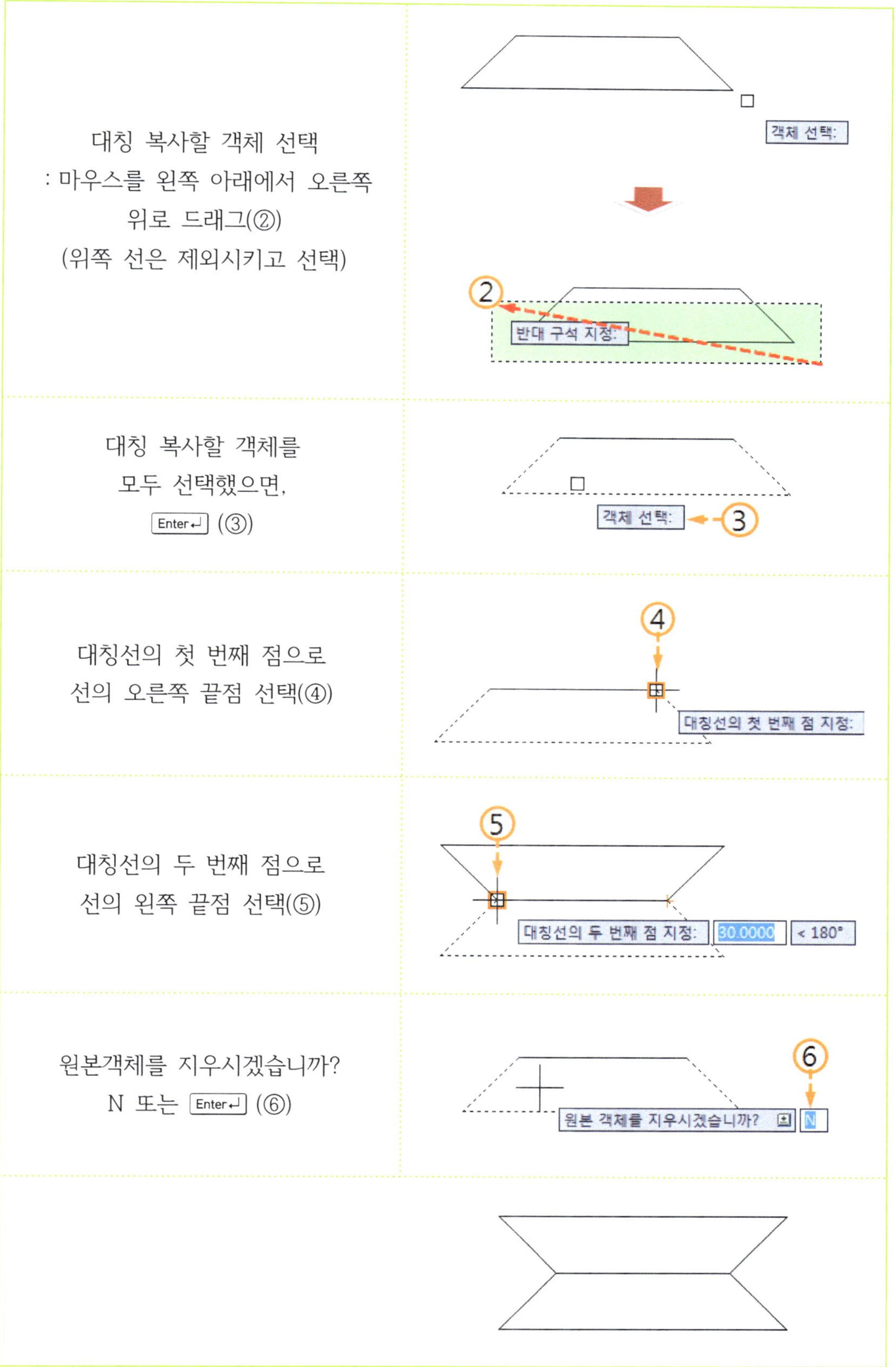
대칭 복사할 객체 선택
: 마우스를 왼쪽 아래에서 오른쪽
위로 드래그(②)
(위쪽 선은 제외시키고 선택)
객체 선택:
2
반대 구석 지정:
대칭 복사할 객체를
모두 선택했으면,
Enter↵ (③)
객체 선택:
3
대칭선의 첫 번째 점으로
선의 오른쪽 끝점 선택(④)
4
대칭선의 첫 번째 점 지정:
대칭선의 두 번째 점으로
선의 왼쪽 끝점 선택(⑤)
5
대칭선의 두 번째 점 지정:
30.0000
< 180°
원본객체를 지우시겠습니까?
N 또는 Enter↵ (⑥)
6
원본 객체를 지우시겠습니까?
N

실습 대칭으로 복사하기

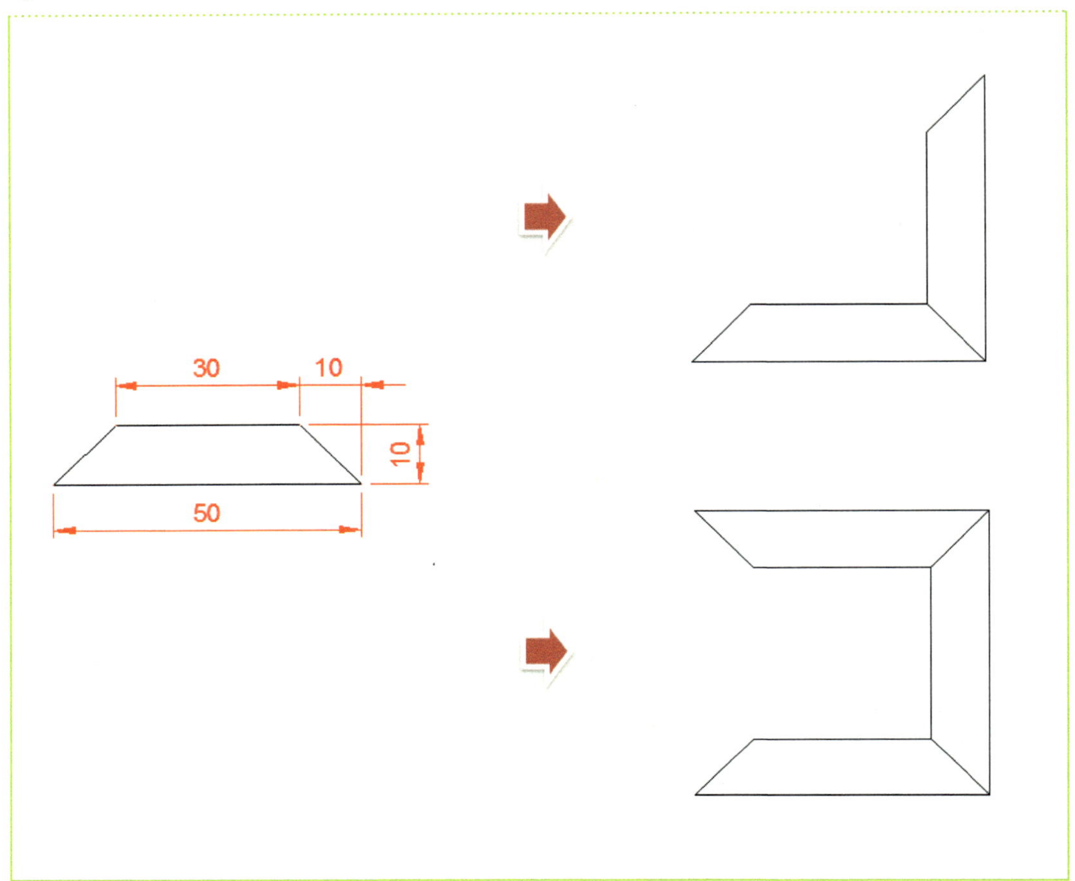

응용 대칭을 이용한 도면 작성

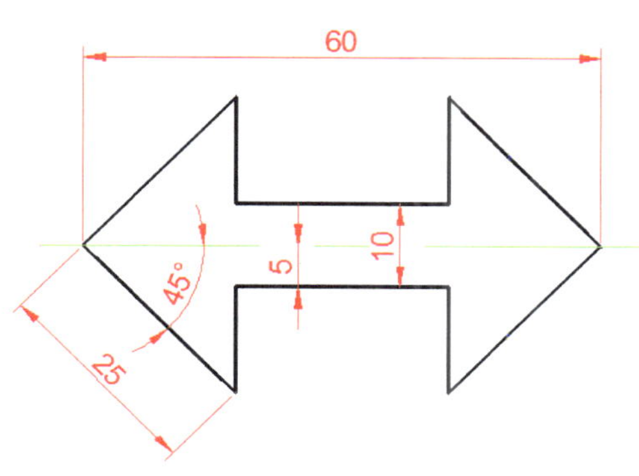

아래와 같이 도면층 생성 ⇨ 현재 도면층을 외형선으로 지정

도면층 이름	색상	선종류	선가중치	용도
외형선	흰색	Continuous	0.5 ~ 0.7	도면의 외형선
중심선	초록색	CENTER	0.1 ~ 0.25	도면의 중심선

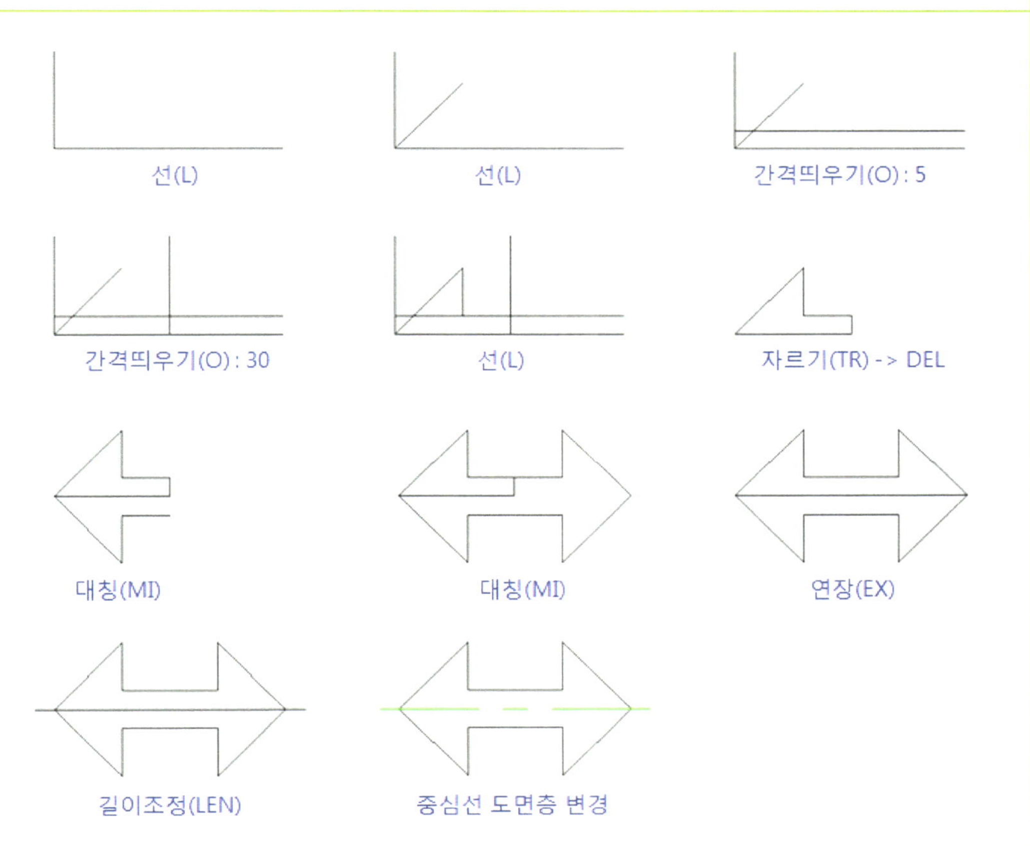

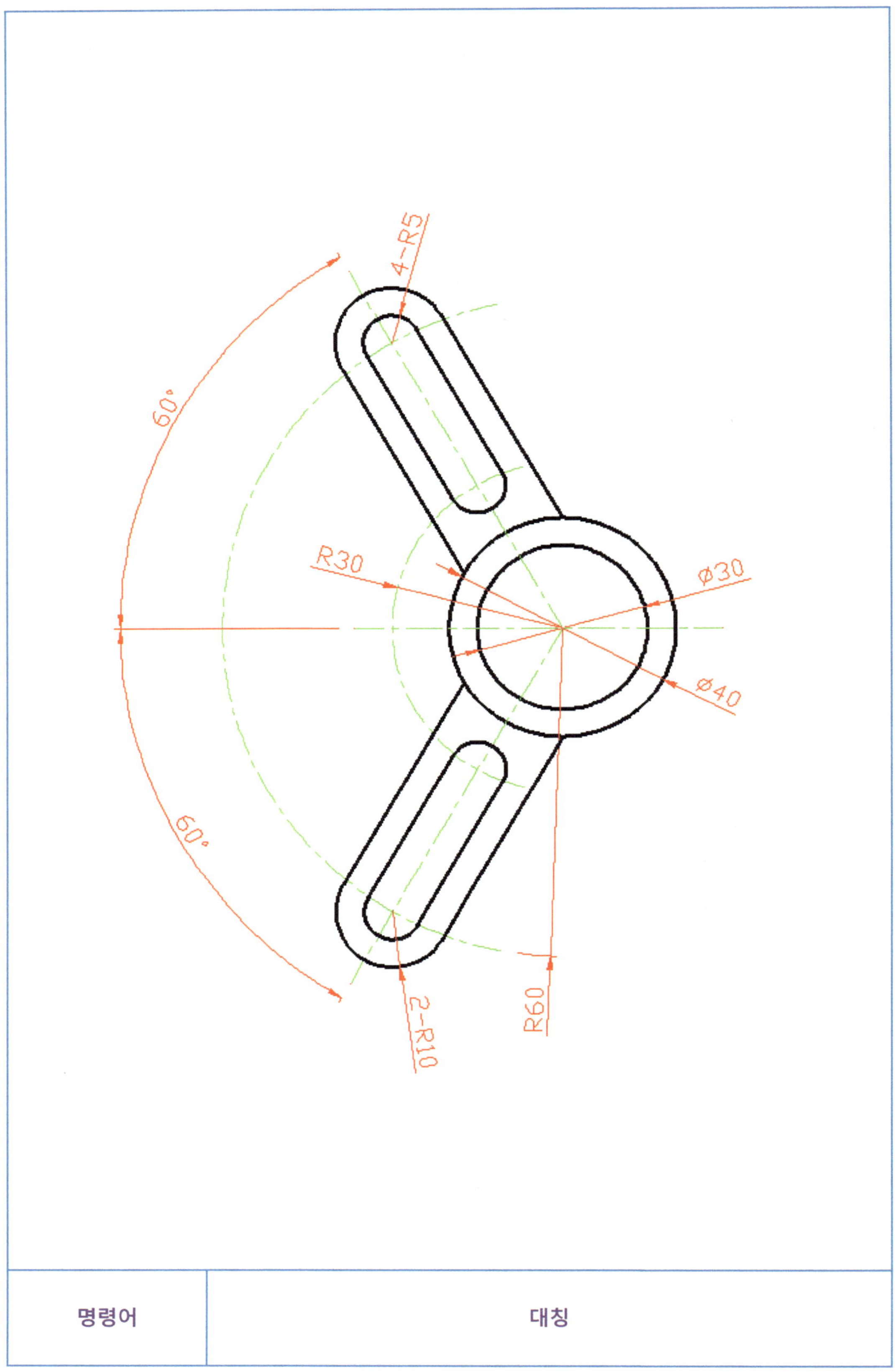

명령어	대칭

26. 복사(COPY) : 객체를 지정한 위치로 복사한다

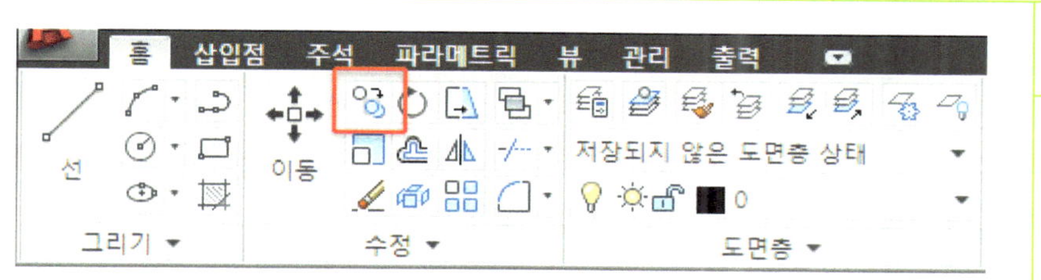

단축키

CO

실행 : 명령창에 단축키 'CO' 입력 후, Enter↵ 또는 [복사 아이콘 클릭]

명령 : **CO**
객체 선택 : **마우스로 객체 선택**
객체 선택 : Enter↵
현재 설정 : 복사 모드 = 다중(M)
기본점 지정 또는 [변위(D)/모드(O)] <변위(D)> : **점 선택**
두 번째 점 지정 또는 <첫 번째 점을 변위로 사용> : **점 선택**
두 번째 점 지정 또는 [종료(E)/명령 취소(U)] <종료> : <N> : Enter↵

예제 지정 위치(지정 점)로 원 복사하기

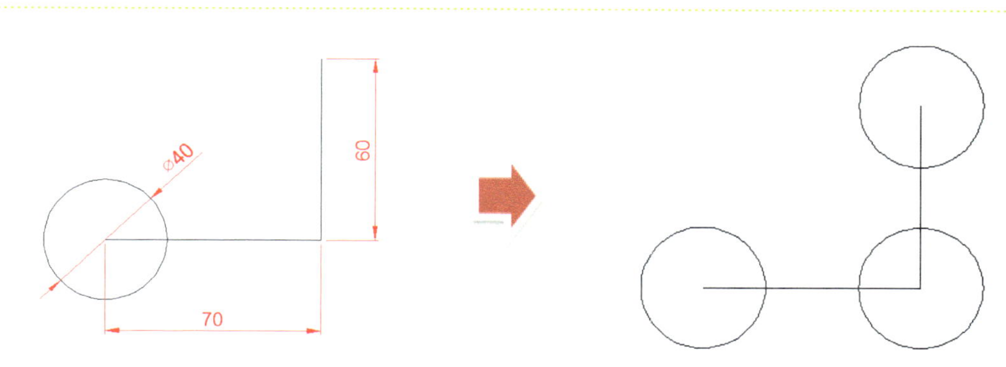

[상태표시 메뉴 확인] 극좌표, OSNAP, DYN 옵션 ON

도형 생성
[단축키 'L']
[단축키 'C']

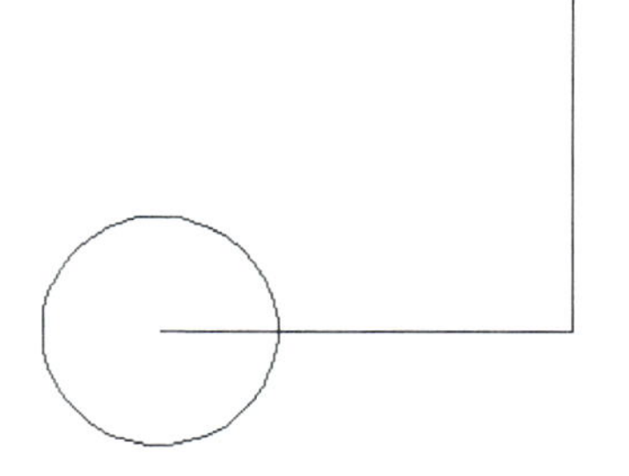

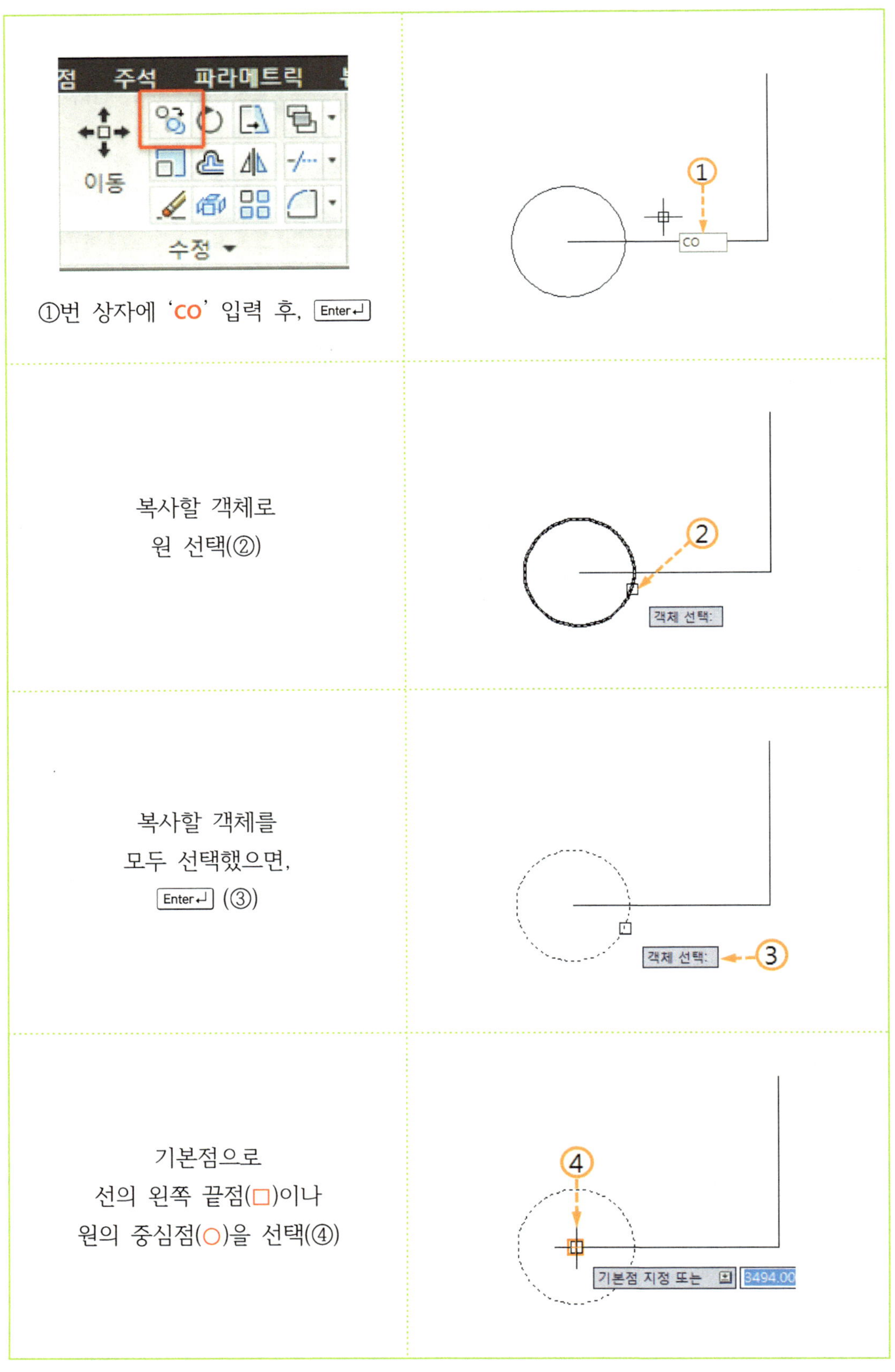
점 주석 파라메트릭
이동
수정
①번 상자에 'co' 입력 후, Enter↵
1
CO
복사할 객체로
원 선택(②)
2
객체 선택:
복사할 객체를
모두 선택했으면,
Enter↵ (③)
객체 선택:
3
기본점으로
선의 왼쪽 끝점(□)이나
원의 중심점(○)을 선택(④)
4
기본점 지정 또는
3494.00

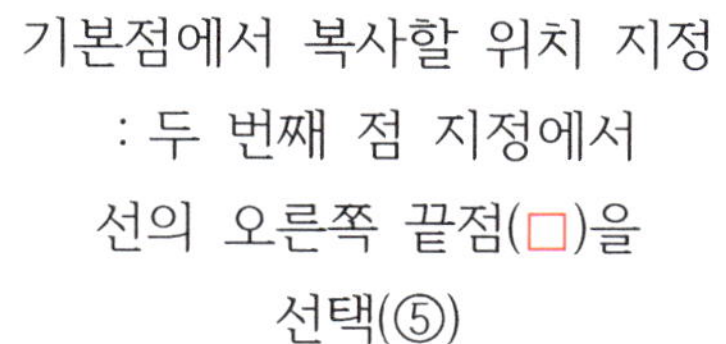

기본점에서 복사할 위치 지정
: 두 번째 점 지정에서
선의 오른쪽 끝점(□)을
선택(⑤)

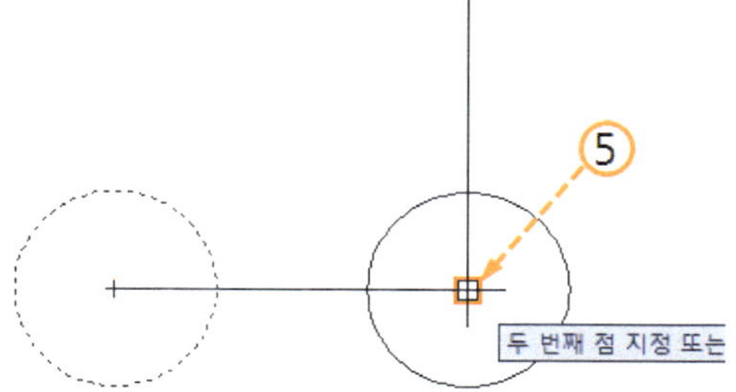

두 번째 점 지정에서
선의 위쪽 끝점(□)을
선택(⑥)
⇩
Enter↵
(복사를 끝내려면)

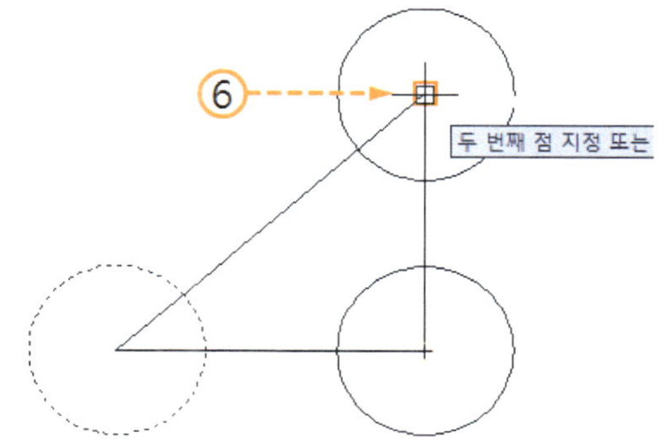

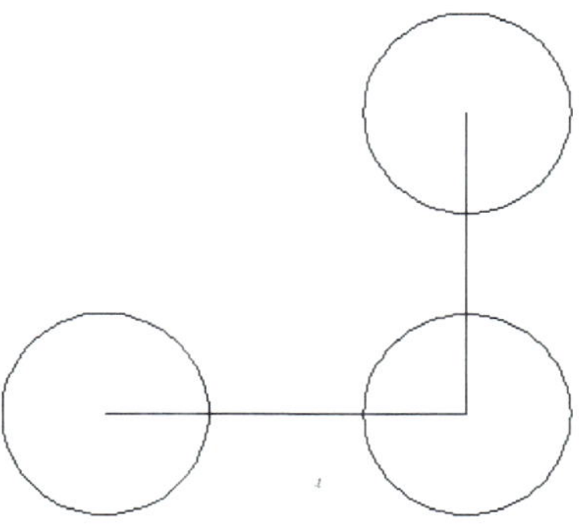

연습 사각형의 끝점으로 원 복사하기

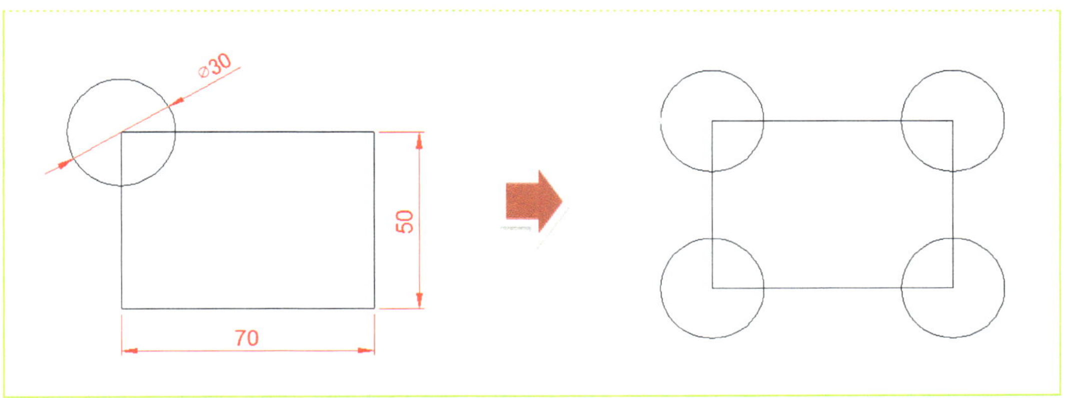

 응용 복사를 이용한 도면 작성

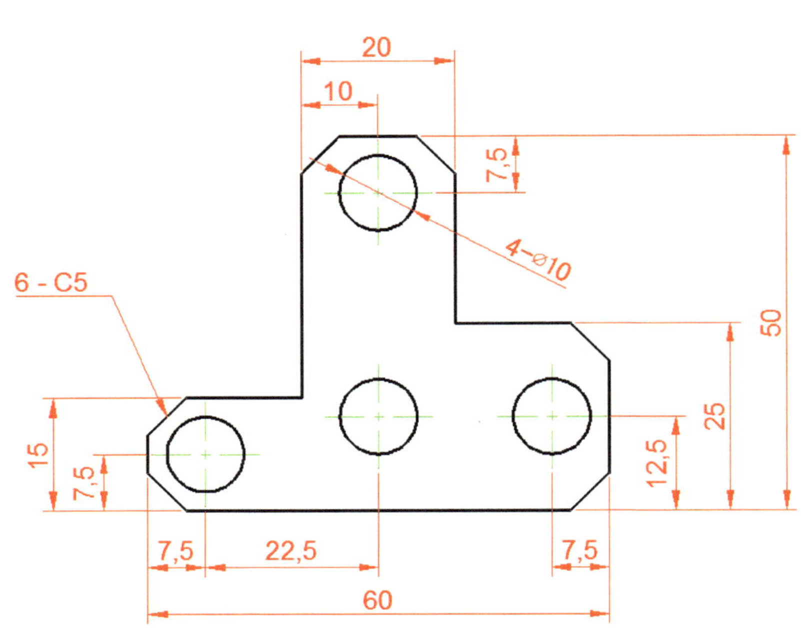

아래와 같이 도면층 생성 ⇨ 현재 도면층을 외형선으로 지정

도면층 이름	색상	선종류	선가중치	용도
외형선	흰색	Continuous	0.5 ~ 0.7	도면의 외형선
중심선	초록색	CENTER	0.1 ~ 0.25	도면의 중심선

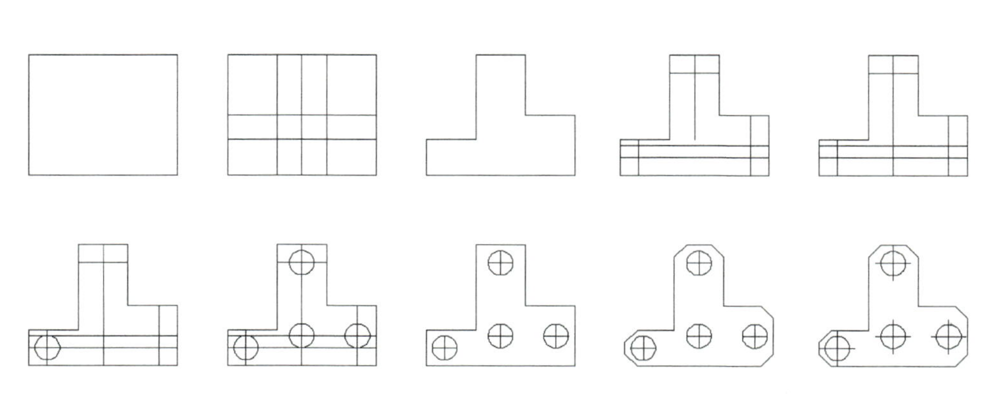

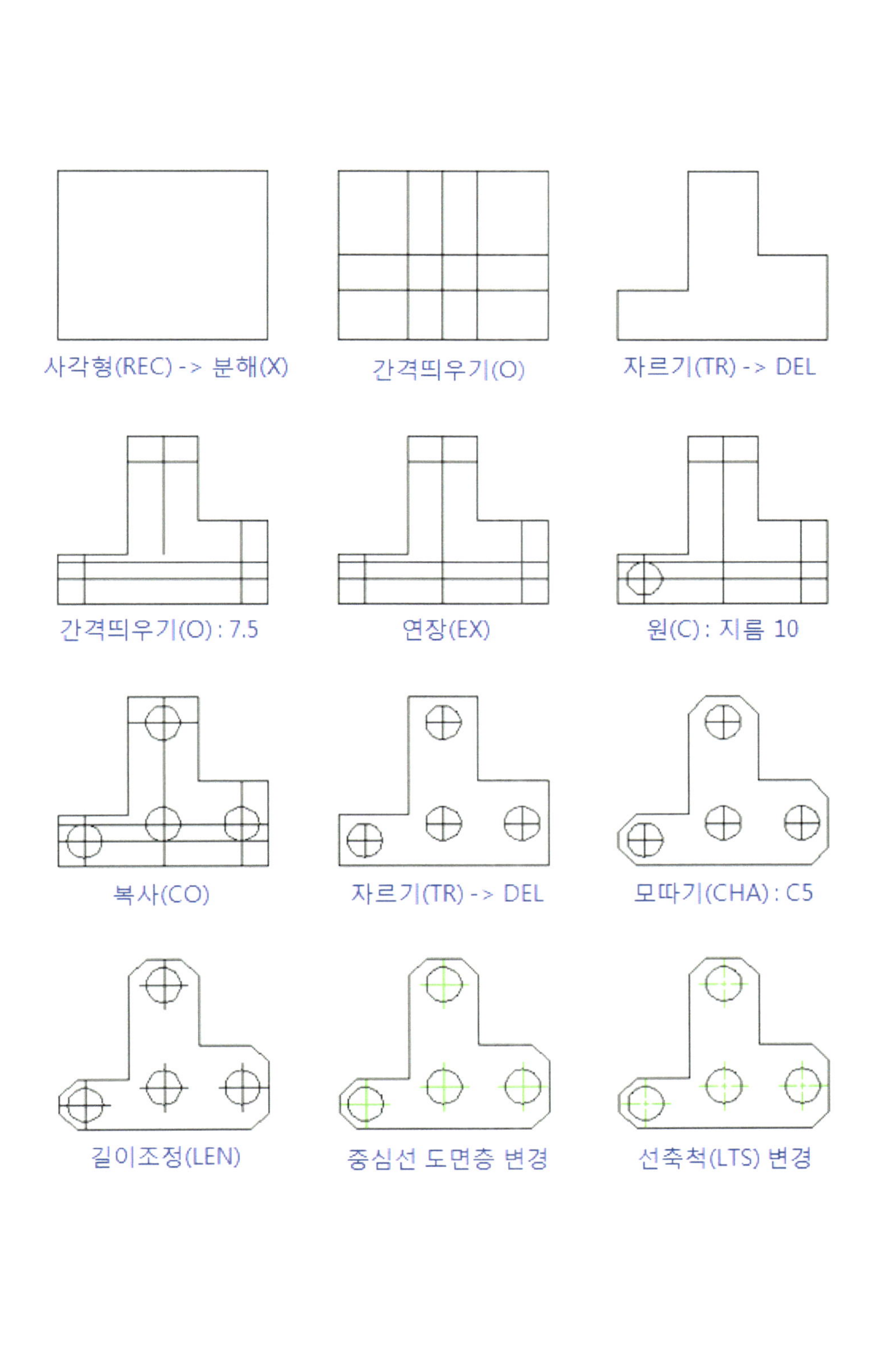
사각형(REC) -> 분해(X)
간격띄우기(O)
자르기(TR) -> DEL
간격띄우기(O) : 7.5
연장(EX)
원(C) : 지름 10
복사(CO)
자르기(TR) -> DEL
모따기(CHA) : C5
길이조정(LEN)
중심선 도면층 변경
선축척(LTS) 변경

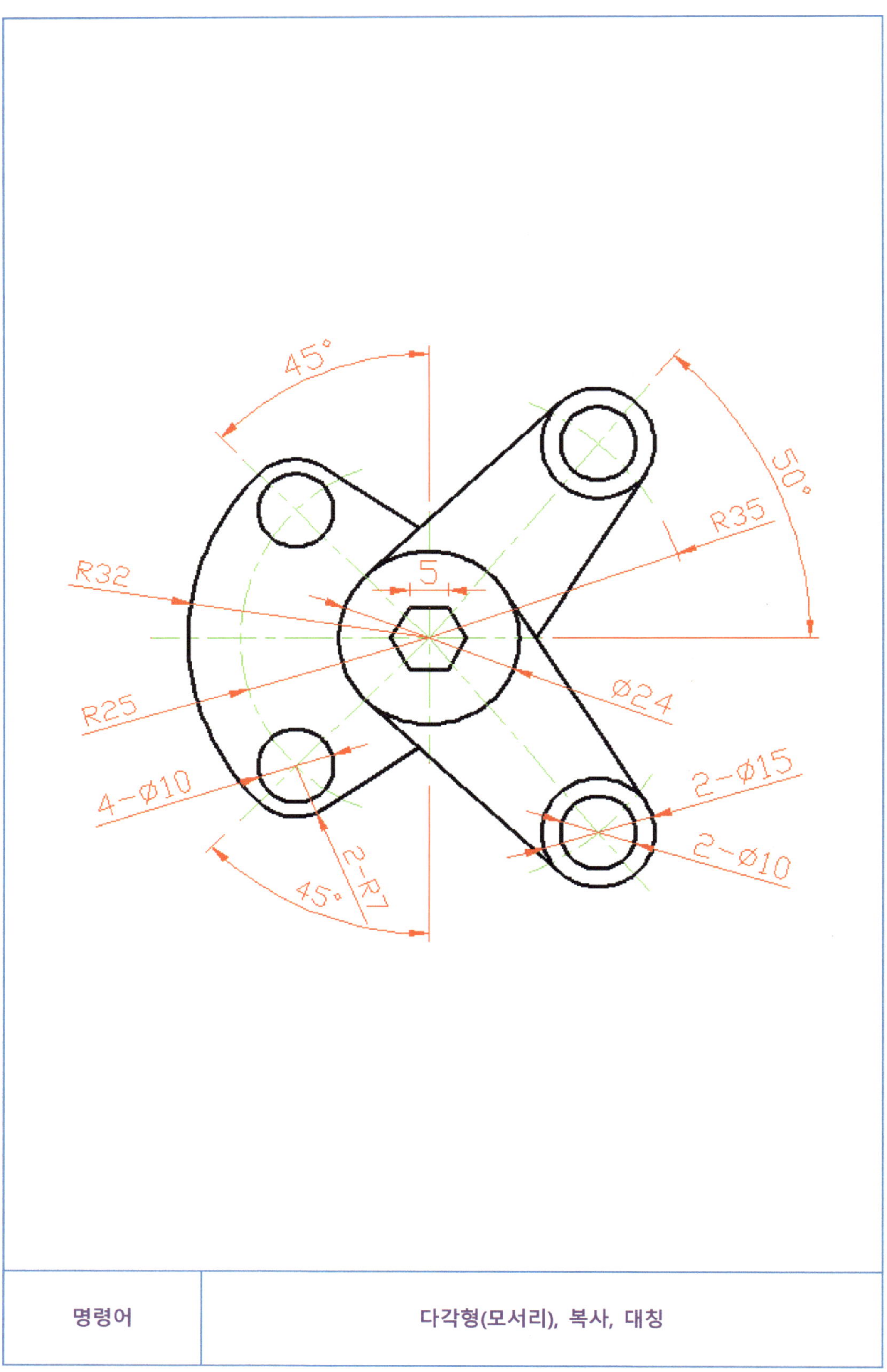

명령어	다각형(모서리), 복사, 대칭

27. 이동(MOVE) : 객체를 지정한 위치로 이동시킨다

홈
삽입점
주석
파라메트릭
뷰
관리
출력
선
이동
저장되지 않은 도면층 상태
그리기
수정
도면층

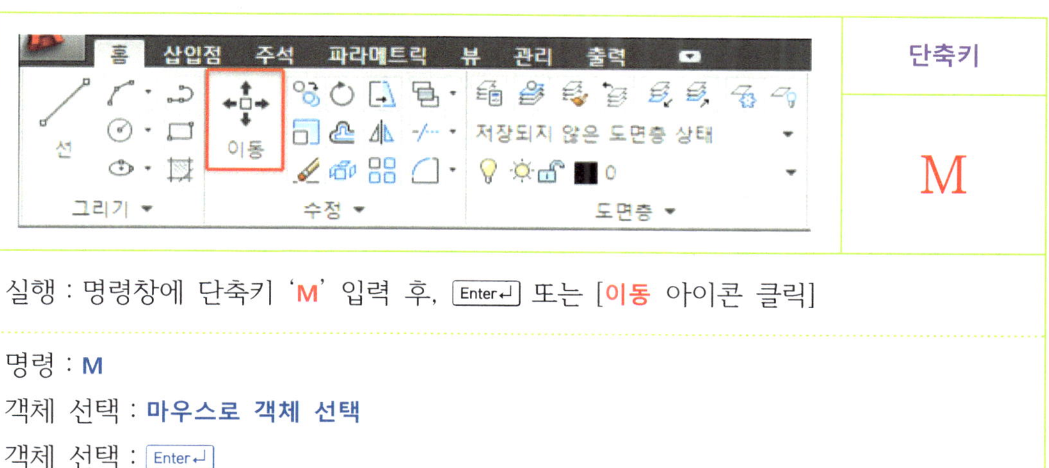

단축키

M

실행 : 명령창에 단축키 'M' 입력 후, Enter↵ 또는 [이동 아이콘 클릭]

명령 : **M**
객체 선택 : **마우스로 객체 선택**
객체 선택 : Enter↵
기준점 지정 또는 [변위(D)] <변위> : **점 선택**
두 번째 점 지정 또는 <첫 번째 점을 변위로 사용> : **점 선택**

예제 지정 위치(지정 점)로 원 이동하기

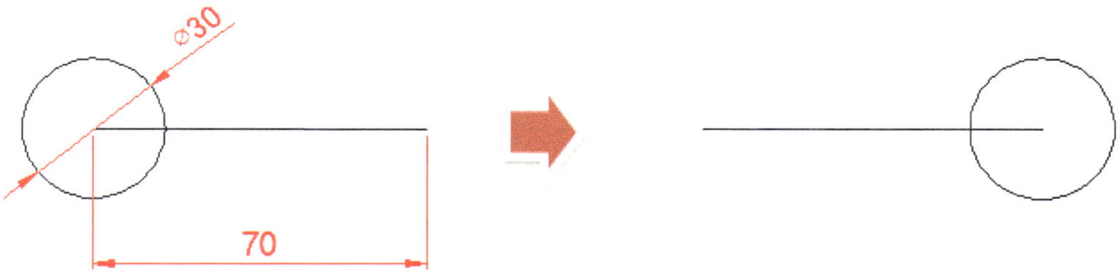

⌀30
70

[상태표시 메뉴 확인] 극좌표, OSNAP, DYN 옵션 ON

도형 생성
[단축키 'L']
[단축키 'C']

점
주석
파라메트릭
이동
수정

1
M

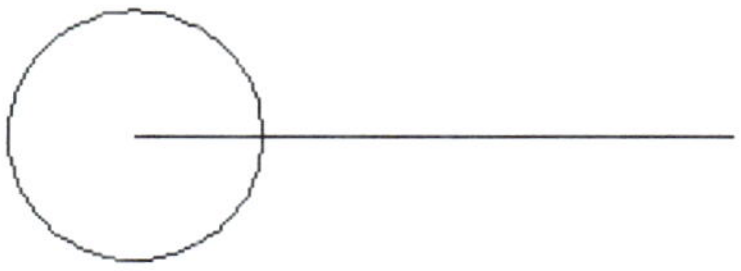

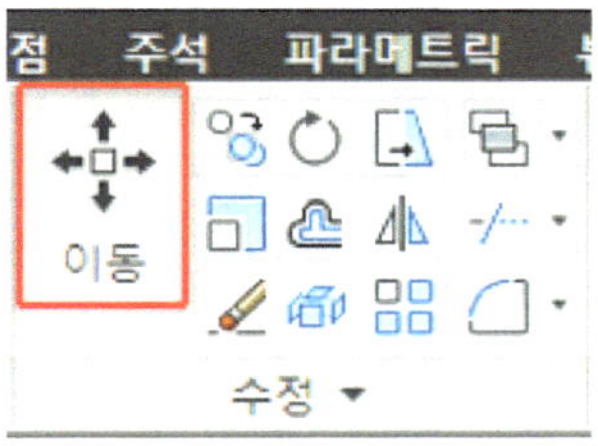

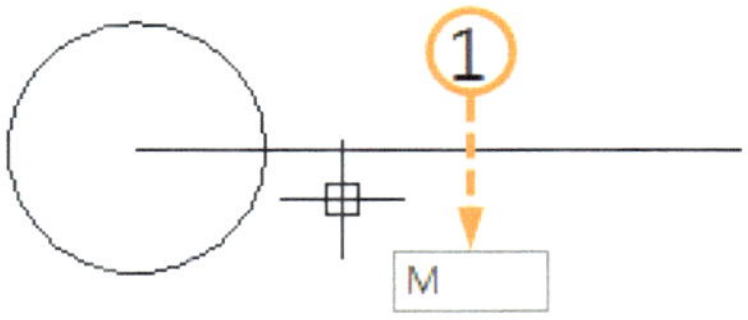

①번 상자에 'M' 입력 후, Enter↵

복사할 객체로 원 선택(②)	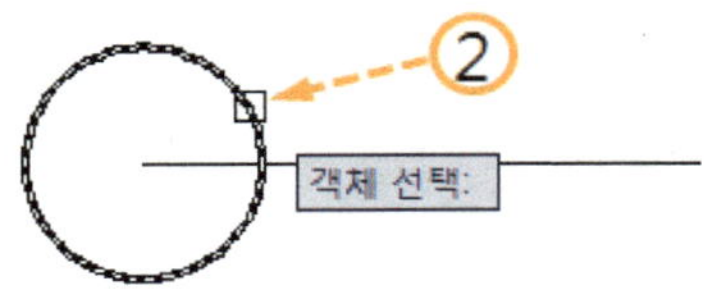 ② 객체 선택:
복사할 객체를 모두 선택했으면, Enter↵ (③)	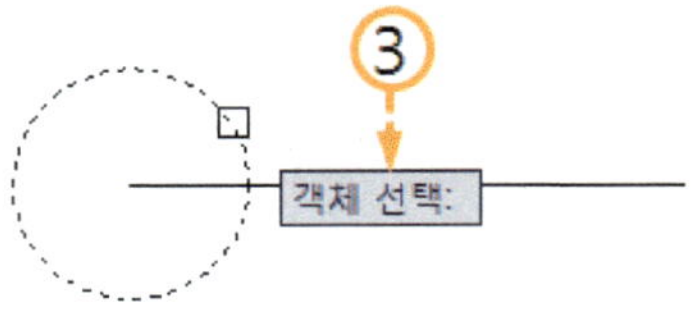 ③ 객체 선택:
기준점으로 선의 왼쪽 끝점(□)이나 원의 중심점(○)을 선택(④)	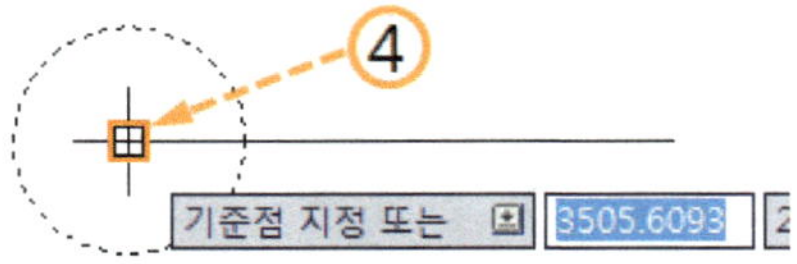 ④ 기준점 지정 또는 3505.6093
두 번째 점 지정에서 선의 오른쪽 끝점(□)을 선택(⑤)	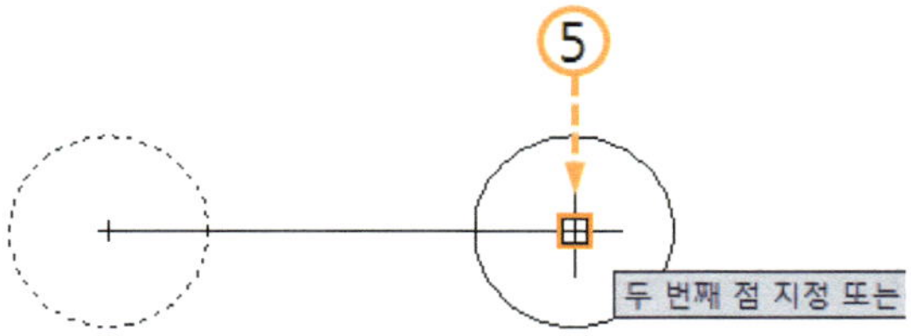 ⑤ 두 번째 점 지정 또는
	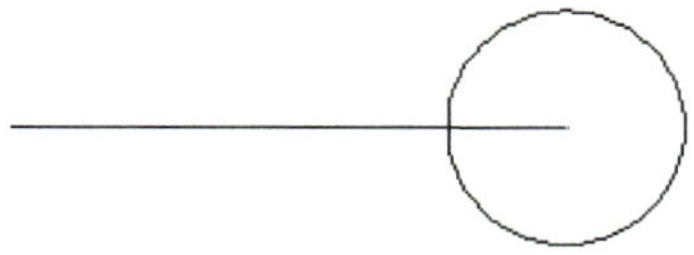

연습 지정한 위치로 원 이동하기

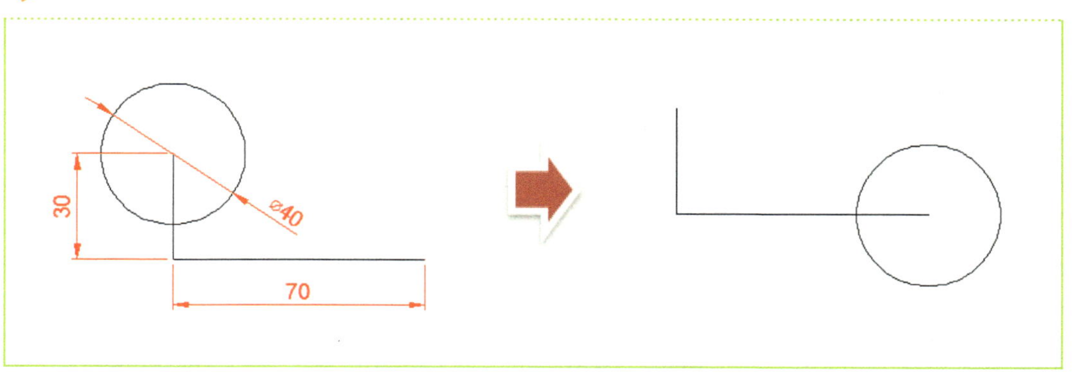

28. 스플라인(SPLINE) : 지정점을 지나는 부드러운 곡선을 생성한다

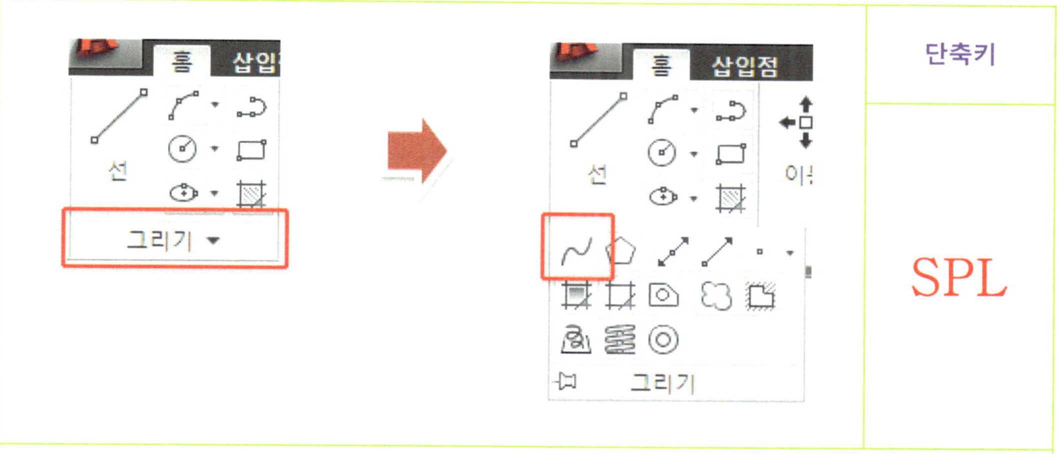

	단축키
	SPL

실행 : 명령창에 단축키 'SPL' 입력 후, Enter↵ 또는 [스플라인 아이콘 클릭]

명령 : **SPL**
첫 번째 점 지정 또는 [객체(O)] : **점 선택**
다음점 지정 : **점 선택**
다음 점 지정 또는 [닫기(C)/공차 맞춤(F)] <시작 접선> : **점 선택**
다음 점 지정 또는 [닫기(C)/공차 맞춤(F)] <시작 접선> : **점 선택**
시작 접선 지정 : Enter↵
끝 접선 지정 : Enter↵

예제 지정 위치(지정 점)로 원 이동하기

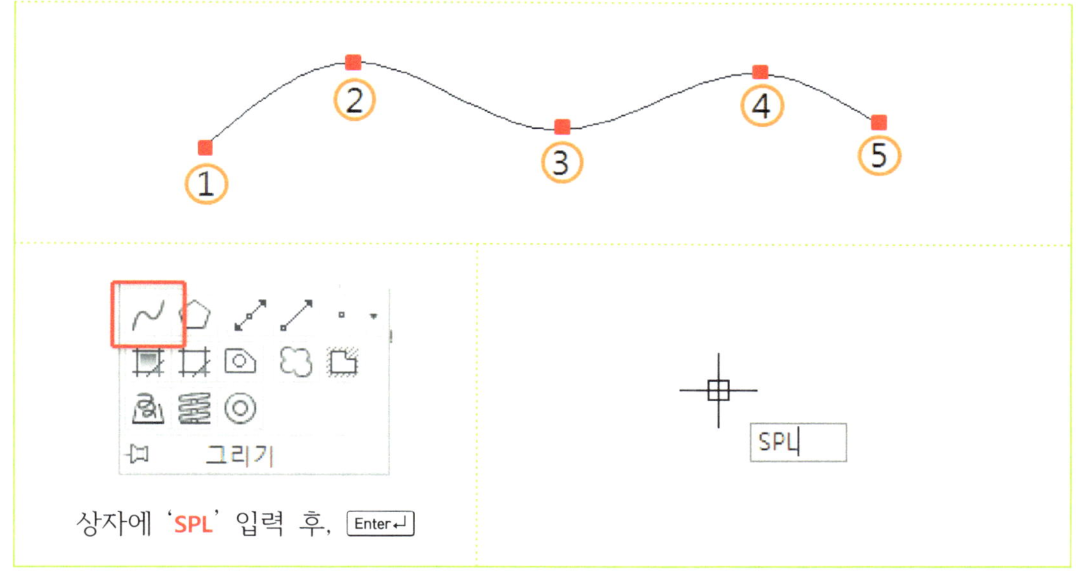

상자에 'SPL' 입력 후, Enter↵

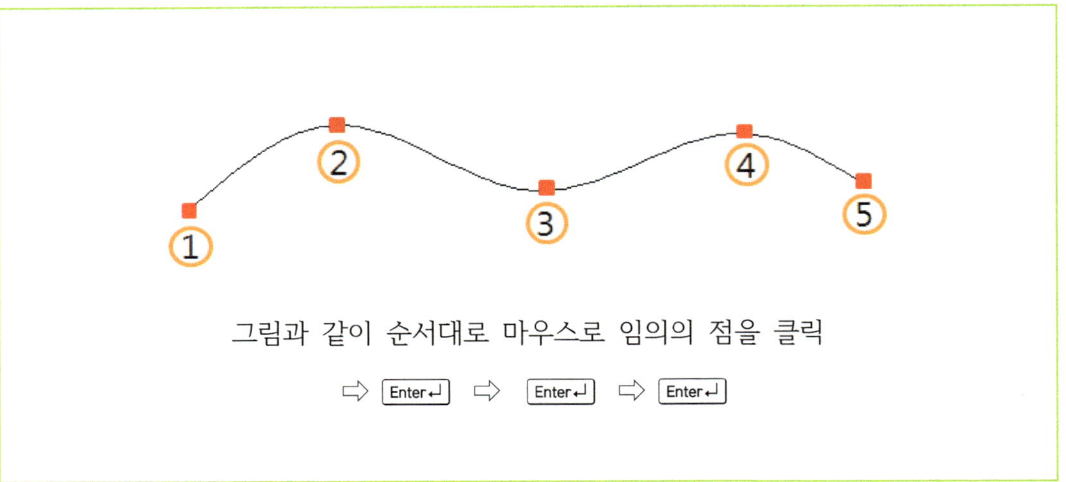

연습 스플라인 그리기

40

40

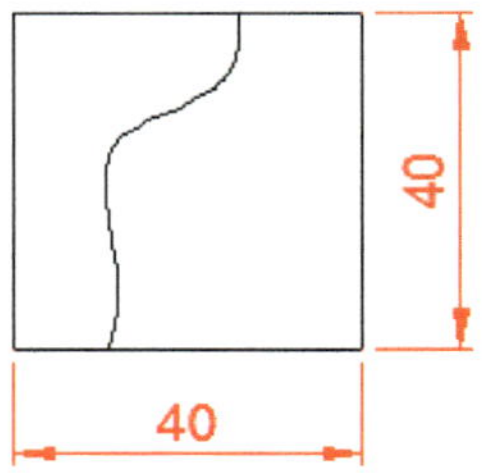

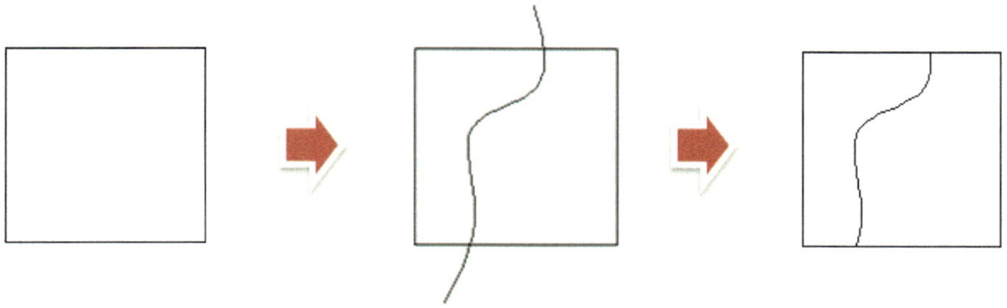

사각형 생성 ⇨ 스플라인 생성 ⇨ 자르기

29. 해치(HATCH) : 일정 영역에 일정한 유형이나 패턴을 채운다

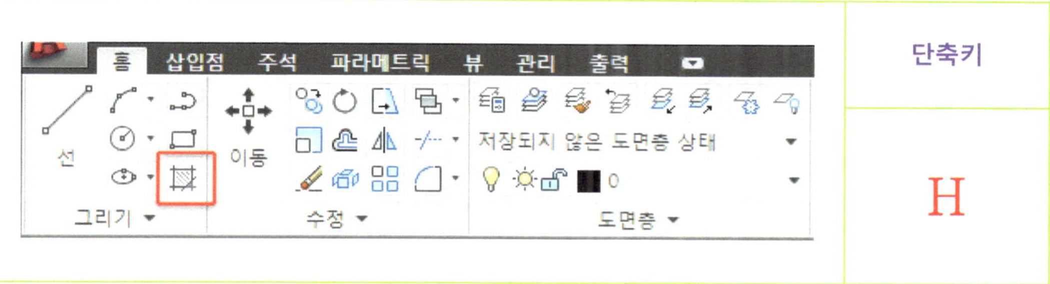

단축키
H

실행 : 명령창에 단축키 'H' 입력 후, Enter↵ 또는 [해치 아이콘 클릭]

명령 : **H**
내부 점 선택 또는 [객체 선택(S)/경계 제거(B)] : **점 선택**
가시적인 모든 것 선택 중...
선택된 데이터 분석 중...
내부 고립영역 분석 중...
내부 점 선택 또는 [객체 선택(S)/경계 제거(B)] :

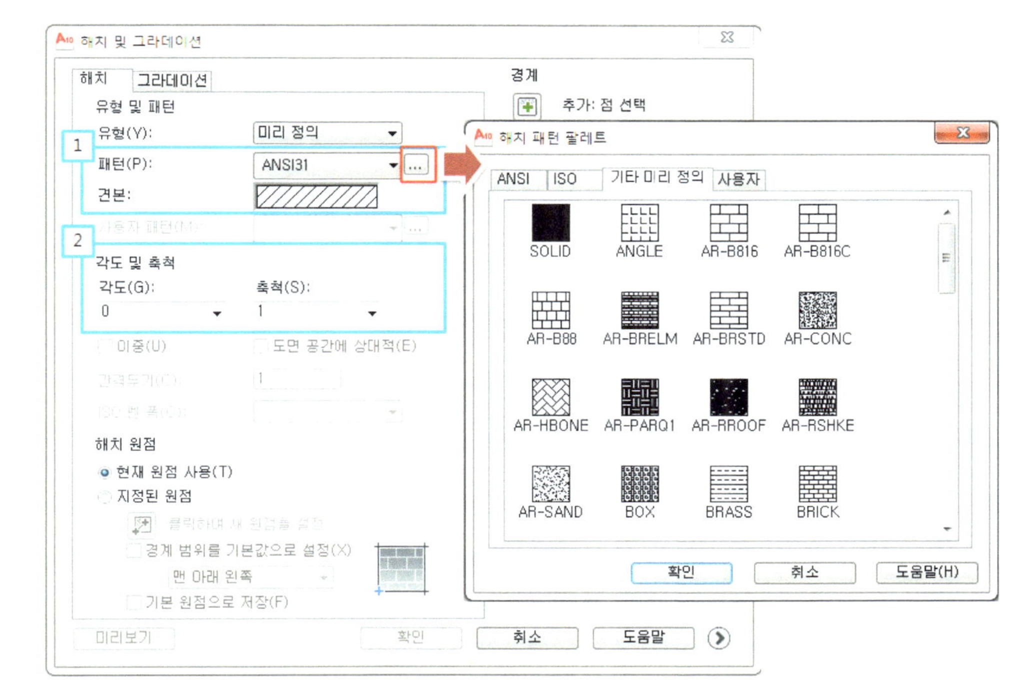

1 [패턴] : 일정 영역에 채울 패턴을 선택
[견본] : 선택한 패턴 형상을 보여줌
2 [각도 및 축척] : 패턴의 축척 비율을 조정(패턴 밀도 조정)

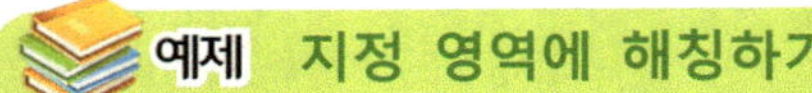

예제 지정 영역에 해칭하기

[상태표시 메뉴 확인] 극좌표, OSNAP, DYN 옵션 ON

도형 생성	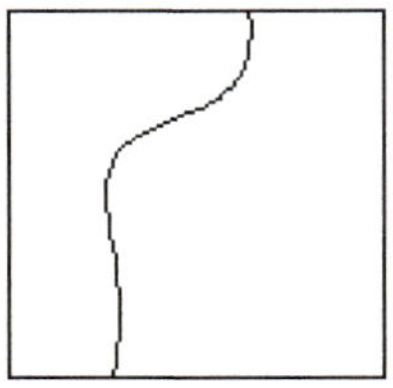
①번 상자에 'H' 입력 후, Enter↵	

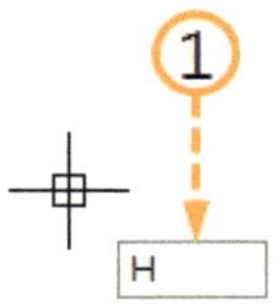

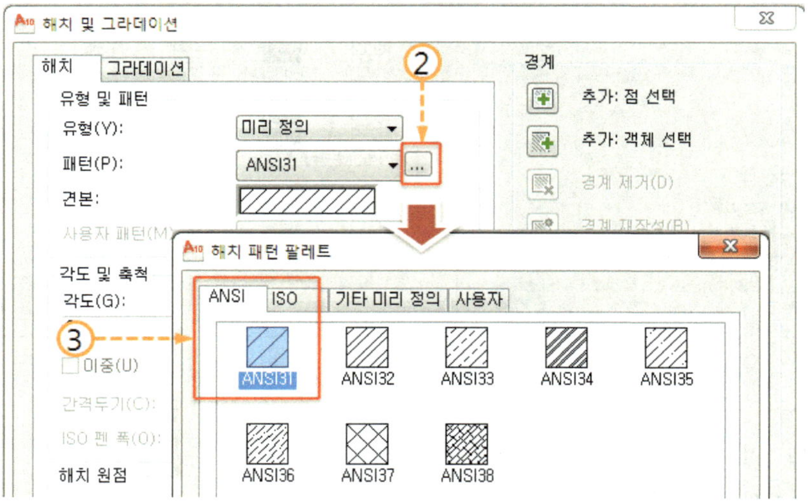

패턴 선택을 위해서 ② 클릭 ⇨ [ANSI]에서 'ANSI31' 선택(③)

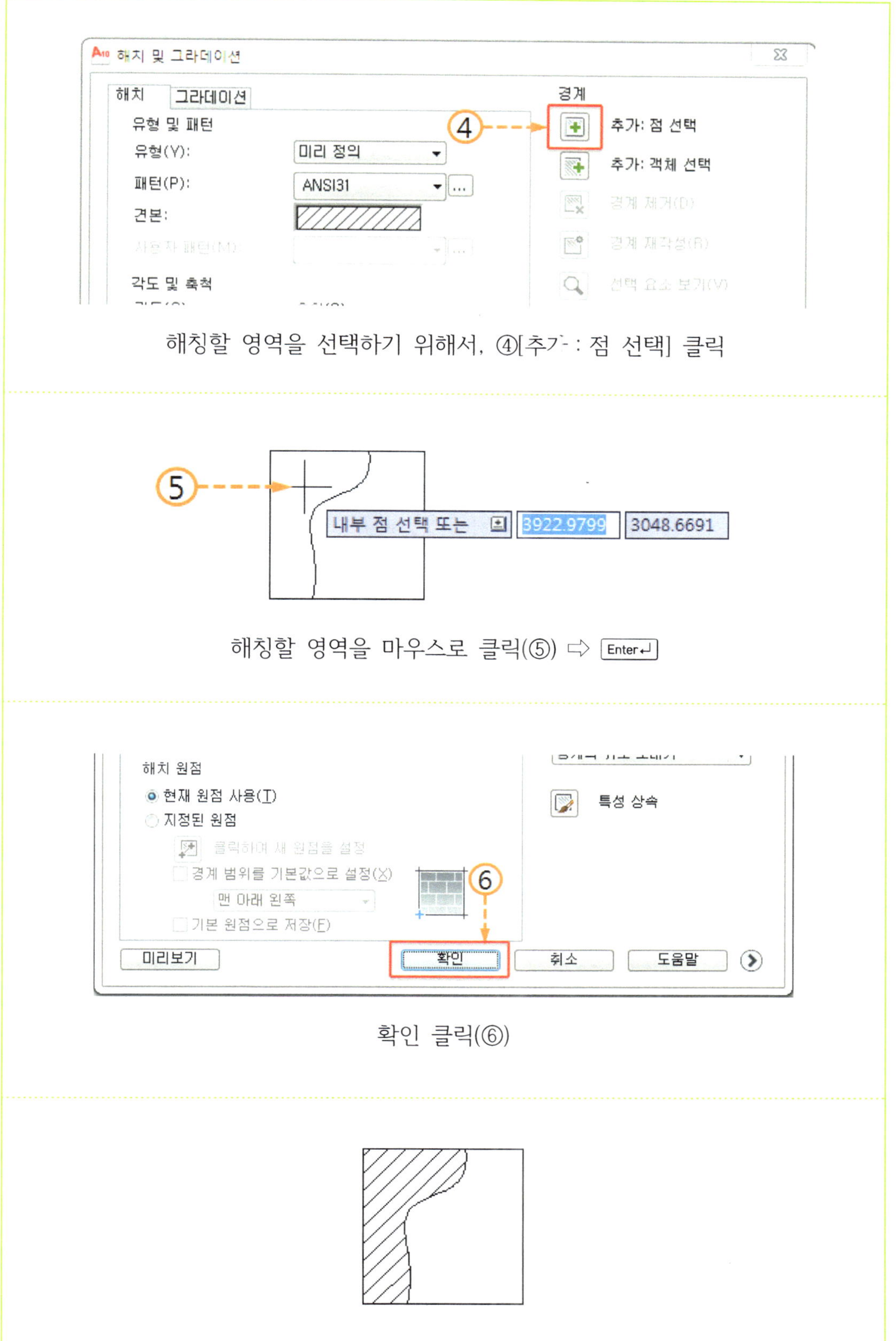

해칭할 영역을 선택하기 위해서, ④[추가 : 점 선택] 클릭

해칭할 영역을 마우스로 클릭(⑤) ⇨ Enter↵

확인 클릭(⑥)

실습 해칭 각도 및 축적 변경하기

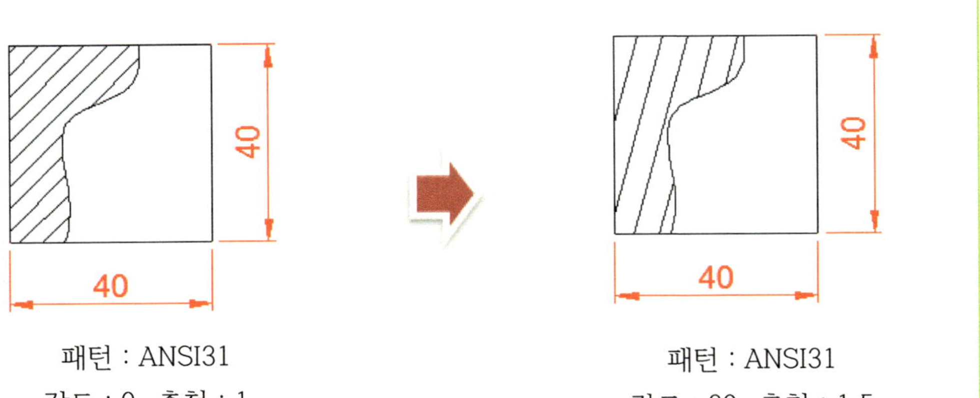

패턴 : ANSI31
각도 : 0, 축척 : 1

패턴 : ANSI31
각도 : 30, 축척 : 1.5

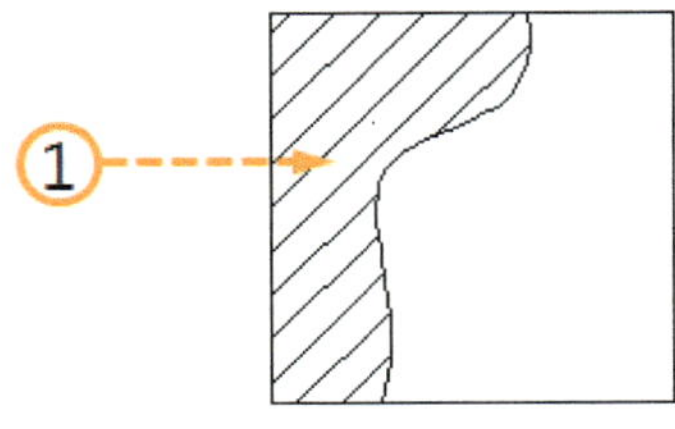

각도와 축척을 변경하기 위해, 해칭한 부분을 마우스로 더블 클릭(①)

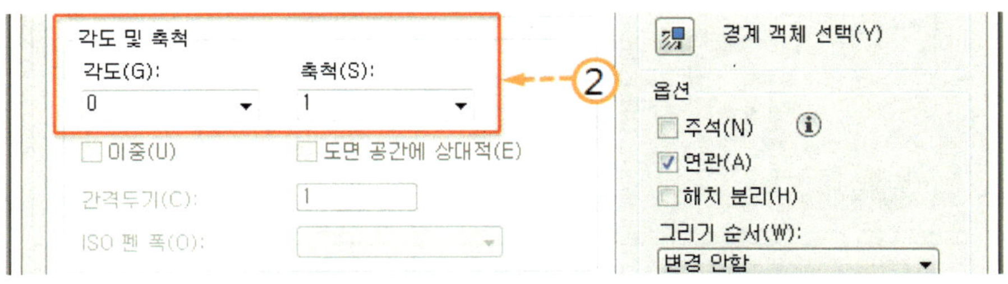

각도와 축척을 변경(②) : 각도 30, 축척 1.5

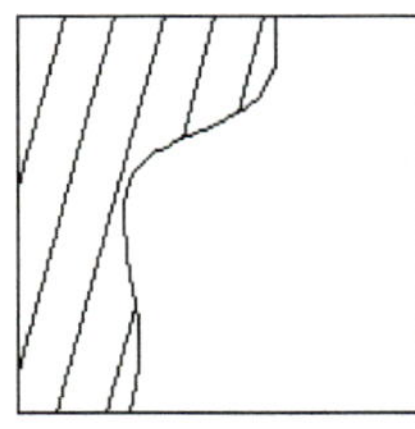

응용 해칭을 이용한 도면 작성

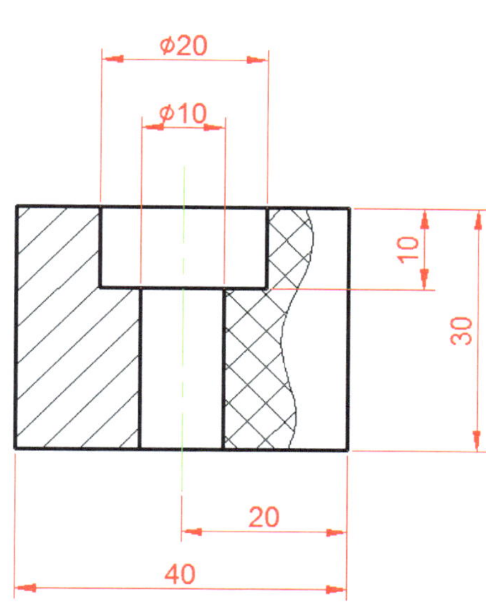

아래와 같이
도면층 생성
⇩
현재 도면층을
외형선으로 지정

도면층 이름	색상	선종류	선가중치	용도
외형선	흰색	Continuous	0.5 ~ 0.7	도면의 외형선
중심선	초록색	CENTER	0.1 ~ 0.25	도면의 중심선

사각형(REC) -> 분해(X)

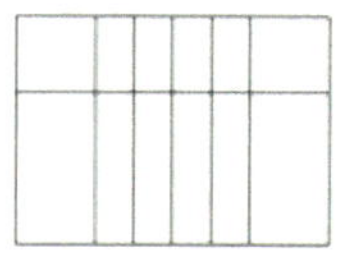
간격띄우기(O)

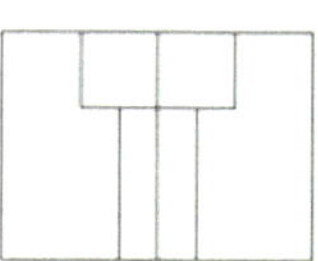
자르기(TR) -> DEL

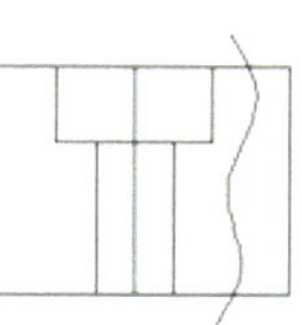
스플라인(SPL)

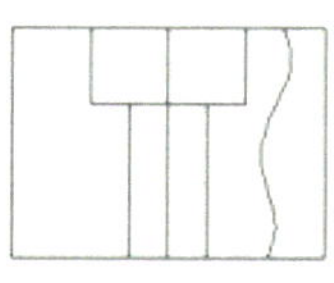
자르기(TR)

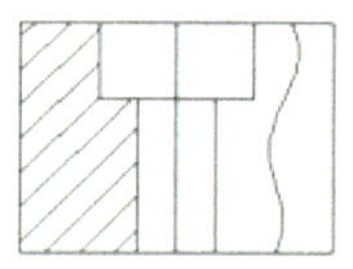
해칭(H)
: 패턴
ANSI -> ANSI31

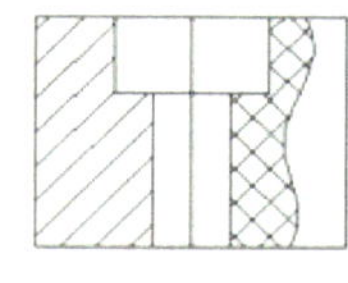
해칭(H)
: 패턴
ANSI -> ANSI37

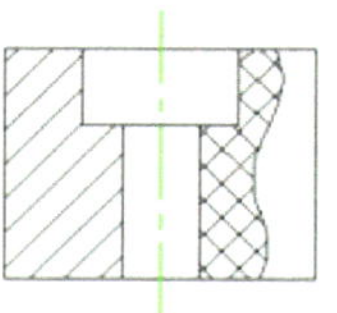
길이조정(LEN)
중심선 도면층 변경
선축척(LTS) 변경

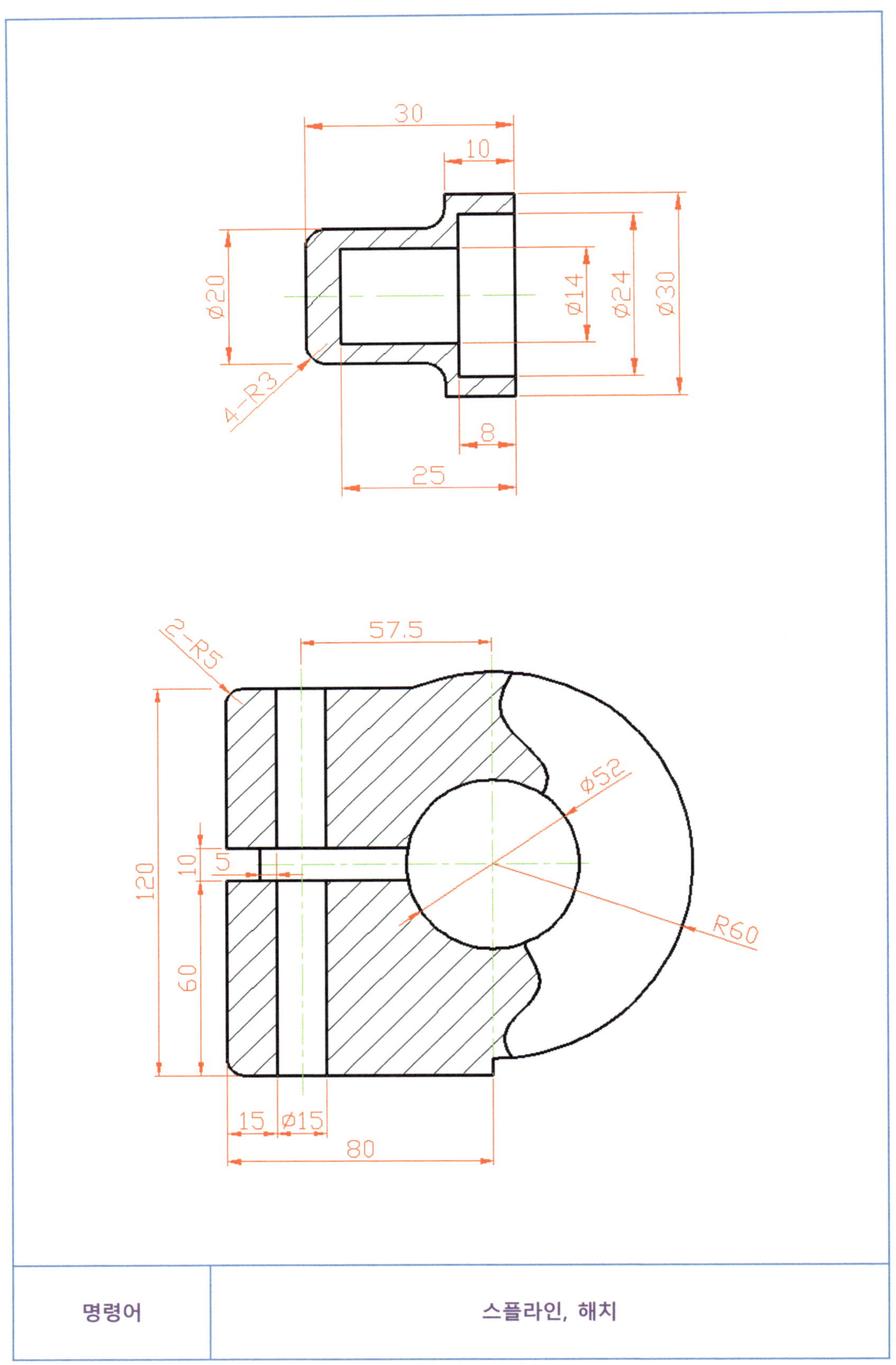

명령어	스플라인, 해치

30. 배열(ARRAY) : 일정 형식(사각, 원형)으로 객체를 다중 복사한다

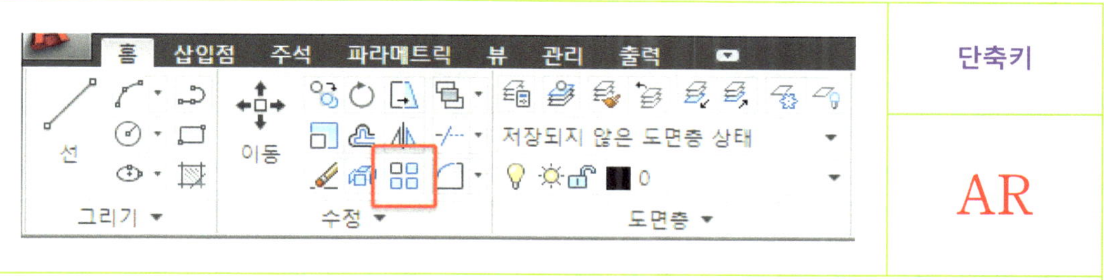

	단축키
	AR

실행 : 명령창에 단축키 'AR' 입력 후, Enter↵ 또는 [배열 아이콘 클릭]

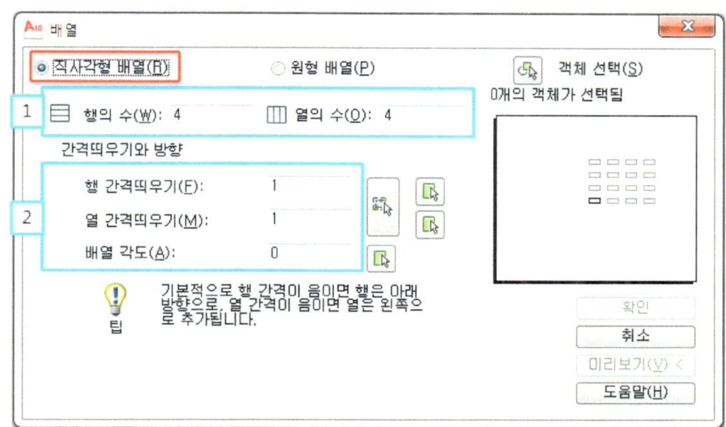

1 [행의 수] / [열의 수] : 복사할 객체의 행과 열의 수를 지정
2 [행 / 열 간격띄우기] : 복사할 객체의 행과 열 간격을 지정

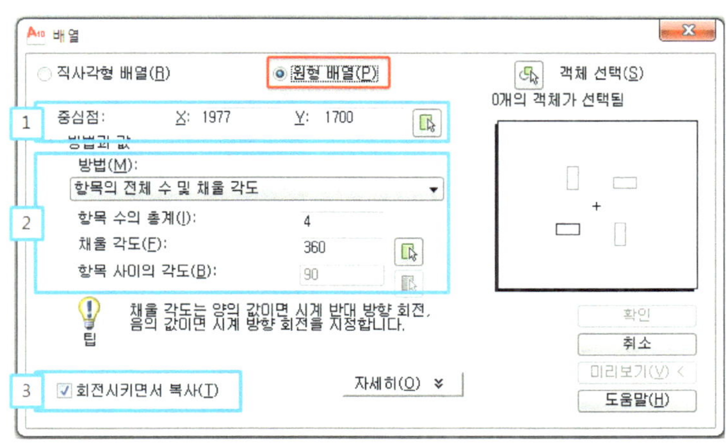

1 [중심점] : 회전 배열시킬 중심점을 지정
2 [방법] : 원형 배열의 종류를 지정
3 [회전시키면서 복사] : 회전 배열 시, 객체의 회전 유무 결정

원형 배열 옵션 : 방법과 값

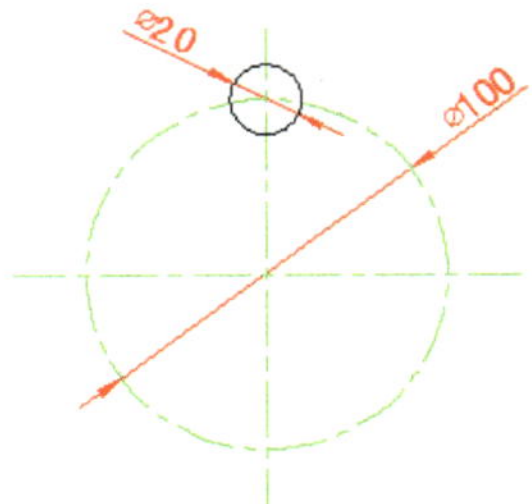

방법과 값
방법(M):
항목의 전체 수 및 채울 각도
항목 수의 총계(I): 4
채울 각도(F): 360
항목 사이의 각도(B): 90
팁 채울 각도는 양의 값이면 시계 반대 방향 회전, 음의 값이면 시계 방향 회전을 지정합니다.

360도에 4개의 객체 생성(원본 포함)

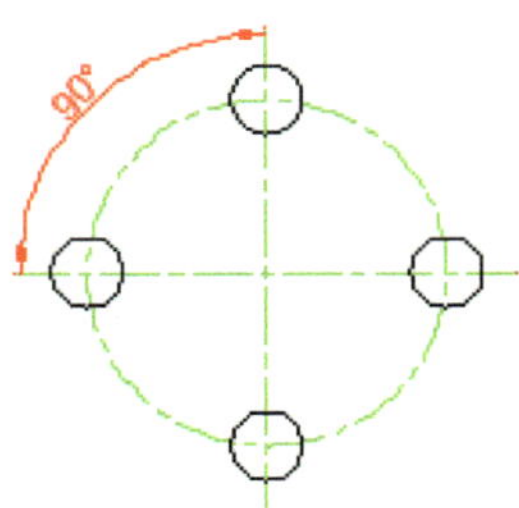

방법과 값
방법(M):
항목의 전체 수 및 항목 사이의 각도
항목 수의 총계(I): 4
채울 각도(F): 135
항목 사이의 각도(B): 45

45도 씩 4개 객체 생성(원본 포함)

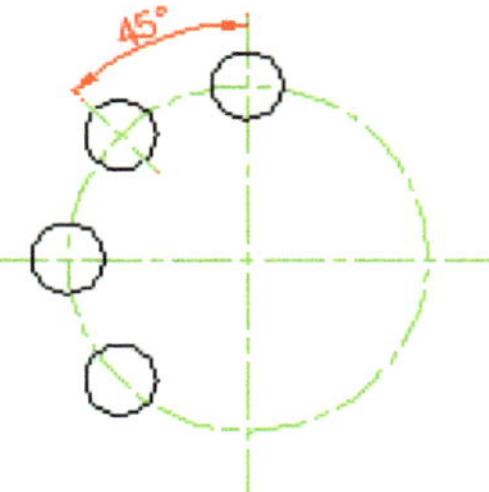

방법과 값
방법(M):
채울 각도 및 항목 사이의 각도
항목 수의 총계(I): 6
채울 각도(F): 160
항목 사이의 각도(B): 30

160도 안에 30도 씩 객체 생성

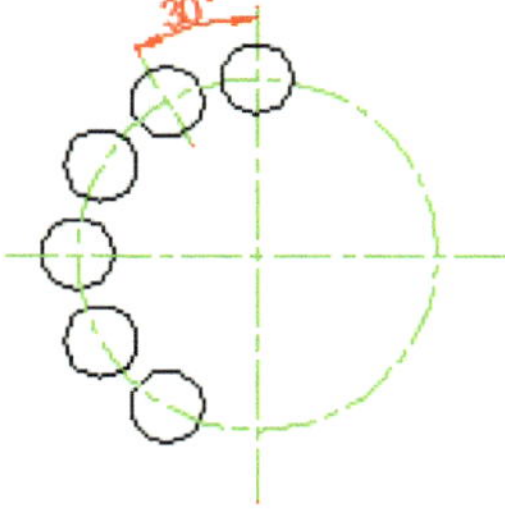

[회전시키면서 복사]

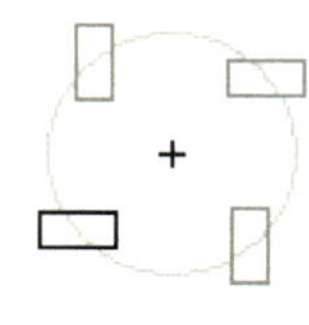

[ON]

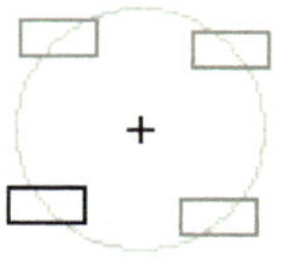

[OFF]

예제 원형 배열

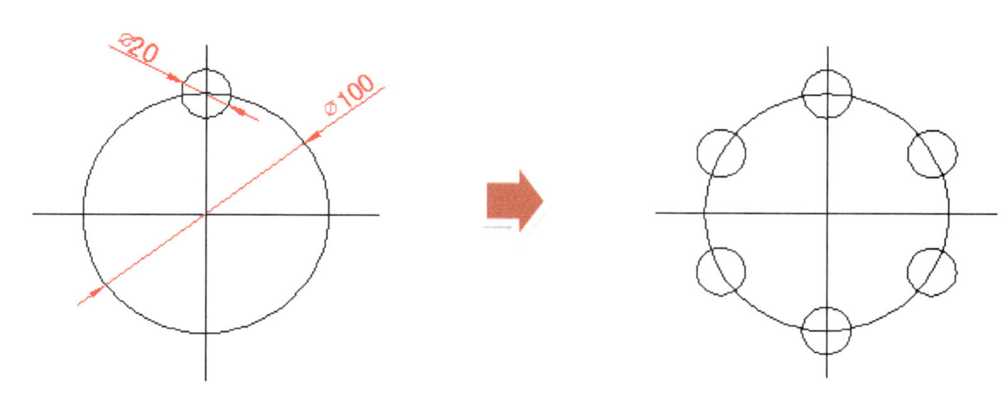

[방법]

항목의 전체 수 및 채울 각도

항목수의 총계 : 6

채울 각도 : 360

[상태표시 메뉴 확인] 극좌표, OSNAP, DYN 옵션 ON

도면 생성

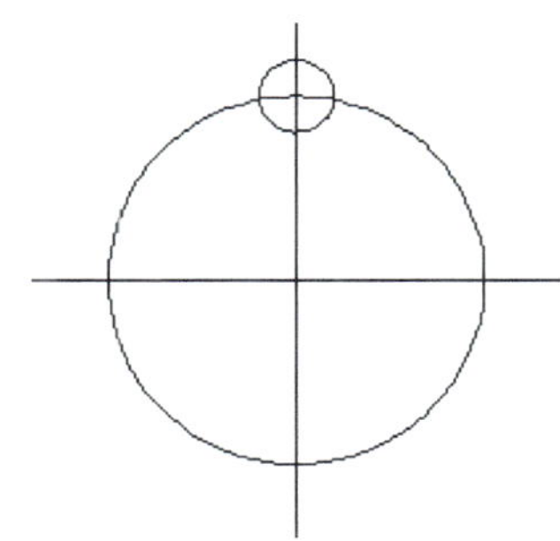

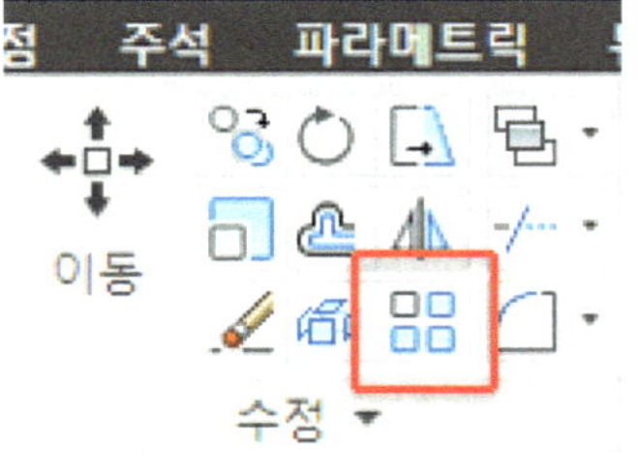

①번 상자에 'AR' 입력 후, Enter↵

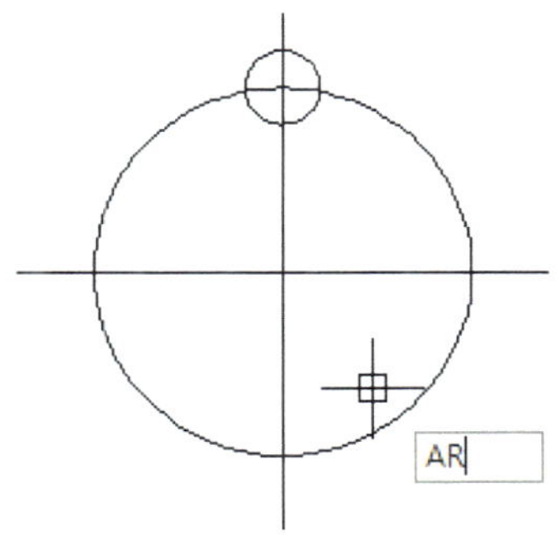

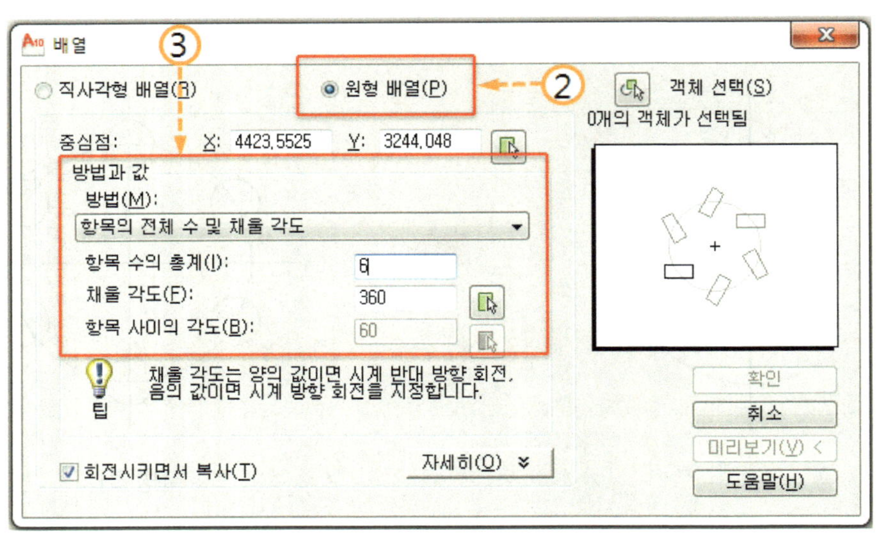

원형 배열 선택(②) ⇨ [방법]으로, '항목의 전체 수 및 채울 각도 선택' ⇨ 항목수의 총계 : 6, 채울 각도 : 360 입력(③)

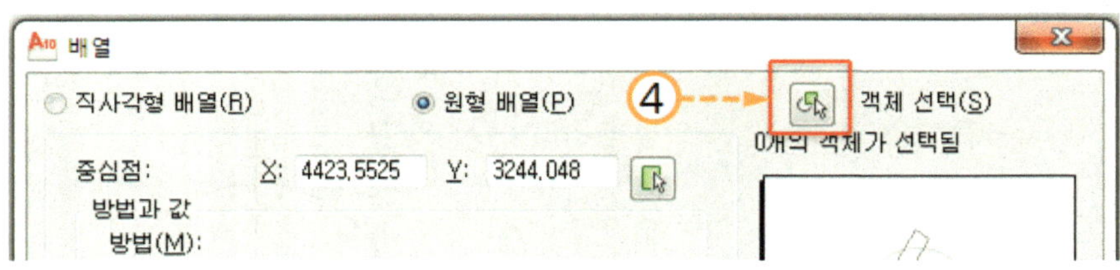

원형 배열시킬 객체를 선택하기 위해서, ④[객체 선택] 클릭

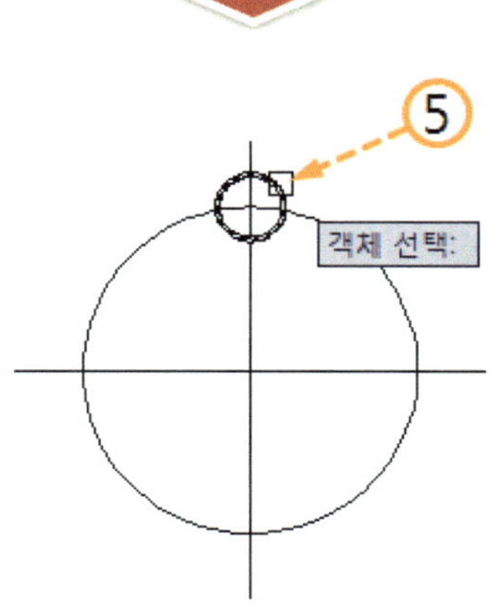

배열시킬 객체 선택(⑤) ⇨ Enter↵

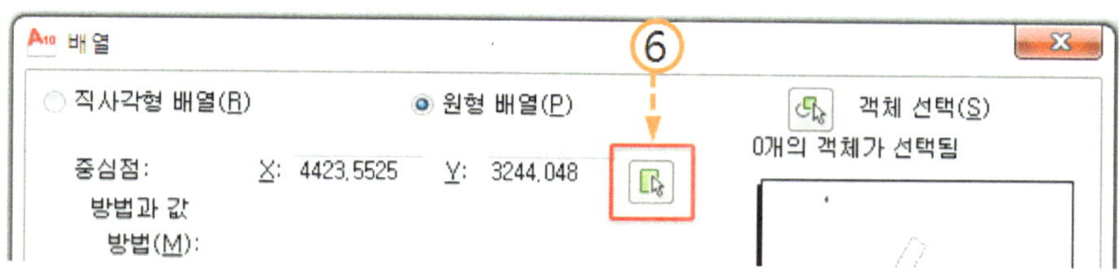

원형 배열의 중심정 지정을 위해서, ⑥ 클릭

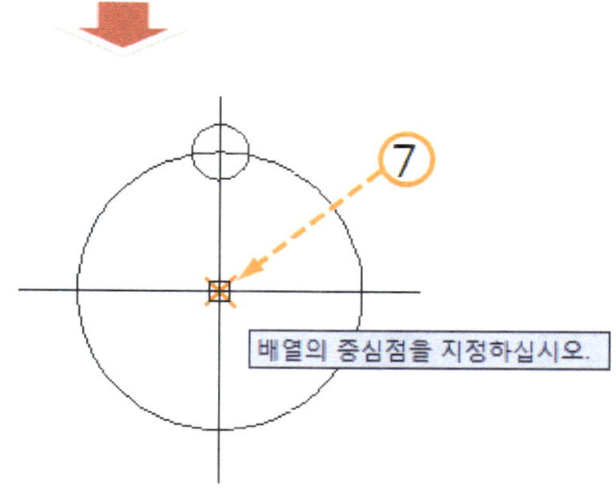

배열의 중심점을 지정하기 위해서, 교차점(x)이나 원의 중심정(○)을 클릭(⑦)

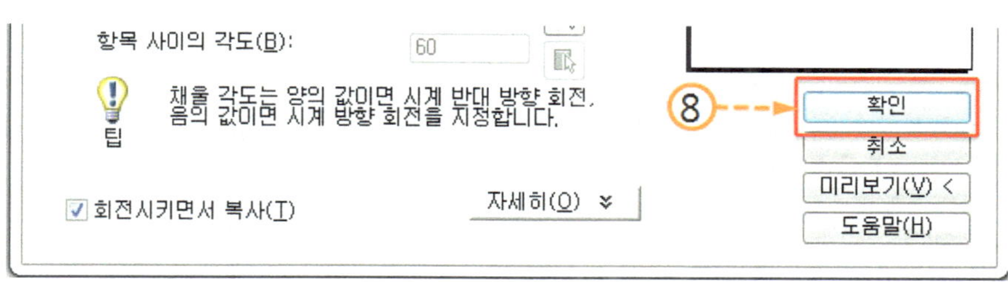

확인 클릭(⑧) 또는 Enter

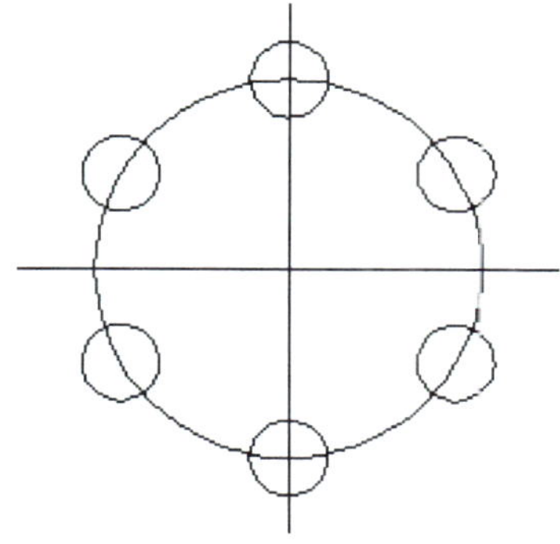

실습 원형 배열 옵션(방법과 값)

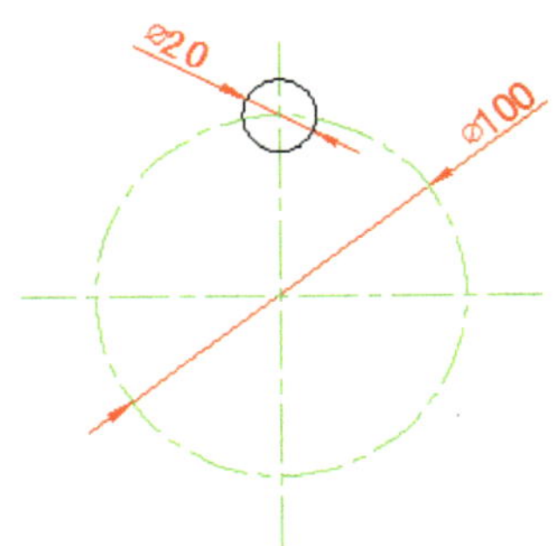

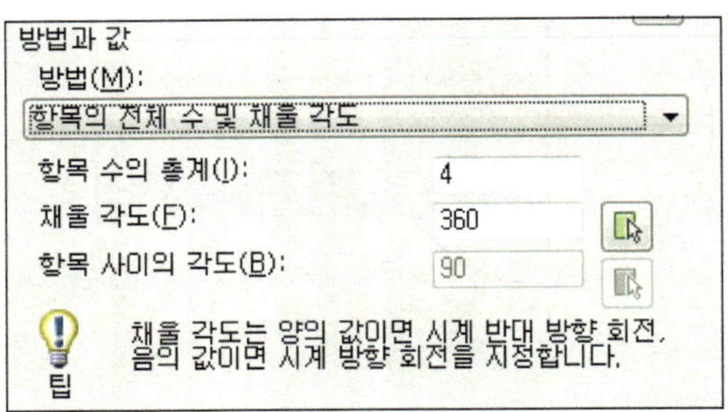

360도에 4개의 객체 생성(원본 포함)

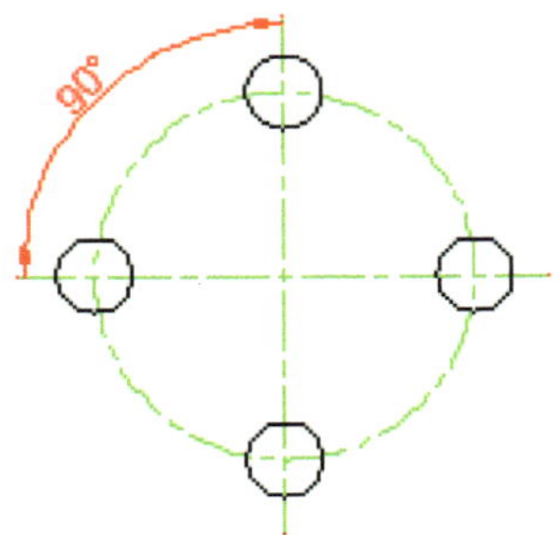

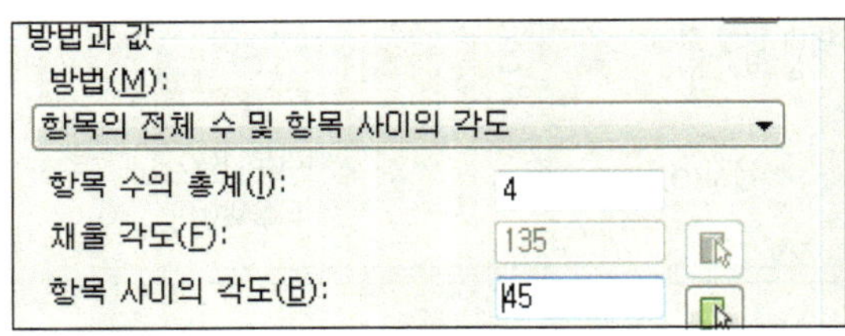

45도 씩 4개 객체 생성(원본 포함)

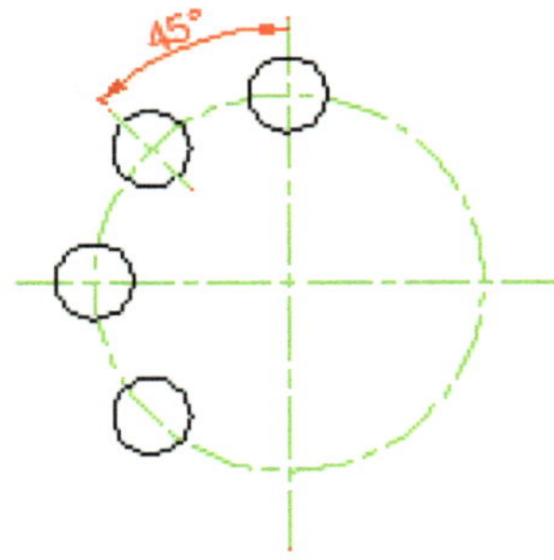

방법과 값
방법(M):
채울 각도 및 항목 사이의 각도
항목 수의 총계(I): 6
채울 각도(F): 160
항목 사이의 각도(B): 30

160도 안에 30도 씩 객체 생성

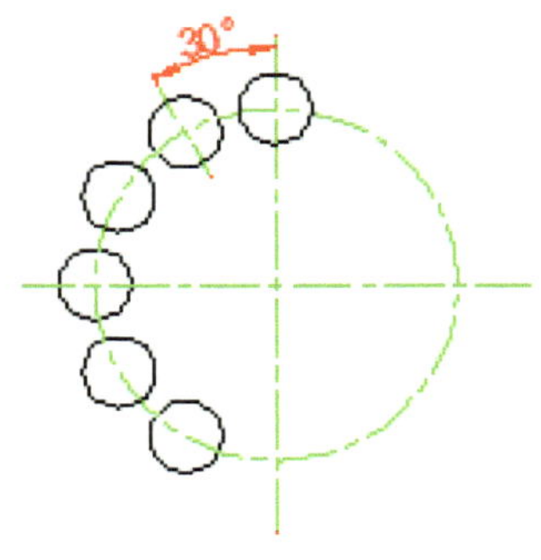

응용 **원형 배열을 이용한 도면 작성**

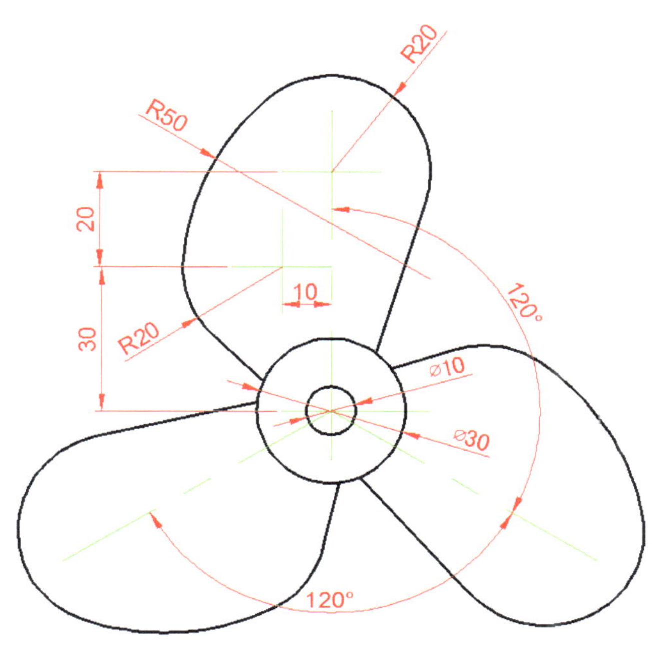

아래와 같이
도면층 생성
⇩
현재 도면층을
외형선으로
지정

도면층 이름	색상	선종류	선가중치	용도
외형선	흰색	Continuous	0.5 ~ 0.7	도면의 외형선
중심선	초록색	CENTER	0.1 ~ 0.25	도면의 중심선

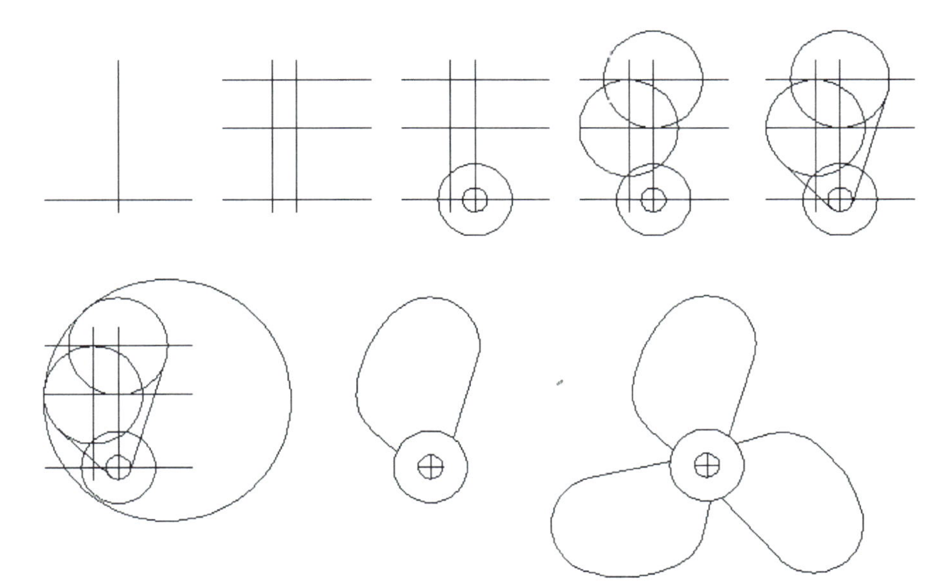

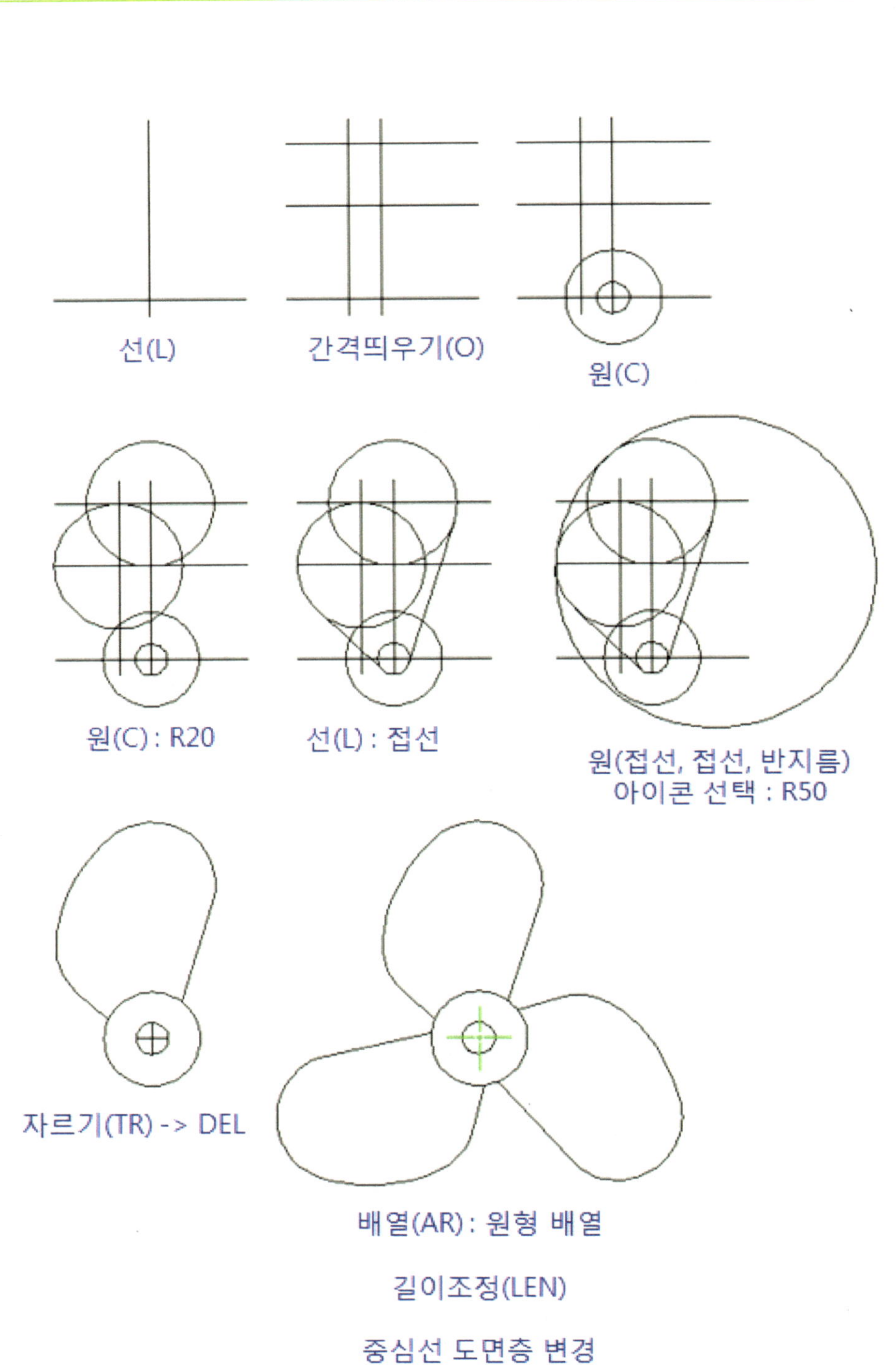

선(L)
간격띄우기(O)
원(C)
원(C) : R20
선(L) : 접선
원(접선, 접선, 반지름)
아이콘 선택 : R50
자르기(TR) -> DEL
배열(AR) : 원형 배열
길이조정(LEN)
중심선 도면층 변경
선축척(LTS) 변경

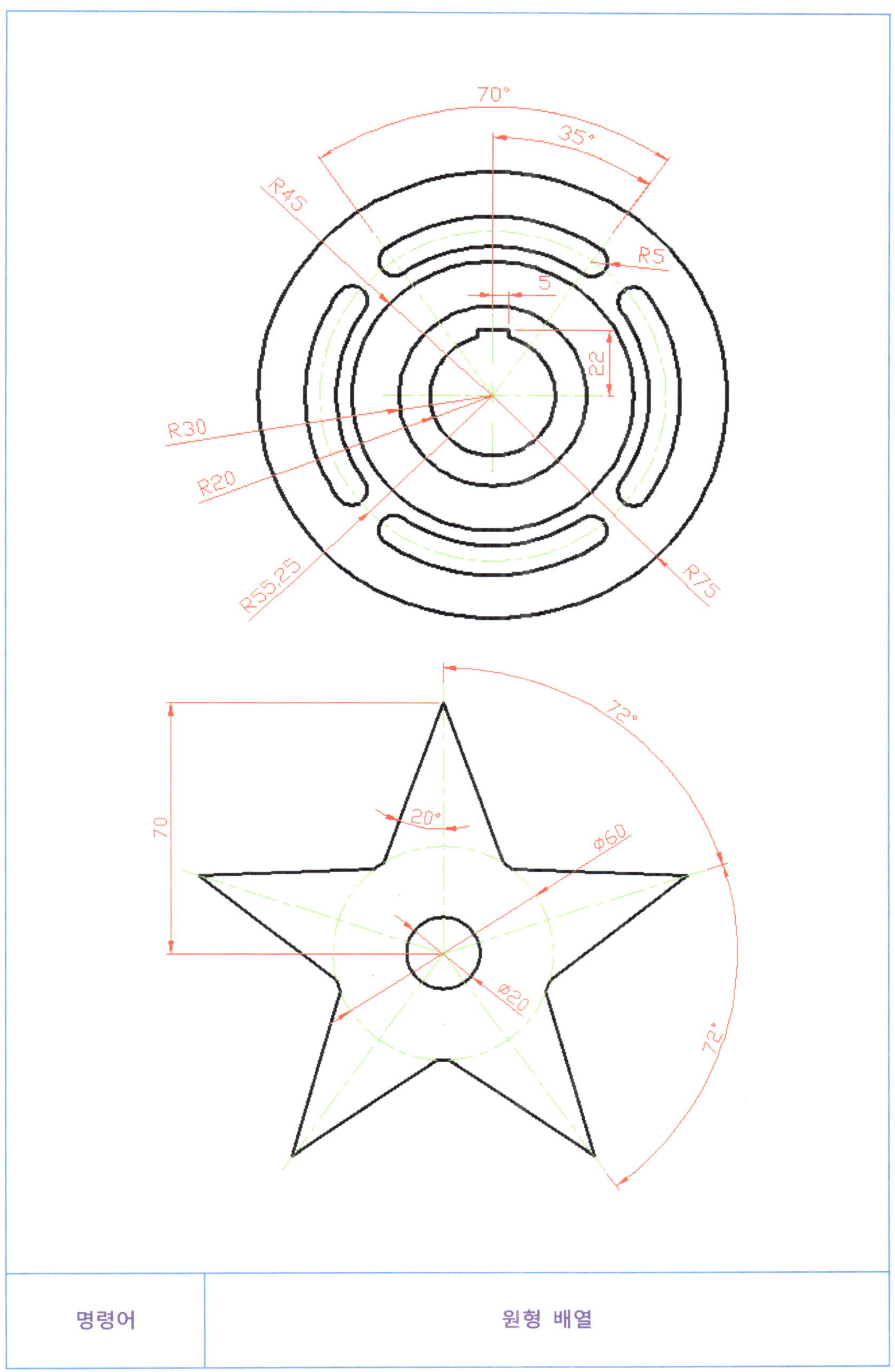

명령어	원형 배열

31. 타원(ELLIPSE) : 타원을 생성한다

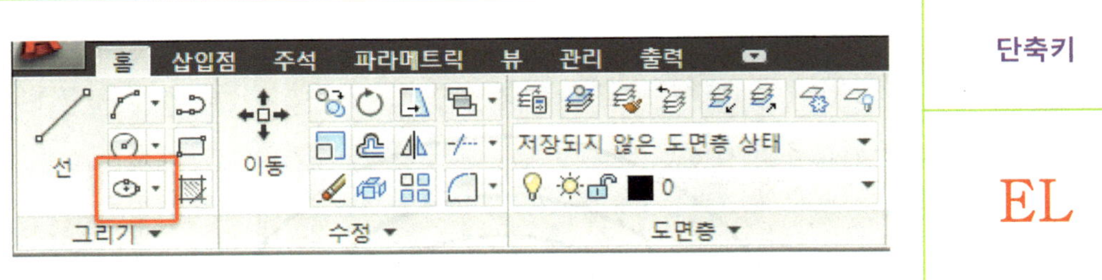	단축키 EL

실행 : 명령창에 단축키 'EL' 입력 후, Enter↵
또는 [타원 아이콘 클릭]

[중심]
명령 : **EL**
타원의 축 끝점 지정 또는 [호(A)/중심(C)] : **C**
타원의 중심 지정 : **타원의 중심 지정**
축의 끝점 지정 : **끝점 지정 또는 값 입력**
다른 축으로 거리를 지정 또는 [회전(R)] : **점 지정 또는 거리값 입력**

[축, 끝점]
명령 : **EL**
타원의 축 끝점 지정 또는 [호(A)/중심(C)] : **끝점 지정**
축의 다른 끝점 지정 : **끝점 지정 또는 값 입력**
다른 축으로 거리를 지정 또는 [회전(R)] : **점 지정 또는 거리값 입력**

타원 그리기 옵션

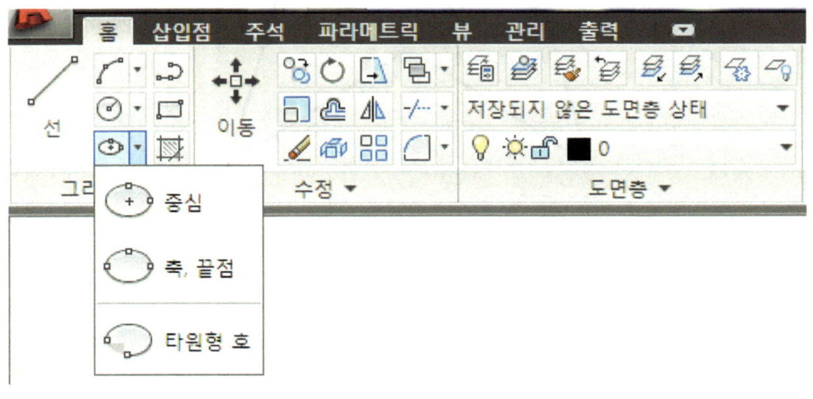

예제 타원 그리기(옵션 : 중심)

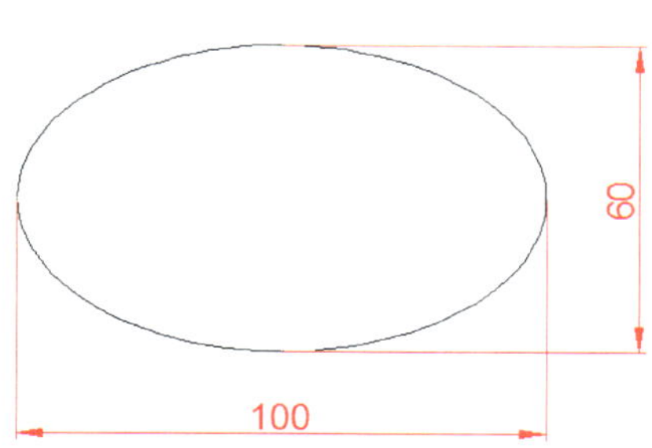

오른쪽과 같은
크기의 사각형 생성
[단축키 : **REC**]

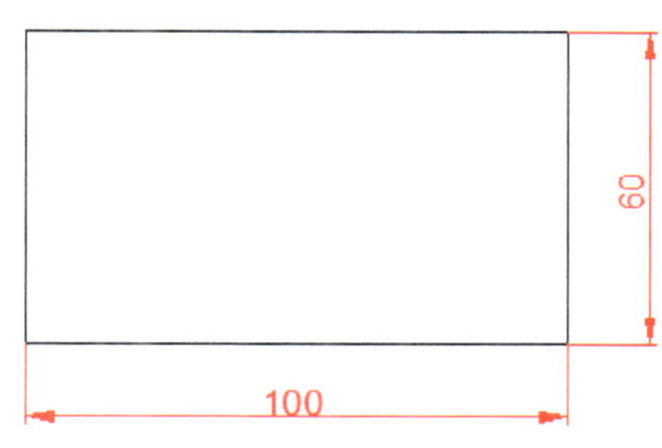

사각형을 각각의 선으로 분해시킨다. [단축키 : **X**]

오른쪽 그림과 같이
① : 30
② : 50
간격띄우기
[단축키 : **O**]

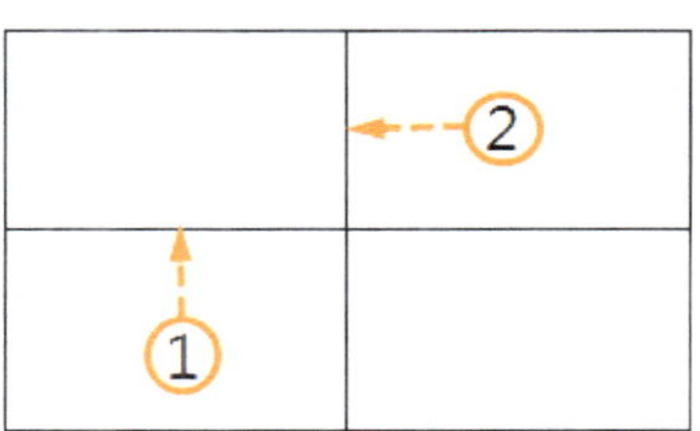

③ '**EL**' 입력 후, Enter↵

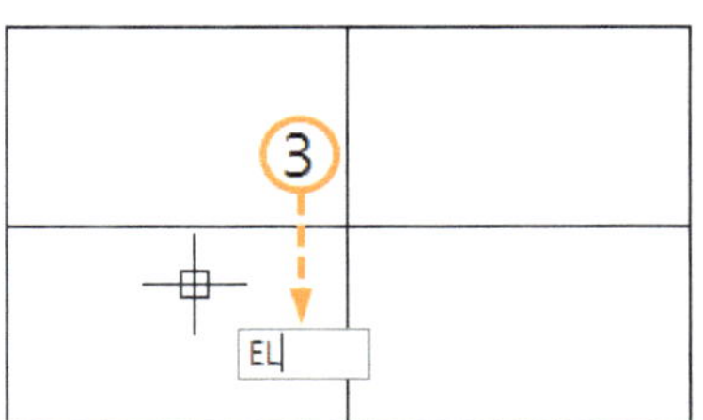

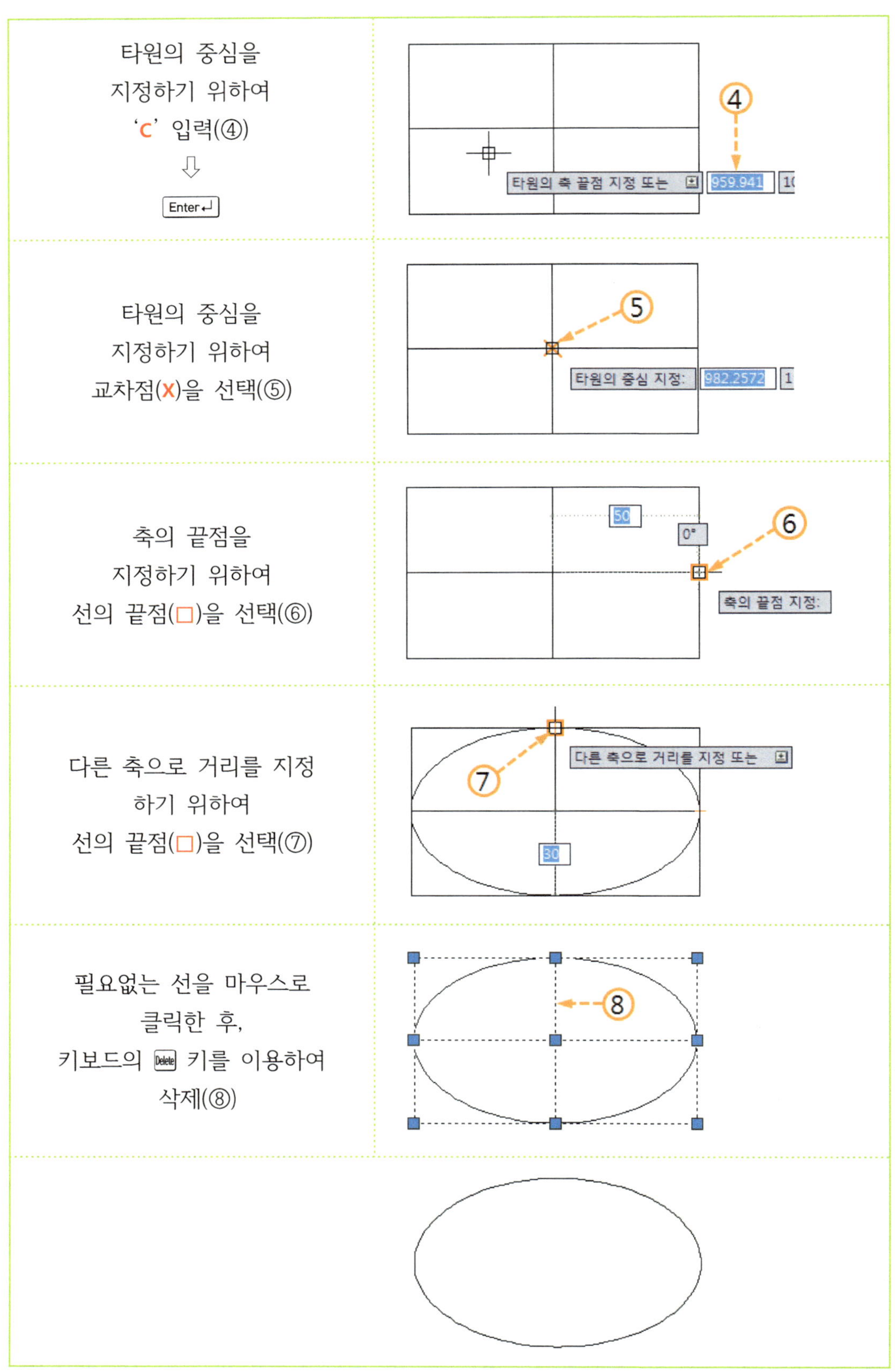
타원의 중심을
지정하기 위하여
'c' 입력(④)
Enter
타원의 축 끝점 지정 또는
959.941
④
타원의 중심을
지정하기 위하여
교차점(x)을 선택(⑤)
타원의 중심 지정:
982.2572
⑤
축의 끝점을
지정하기 위하여
선의 끝점(□)을 선택(⑥)
50
0°
축의 끝점 지정:
⑥
다른 축으로 거리를 지정
하기 위하여
선의 끝점(□)을 선택(⑦)
다른 축으로 거리를 지정 또는
30
⑦
필요없는 선을 마우스로
클릭한 후,
키보드의 Delete 키를 이용하여
삭제(⑧)
⑧

예제 타원 그리기(옵션 : 축, 끝점)

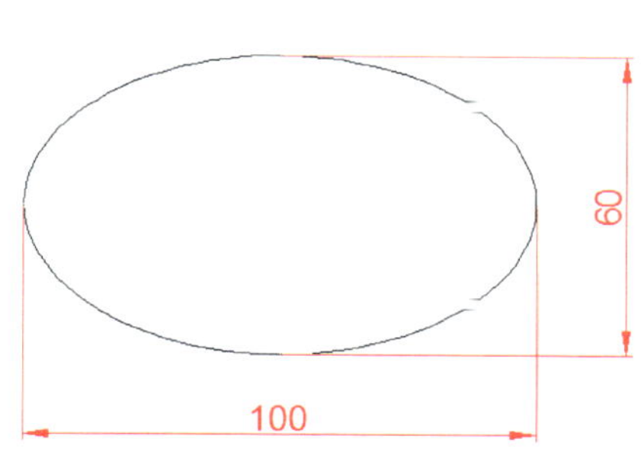

오른쪽과 같은
크기의 사각형 생성
[단축키 : REC]
⇩
사각형을 분해
[단축키 : X]

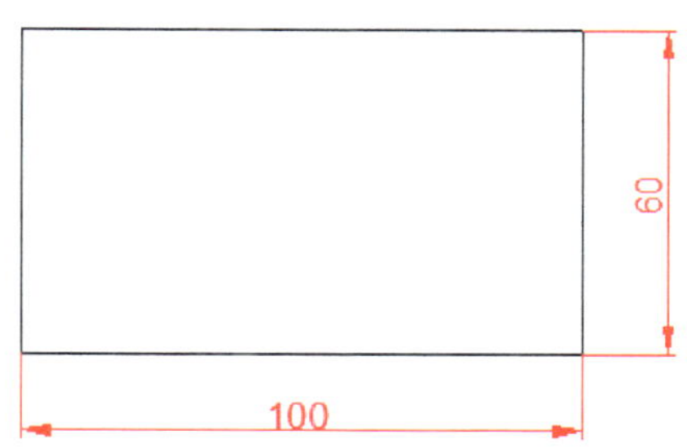

오른쪽 그림과 같이
① : 30
② : 50
간격띄우기
[단축키 : O]

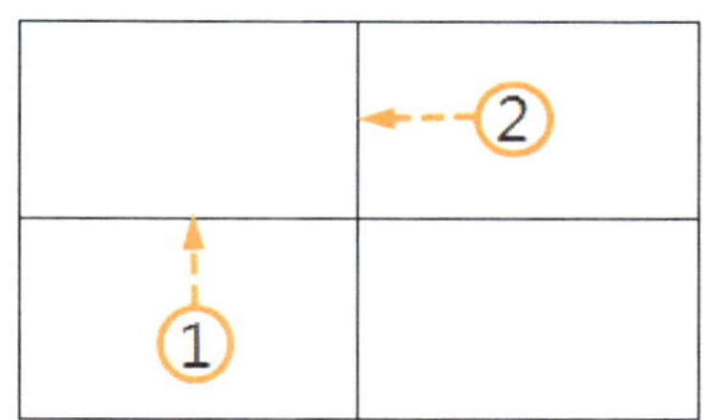

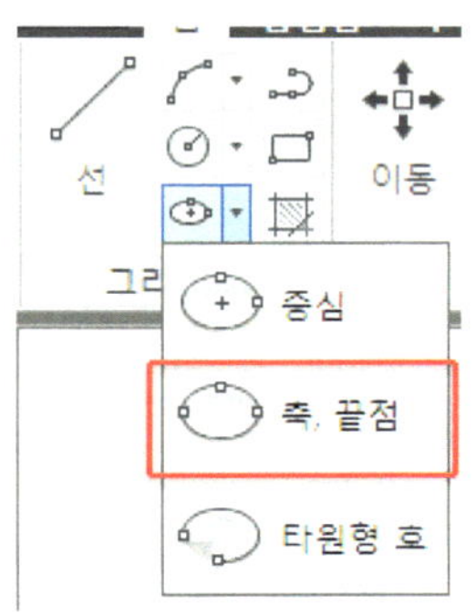

③ 'EL' 입력 후, Enter↵

타원의 축 끝점을 지정하기 위하여 선의 끝점(□)을 선택(④)	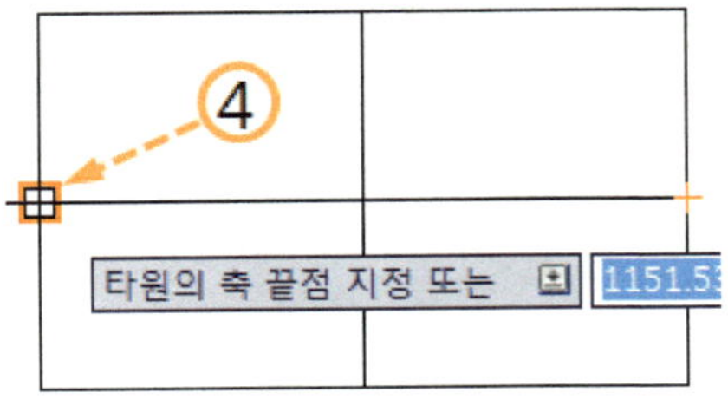 ④ 타원의 축 끝점 지정 또는 1151.5
축의 다른 끝점을 지정하기 위하여 선의 끝점(□)을 선택(⑤)	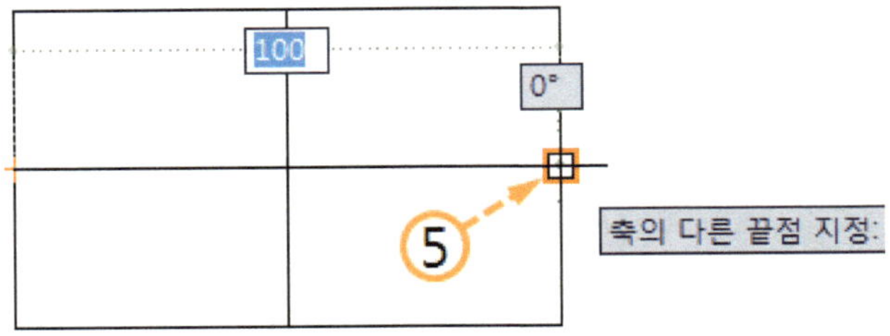 100 0° ⑤ 축의 다른 끝점 지정:
다른 축으로 거리를 지정 하기 위하여 선의 끝점(□)을 선택(⑥)	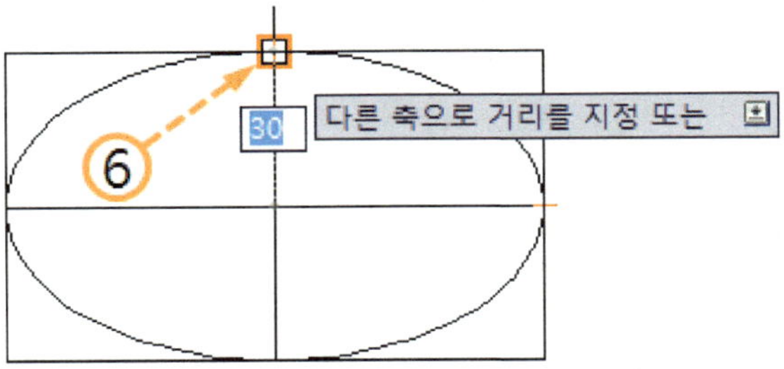 ⑥ 30 다른 축으로 거리를 지정 또는
필요없는 부분 삭제	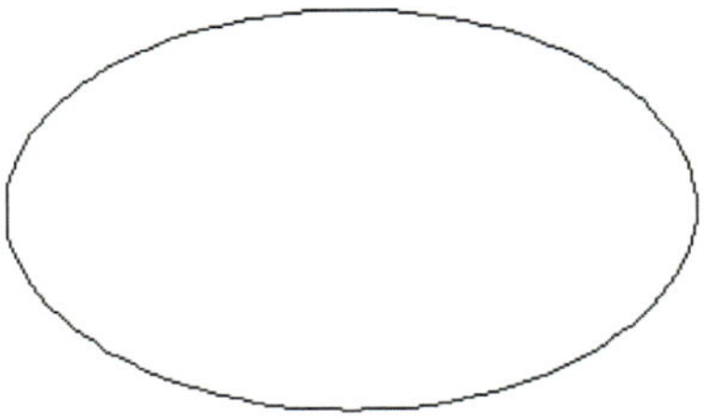

실습 타원 그리기(축, 끝점 / 중심)

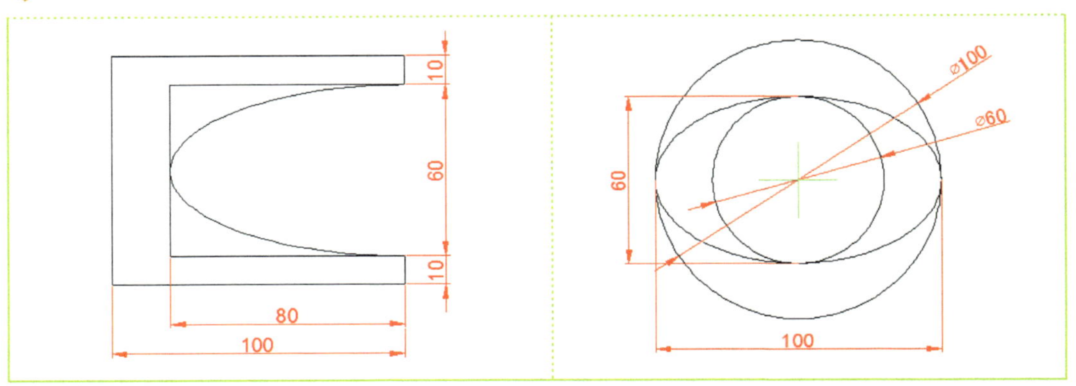

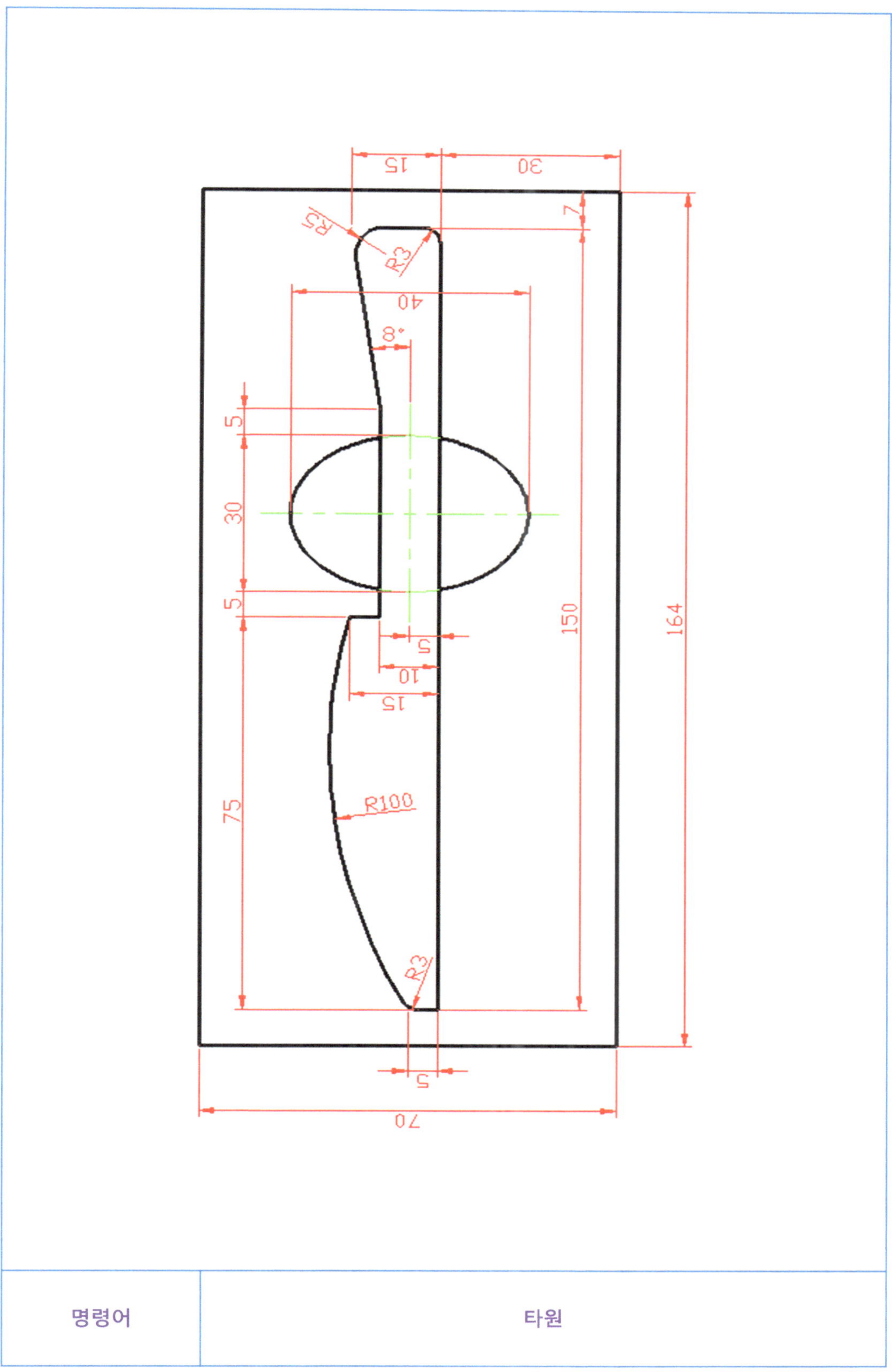

명령어	타원

32. 특성 일치(MATCHPROP) : 선택된 객체의 특성(선종류, 선가중치, 선축척, 색상, 도면층 등)을 다른 객체에 복사한다

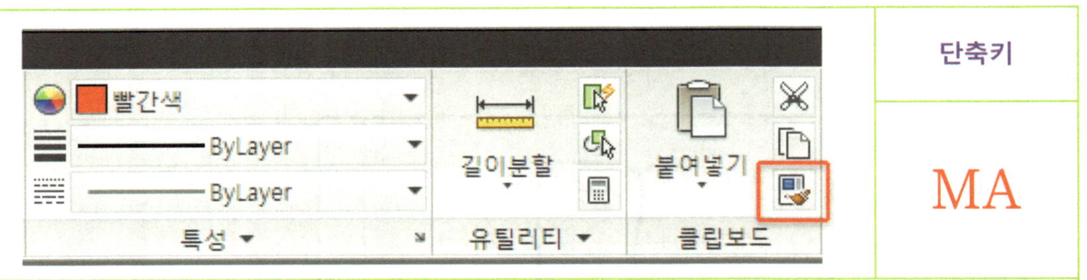

단축키
MA

실행 : 명령창에 단축키 'MA' 입력 후, Enter↵ 또는 [특성 일치 아이콘 클릭]

명령 : **MA**

원본 객체를 선택하십시오 : **원본 객체 선택**

현재 활성 설정 : 색상 도면층 선종류 선축척 선가중치 두께 플롯 스타일 치수 문자 해치 폴리선 뷰포트 테이블 재료 그림자 표시 다중 지시선

대상 객체를 선택 또는 [설정(S)] : **객체 선택**

대상 객체를 선택 또는 [설정(S)] : Enter↵

예제 특성 일치시키기(외형선을 숨은선으로 특성 일치)

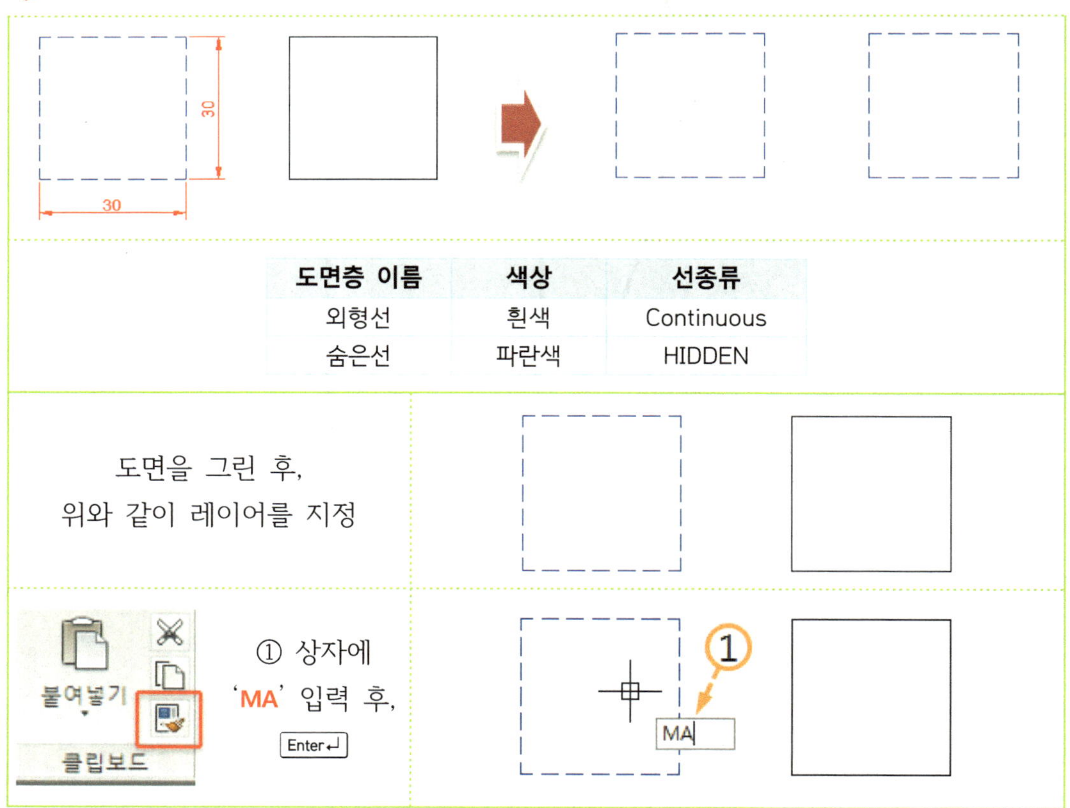

도면층 이름	색상	선종류
외형선	흰색	Continuous
숨은선	파란색	HIDDEN

도면을 그린 후,
위와 같이 레이어를 지정

① 상자에 'MA' 입력 후, Enter↵

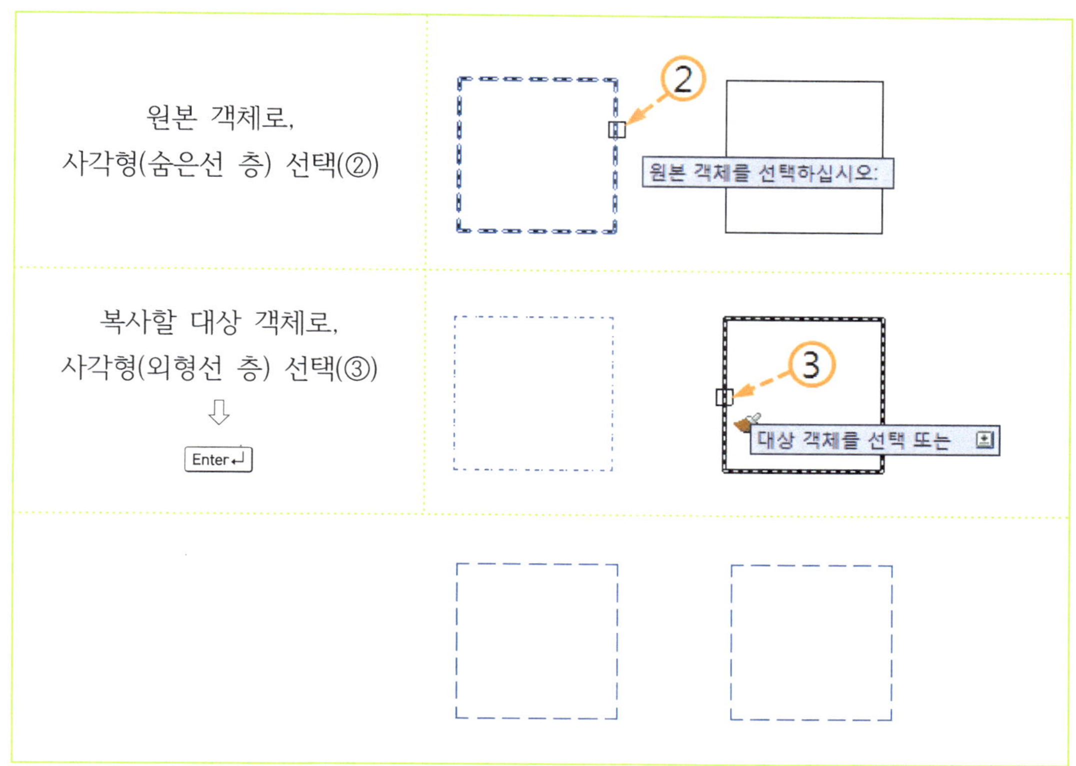

특성 일치

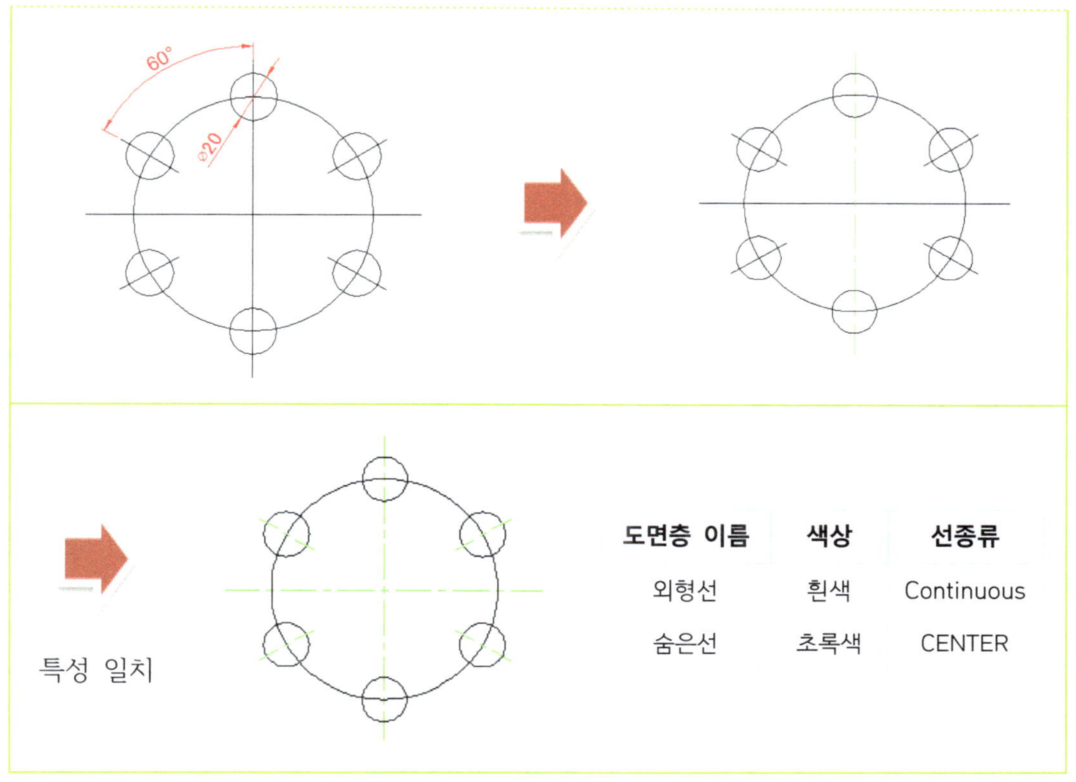

도면층 이름	색상	선종류
외형선	흰색	Continuous
숨은선	초록색	CENTER

33. 여러 줄 문자(MTEXT) : 여러 줄의 문자를 작성한다

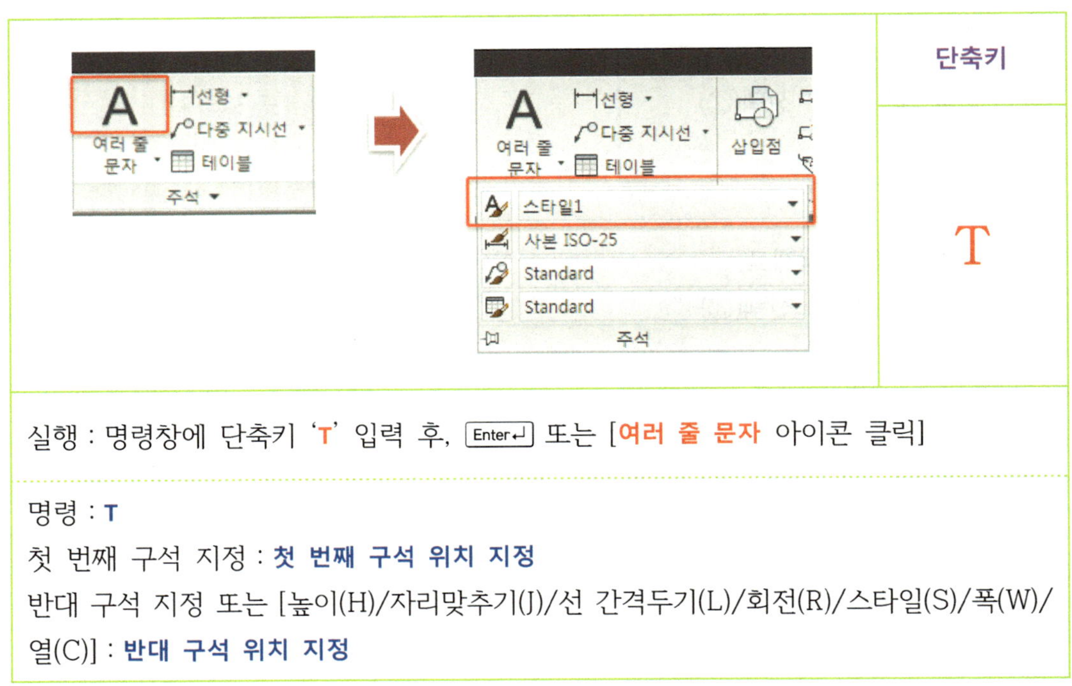

실행 : 명령창에 단축키 'T' 입력 후, Enter↵ 또는 [여러 줄 문자 아이콘 클릭]

명령 : **T**
첫 번째 구석 지정 : **첫 번째 구석 위치 지정**
반대 구석 지정 또는 [높이(H)/자리맞추기(J)/선 간격두기(L)/회전(R)/스타일(S)/폭(W)/열(C)] : **반대 구석 위치 지정**

예제 문자 입력

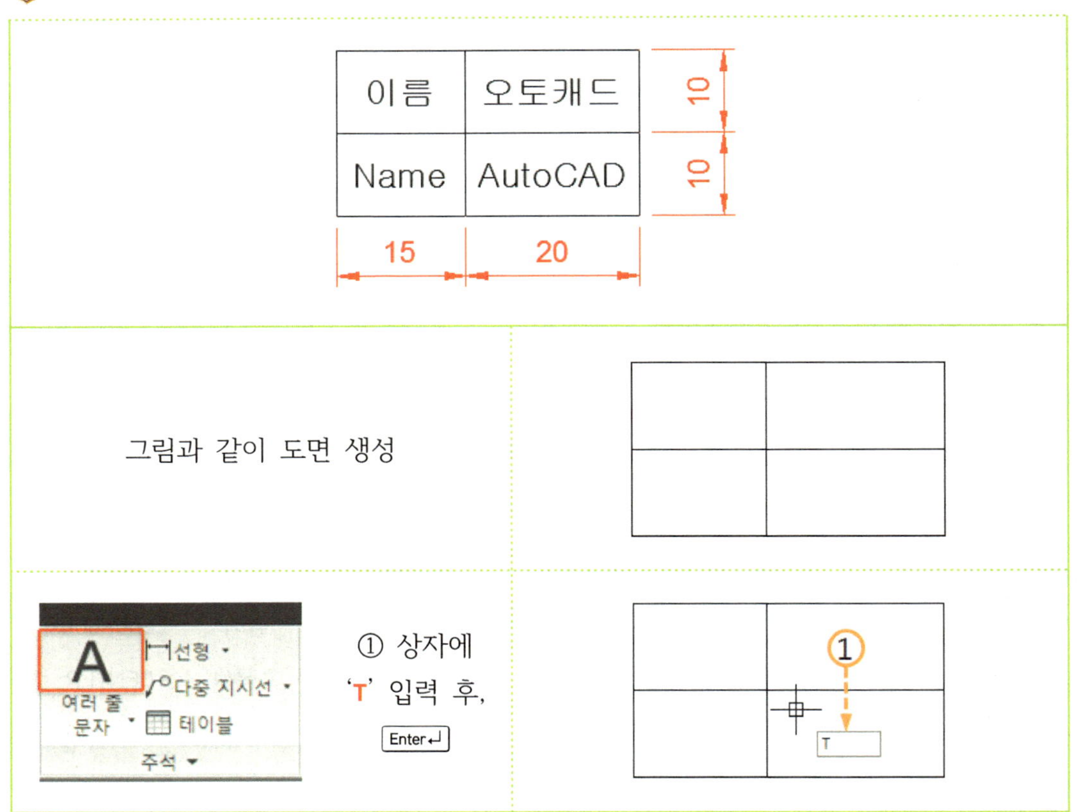

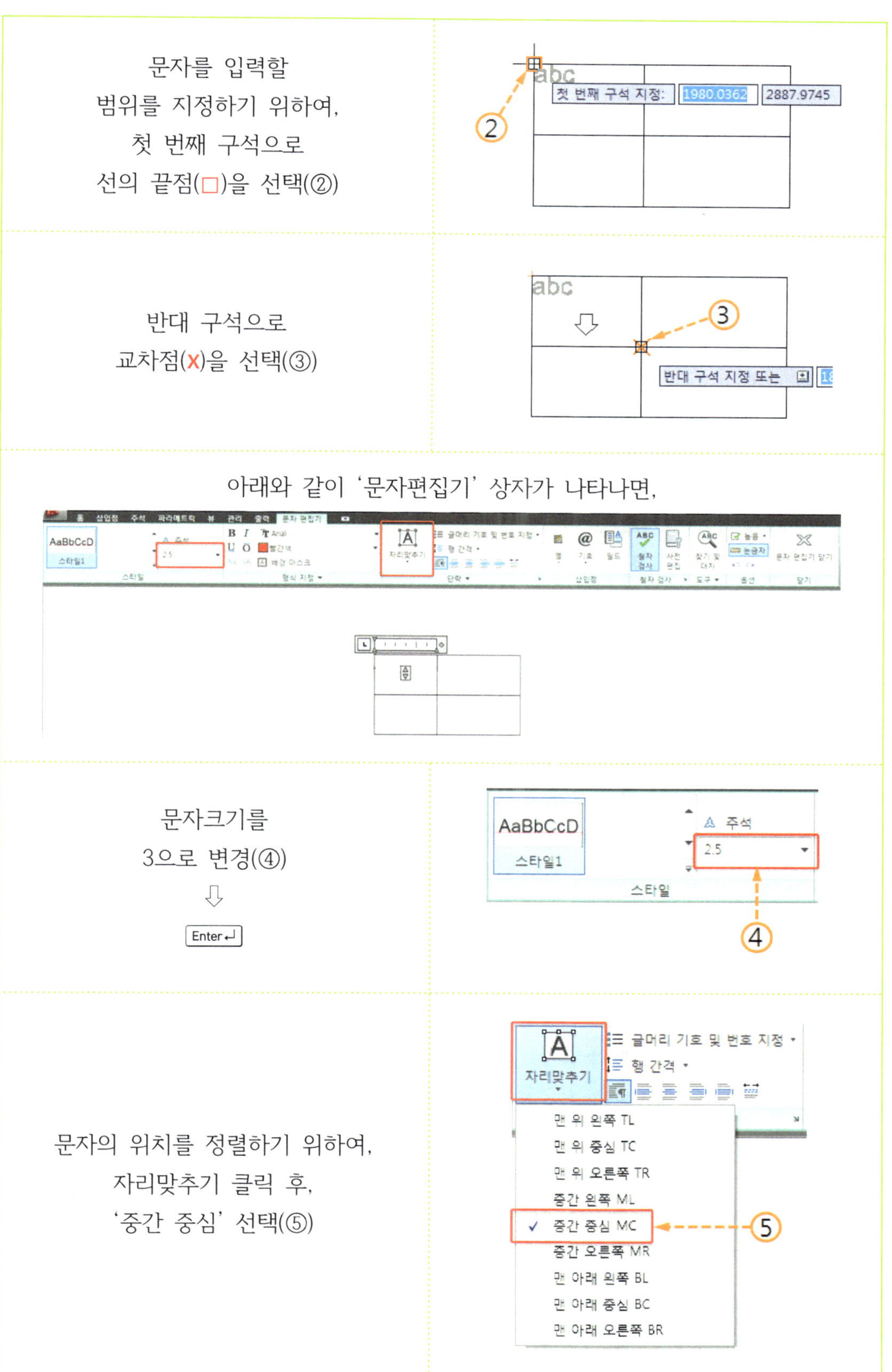
문자를 입력할
범위를 지정하기 위하여,
첫 번째 구석으로
선의 끝점(□)을 선택(②)
abc
첫 번째 구석 지정:
1980.0362
2887.9745
2
반대 구석으로
교차점(X)을 선택(③)
abc
3
반대 구석 지정 또는
아래와 같이 '문자편집기' 상자가 나타나면,
문자크기를
3으로 변경(④)
⇩
Enter
AaBbCcD
스타일1
주석
2.5
스타일
4
문자의 위치를 정렬하기 위하여,
자리맞추기 클릭 후,
'중간 중심' 선택(⑤)
자리맞추기
글머리 기호 및 번호 지정
행 간격
맨 위 왼쪽 TL
맨 위 중심 TC
맨 위 오른쪽 TR
중간 왼쪽 ML
중간 중심 MC
중간 오른쪽 MR
맨 아래 왼쪽 BL
맨 아래 중심 BC
맨 아래 오른쪽 BR
5

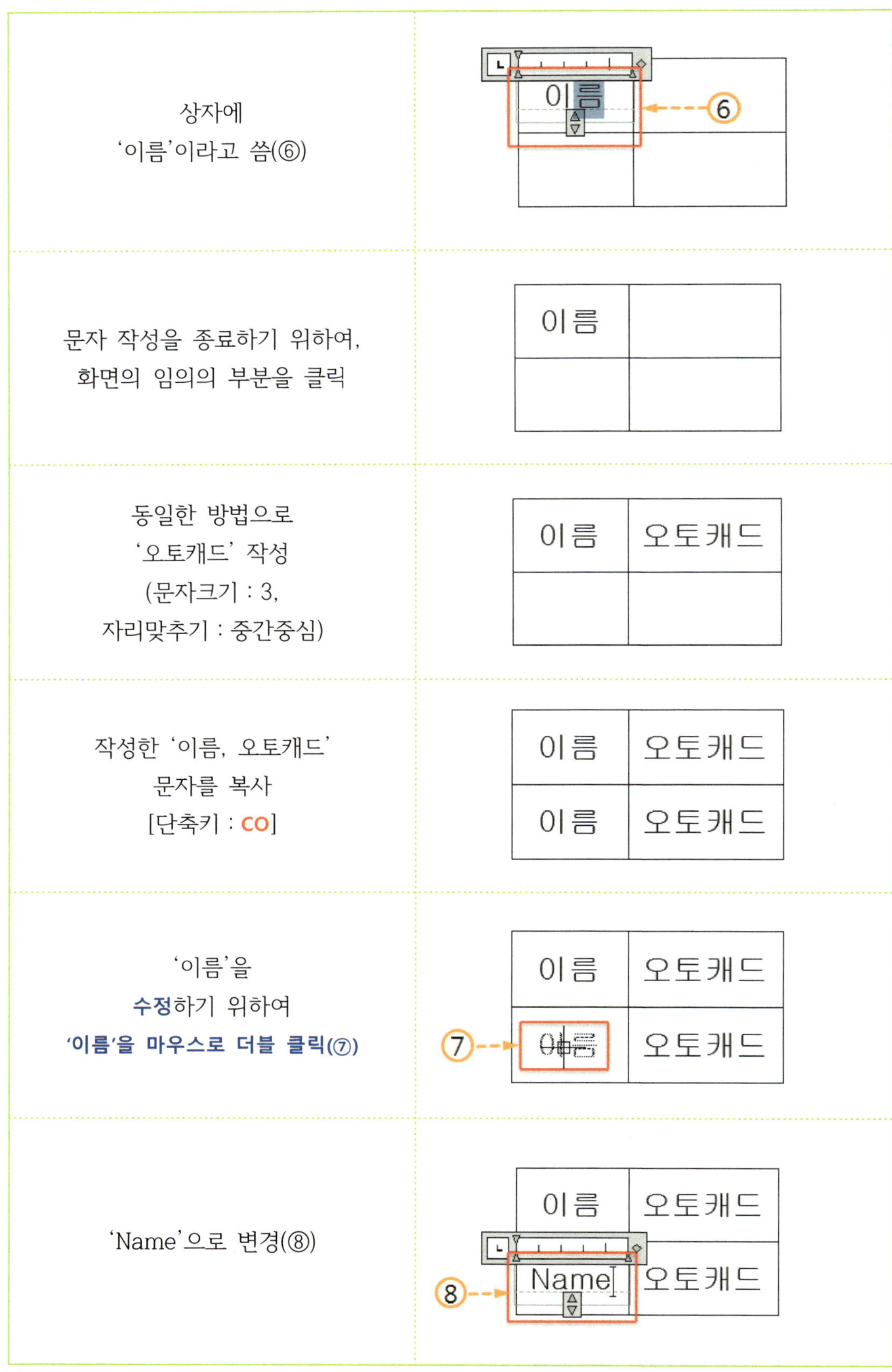

상자에 '이름'이라고 씀(⑥)	
문자 작성을 종료하기 위하여, 화면의 임의의 부분을 클릭	
동일한 방법으로 '오토캐드' 작성 (문자크기 : 3, 자리맞추기 : 중간중심)	
작성한 '이름, 오토캐드' 문자를 복사 [단축키 : CO]	
'이름'을 **수정**하기 위하여 **'이름'을 마우스로 더블 클릭(⑦)**	
'Name'으로 변경(⑧)	

동일한 방법으로
'오토캐드'를 'AutoCAD'로 수정

이름	오토캐드
Name	AutoCAD

 실습 여러 줄 문자 입력(줄 이동 : Enter↵)

문자 크기 : 5
자리맞추기 : 중간중심

사각형 생성 ⇨ 여러 줄 문자를 쓸 범위 지정 ⇨ 문자크기, 자리맞추기 지정
⇨ '오토캐드' 입력 후, Enter↵ ⇨ 'AUTOCAD' 입력 후, Enter↵
⇨ '재밌어요.' 입력 후, 화면의 임의의 부분을 마우스로 클릭

[문자편집기]

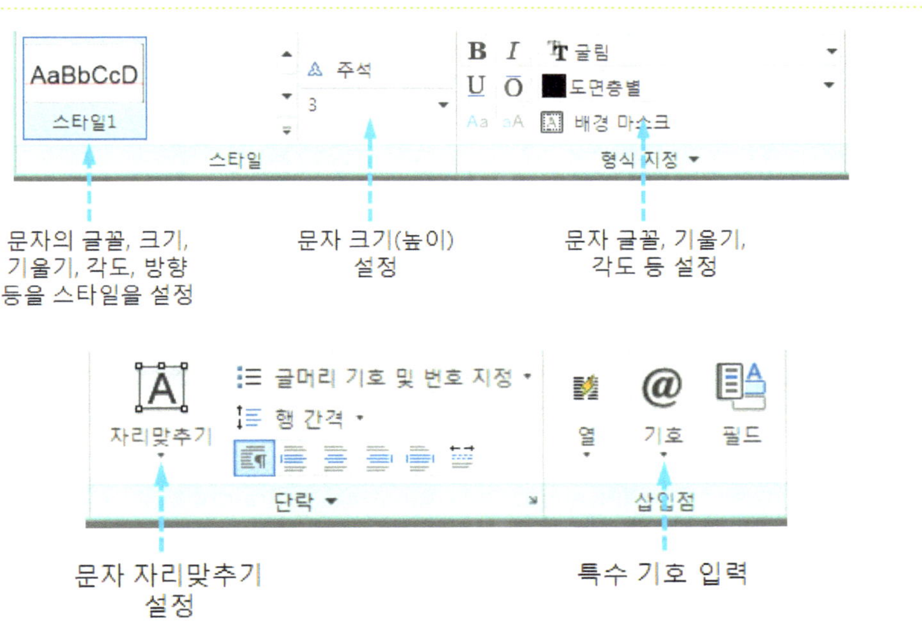

[특수기호 입력]

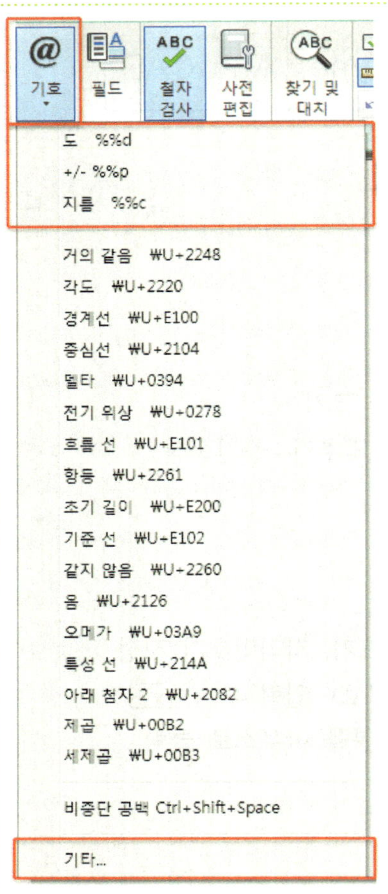

기호		입력	예	
°	도	%%D	30%%D	30˚
±	공차	%%P	30%%P0.3	30±0.3
∅	지름	%%C	%%C30	∅30

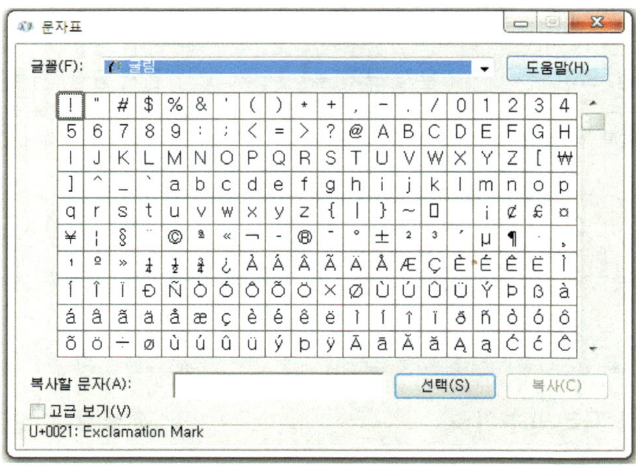

예제 공차 입력

<table>
<tr><td colspan="3">$30^{+0.03}_{+0.01}$</td></tr>
<tr><td>오른쪽과 같이
문자 작성(①)</td><td> 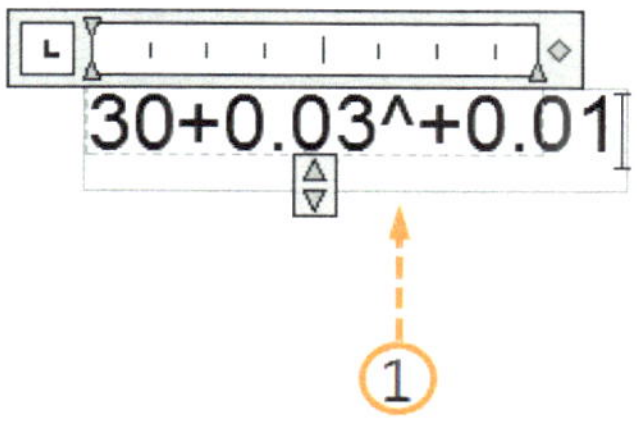30+0.03^+0.01
①</td><td>⇨ 30 + 0.03^ + 0.01</td></tr>
<tr><td>+ 0.03^ + 0.01
마우스로 드래그(②)
⇩
오른쪽 마우스 클릭
⇩
'스택'선택</td><td colspan="2"> 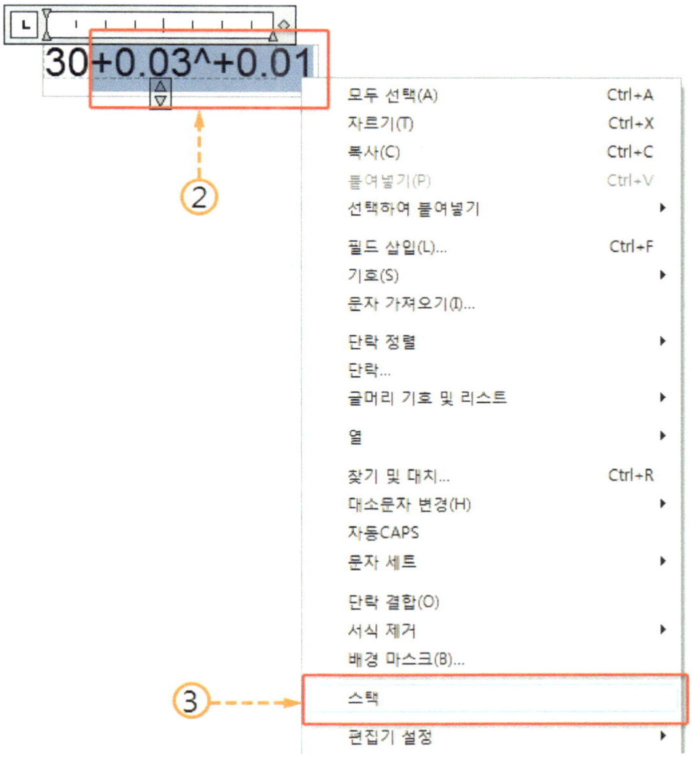30+0.03^+0.01
②
모두 선택(A) Ctrl+A
자르기(T) Ctrl+X
복사(C) Ctrl+C
붙여넣기(P) Ctrl+V
선택하여 붙여넣기
필드 삽입(L)... Ctrl+F
기호(S)
문자 가져오기(I)...
단락 정렬
단락...
글머리 기호 및 리스트
열
찾기 및 대치... Ctrl+R
대소문자 변경(H)
자동CAPS
문자 세트
단락 결합(O)
서식 제거
배경 마스크(B)...
③ 스택
편집기 설정</td></tr>
<tr><td colspan="3">$30^{+0.03}_{+0.01}$</td></tr>
</table>

실습 특수 문자 및 공차 입력하기

$\phi 20$	20 ± 0.01	$20^{+0.02}_{-0.01}$

응용 도면양식(A4) 작성 : 도면 크기 결정 ⇨ 도면층 작성

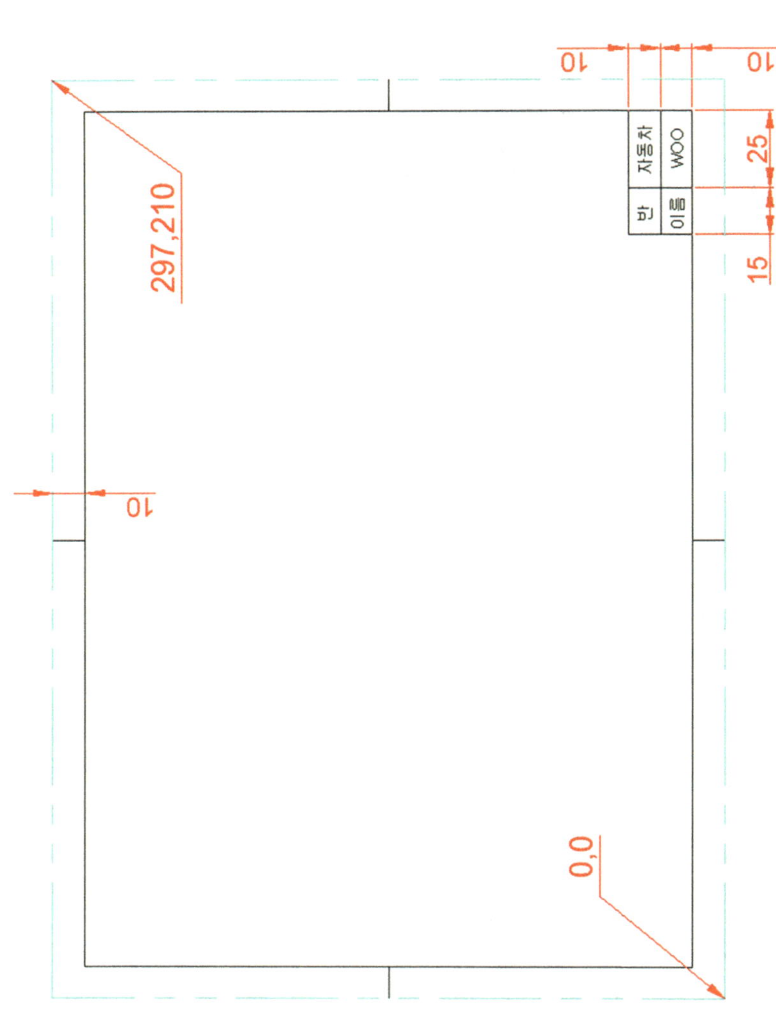

도면층 이름	색상	선종류	선가중치	용도
외형선	흰색	Continuous	0.5 ~ 0.7	도면의 외형선
중심선	초록색	CENTER	0.1 ~ 0.25	도면의 중심선
숨은선	파란색	HIDDEN	0.3 ~ 0.4	보이지 않는 선
치수기입	빨간색	Continuous		치수 기입

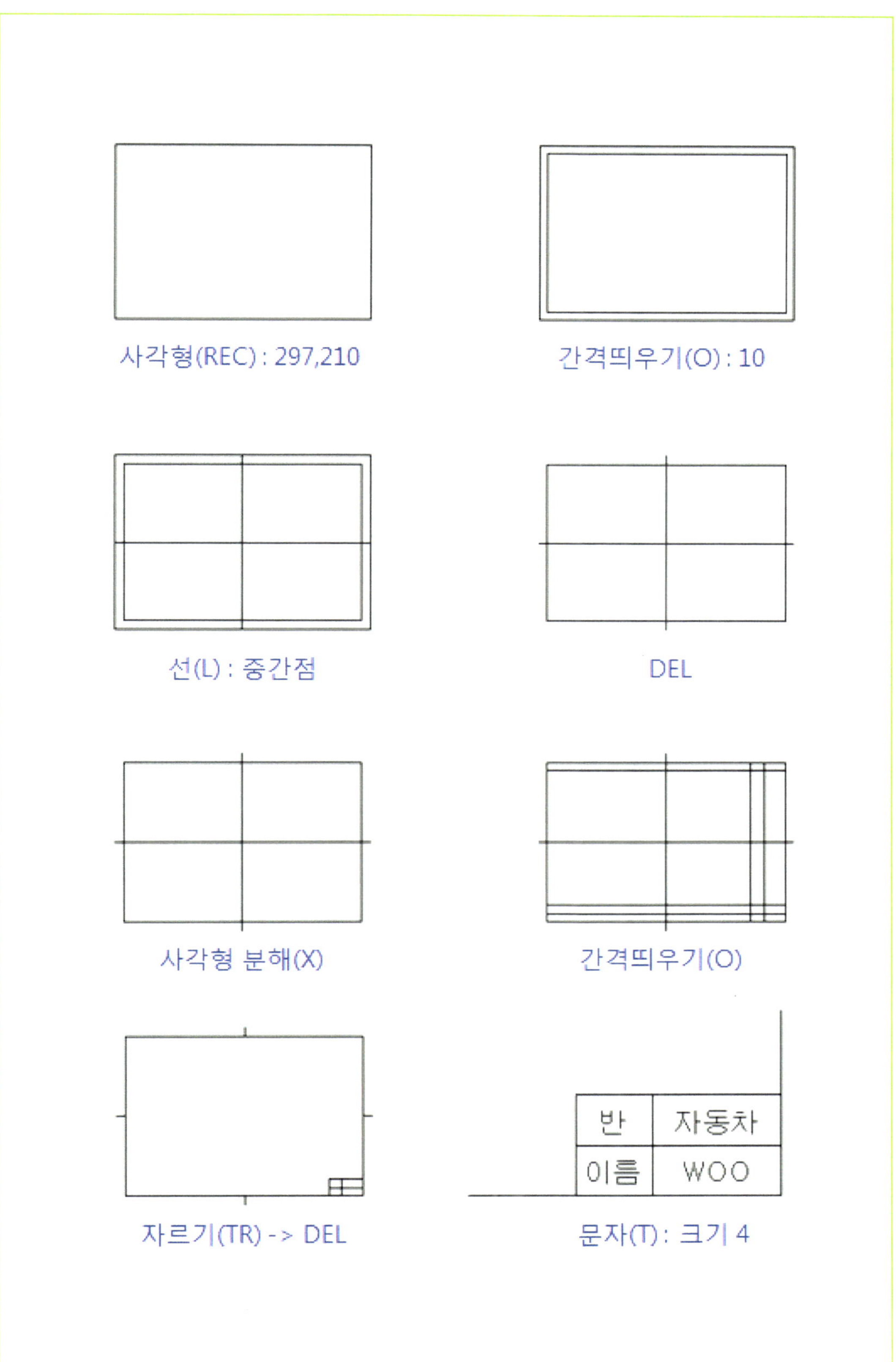

사각형(REC) : 297,210
간격띄우기(O) : 10
선(L) : 중간점
DEL
사각형 분해(X)
간격띄우기(O)
자르기(TR) -> DEL
반
자동차
이름
WOO
문자(T) : 크기 4

34. 치수(DIMENSION) : 도면에 치수를 입력한다

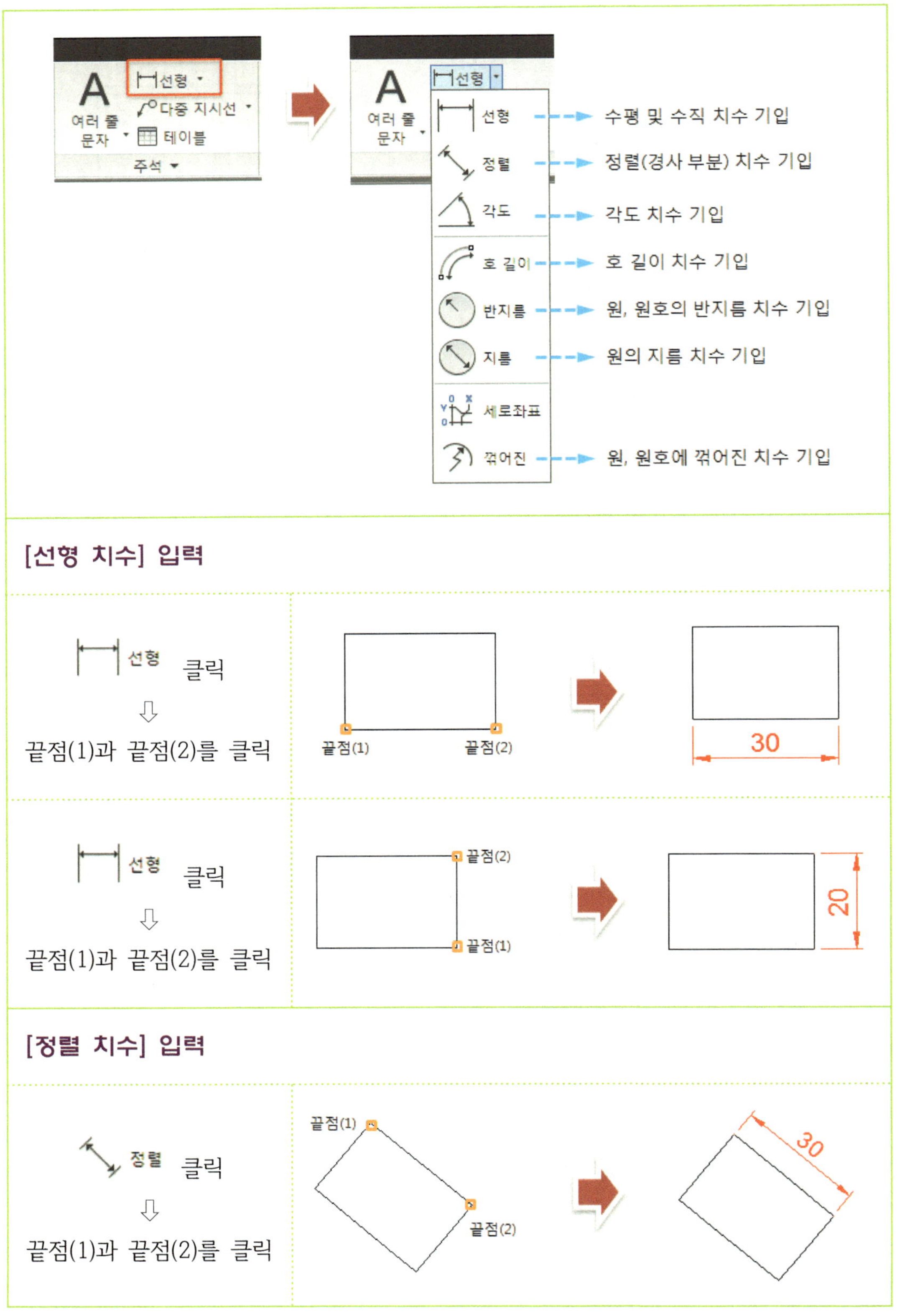

[각도 치수] 입력

각도 클릭

⇩

선(1)과 선(2)를 클릭

[호 길이 치수] 입력

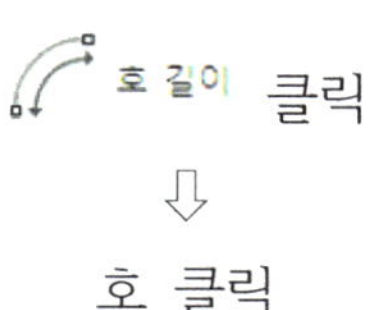

호 길이 클릭

⇩

호 클릭

[반지름 치수] 입력

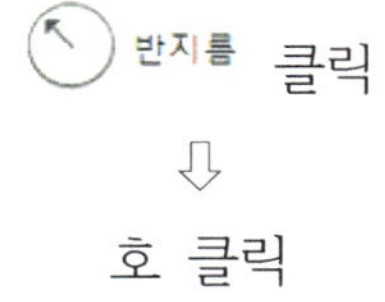

반지름 클릭

⇩

호 클릭

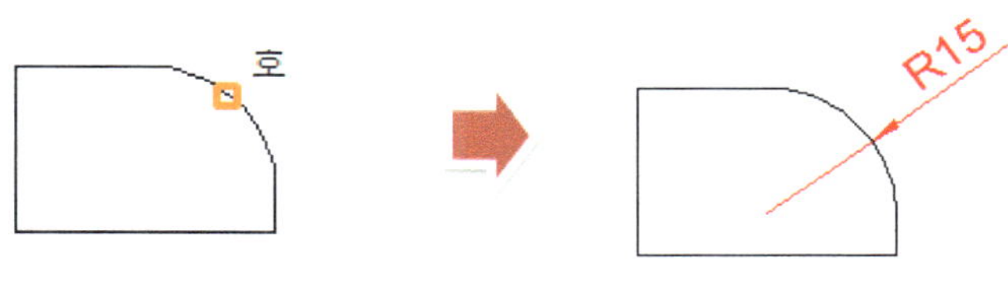

반지름 클릭

⇩

원 클릭

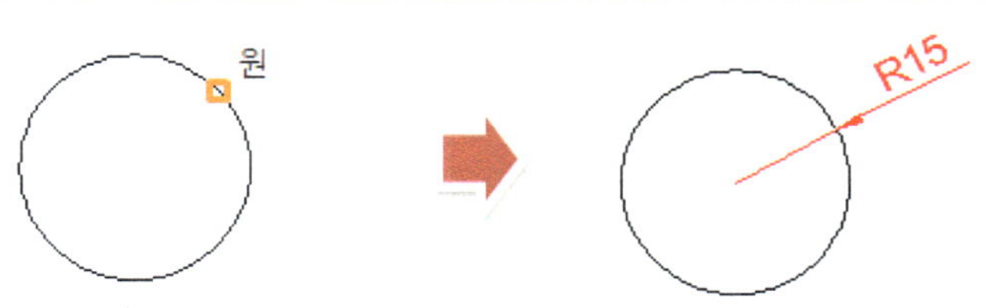

[지름 치수] 입력

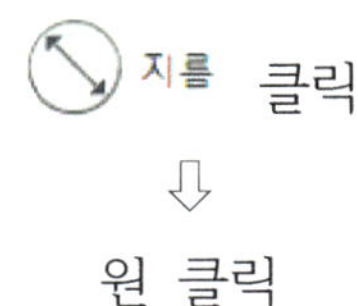

지름 클릭

⇩

원 클릭

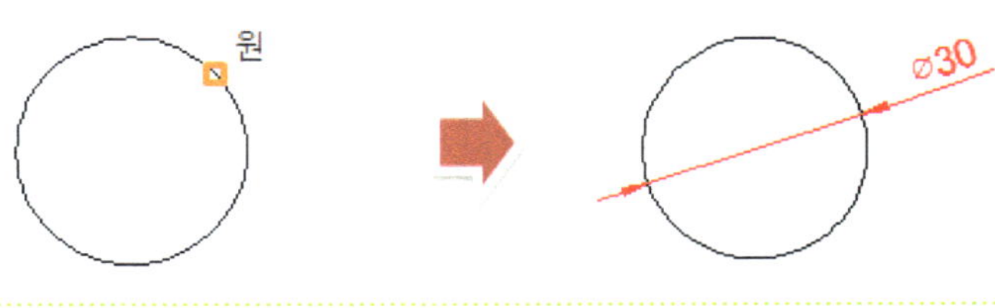

지름 치수선 보이기

DIMATFIT : 0 또는 1

로 지정

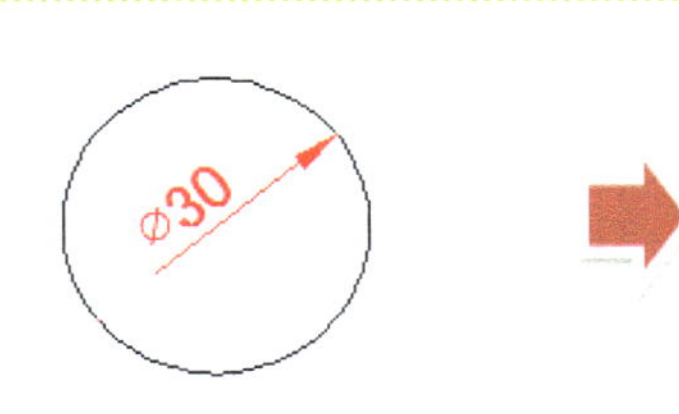

35. 치수 스타일(DIM SYTLE) : 치수 스타일을 설정한다

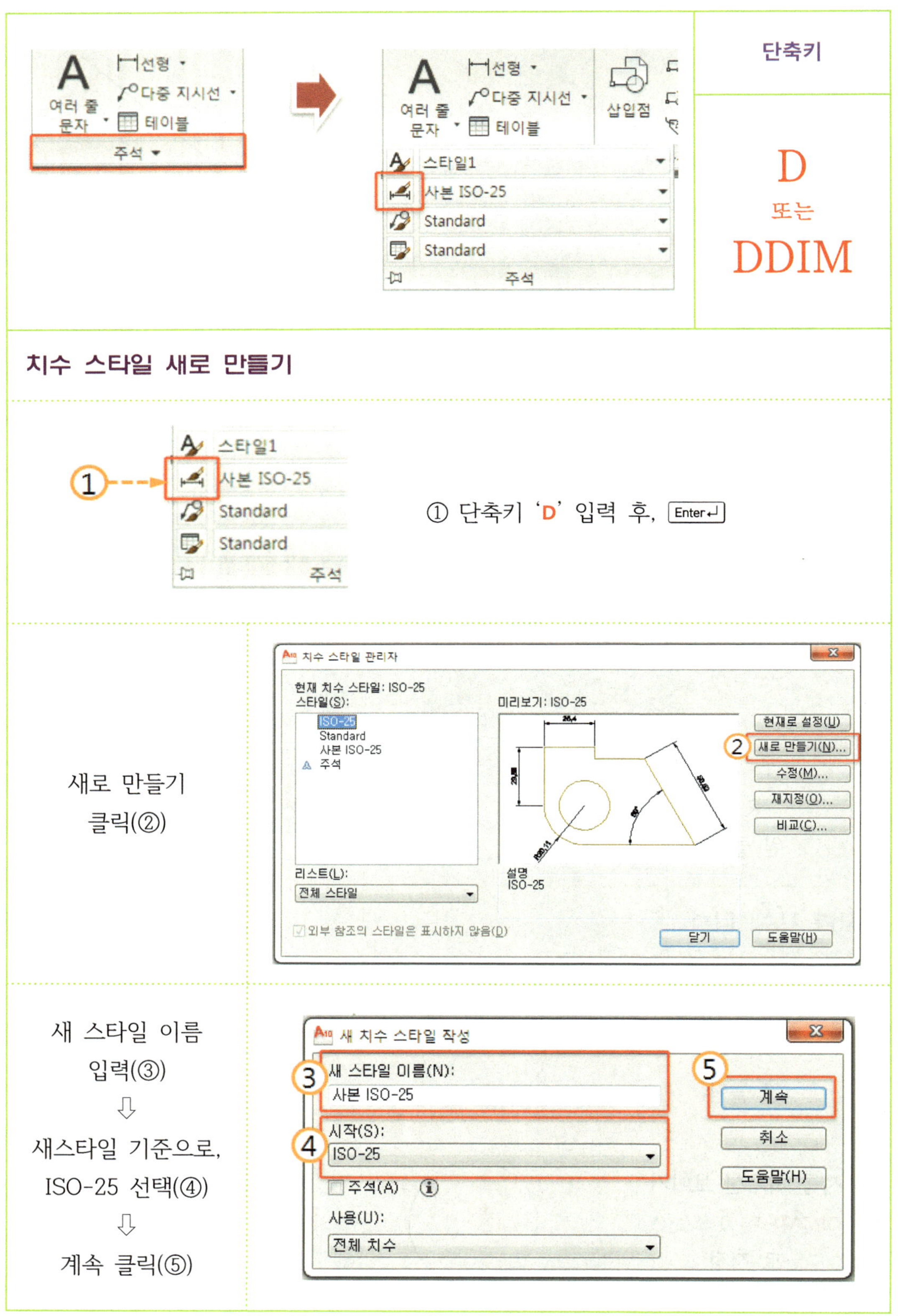

[선 탭] 치수선, 치수보조선에 대한 스타일을 설정

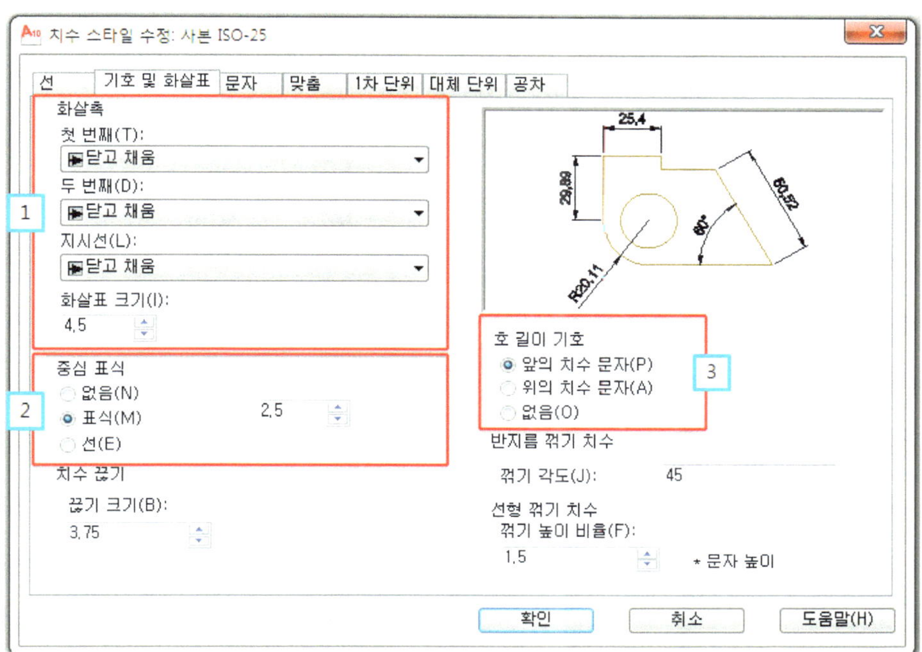

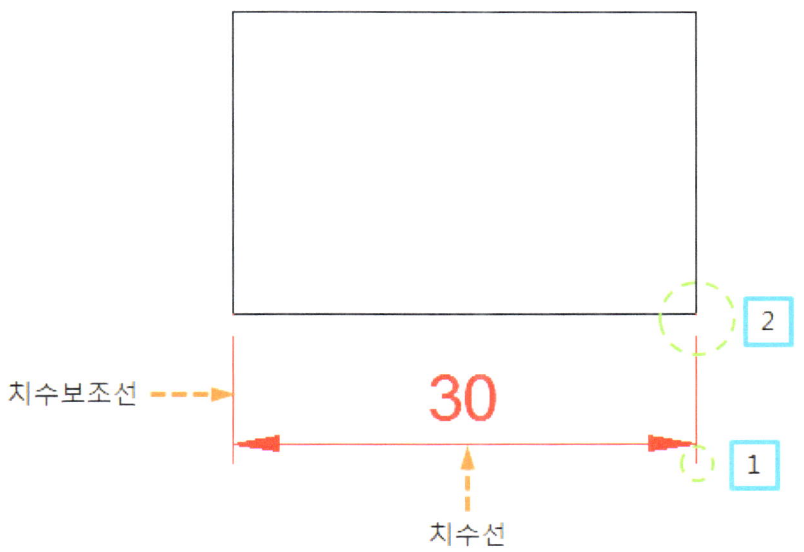

[1] 치수선 너머로 연장 : 치수선 위쪽의 치수보조선 길이 설정

[2] 원점에서 간격띄우기 : 물체와 치수보조선 사이의 간격 설정

[기호 및 화살표 탭] 기호 및 화살표에 대한 스타일을 설정

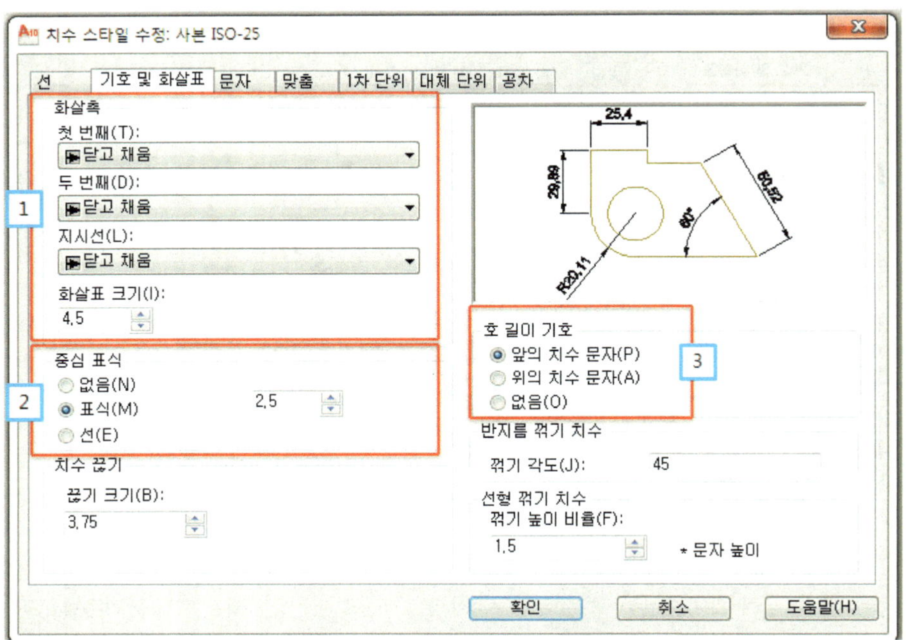

1 화살촉 : 화살촉의 형상 및 크기를 설정

2 중심 표식 : 원, 호의 중심 표식이나 중심선을 표시

⇨ **DIMCENTER** 명령으로 원 또는 호를 선택해야 표시가 나타남

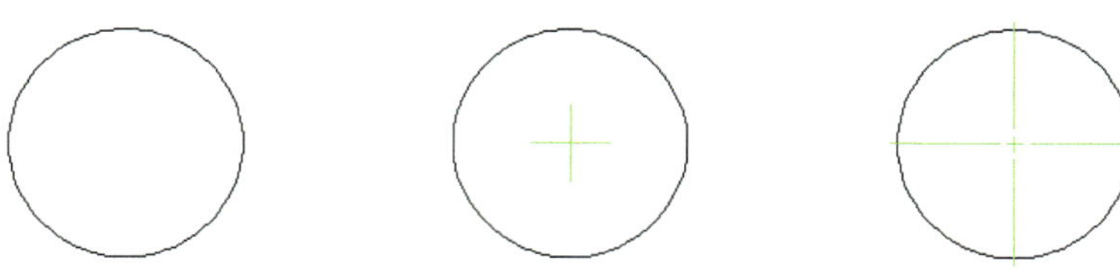

3 호 길이 기호 : 호 길이 기호의 위치를 설정

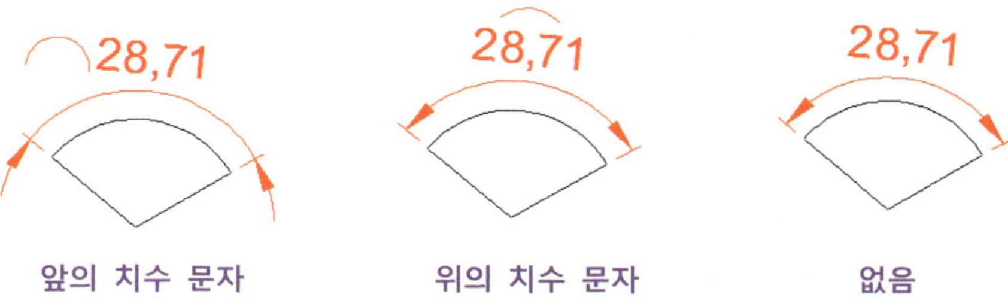

[문자 탭] 문자에 대한 스타일을 설정

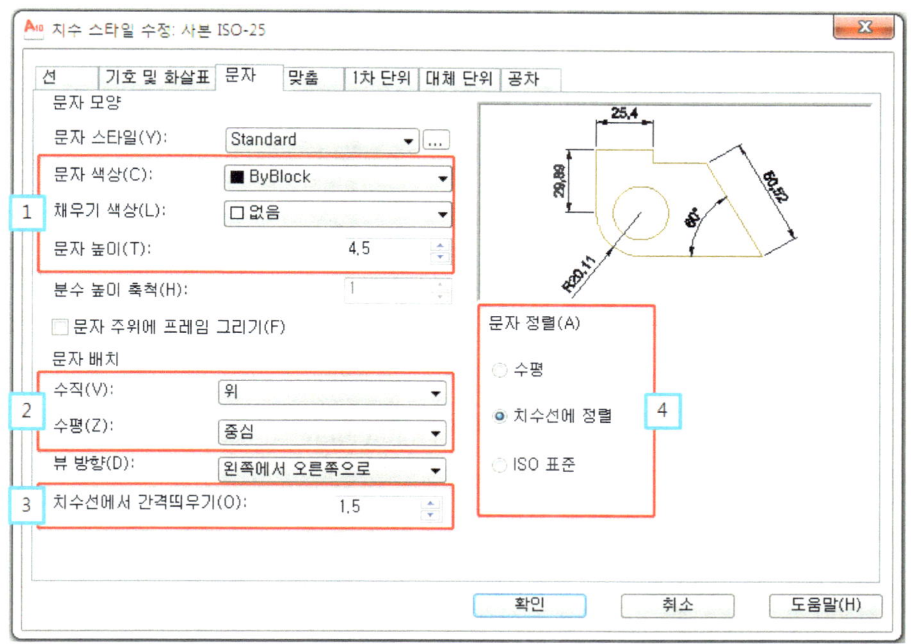

1 문자 모양 : 문자 스타일, 색상, 높이 등을 설정

2 문자 배치 : 치수문자의 위치를 설정

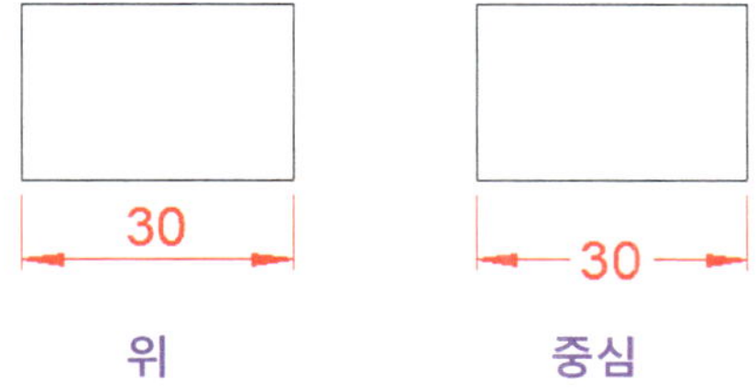

3 치수선에서 간격띄우기 : 치수선과 치수문자 사이의 간격 설정

4 문자 정렬 : 치수문자의 정렬 방향을 설정

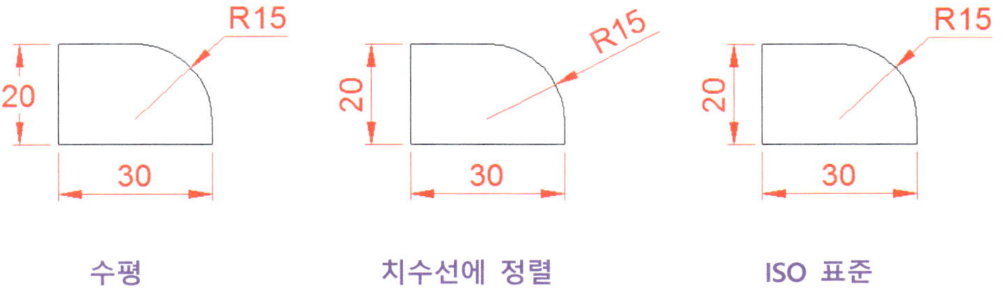

[맞춤 탭] 치수문자, 화살표, 치수선 등의 위치를 설정

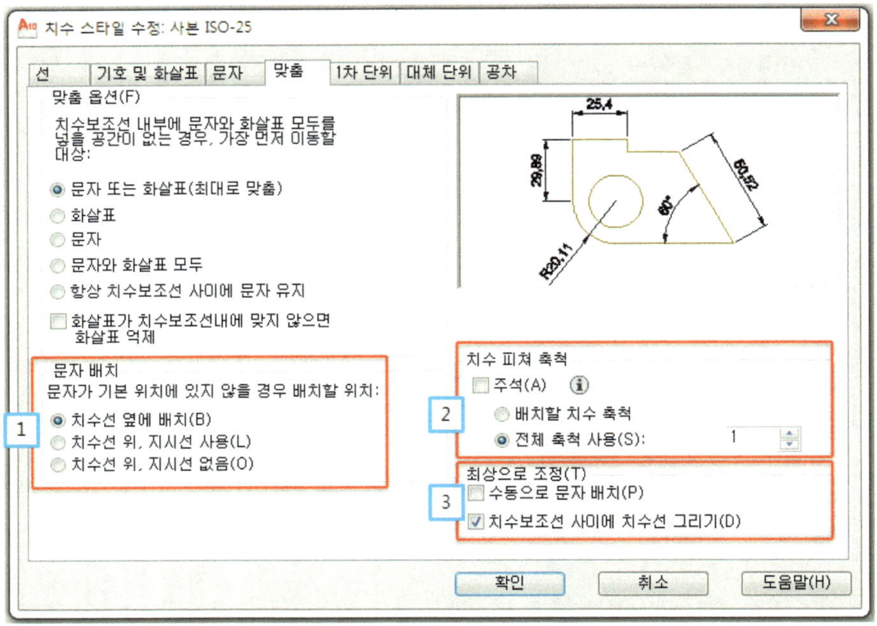

1 문자 배치 : 문자가 기본 위치에 있지 않을 경우 문자 위치 설정

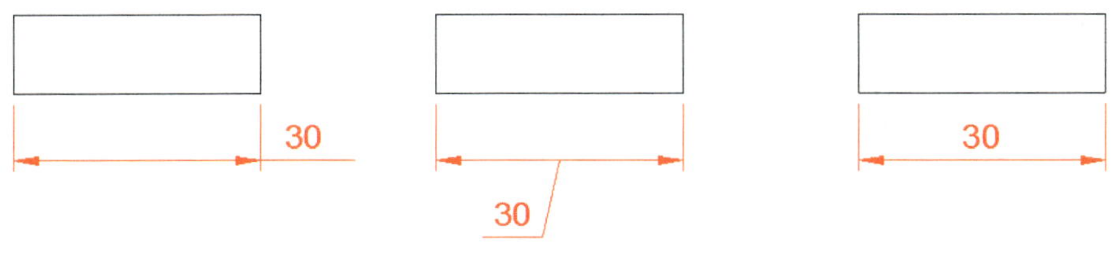

치수선 옆에 배치 **치수선 위, 지시선 사용** **치수선 위, 지시선 없음**

2 전체 축척 사용 : 치수의 축척을 설정(단축키 : **DIMSCALE**)

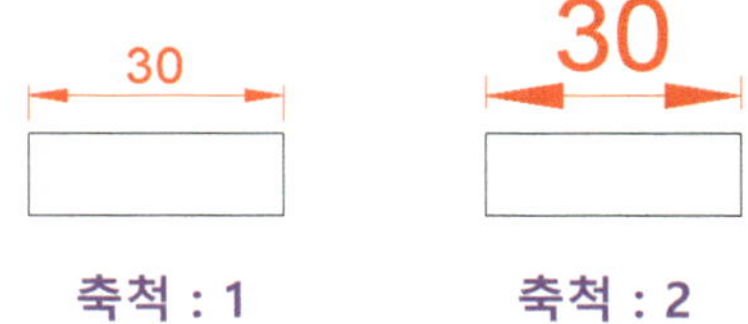

축척 : 1 **축척 : 2**

3 치수보조선 사이에 치수선 그리기

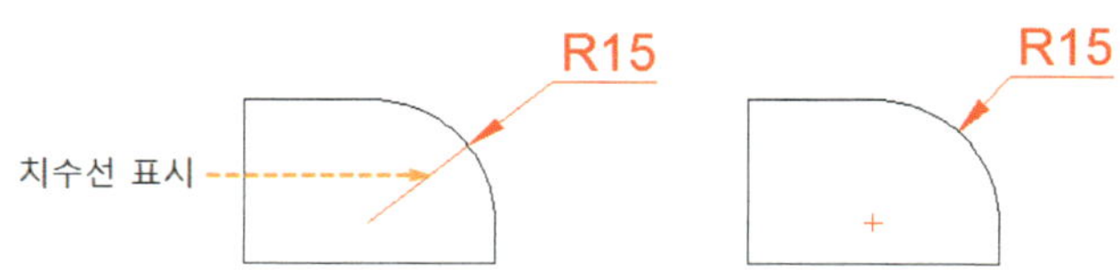

[1차 단위 탭] 치수문자의 단위형식, 정밀도(소수점 자릿수) 등을 설정

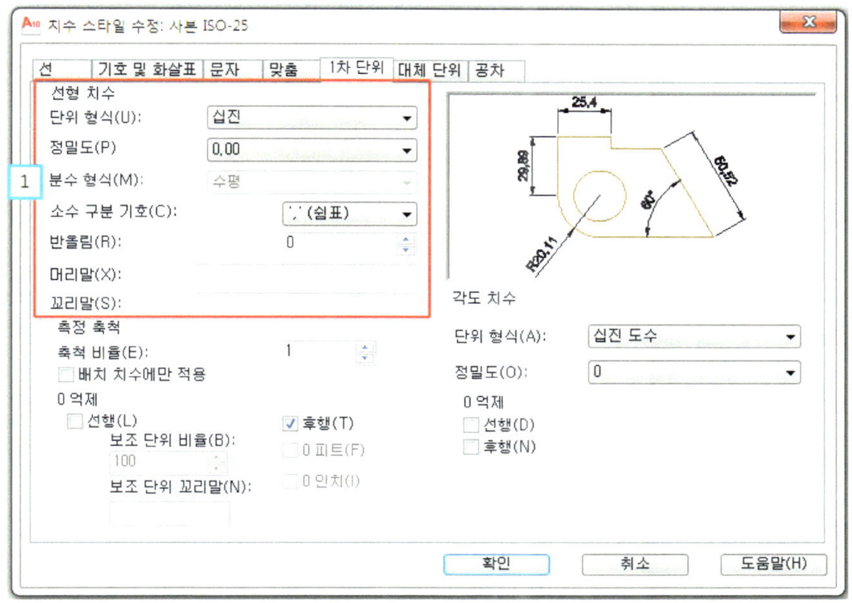

1 정밀도 : 치수문자의 소수점 자릿수를 설정

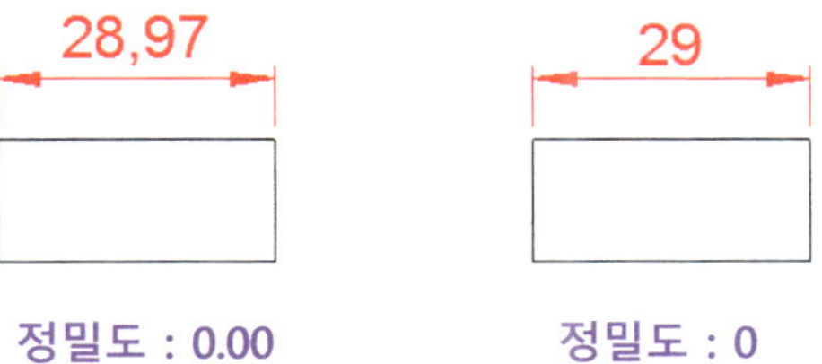

정밀도 : 0.00　　정밀도 : 0

예제 치수 기입

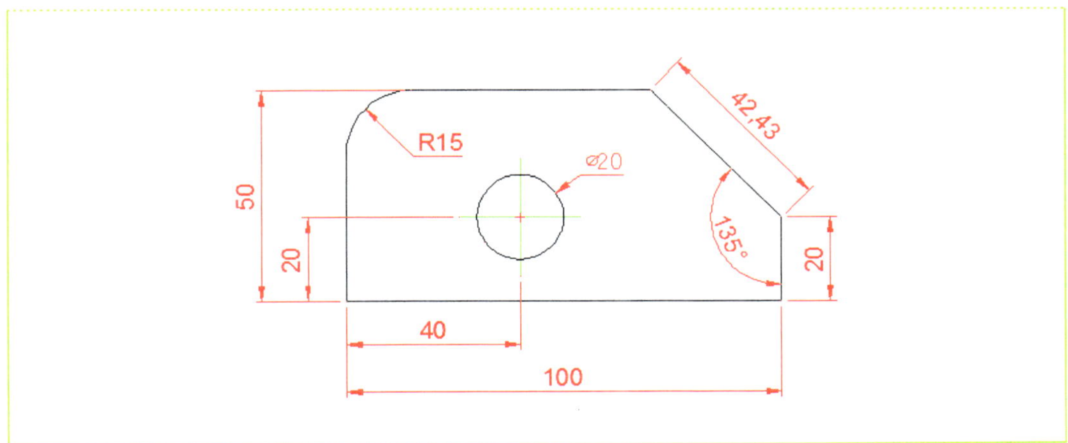

36. 치수문자 수정(TEXTEDIT) : 치수문자를 수정한다

실행 : 명령창에 단축키 'ED' 입력 후, Enter↵	단축키
	ED

예제 치수문자 수정

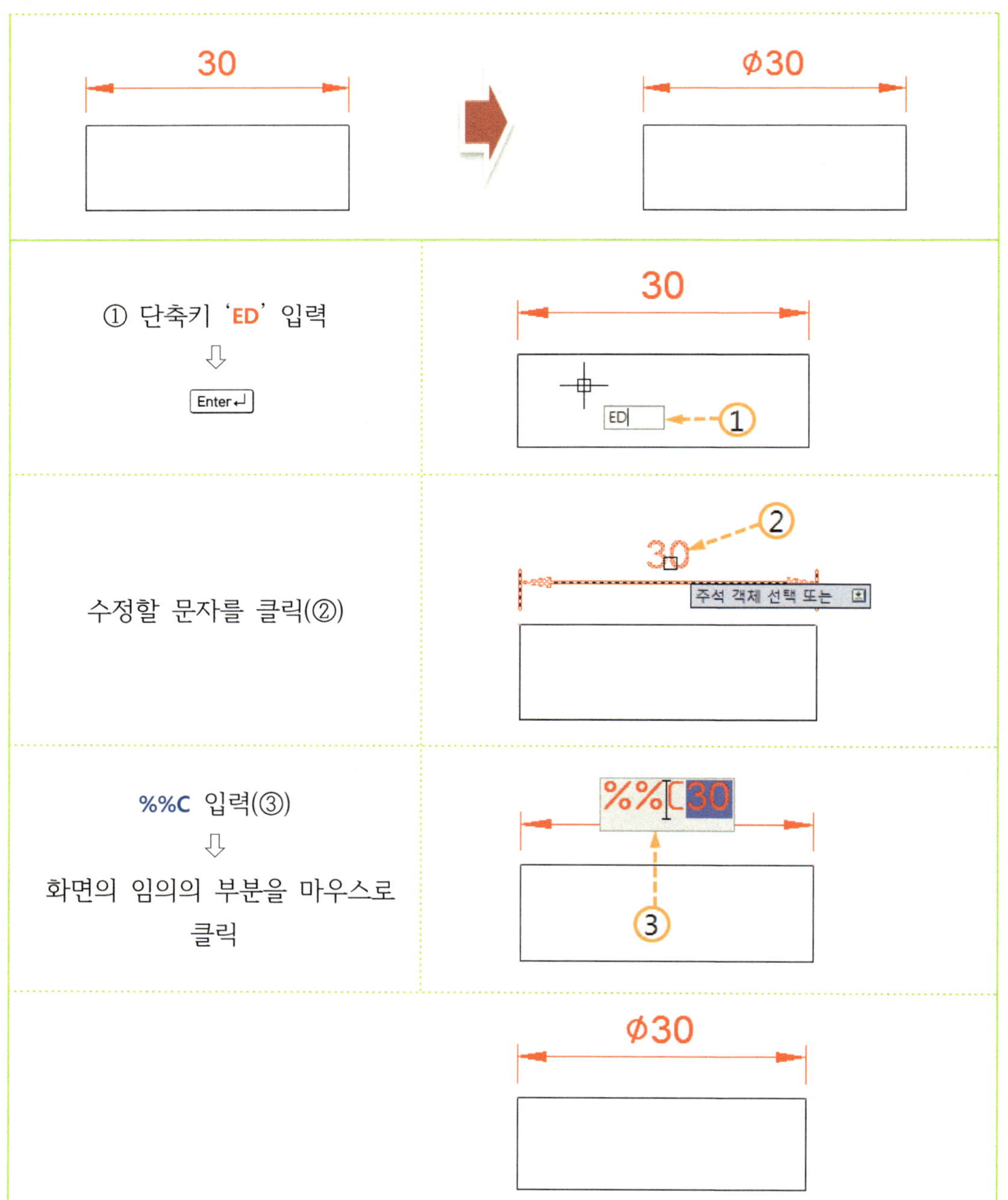

37. 특성(PROPERTIES) : 객체의 특성을 수정한다

실행 : 명령창에 단축키 'PR' 입력 후, Enter↵	단축키 PR

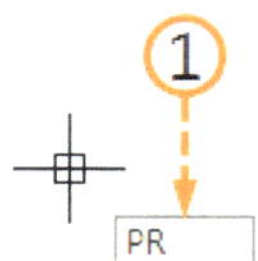

단축키 'PR' 입력 후, Enter↵(①)

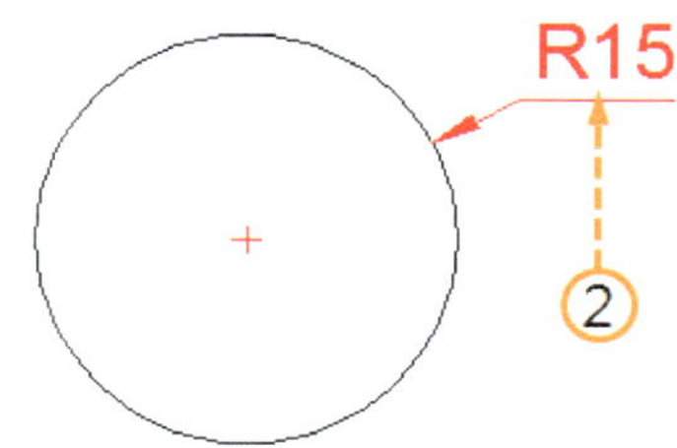

치수 선택(②)

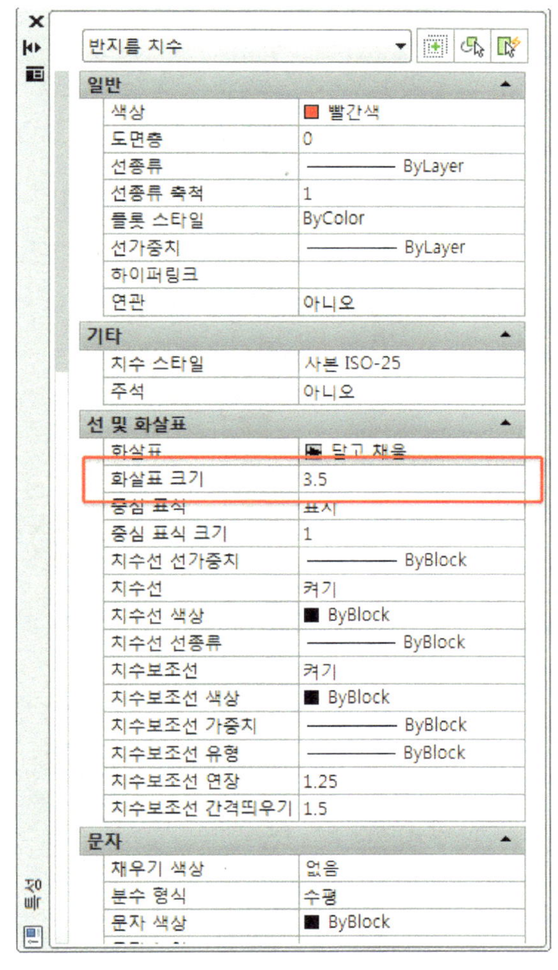

선택한 치수에 대한 특성/정보가 나타나며, 선택한 치수에 대한 기존 특성/정보를 수정할 수 있다.

(예를 들어, 화살표 크기를 변경하고자 한다면 화살표 크기란의 치수를 선택한 후 값을 변경하면 도면에 반영이 된다.)

[리본에서의 객체 특성(색상, 선두께, 선종류) 변경]

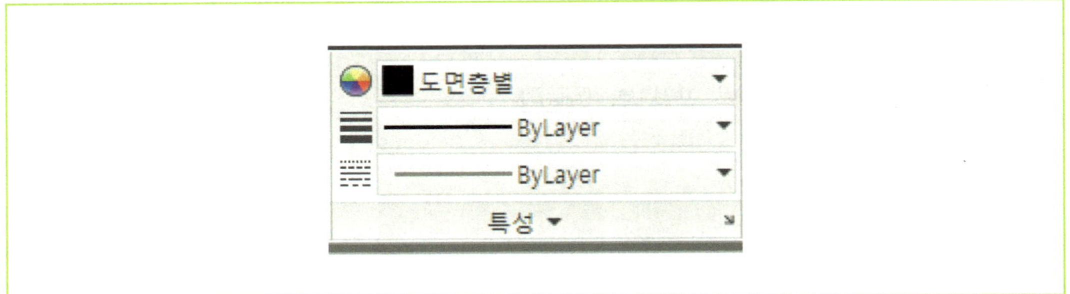

예제 원의 색상, 선두께, 선종류 변경하기

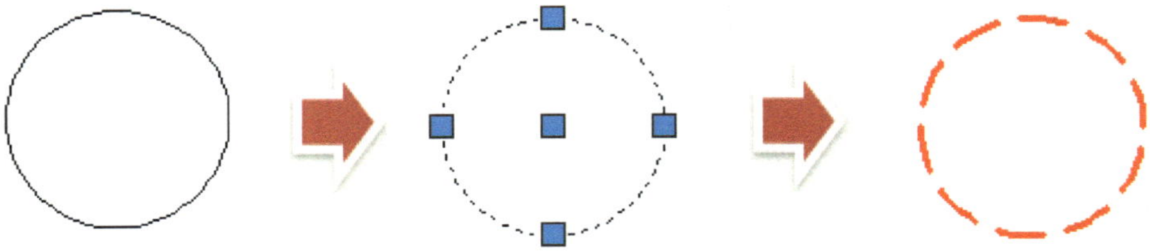

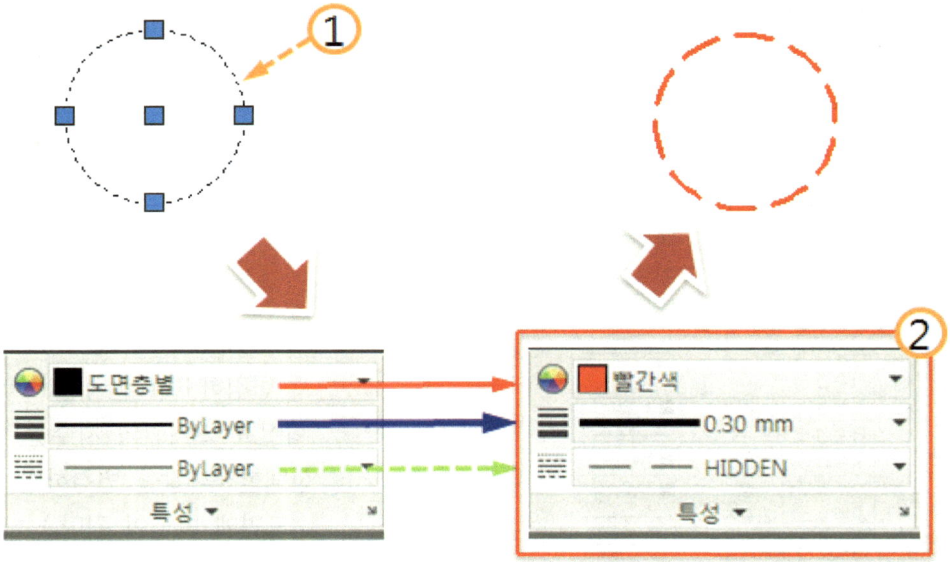

원 선택(①)

⇩

리본 창에서, 색상(빨간색), 선두께(0.30), 선종류(HIDDEN)를 변경(②)

38. 신속 지시선(QLEADER) : 지시선을 이용하여 치수나 문자를 기입한다

실행 : 명령창에 단축키 'LE' 입력 후, Enter↵	단축키
	LE

예제 지시선을 이용한 모따기 치수 기입하기

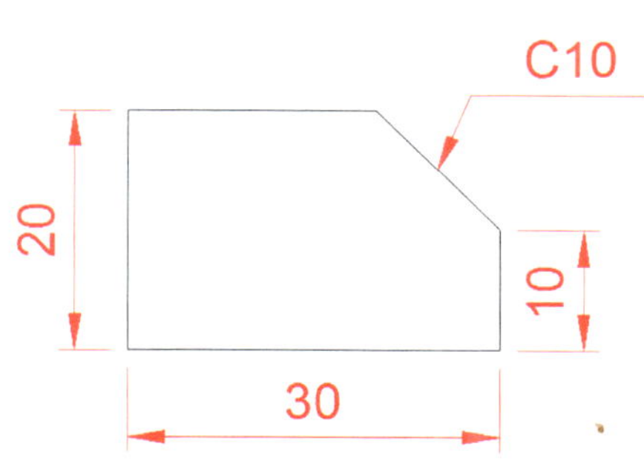

그림과 같이
도면 작성

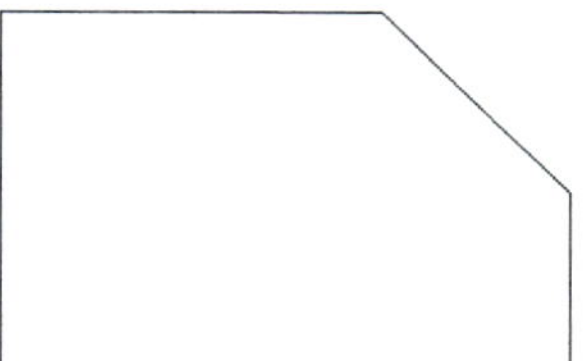

① 단축키 'LE' 입력

⇩

Enter↵

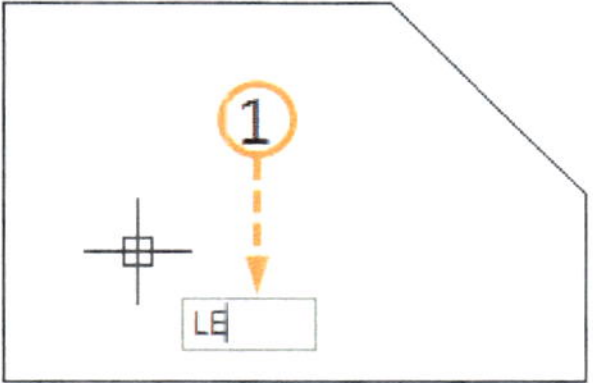

첫 번째 지시선을 지정하기 전에,
지시선 환경 설정을 위하여
'S' 입력(②)

Enter↵

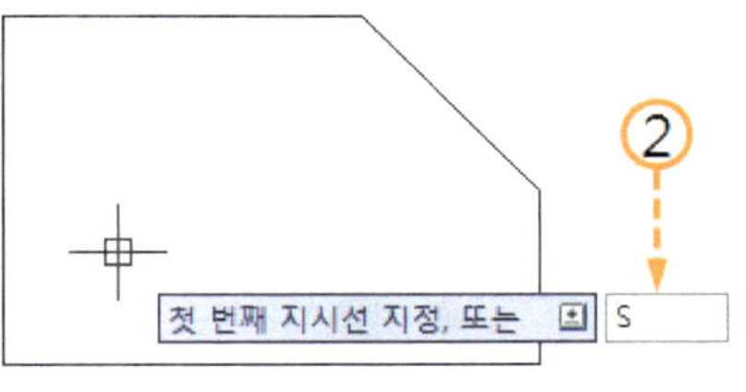

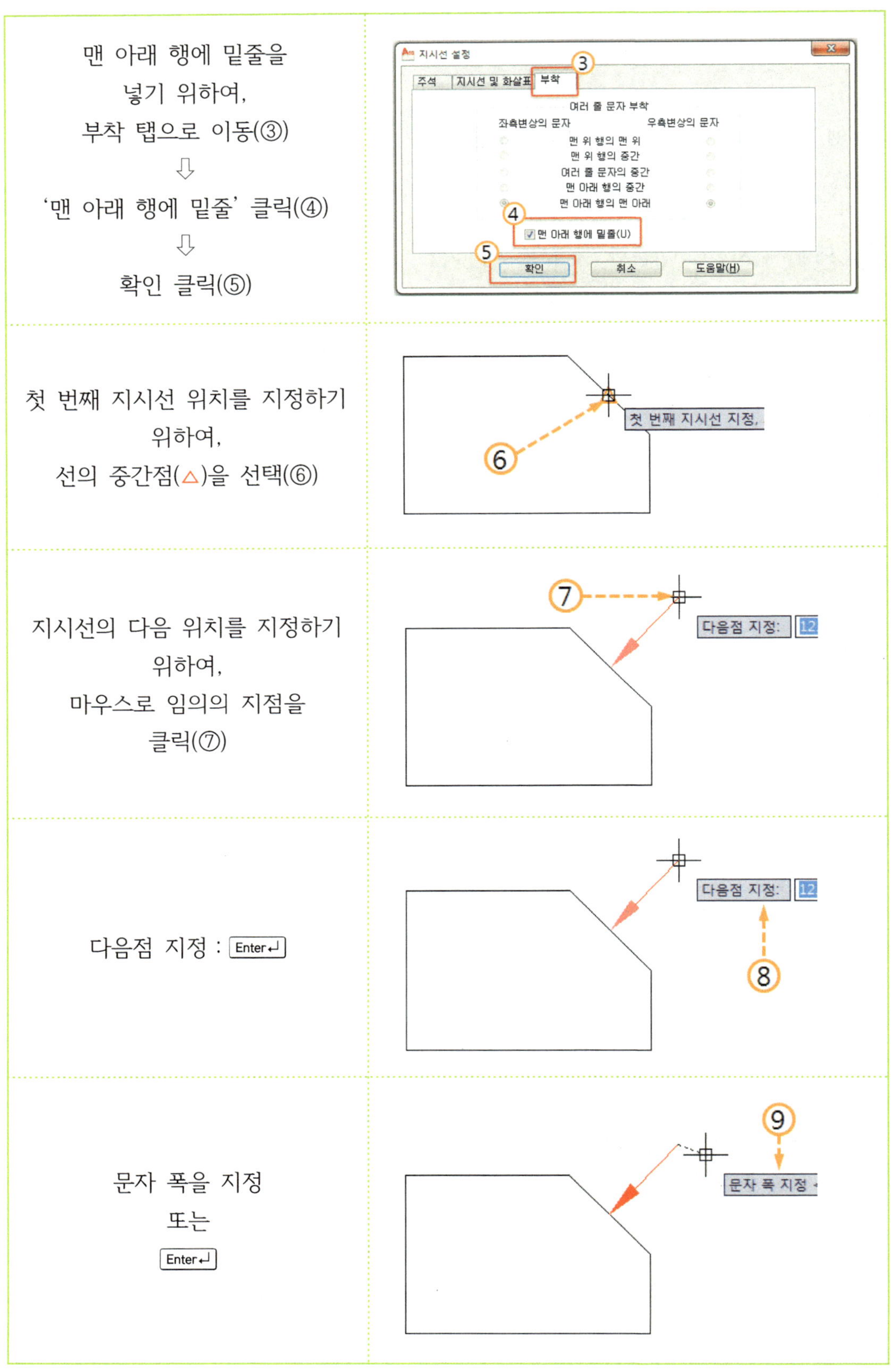
맨 아래 행에 밑줄을
넣기 위하여,
부착 탭으로 이동(③)
⇩
'맨 아래 행에 밑줄' 클릭(④)
⇩
확인 클릭(⑤)
지시선 설정
주석
지시선 및 화살표
부착
여러 줄 문자 부착
좌측변상의 문자
우측변상의 문자
맨 위 행의 맨 위
맨 위 행의 중간
여러 줄 문자의 중간
맨 아래 행의 중간
맨 아래 행의 맨 아래
맨 아래 행에 밑줄(U)
확인
취소
도움말(H)
첫 번째 지시선 위치를 지정하기
위하여,
선의 중간점(△)을 선택(⑥)
첫 번째 지시선 지정,
지시선의 다음 위치를 지정하기
위하여,
마우스로 임의의 지점을
클릭(⑦)
다음점 지정:
다음점 지정 : Enter
다음점 지정:
문자 폭을 지정
또는
Enter
문자 폭 지정

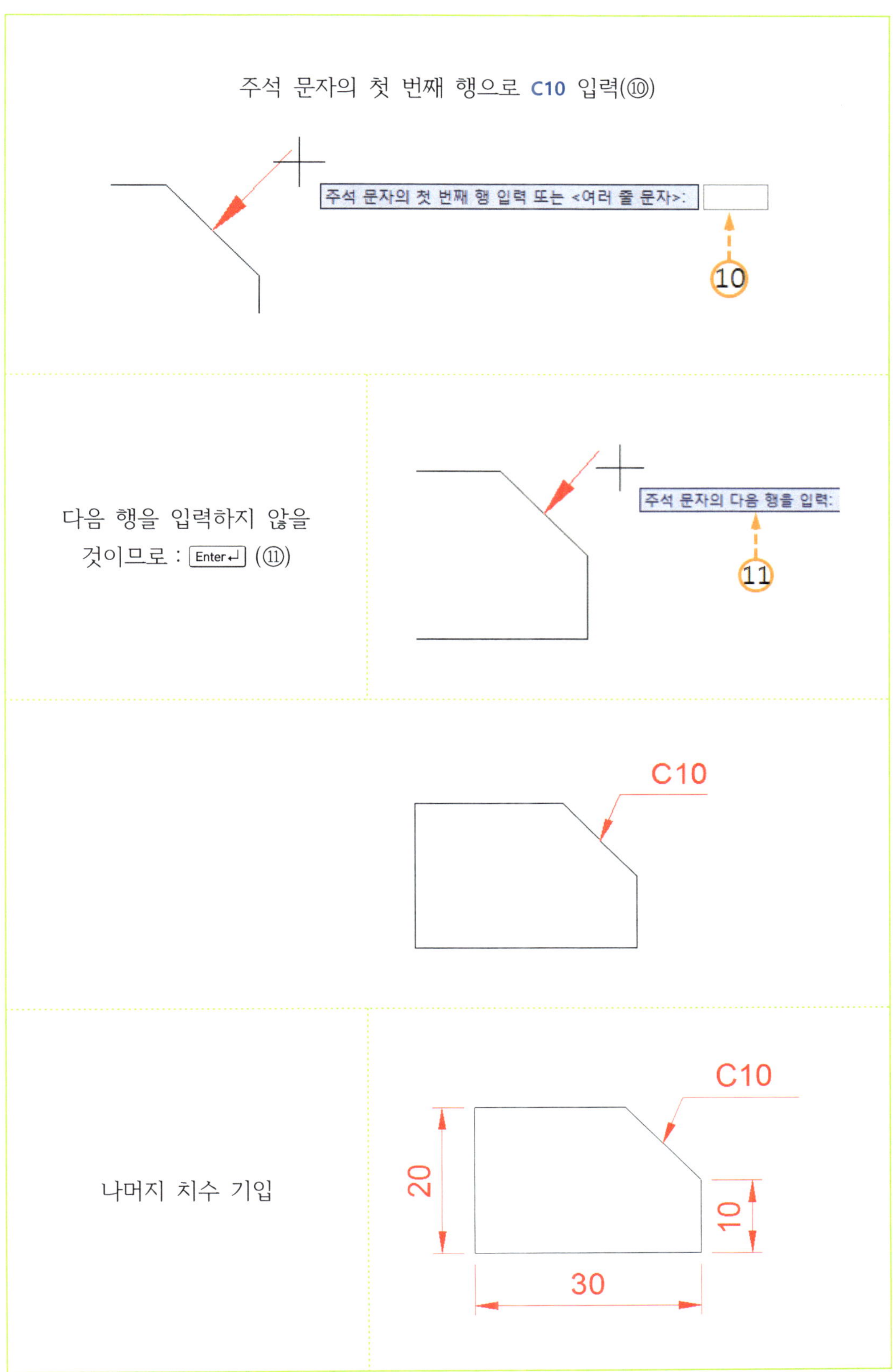

주석 문자의 첫 번째 행으로 C10 입력(⑩)
주석 문자의 첫 번째 행 입력 또는 <여러 줄 문자>:
10
다음 행을 입력하지 않을 것이므로 : Enter↵ (⑪)
주석 문자의 다음 행을 입력:
11
C10
나머지 치수 기입
C10
20
10
30

예제 지시선을 이용한 기하공차 기입하기

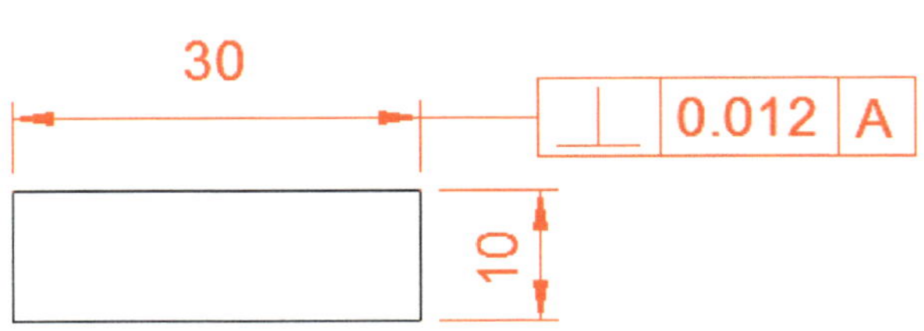

도면 작성 ⇨ 단축키 'LE' 입력, Enter↵
⇨ 기하공차 설정을 위하여, 'S' 입력 후, Enter↵

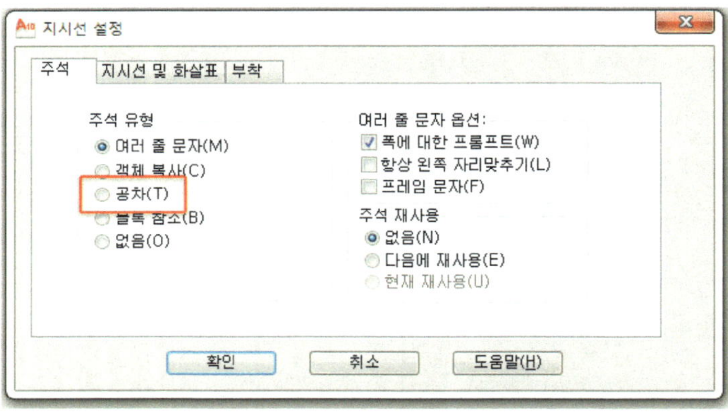

설정에서 '공차' 선택

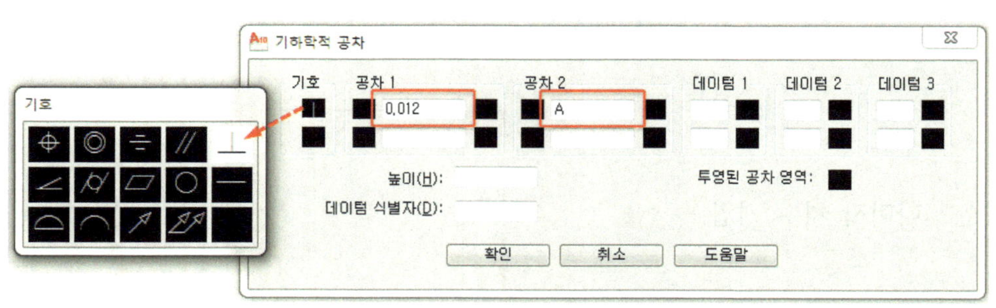

기하공차 상자에 공차치수 입력

응용 치수 넣기

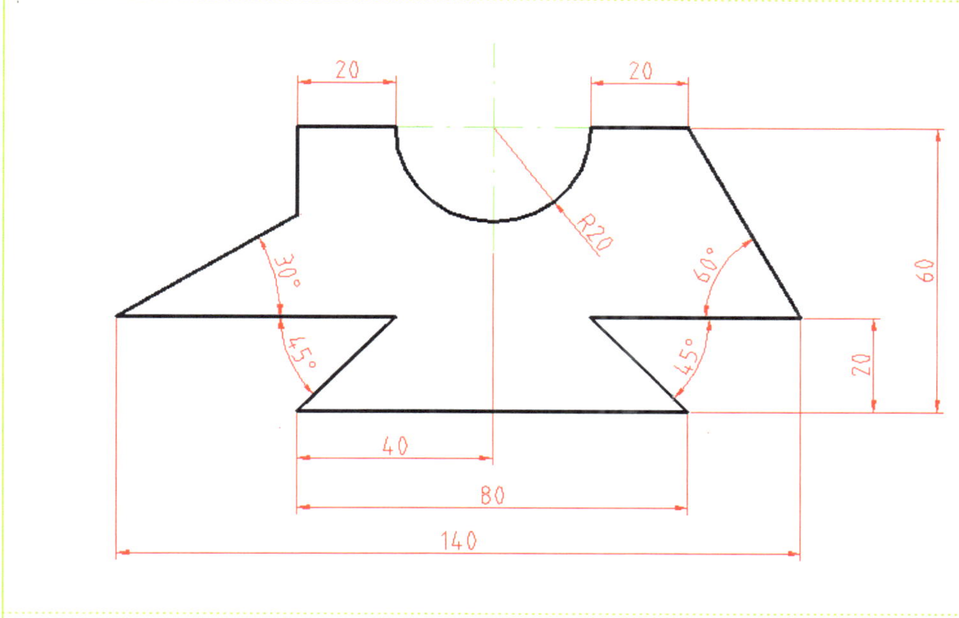

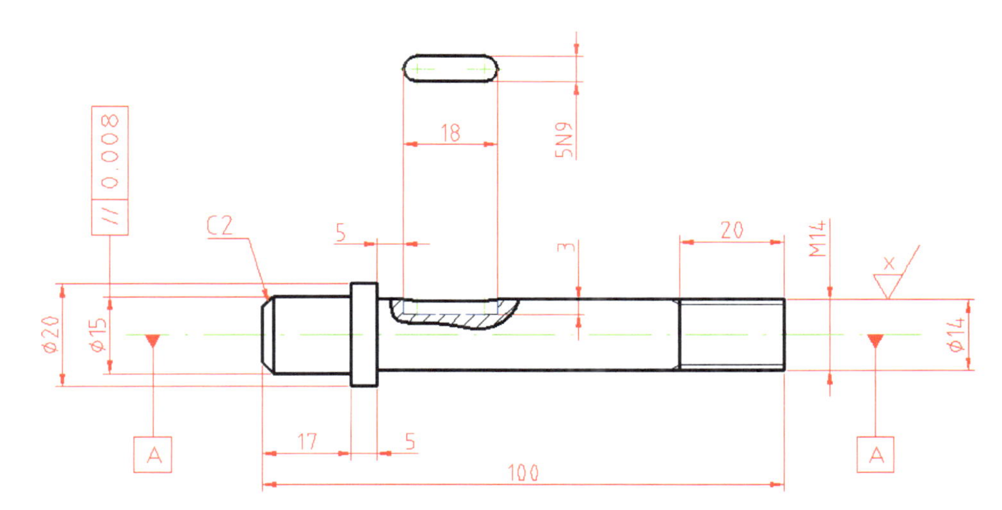

도면층 이름	색상	선종류	선가중치	용도
외형선	흰색	Continuous	0.5 ~ 0.7	도면의 외형선
중심선	초록색	CENTER	0.1 ~ 0.25	도면의 중심선
숨은선	파란색	HIDDEN	0.3 ~ 0.4	보이지 않는 선
치수기입	빨간색	Continuous		치수 기입

39. 축척(SCALE) : 객체를 일정 비율로 축소(축척)하거나 확대(배척)한다

홈
삽입점
주석
파라메트릭
뷰
관리
출력
선
그리기
이동
수정
저장되지 않은 도면층 상태
도면층

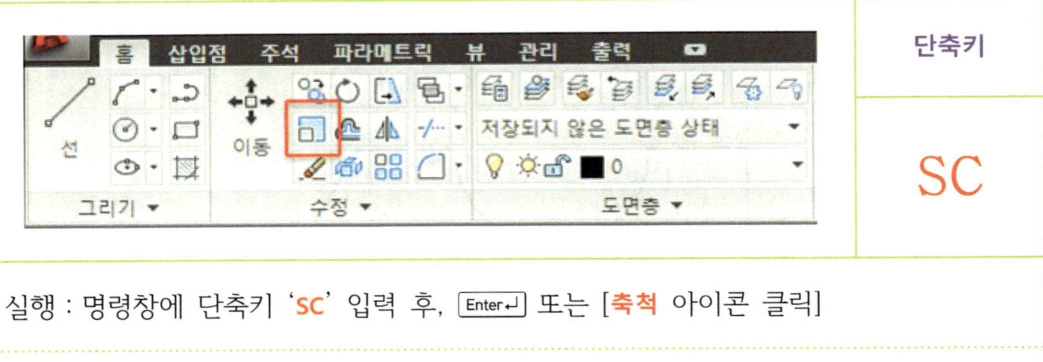

단축키

SC

실행 : 명령창에 단축키 'SC' 입력 후, Enter↵ 또는 [축척 아이콘 클릭]

명령 : **SC**
객체 선택 : **객체 선택**
기준점 지정 : **기준점 지정**
축척 비율 지정 또는 [복사(C)/참조(R)] <1.0000> : **축척비율 입력**

예제 사각형 2배로 배척하기

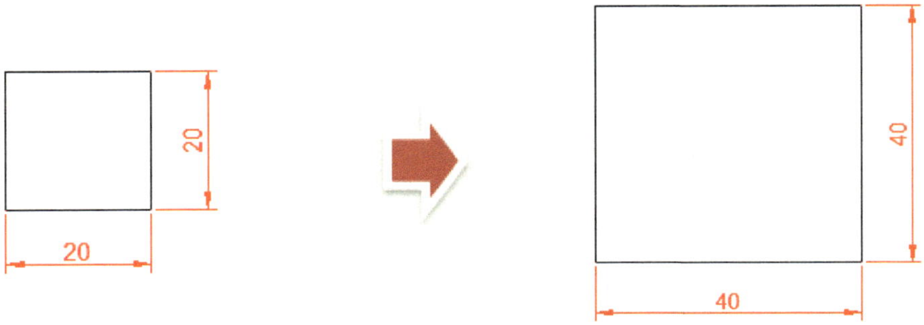

20
20
40
40

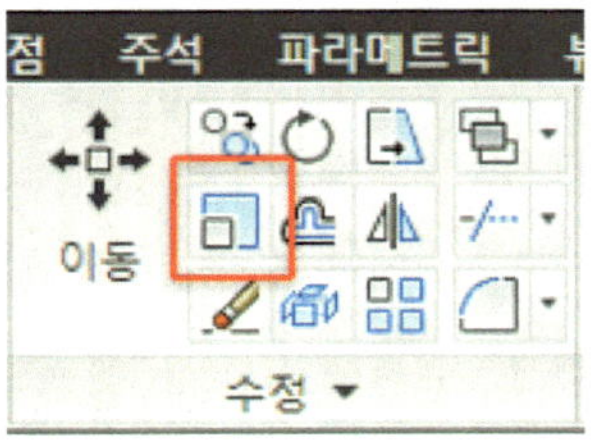

점
주석
파라메트릭
이동
수정

① 상자에 'SC' 입력 후, Enter↵

1
SC

축척할 객체 선택(②)

⇩

Enter↵

2
객체 선택:

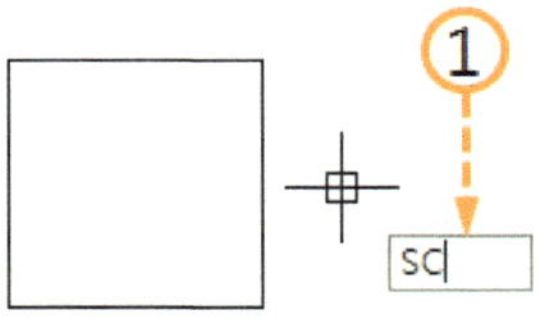

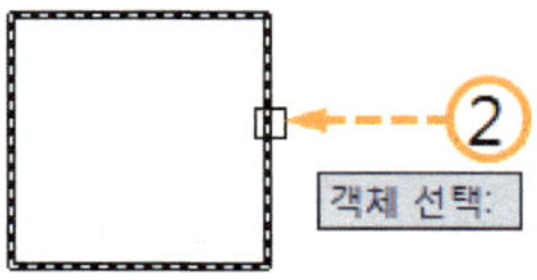

축척의 기준이 되는 기준점 지정(③) : 여기서는 사각형의 왼쪽 하단 끝점(□)을 선택	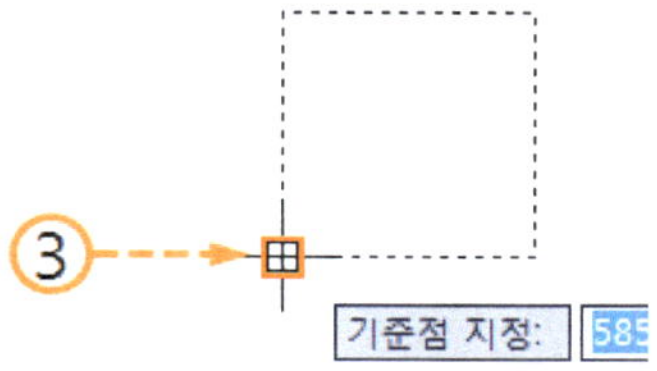 ③ 기준점 지정: 585
축척 비율로 2 입력(④) ⇩ Enter↵	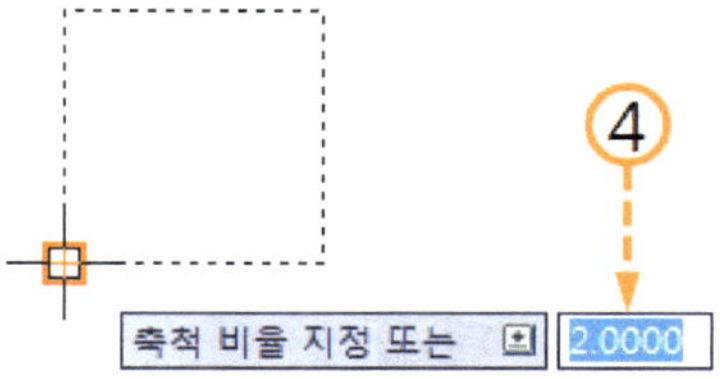 ④ 축척 비율 지정 또는 2.0000

 실습 축척을 이용한 확대 및 축소

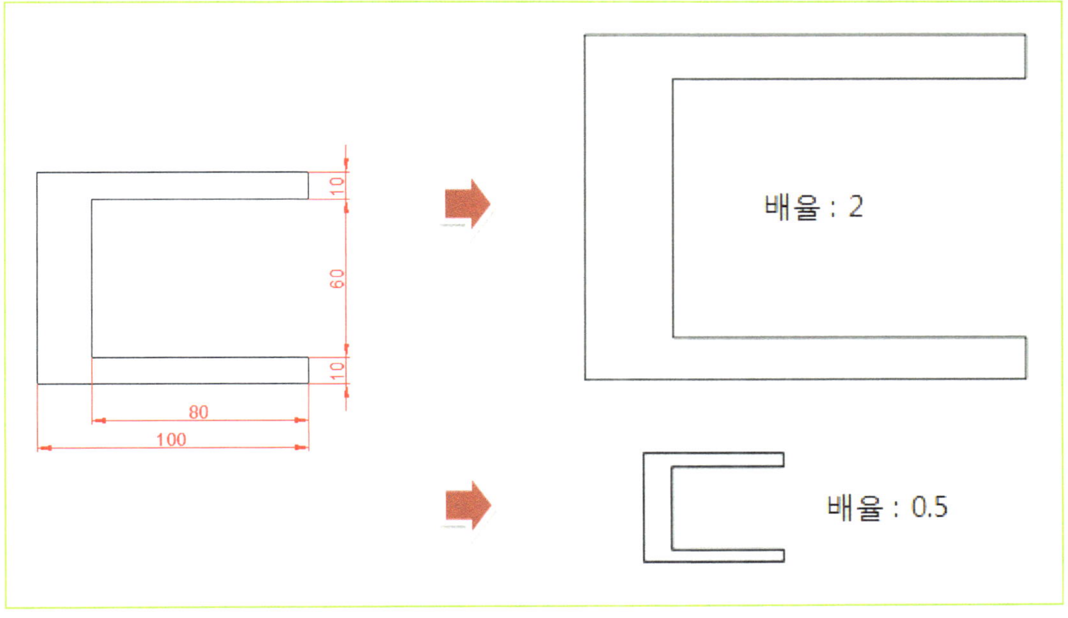

40. 폴리선(PLINE) : 단일 객체의 폴리선을 생성한다(선의 시작과 끝 폭을 설정할 수 있다.)

실행 : 명령창에 단축키 'PL' 입력 후, Enter↵	단축키
	PL

예제 폴리선을 이용한 화살표 그리기

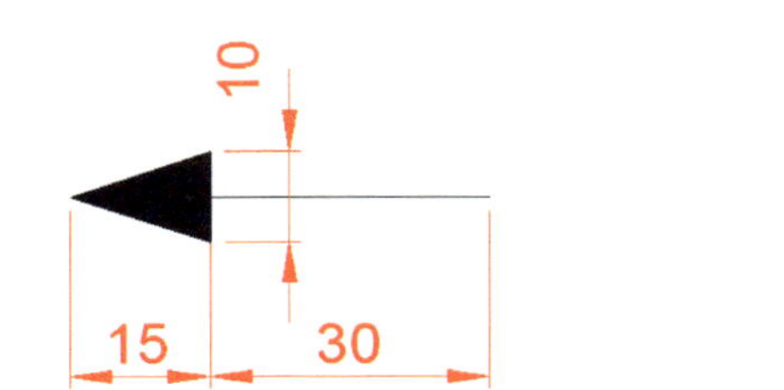

(① ⇨ ⑪ 순으로 입력)

명령 : **PL** (①)
PLINE
시작점 지정 : **임의의 점 클릭** (②)
현재의 선 폭은 0.0000임
다음점 지정 또는 [호(A)/반폭(H)/길이(L)/명령 취소(U)/폭(W)] : **W** (③)
시작 폭 지정 <0.0000> : Enter↵ **(시작 폭 : 0)** (④)
끝 폭 지정 <0.0000> : **10 (끝 폭 : 10)**(⑤)
다음점 지정 또는 [호(A)/반폭(H)/길이(L)/명령 취소(U)/폭(W)] : **15** Tab **0** (⑥)
다음점 지정 또는 [호(A)/닫기(C)/반폭(H)/길이(L)/명령 취소(U)/폭(W)] : **W** (⑦)
시작 폭 지정 <10.0000> : **0 (시작 폭 : 0)** (⑧)
끝 폭 지정 <0.0000> : Enter↵ **(끝 폭 : 0)** (⑨)
다음점 지정 또는 [호(A)/닫기(C)/반폭(H)/길이(L)/명령 취소(U)/폭(W)] : **30** Tab **0** (⑩)
다음점 지정 또는 [호(A)/닫기(C)/반폭(H)/길이(L)/명령 취소(U)/폭(W)] : Enter↵ (⑪)

실습 폴리선 그리기

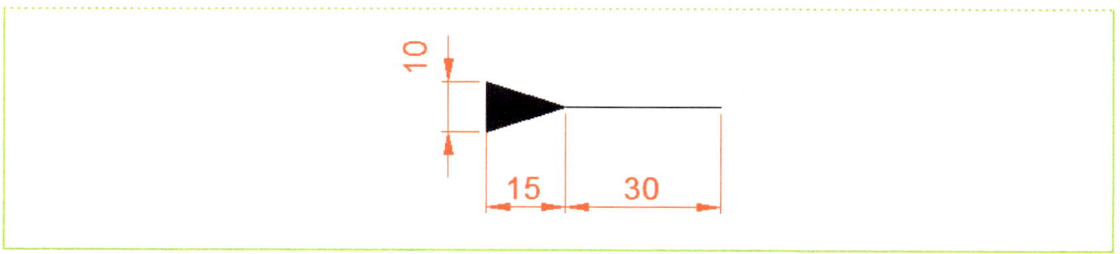

41. 도넛(DONUT) : 내부가 채워진 도넛 도형을 생성한다

실행 : 명령창에 단축키 'DO' 입력 후, Enter↵	단축키
	DO

예제 도넛 그리기

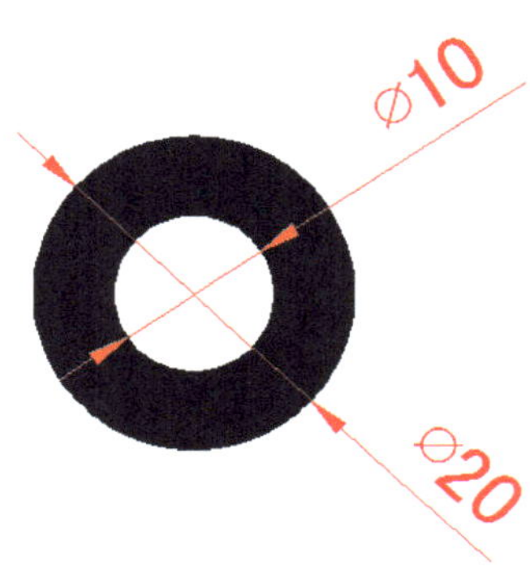

(① ⇨ ⑤ 순으로 입력)

명령 : **DO** (①)
DONUT
도넛의 내부 지름 지정 <0.5000> : **10** (②)
도넛의 외부 지름 지정 <1.0000> : **20** (③)
도넛의 중심 지정 또는 <종료> : **임의의 위치 지정** (④)
도넛의 중심 지정 또는 <종료> : Enter↵ (⑤)

실습 도넛 그리기

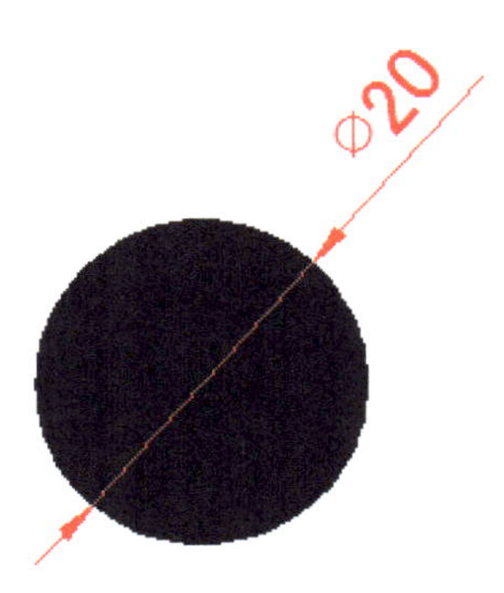

도넛의 내부 지름 : 0
도넛의 외부 지름 : 20

42. 끊기(BREAK) : 객체의 두 점 사이를 끊는다

실행 : 명령창에 단축키 'BR' 입력 후, Enter↵	단축키
	BR

예제 두 점 사이 끊기

명령 : **BR** (①) BREAK 객체 선택 : **선 선택** (②) 두 번째 끊기점을 지정 또는 [첫 번째 점(F)] : **F 입력** (③) 첫 번째 끊기점 지정 : **교차점 선택** (④) 두 번째 끊기점을 지정 : **교차점 선택** (⑤)	① ⇨ ⑤ 순으로 입력

예제 한 점에서 끊기

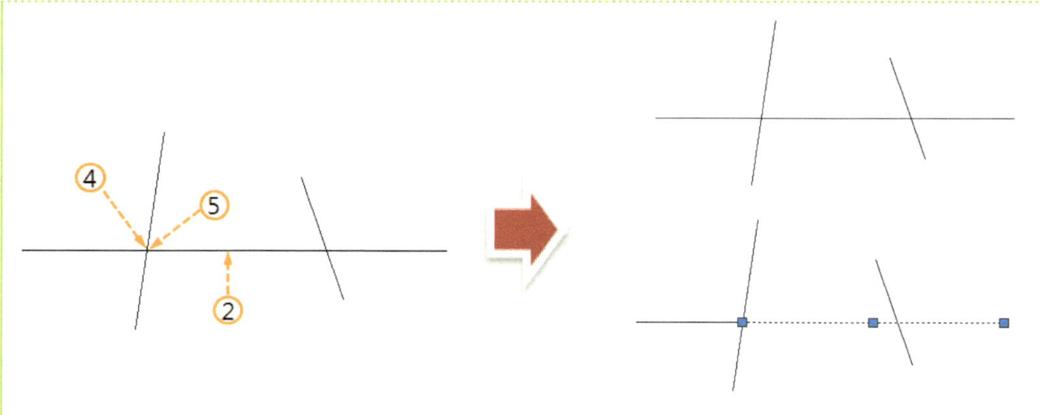

한 점에서 두 선으로 분리

명령 : **BR** (①) BREAK 객체 선택 : **선 선택** (②) 두 번째 끊기점을 지정 또는 [첫 번째 점(F)] : **F 입력** (③) 첫 번째 끊기점 지정 : **교차점 선택** (④) 두 번째 끊기점을 지정 : **교차점 선택** (⑤)	① ⇨ ⑤ 순으로 입력

43. 정렬(ALIGN) : 선택한 객체를 다른 객체에 정렬시킨다

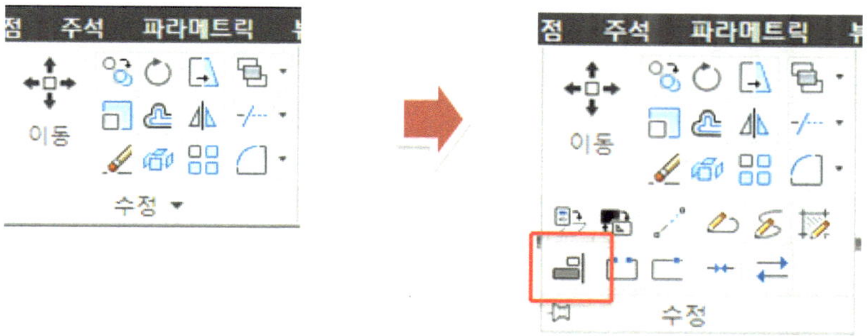

	단축키
	AL

실행 : 명령창에 단축키 'AL' 입력 후, Enter↵

명령 : **AL**
ALIGN
객체 선택 : **정렬할 객체 선택**
첫 번째 근원점 지정 : **점(①) 지정**
첫 번째 대상점 지정 : **점(②) 지정**
두 번째 근원점 지정 : **점(③) 지정**
두 번째 대상점 지정 : **점(④) 지정**
세 번째 근원점 지정 또는 <계속> : Enter↵
정렬점을 기준으로 객체에 축척을 적용합니까 ? [예(Y)/아니오(N)] <N> : Enter↵

예제 한 점에서 끊기

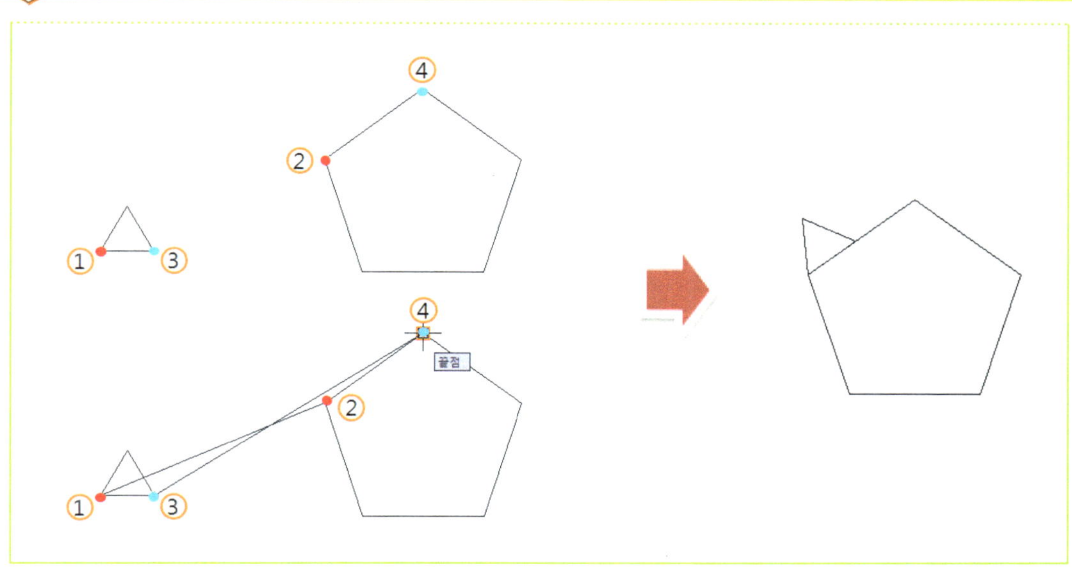

44. 그리드(GRID) 및 스냅(SNAP)

그리드(GRID) : 화면에 일정 간격의 격자를 표시한다.

실행 : 명령창에 단축키 'GRID' 입력 후, Enter↵
그리드 켜기/끄기 : 기능키 F7

단축키

GRID

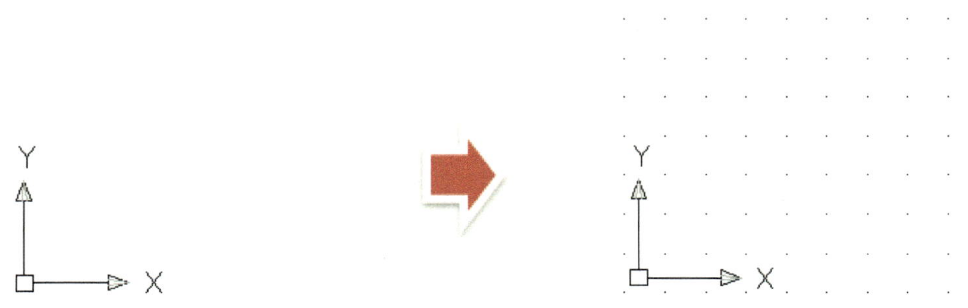

Y X

그리드 끄기

Y X

그리드 켜기

스냅(SNAP) : 마우스를 일정 간격으로 움직이게 한다.

실행 : 명령창에 단축키 'SN' 입력 후, Enter↵
스냅 켜기/끄기 : 기능키 F9

단축키

SN

스냅 끄기

스냅 켜기

45. 블록(DONUT) 및 삽입(INSERT)

블록(DONUT) : 자주 사용하는 객체를 하나의 블록으로 묶어 저장한다.

실행 : 명령창에 단축키 'B' 입력 후, Enter↵

① ⇨ ② ⇨ ③(객체 선택) ⇨ 확인

단축키
B

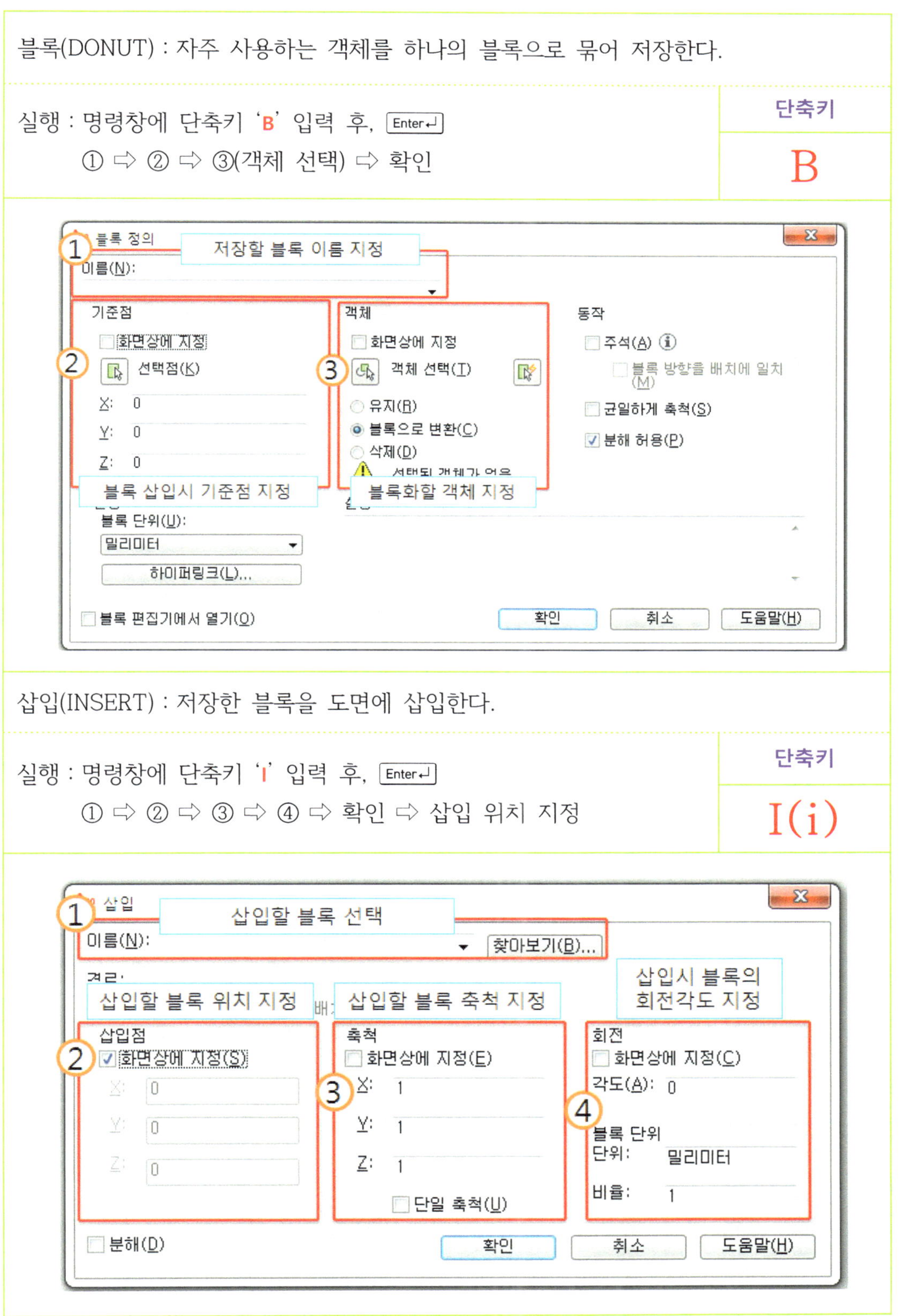

삽입(INSERT) : 저장한 블록을 도면에 삽입한다.

실행 : 명령창에 단축키 'I' 입력 후, Enter↵

① ⇨ ② ⇨ ③ ⇨ ④ ⇨ 확인 ⇨ 삽입 위치 지정

단축키
I(i)

AutoCAD 기초

Chapter

3 도면 조회 및 도면 인쇄

1. 조회 : 거리, 반지름, 각도, 면적, 리스트, 타임 등을 조회

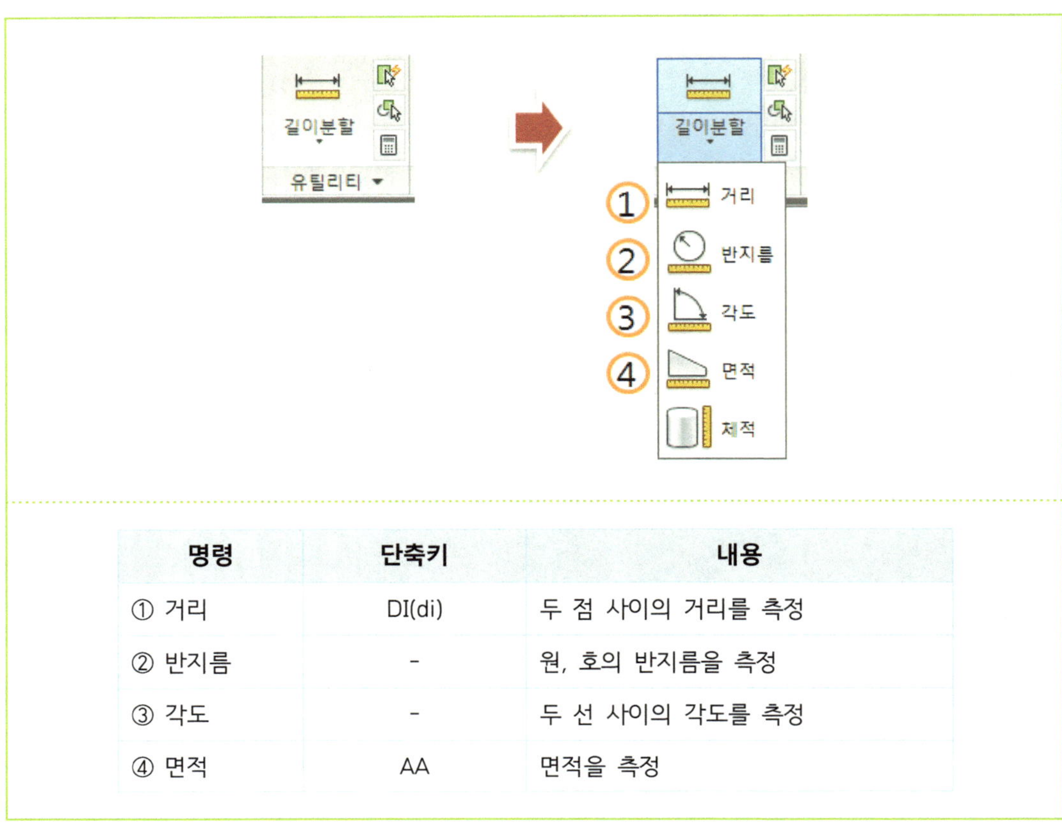

명령	단축키	내용
① 거리	DI(di)	두 점 사이의 거리를 측정
② 반지름	-	원, 호의 반지름을 측정
③ 각도	-	두 선 사이의 각도를 측정
④ 면적	AA	면적을 측정

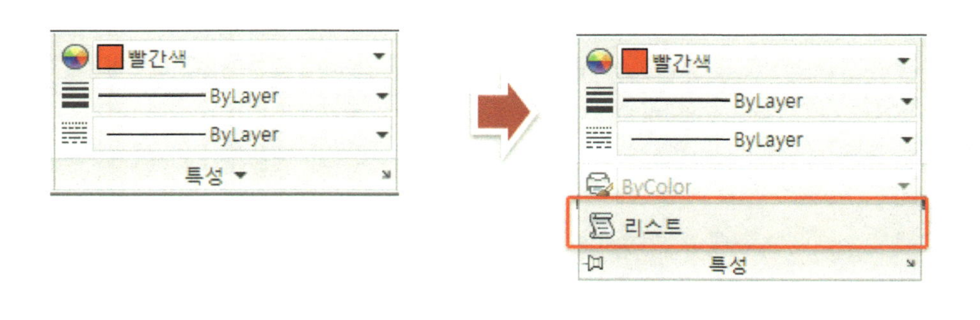

명령	단축키	내용
리스트	LI(li)	객체의 특성을 표시

명령	단축키	내용
시간	TIME	도면의 날짜, 시간 정보를 표시

2. 플롯(PLOT) : 도면을 인쇄(출력)한다

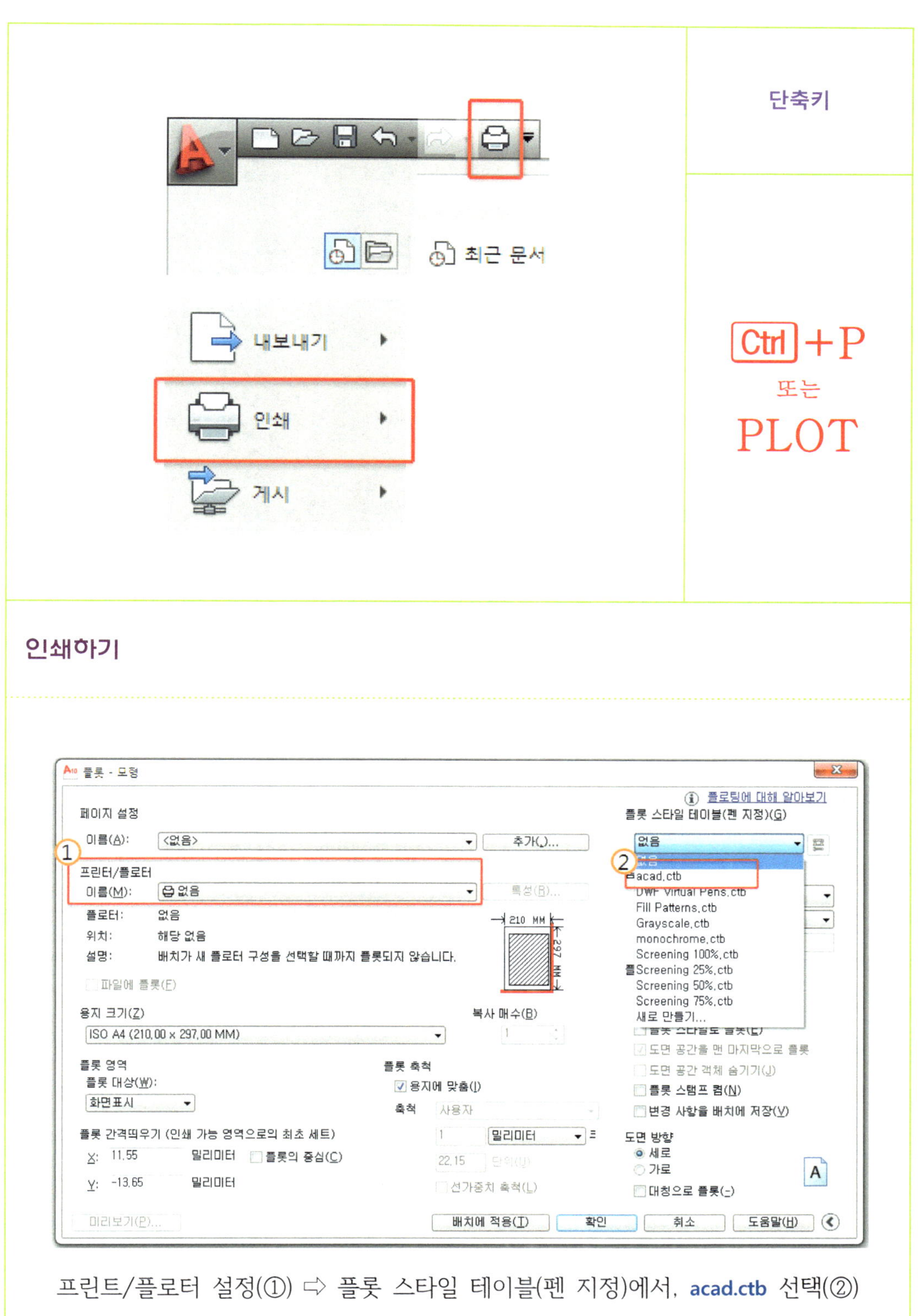

프린트/플로터 설정(①) ⇨ 플롯 스타일 테이블(펜 지정)에서, **acad.ctb** 선택(②)

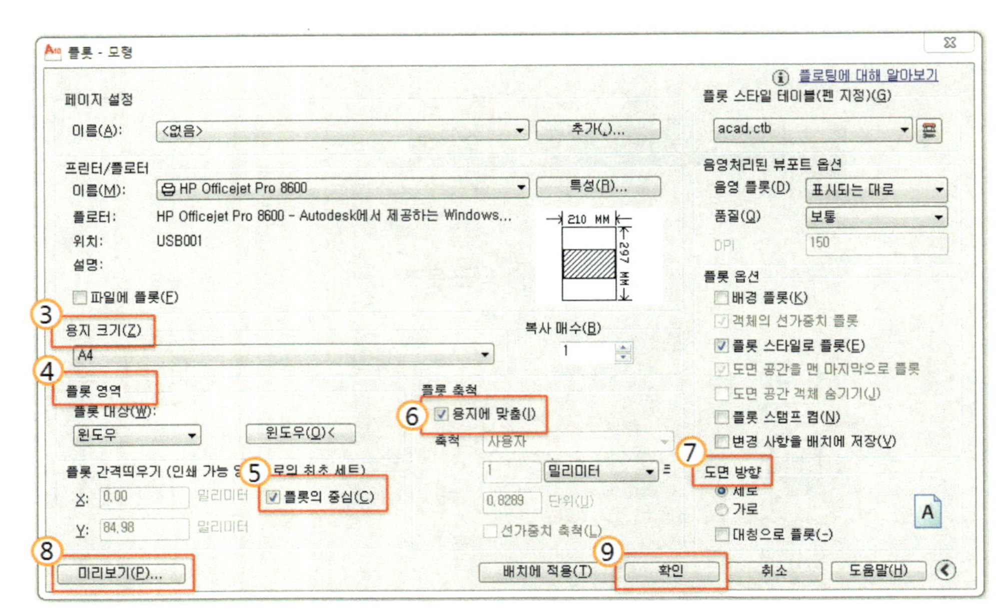

③ 용지 크기 설정

④ 플롯 영역 설정 : 인쇄할 영역을 설정

⑤ 플롯의 중심 클릭 : 용지의 중앙에 도면을 위치

⑥ 용지에 맞춤 클릭

⑦ 도면 방향 설정 : 도면 방향으로 세로나 가로를 선택

⑧ 미리보기

⑨ 확인

Chapter 4 종합 연습

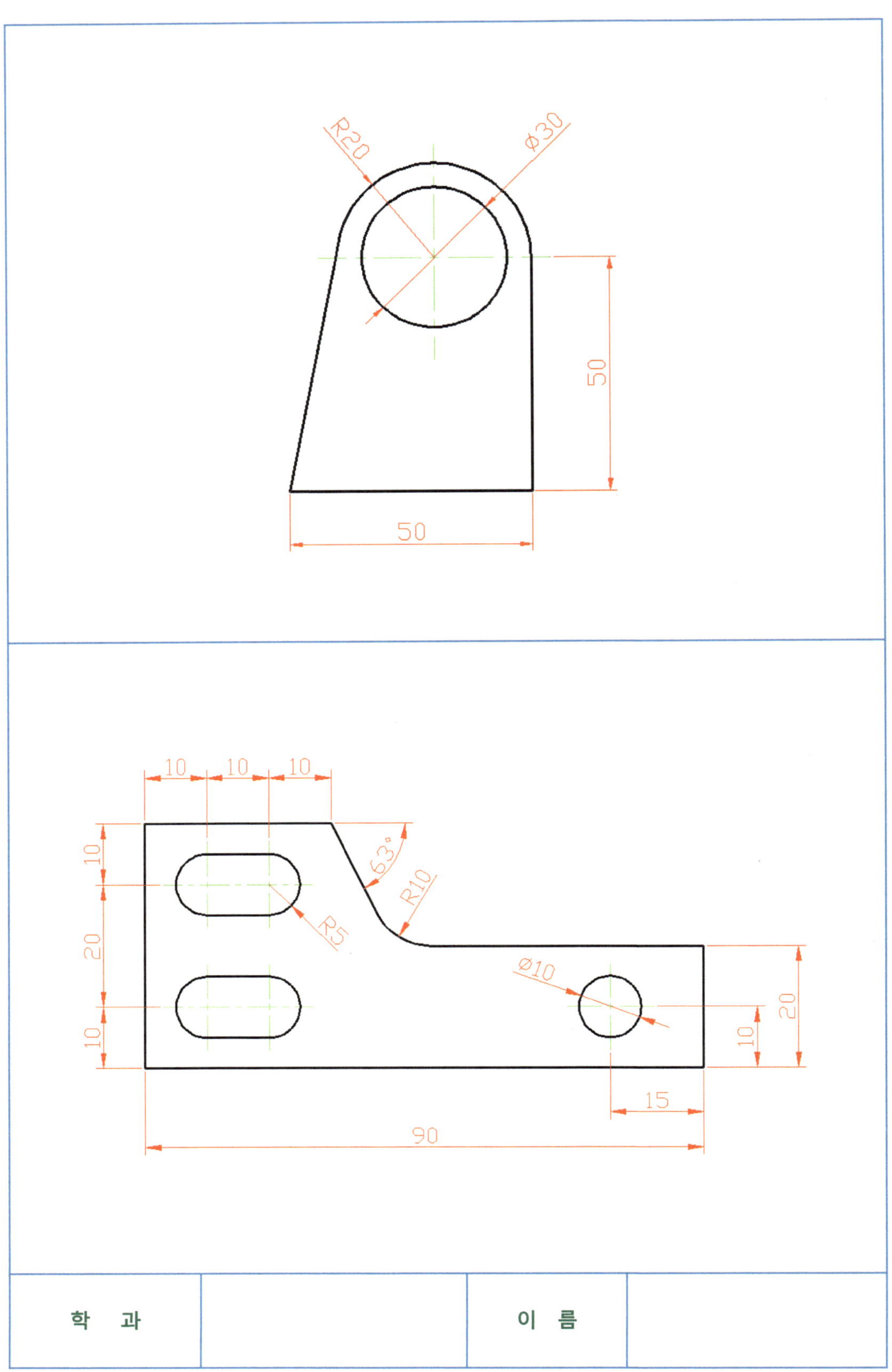
R20
Ø30
50
50
10
10
10
10
20
10
63°
R10
R5
Ø10
20
10
15
90
학 과
이 름

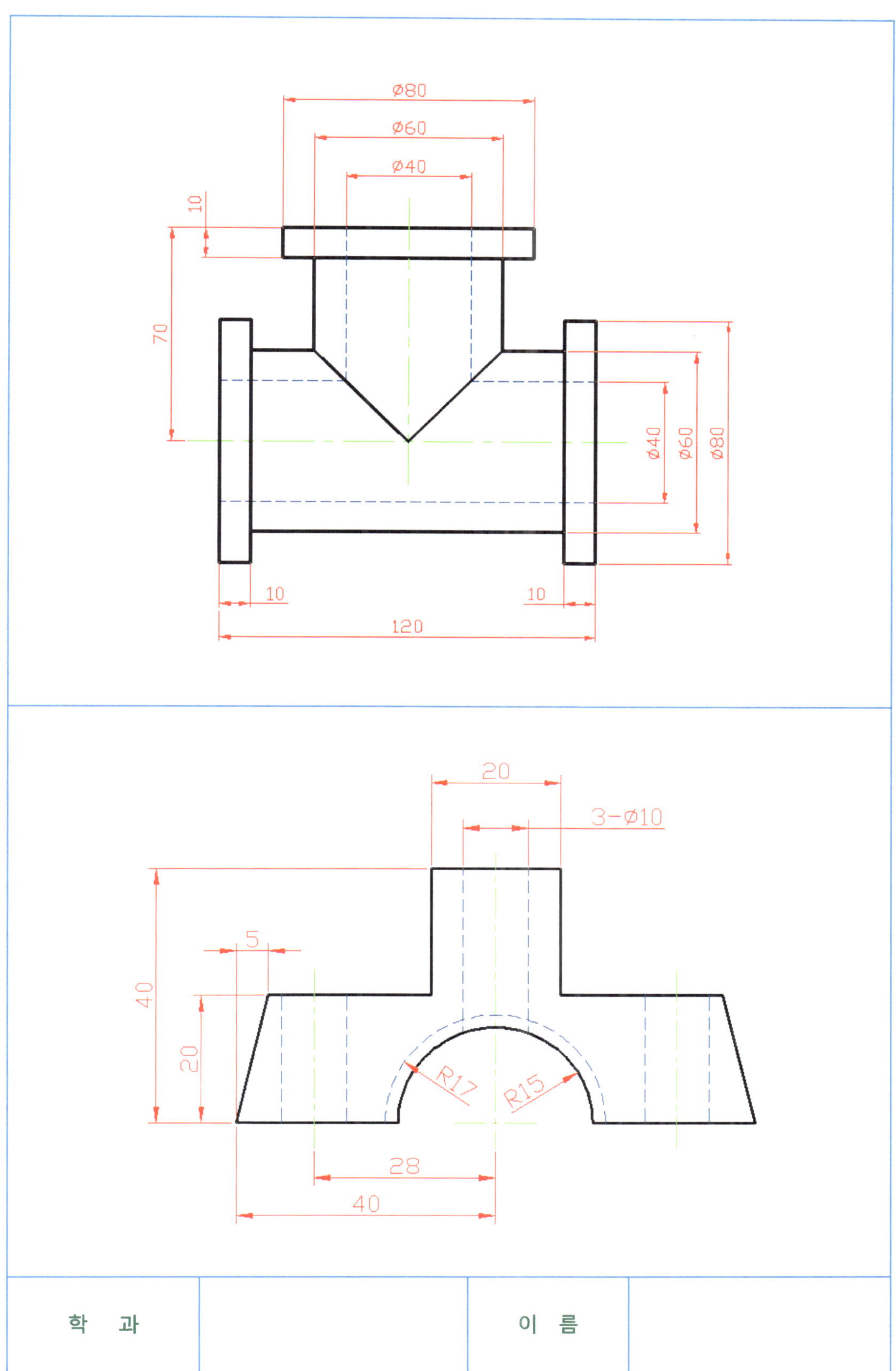
Ø80
Ø60
Ø40
10
70
Ø40
Ø60
Ø80
10
10
120
20
3-Ø10
5
40
20
R17
R15
28
40

학 과		이 름	

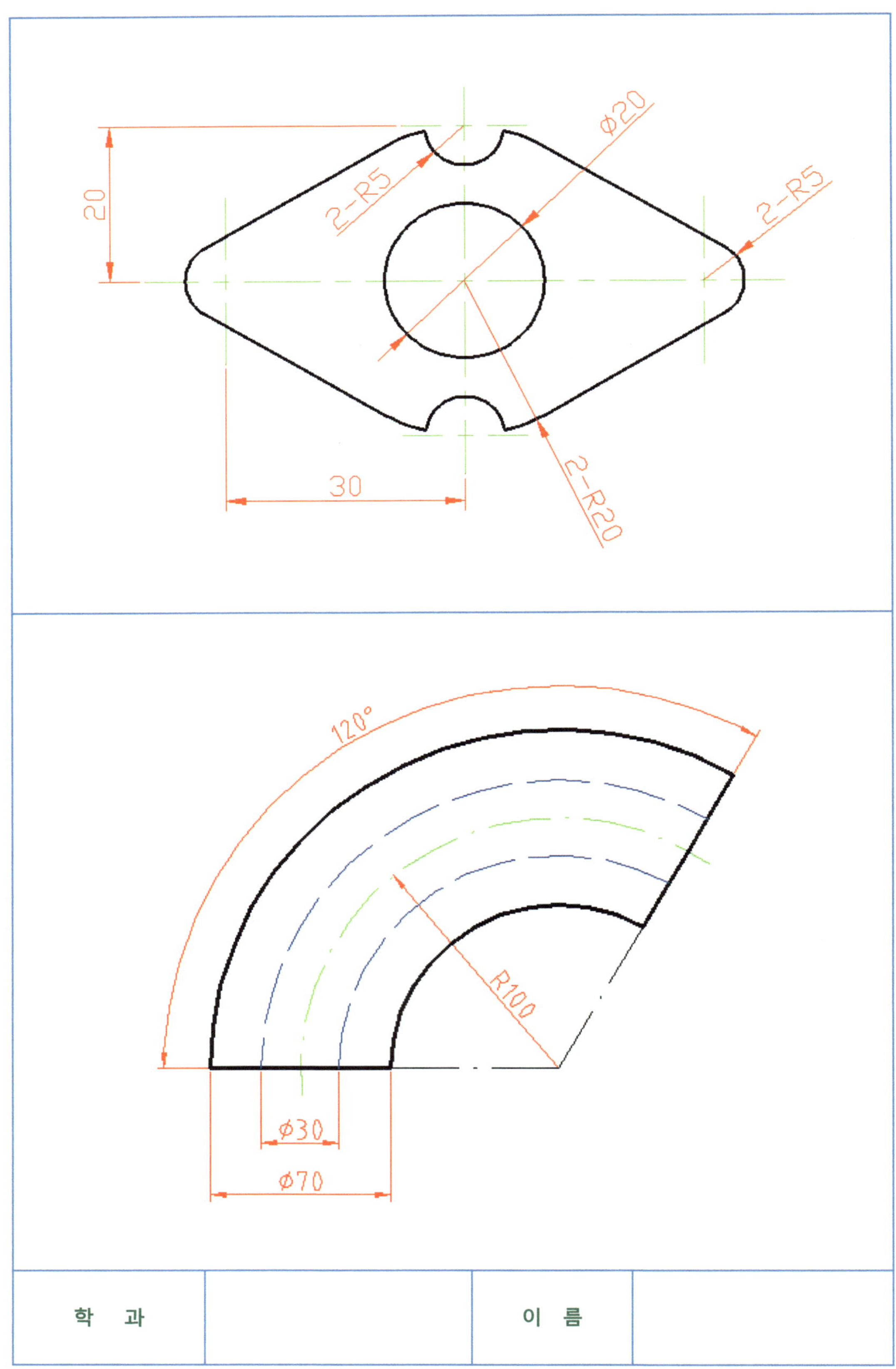
20
2-R5
Φ20
2-R5
30
2-R20
120°
R100
Φ30
Φ70
학 과
이 름

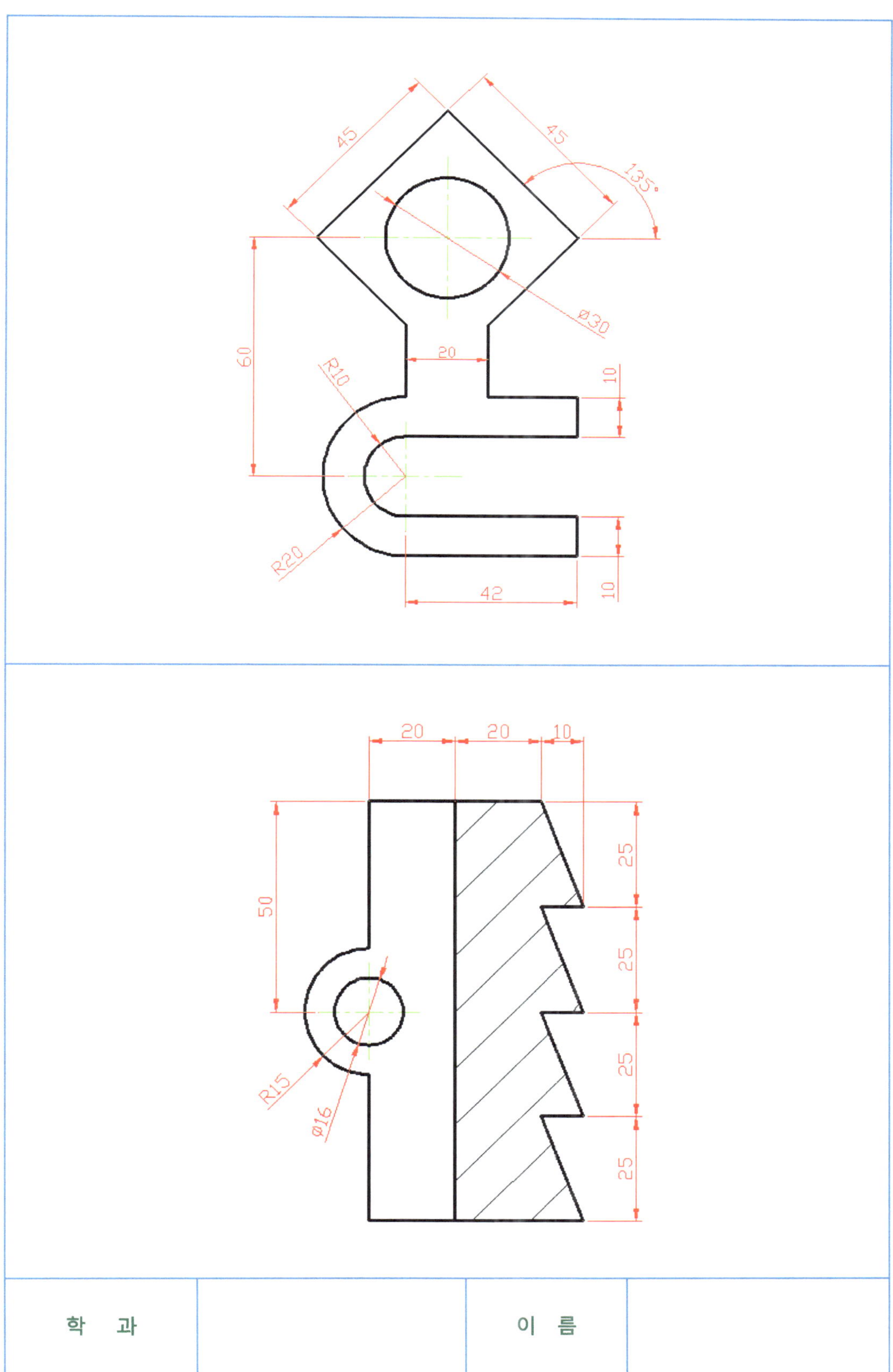

학 과		이 름	

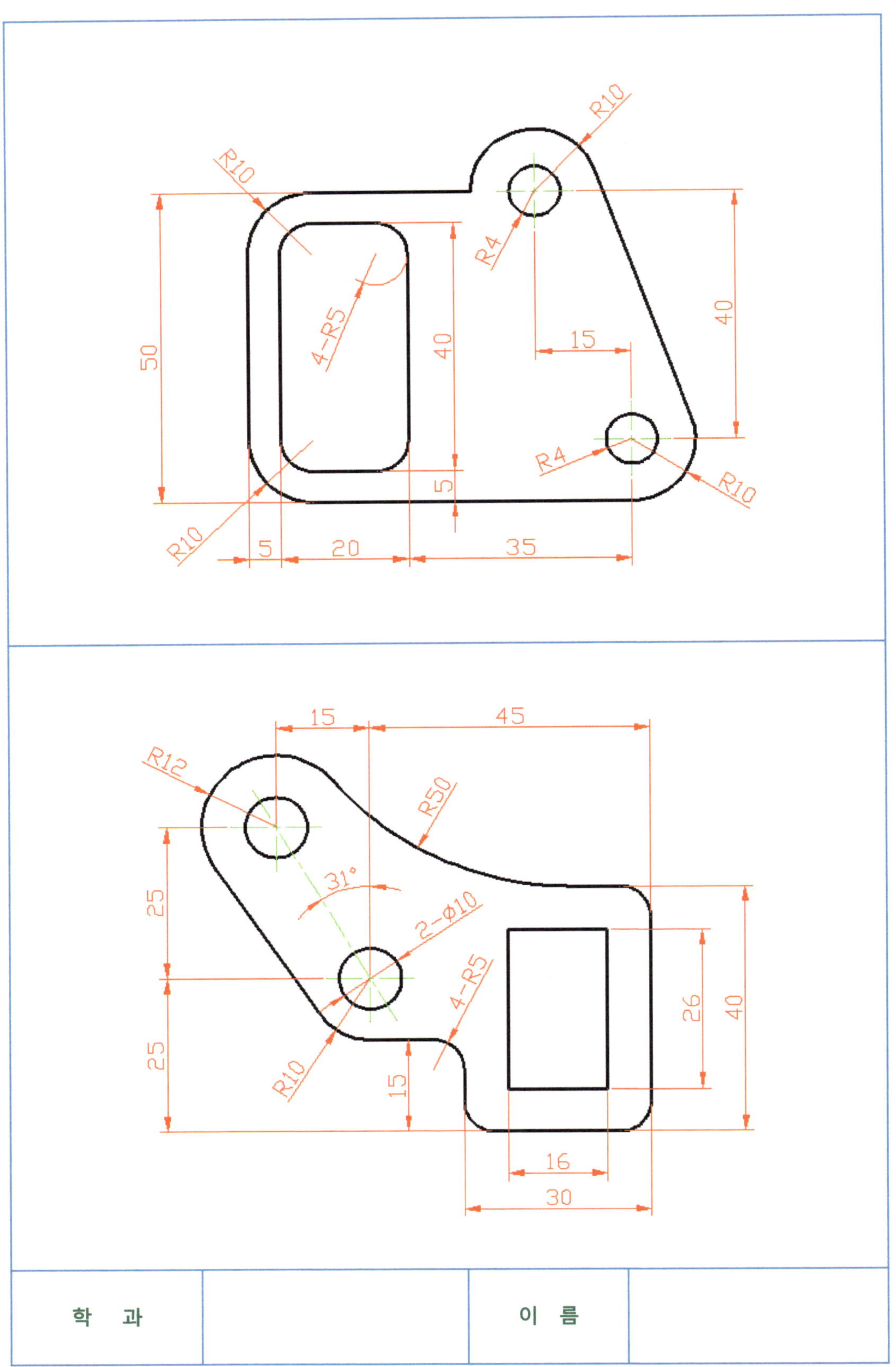
R10
R10
R4
50
4-R5
40
15
40
R4
R10
5
R10
5
20
35
15
45
R12
R50
31°
25
2-Ø10
4-R5
25
R10
15
26
40
16
30
학 과
이 름

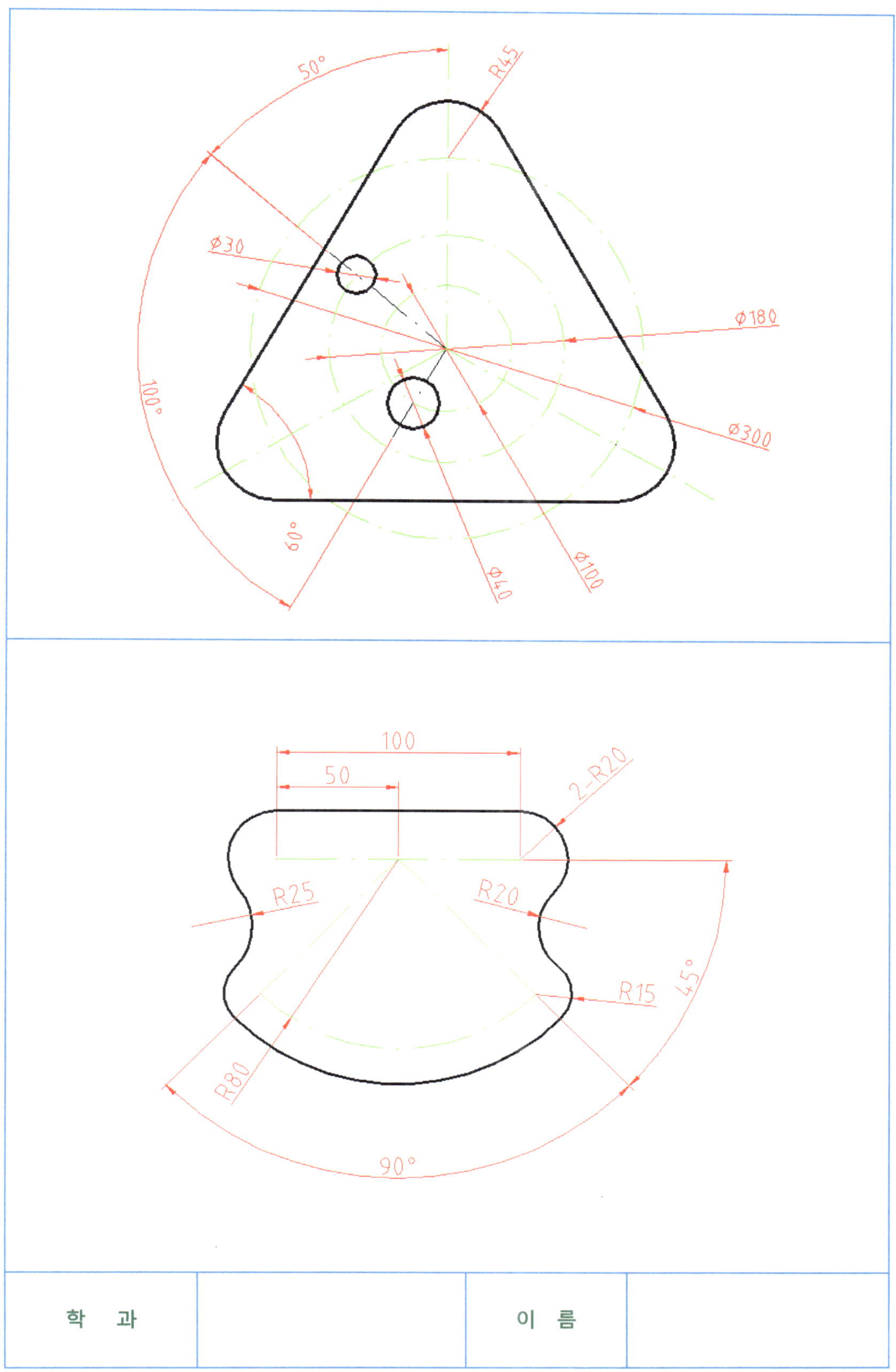
50°
R45
Ø30
Ø180
100°
Ø300
60°
Ø40
Ø100
100
50
2-R20
R25
R20
R15
45°
R80
90°
학 과
이 름

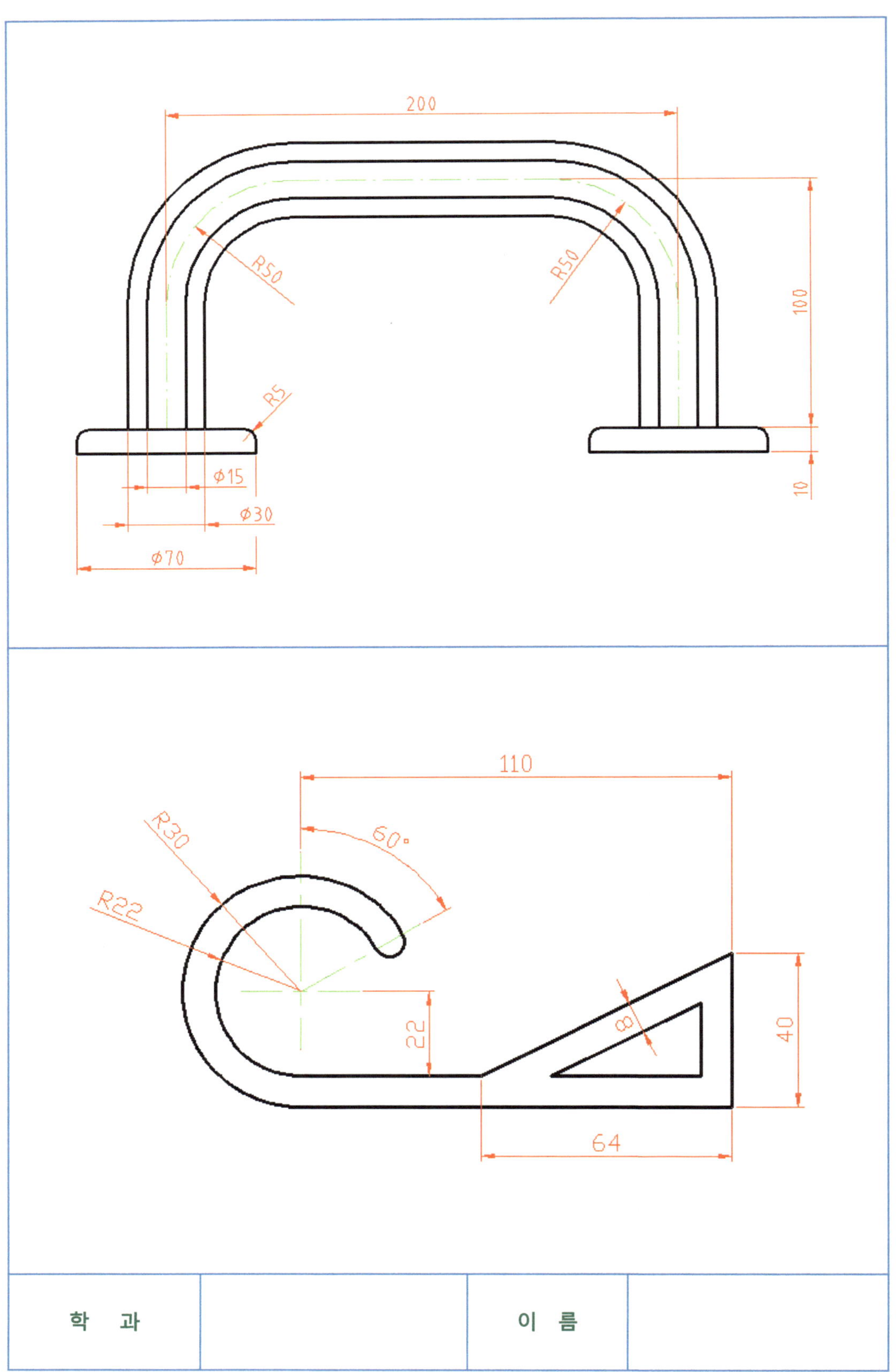
200
R50
R50
100
R5
ϕ15
ϕ30
ϕ70
10
110
R30
60°
R22
22
8
40
64
학 과
이 름

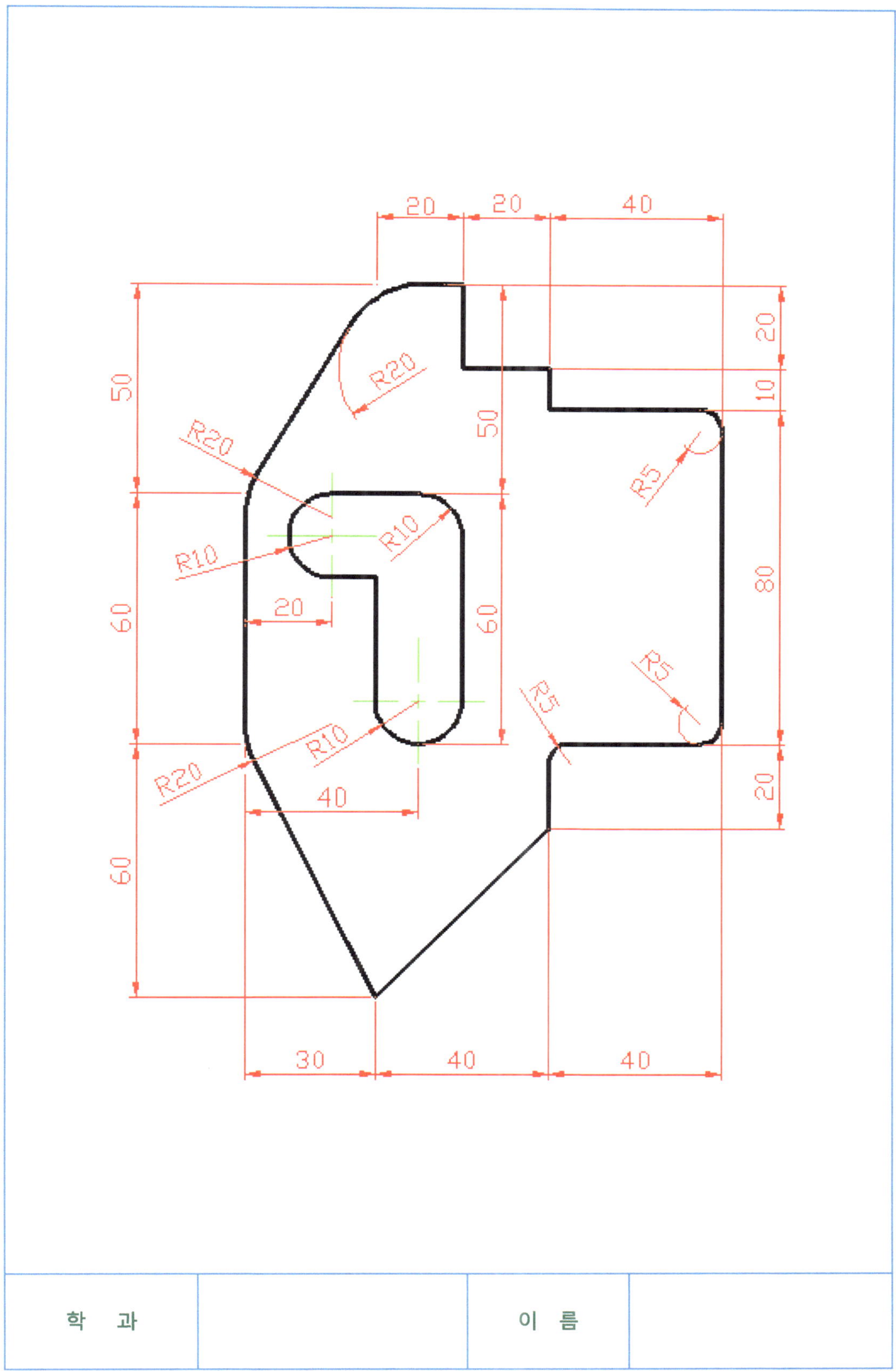

20
20
40
50
20
10
R20
50
R20
R5
R10
R10
80
60
20
60
R5
R5
R20
R10
20
40
60
30
40
40

학 과		이 름	

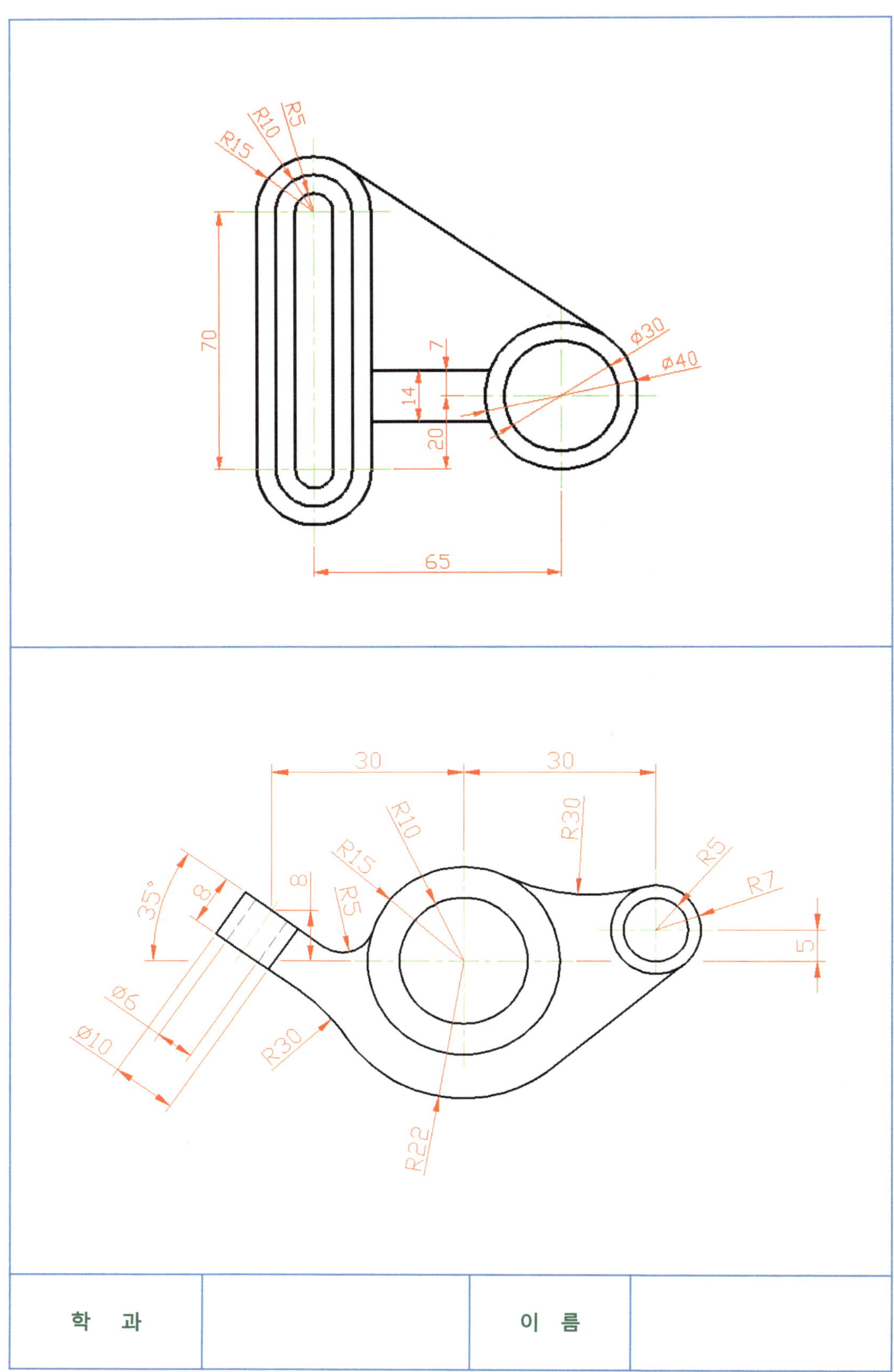
R15
R10
R5
70
7
14
20
Ø30
Ø40
65
30
30
R10
R30
R15
R5
8
35°
8
R5
R7
5
Ø6
Ø10
R30
R22
학 과
이 름

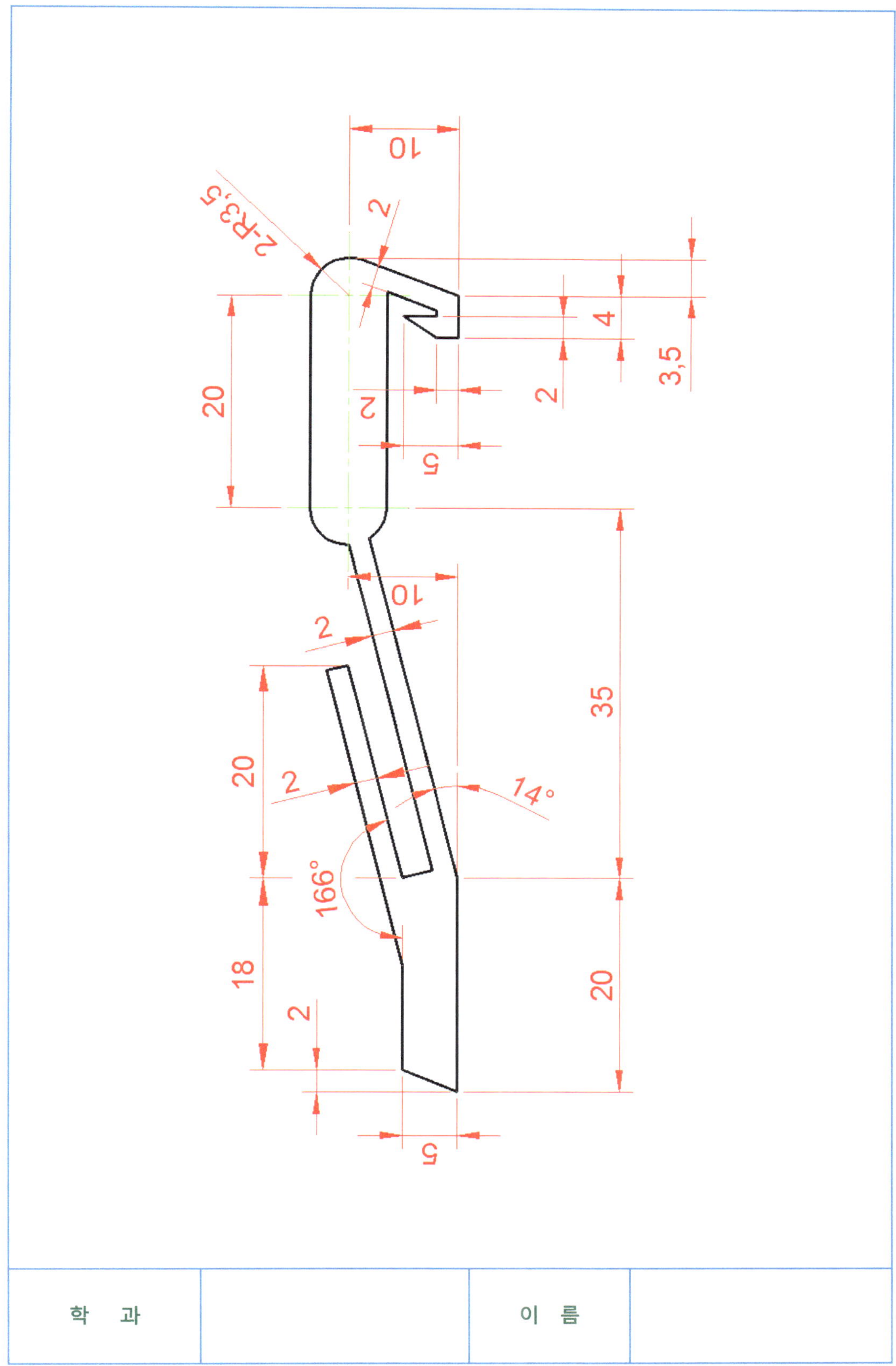

학 과		이 름	

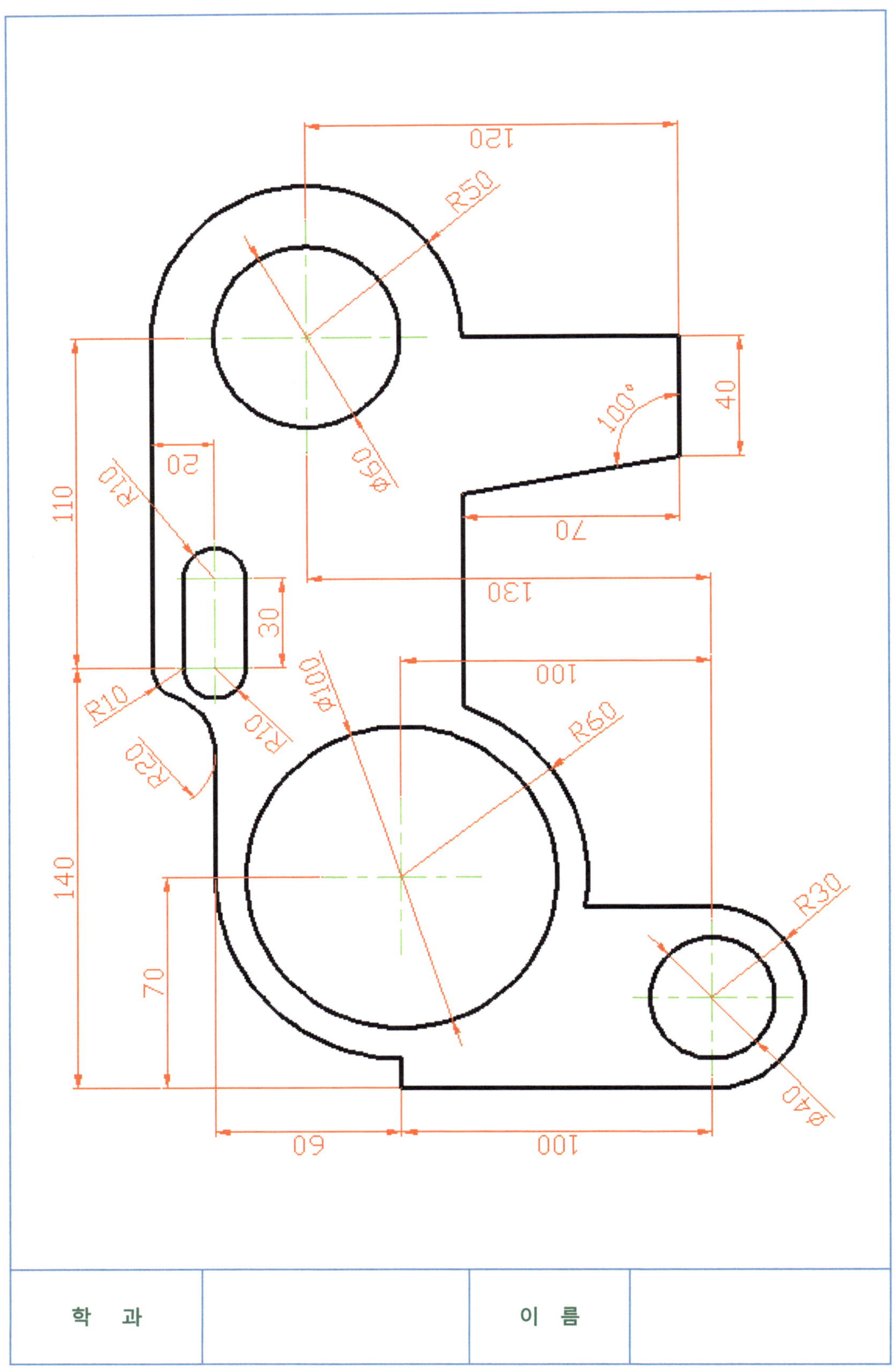
120
R50
Φ60
40
100°
70
130
110
20
R10
30
R10
R10
R20
Φ100
100
R60
140
70
60
100
R30
Φ40
학 과
이 름

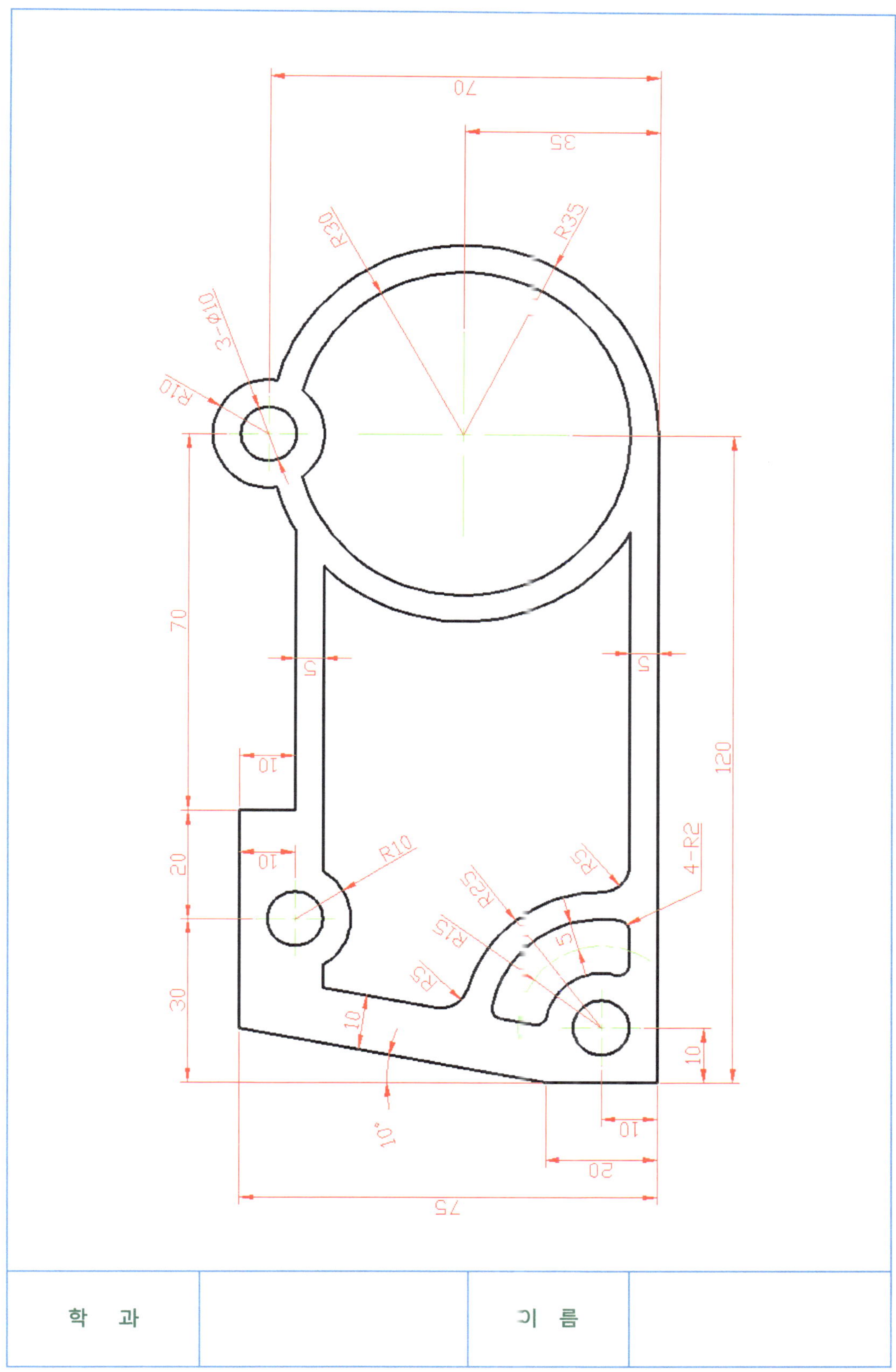

70
35
R30
R35
3-Φ10
R10
70
5
5
10
120
20
10
R10
R5
R25
4-R2
R15
5
R5
30
10
10
10°
10
20
75

학 과		이 름	

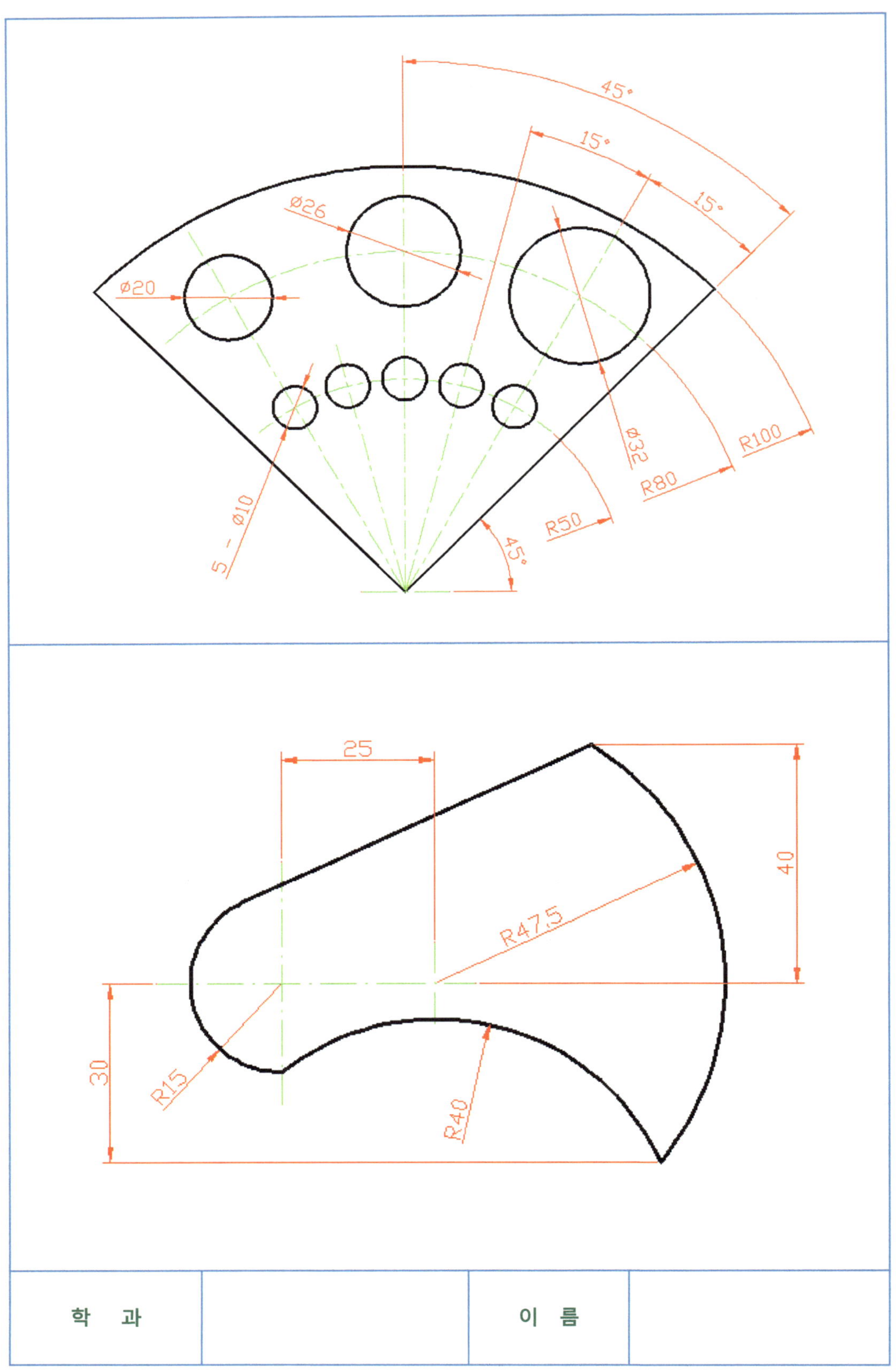
45°
15°
15°
ø26
ø20
ø32
R100
R80
R50
45°
5 - ø10
25
40
R47.5
30
R15
R40
학 과
이 름

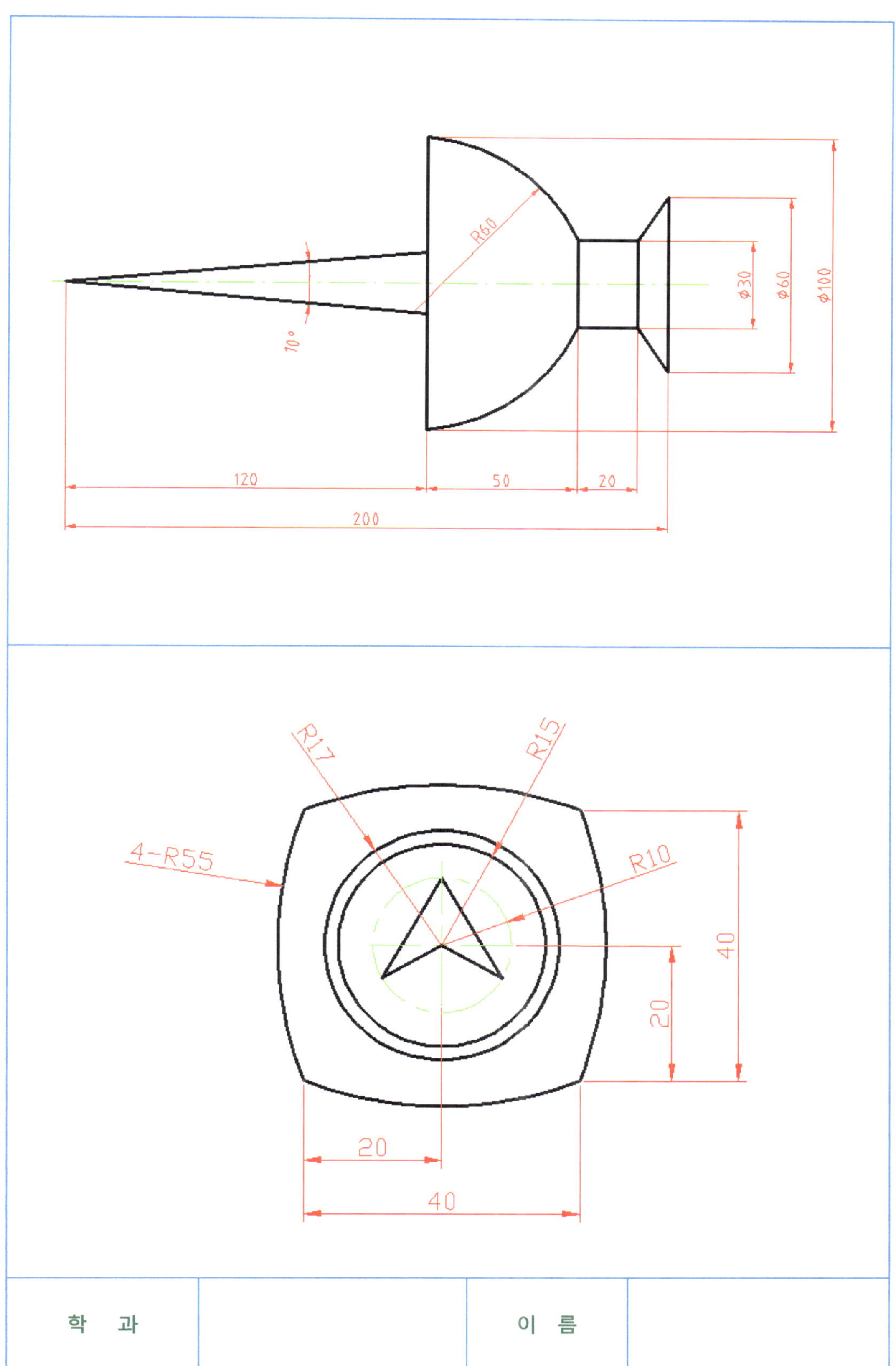
R60
10°
ϕ30
ϕ60
ϕ100
120
50
20
200
R17
R15
4-R55
R10
40
20
20
40
학 과
이 름

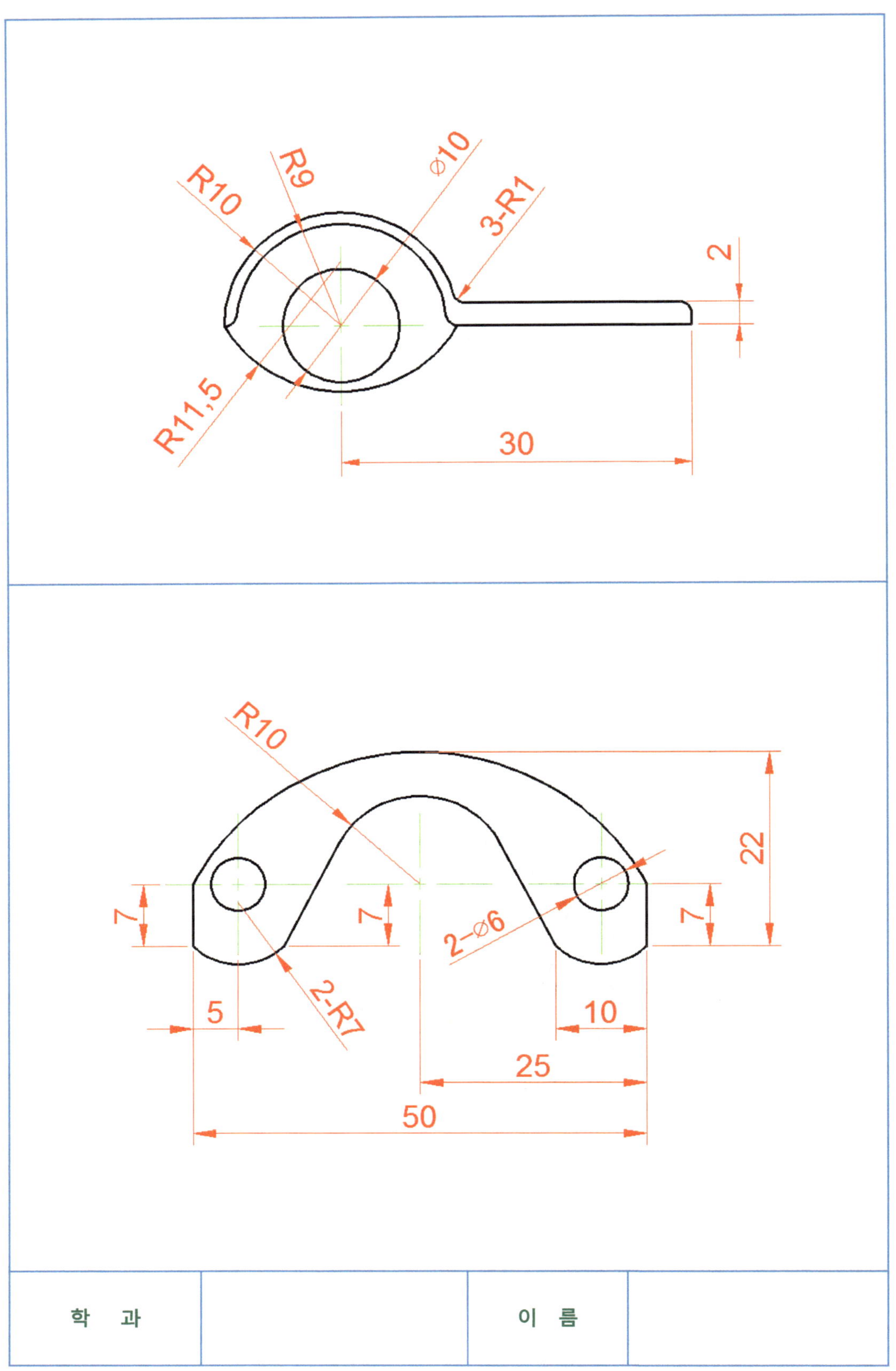
R10
R9
⌀10
3-R1
2
R11,5
30
R10
22
7
7
2-⌀6
7
5
2-R7
10
25
50
학 과
이 름

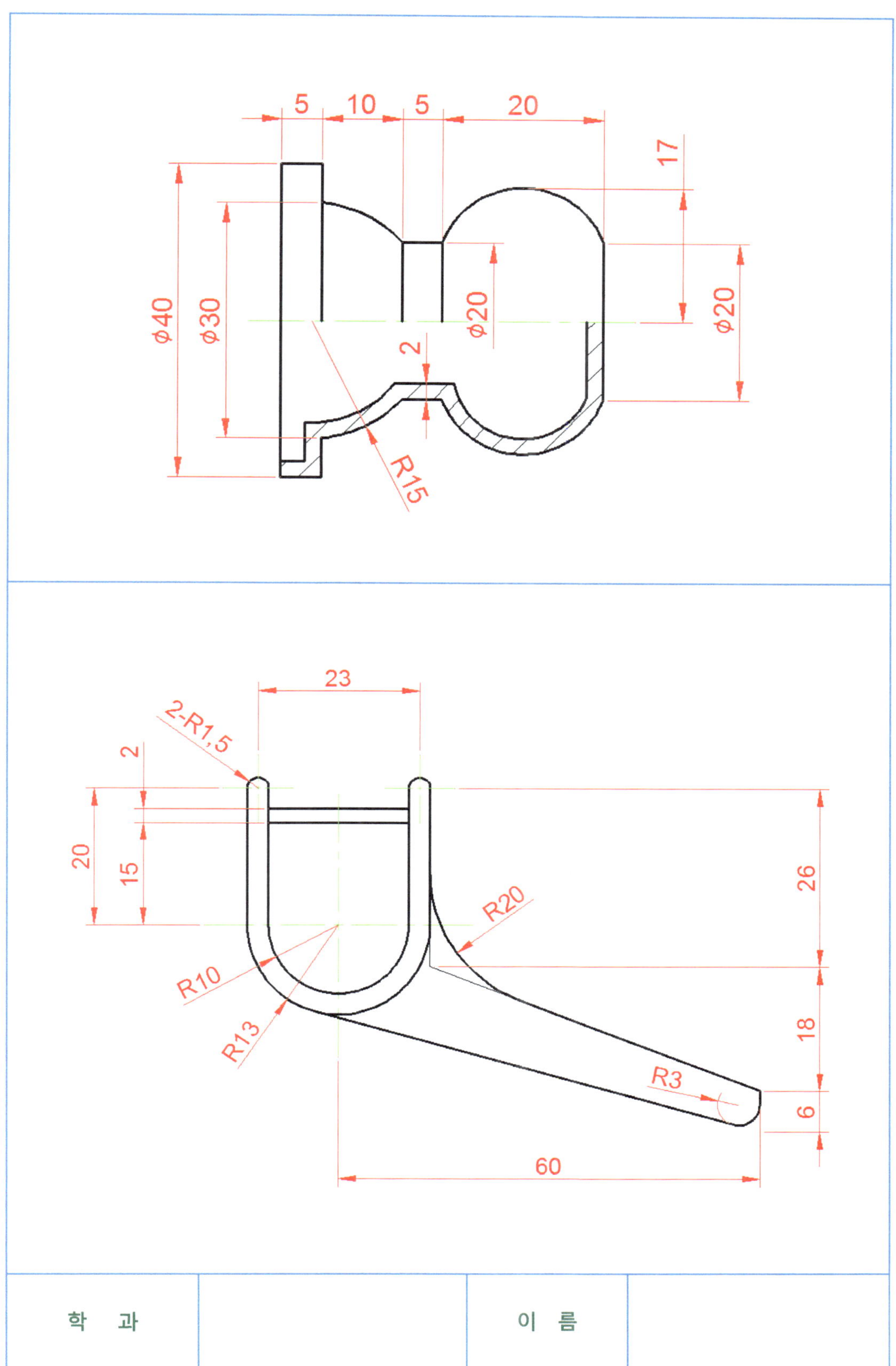
5
10
5
20
17
φ40
φ30
φ20
2
φ20
R15
23
2-R1,5
2
20
15
26
R20
R10
R13
18
R3
6
60

학 과		이 름	

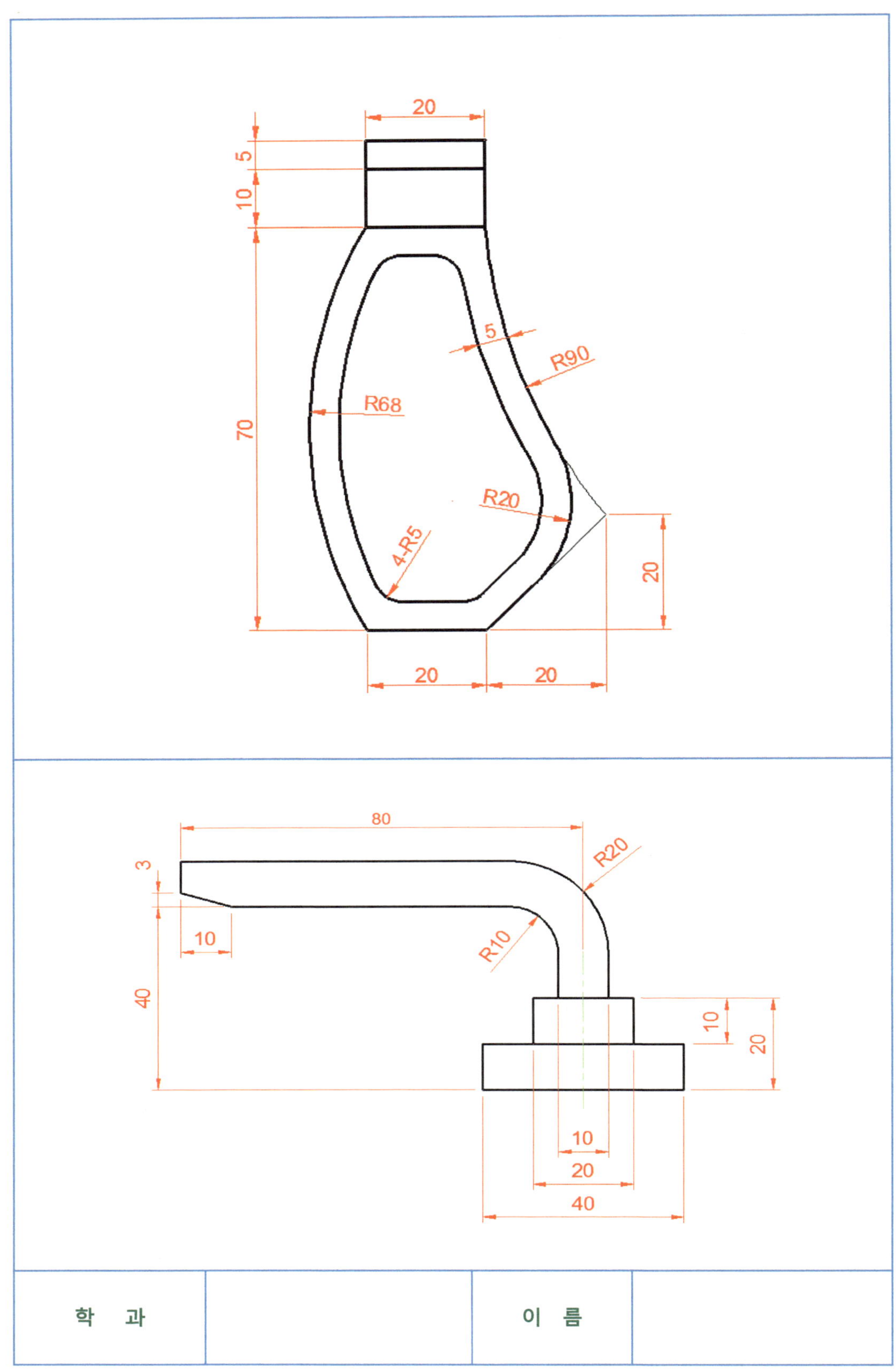
20
5
10
70
5
R90
R68
R20
4-R5
20
20
20
80
3
R20
10
R10
40
10
20
10
20
40
학 과
이 름

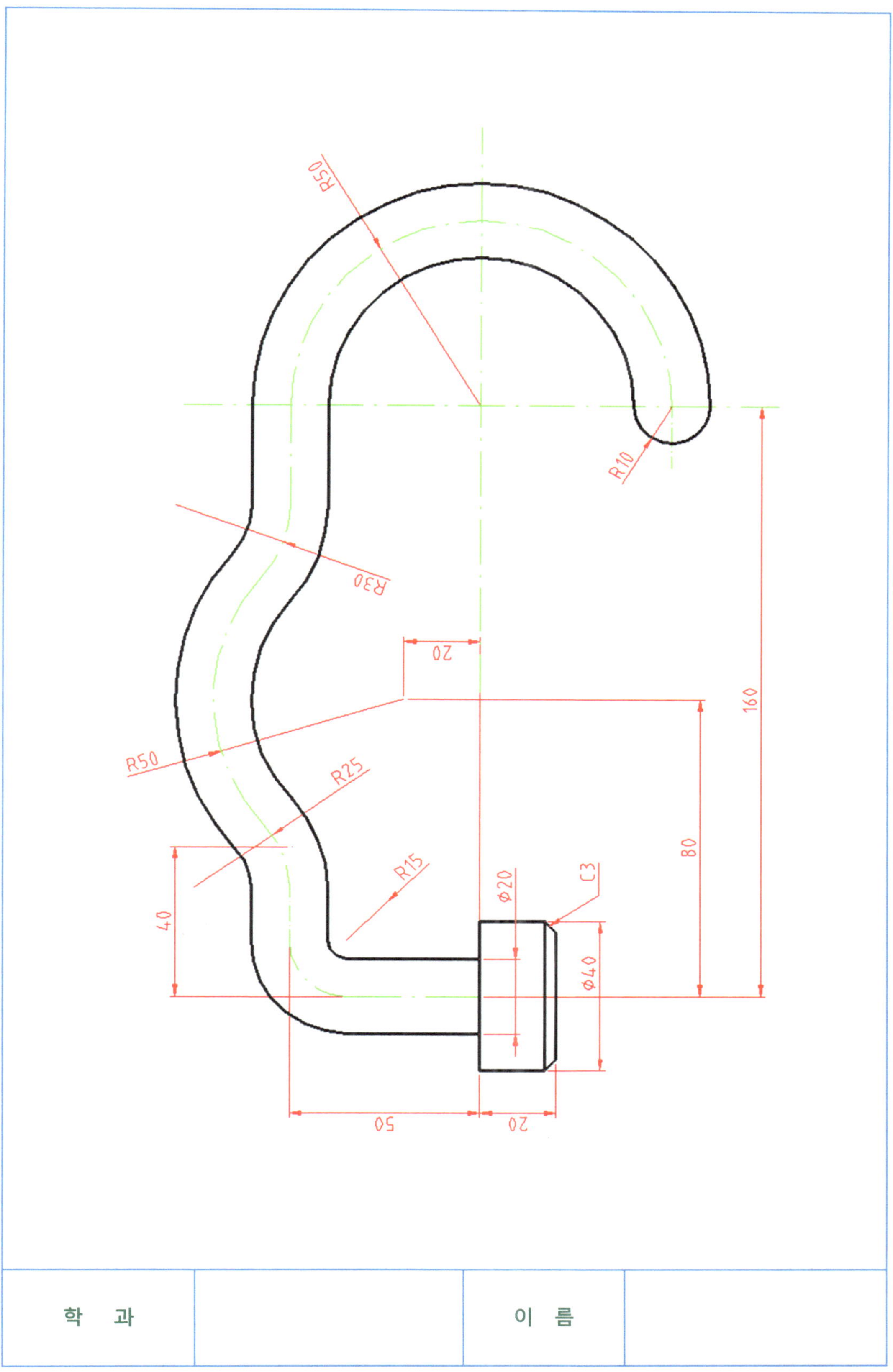
R50
R10
R30
20
160
R50
R25
80
40
R15
Φ20
C3
Φ40
50
20
학 과
이 름

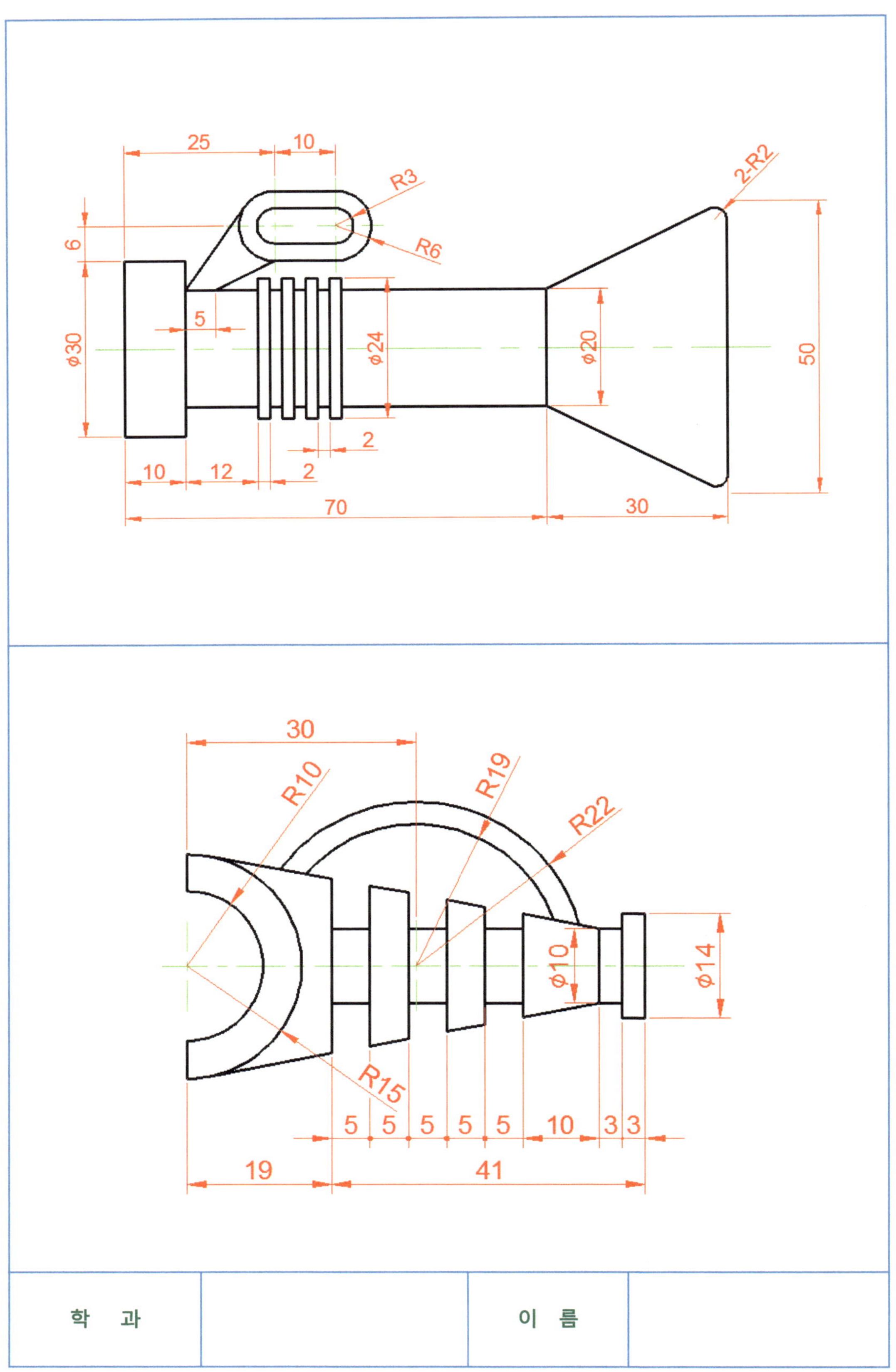
25
10
R3
2-R2
6
R6
5
φ30
φ24
φ20
50
2
10
12
2
70
30
30
R10
R19
R22
φ10
φ14
R15
5
5
5
5
5
10
3
3
19
41
학 과
이 름

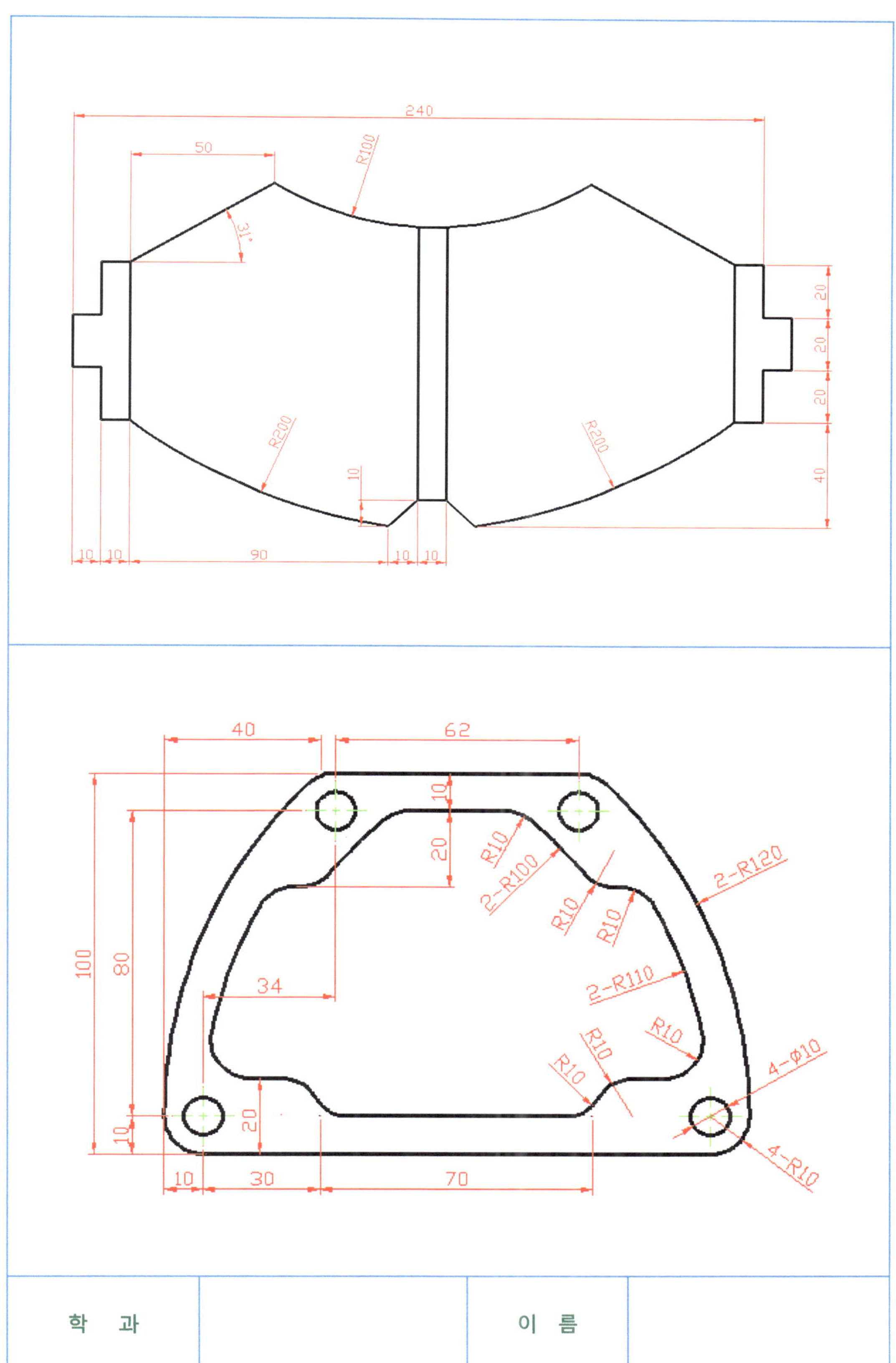
240
50
R100
31°
20
20
20
40
R200
R200
10
10
10
90
10
10
40
62
10
20
R10
2-R100
R10
R10
2-R120
100
80
34
2-R110
R10
R10
R10
4-Ø10
20
10
10
30
70
4-R10

학 과		이 름	

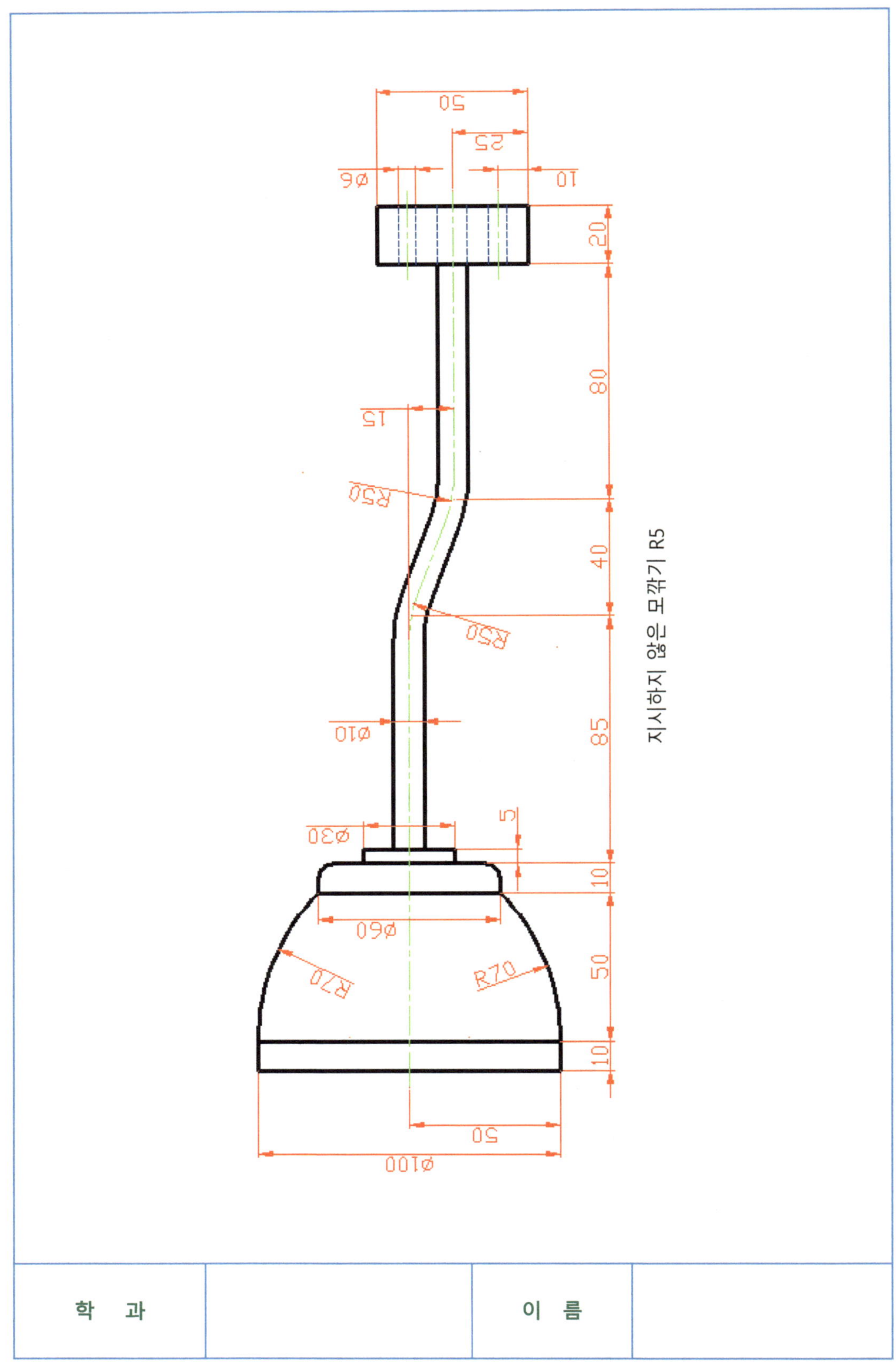
50
25
ø6
10
20
80
15
R50
40
R50
85
ø10
5
ø30
10
ø60
R70
R70
50
10
50
ø100
지시하지 않은 모깎기 R5
학 과
이 름

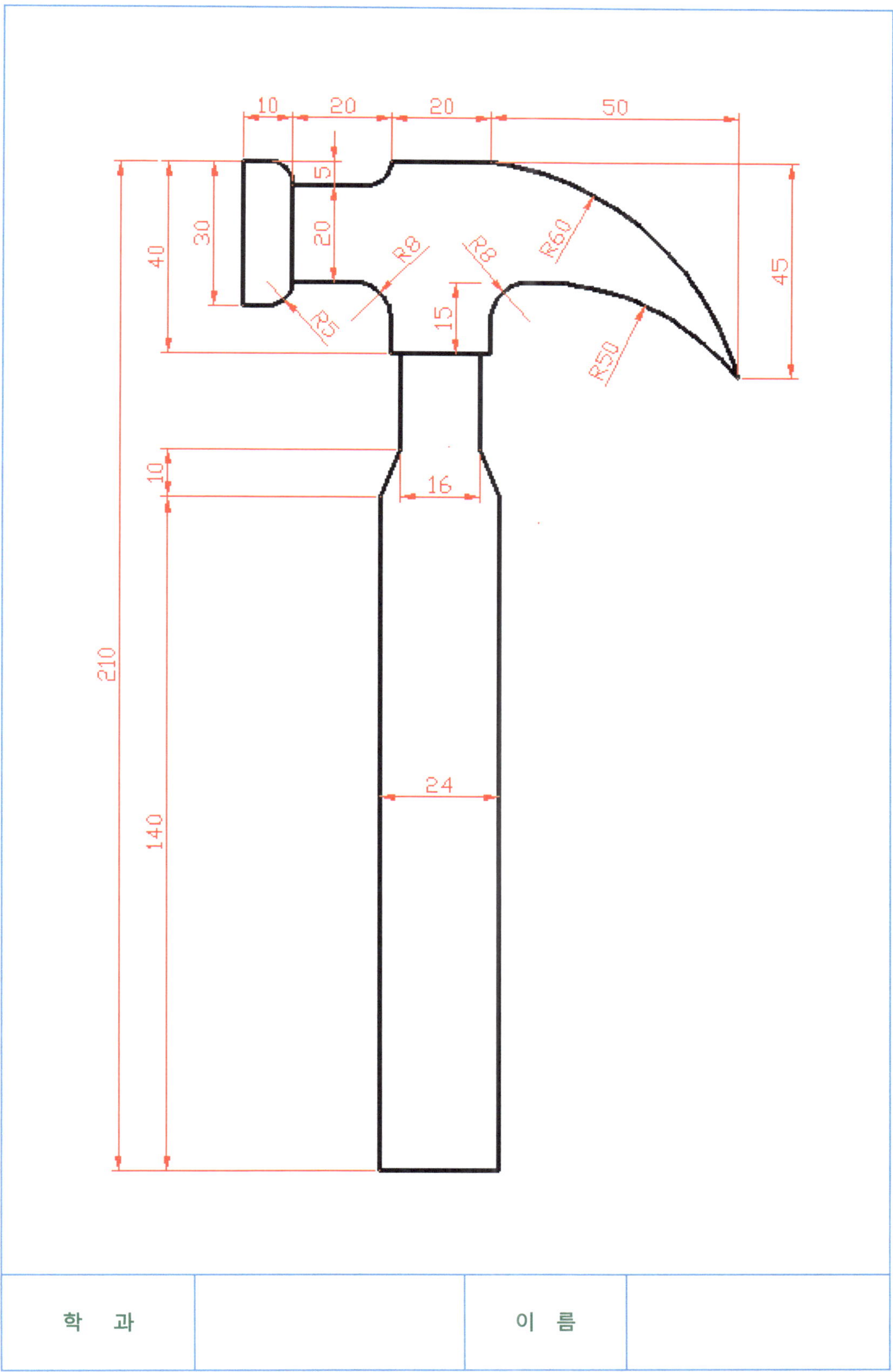

학 과		이 름	

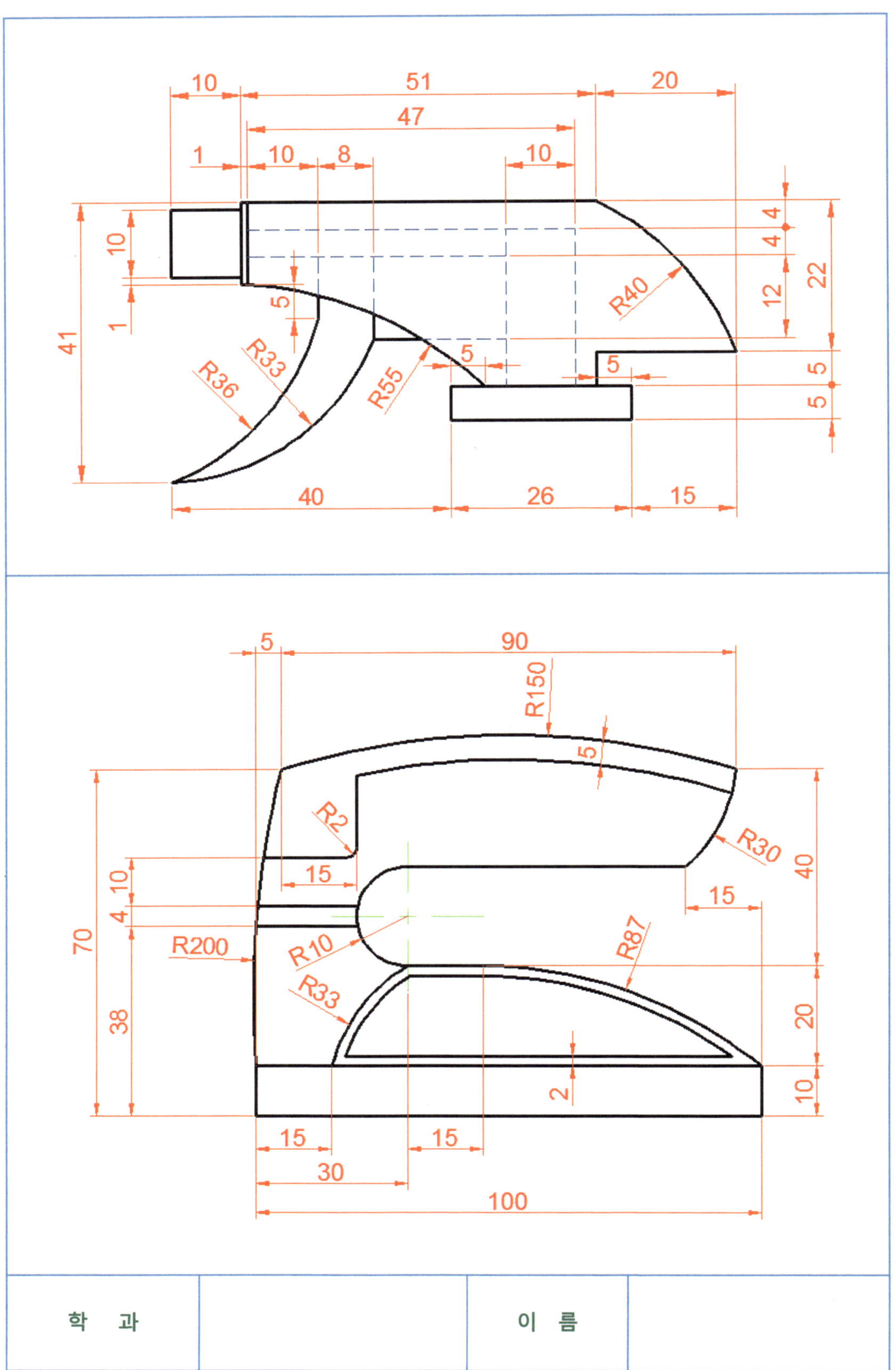
10
51
20
47
1
10
8
10
10
1
41
5
R33
R36
R55
5
R40
4
4
12
22
5
5
5
5
40
26
15
5
90
R150
5
R2
R30
15
10
4
70
R200
R10
15
40
R87
R33
38
20
2
10
15
15
30
100
학 과
이 름

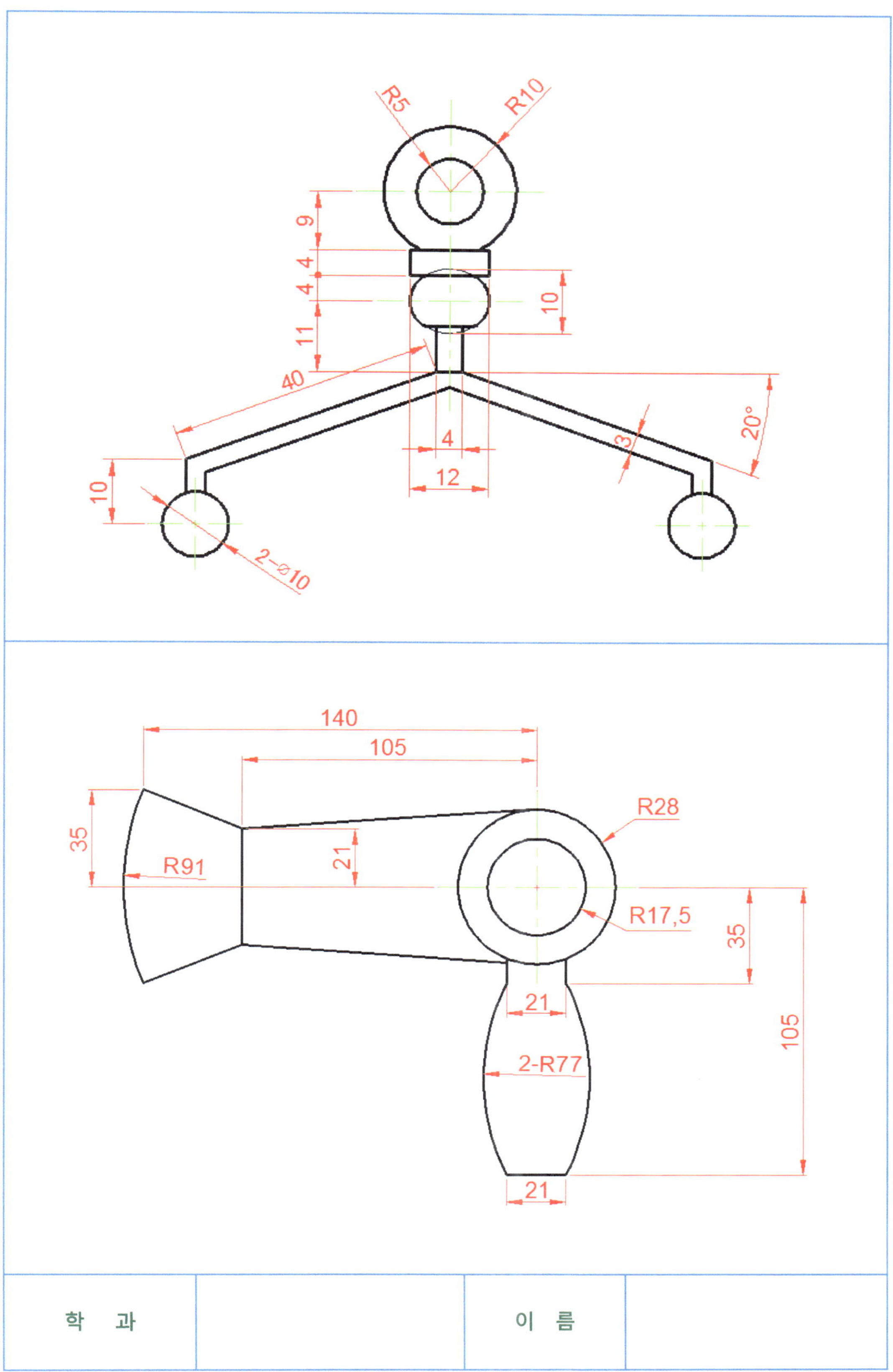
R5
R10
9
4
4
11
10
40
4
12
3
20°
10
2-∅10
140
105
R28
35
21
R91
R17,5
35
105
21
2-R77
21
학 과
이 름

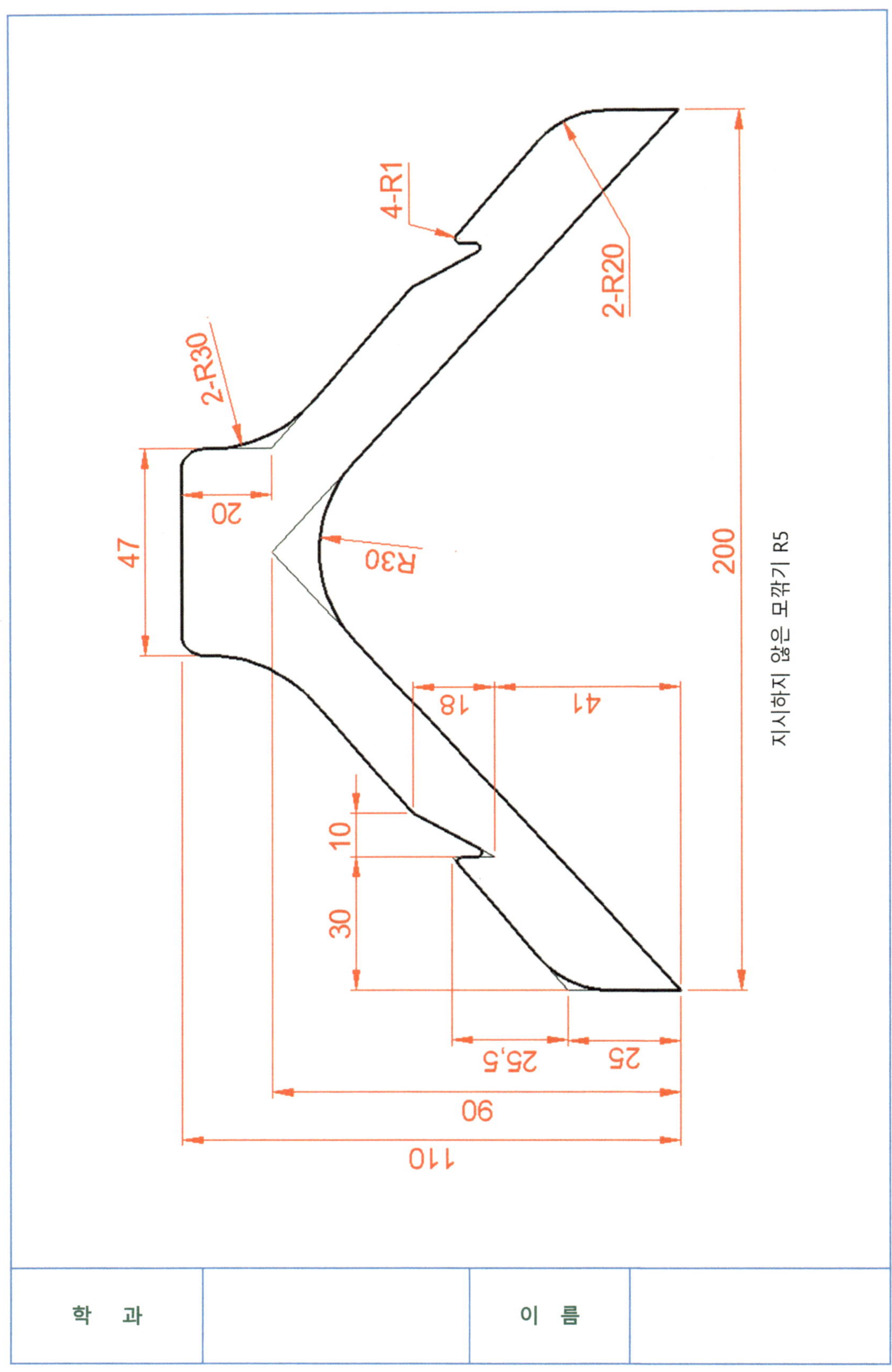
4-R1
2-R20
2-R30
47
20
R30
200
지시하지 않은 모깎기 R5
18
41
10
30
25,5
25
90
110

학 과		이 름	

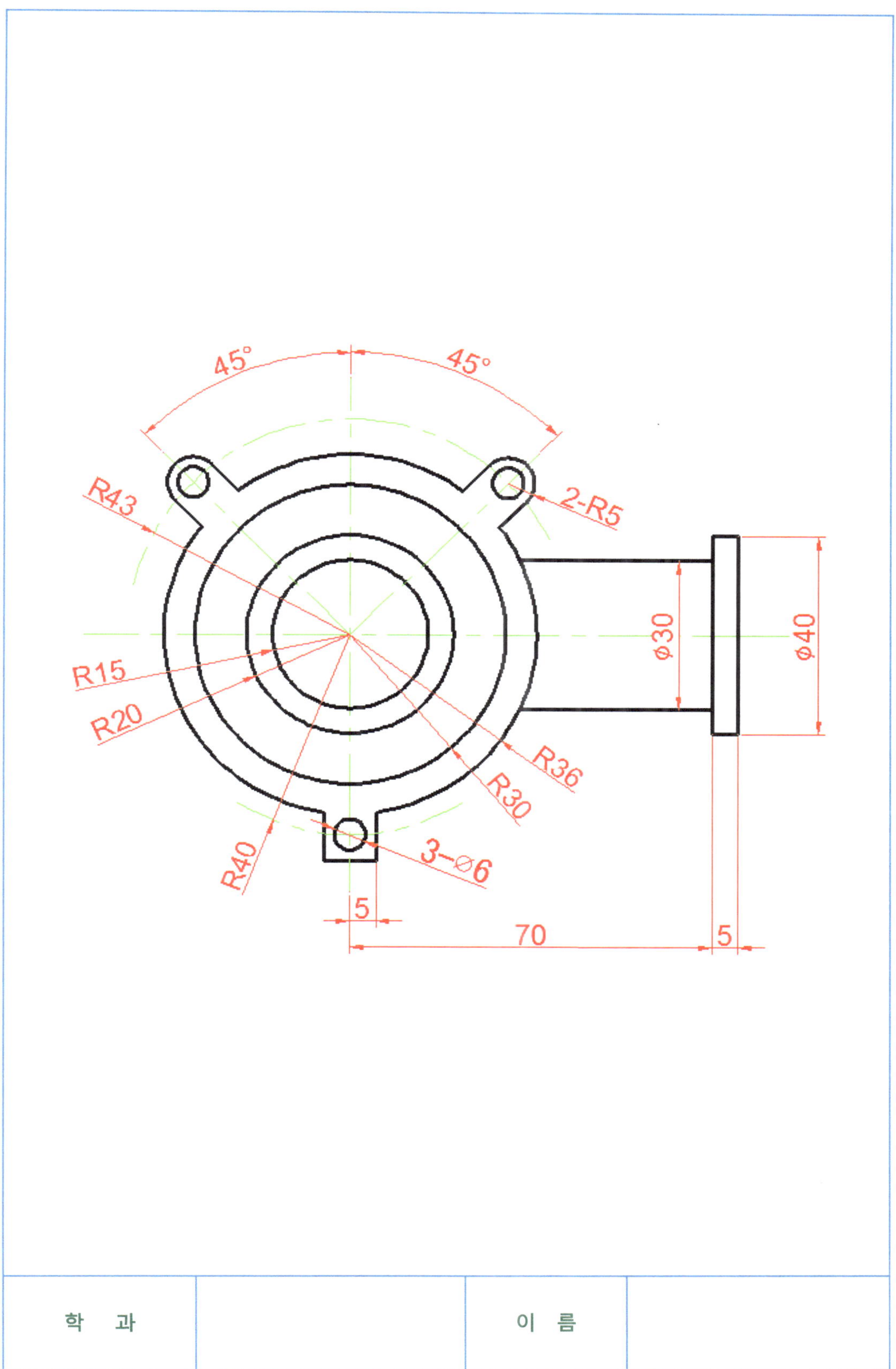

학 과		이 름	

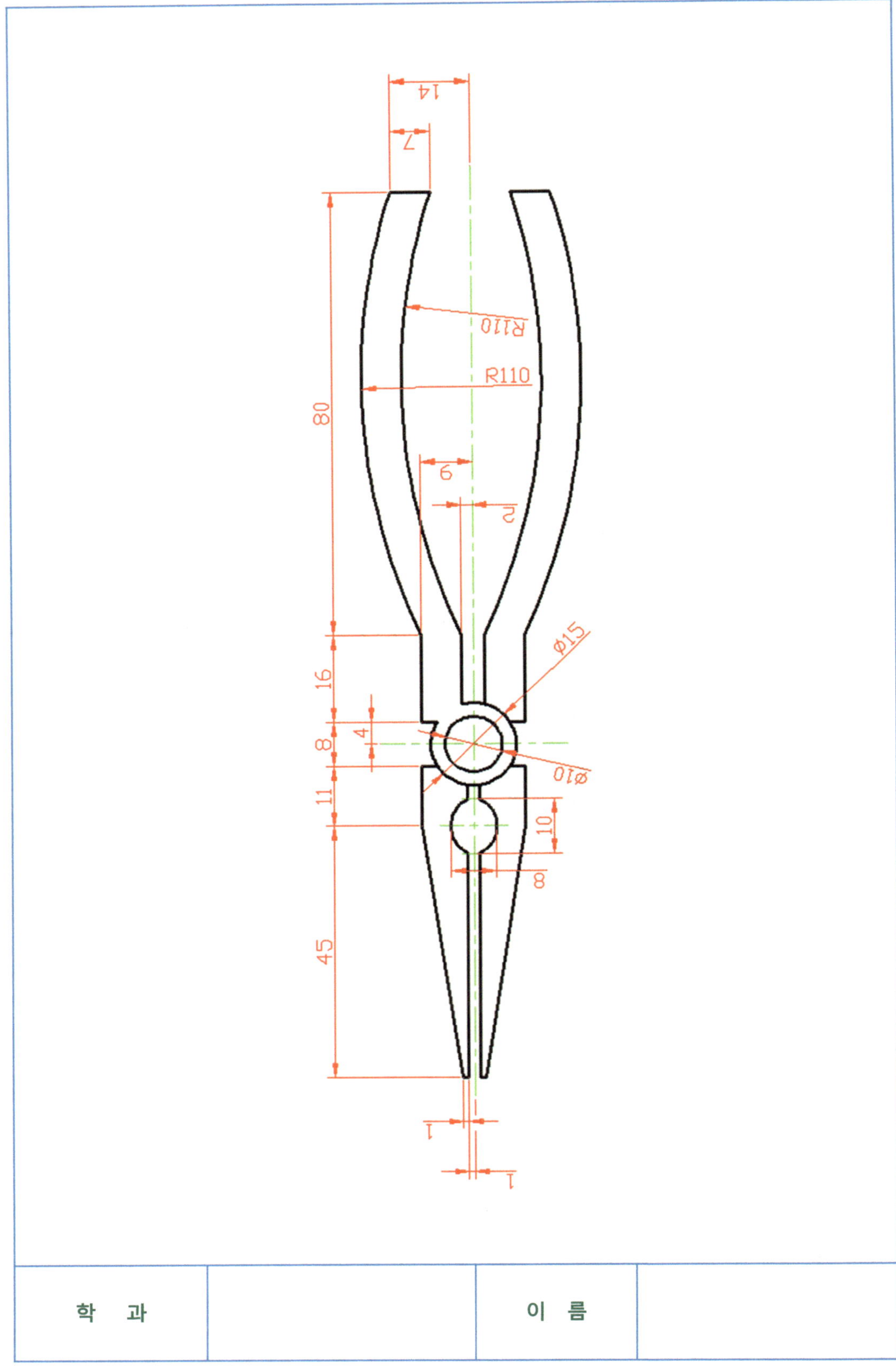
14
7
R110
R110
80
9
2
Ø15
16
4
8
Ø10
11
10
8
45
1
1
학 과
이 름

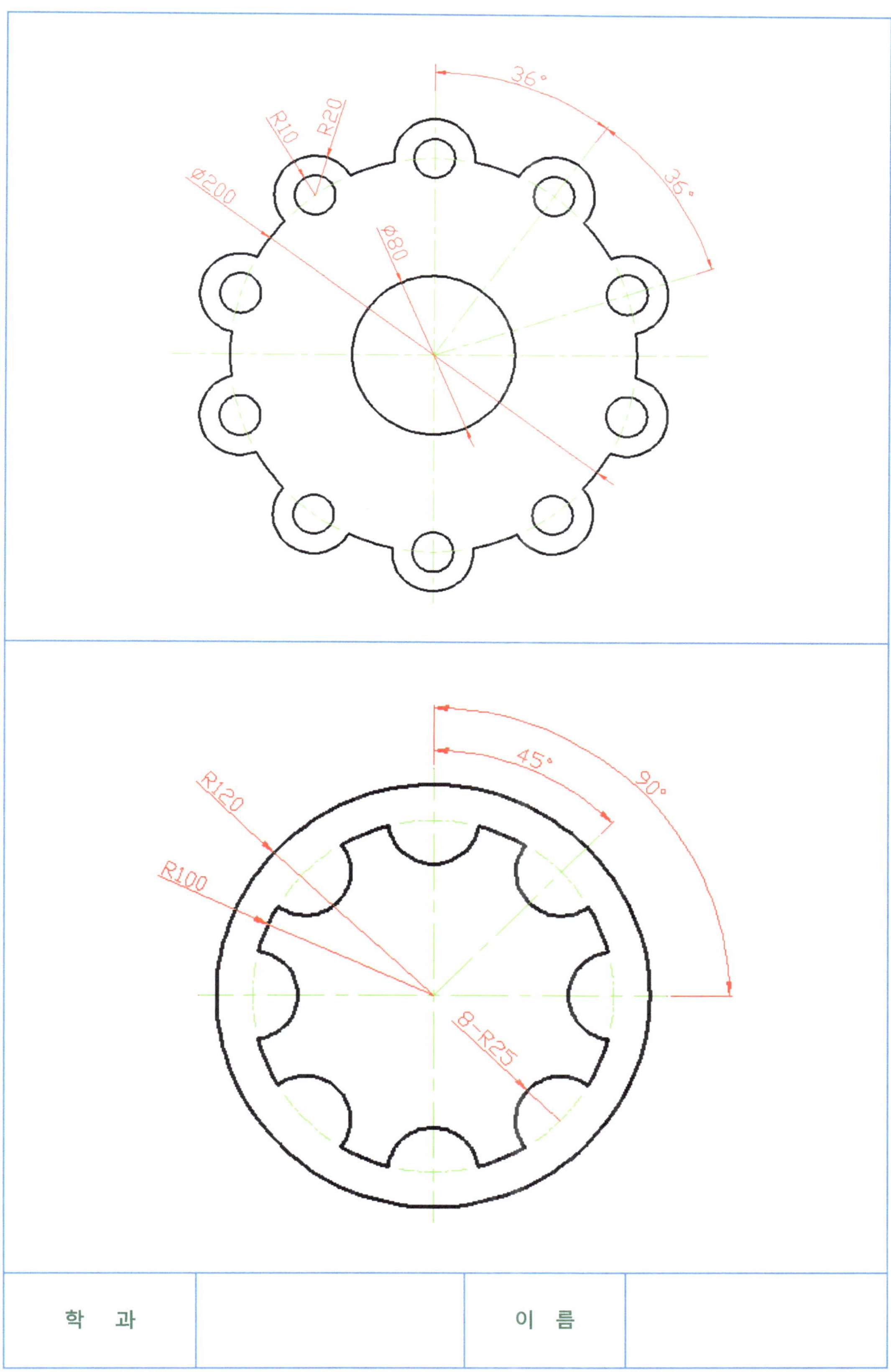
36°
36°
R10
R20
Ø200
Ø80
45°
90°
R120
R100
8-R25
학 과
이 름

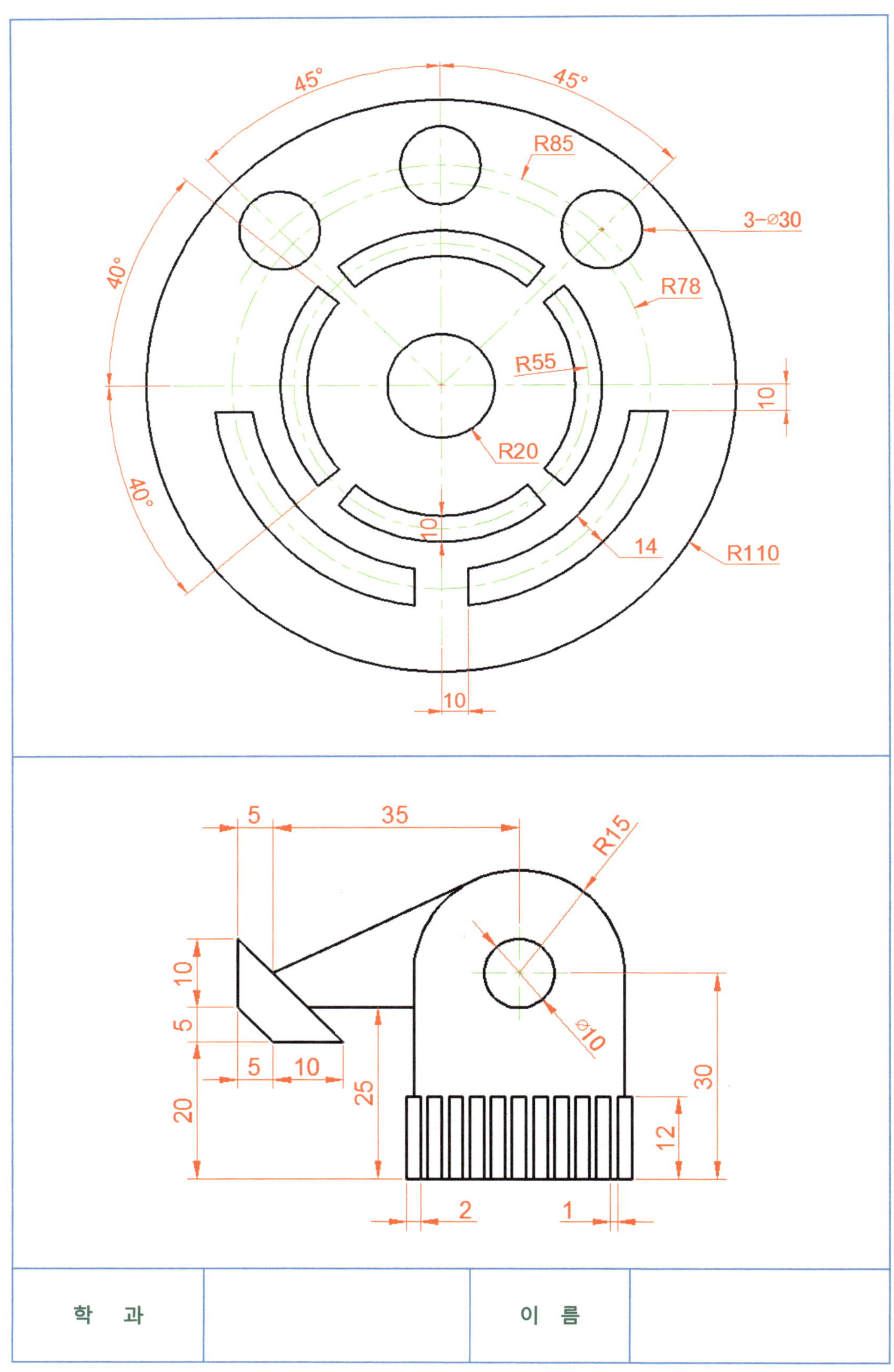
45°
45°
R85
3-⌀30
R78
40°
R55
10
R20
40°
10
14
R110
10
5
35
R15
10
5
⌀10
5
10
25
30
20
12
2
1
학 과
이 름

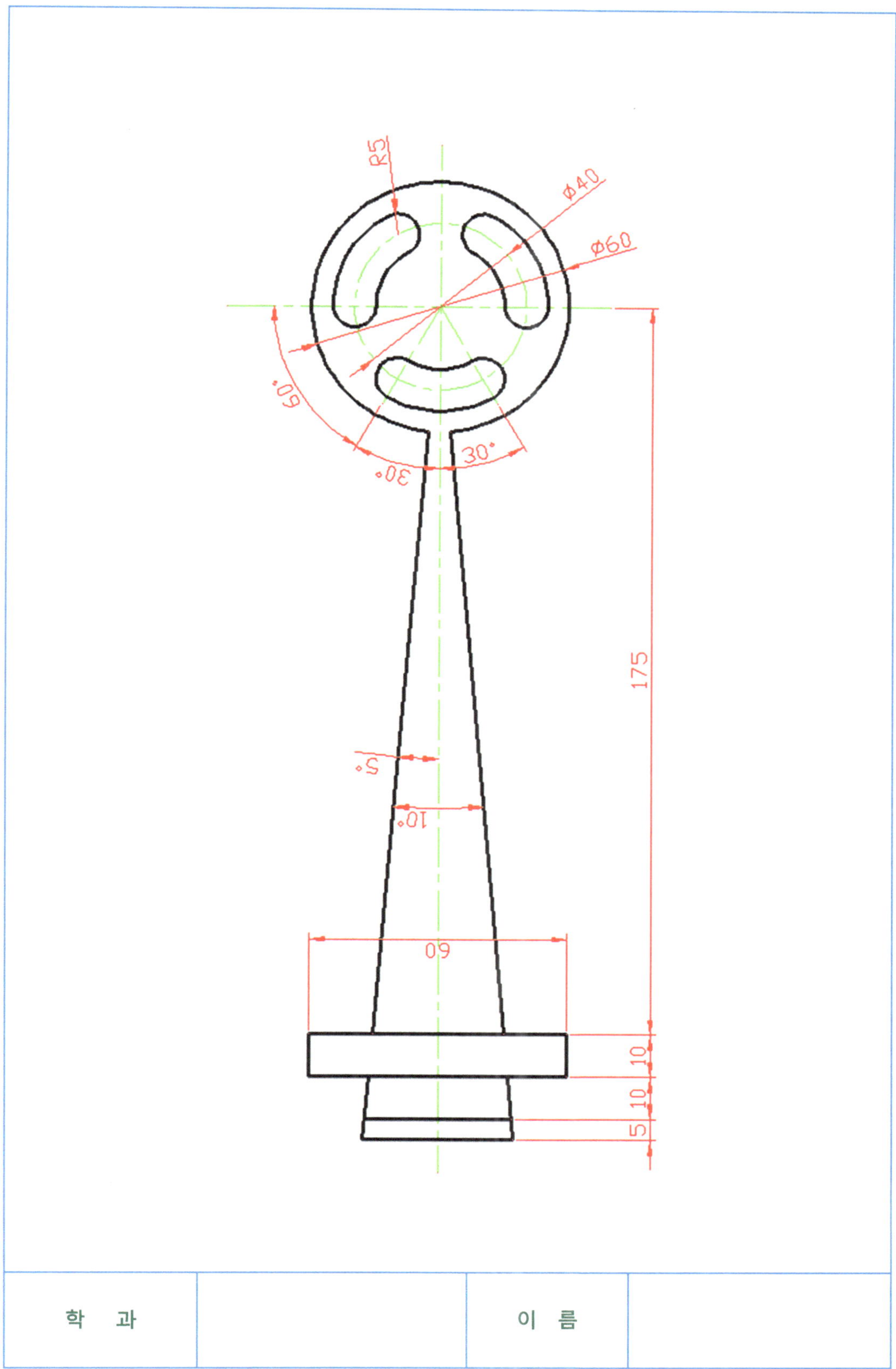

학 과		이 름	

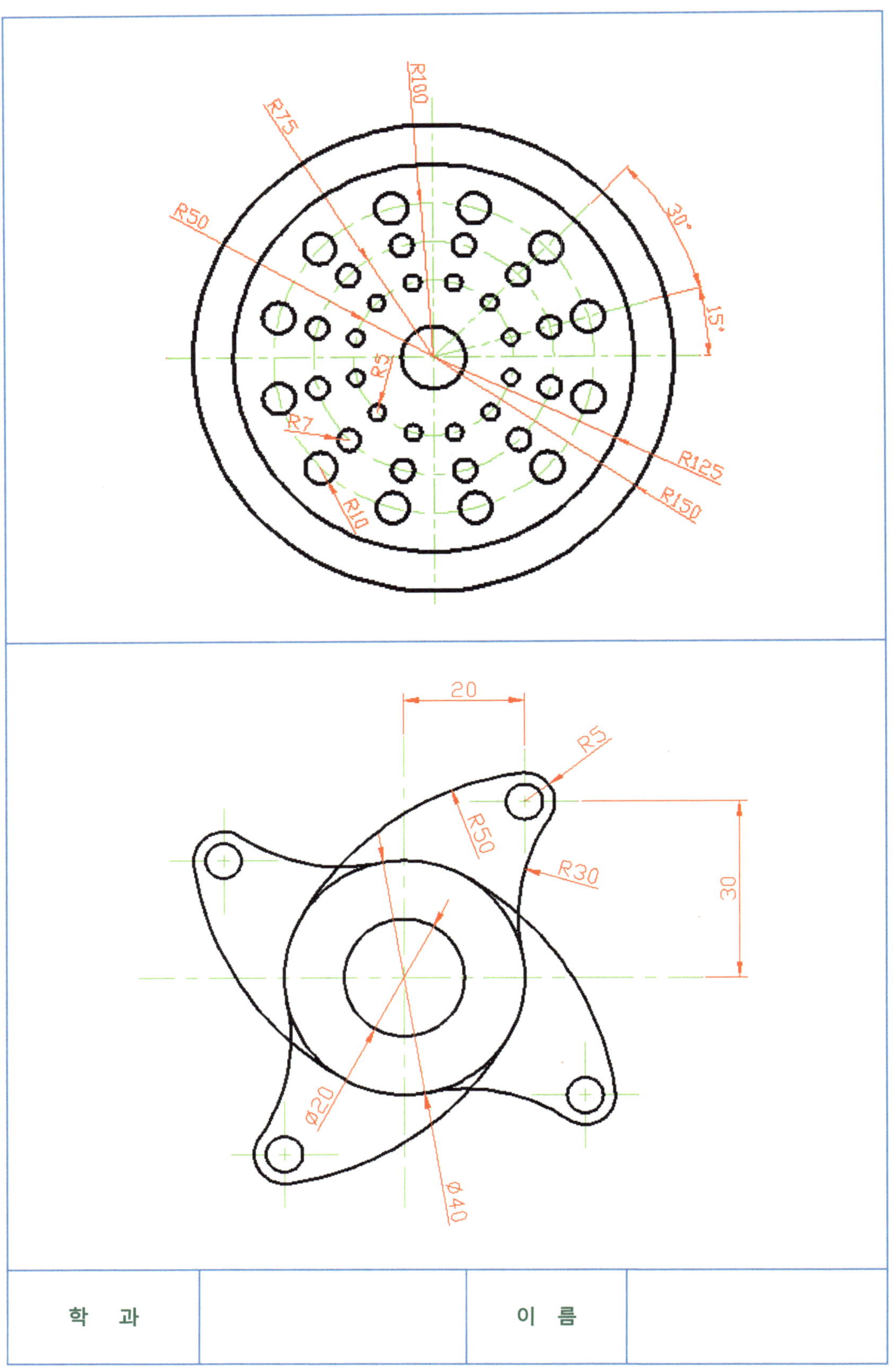

학 과		이 름	

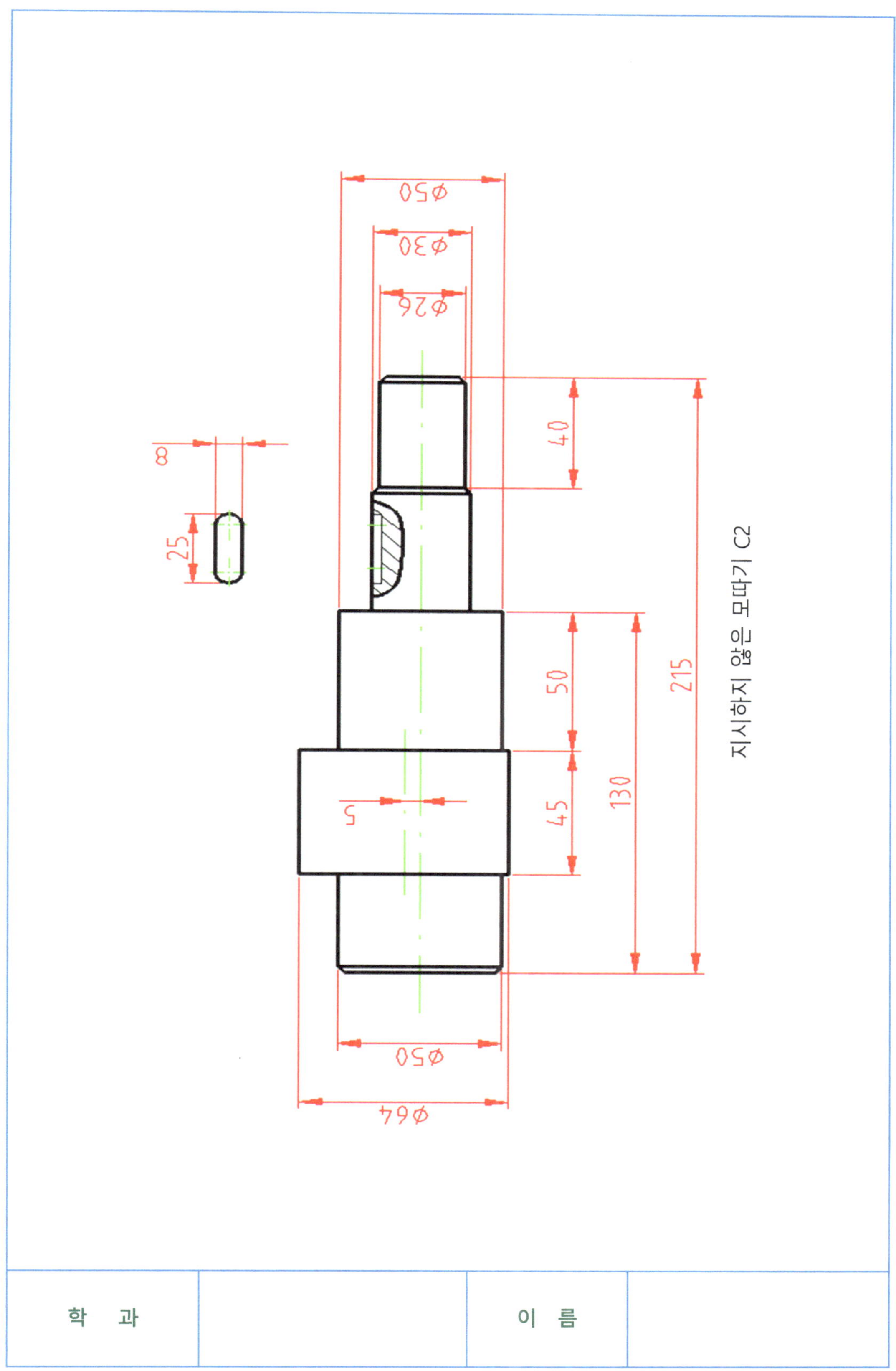

학 과		이 름	

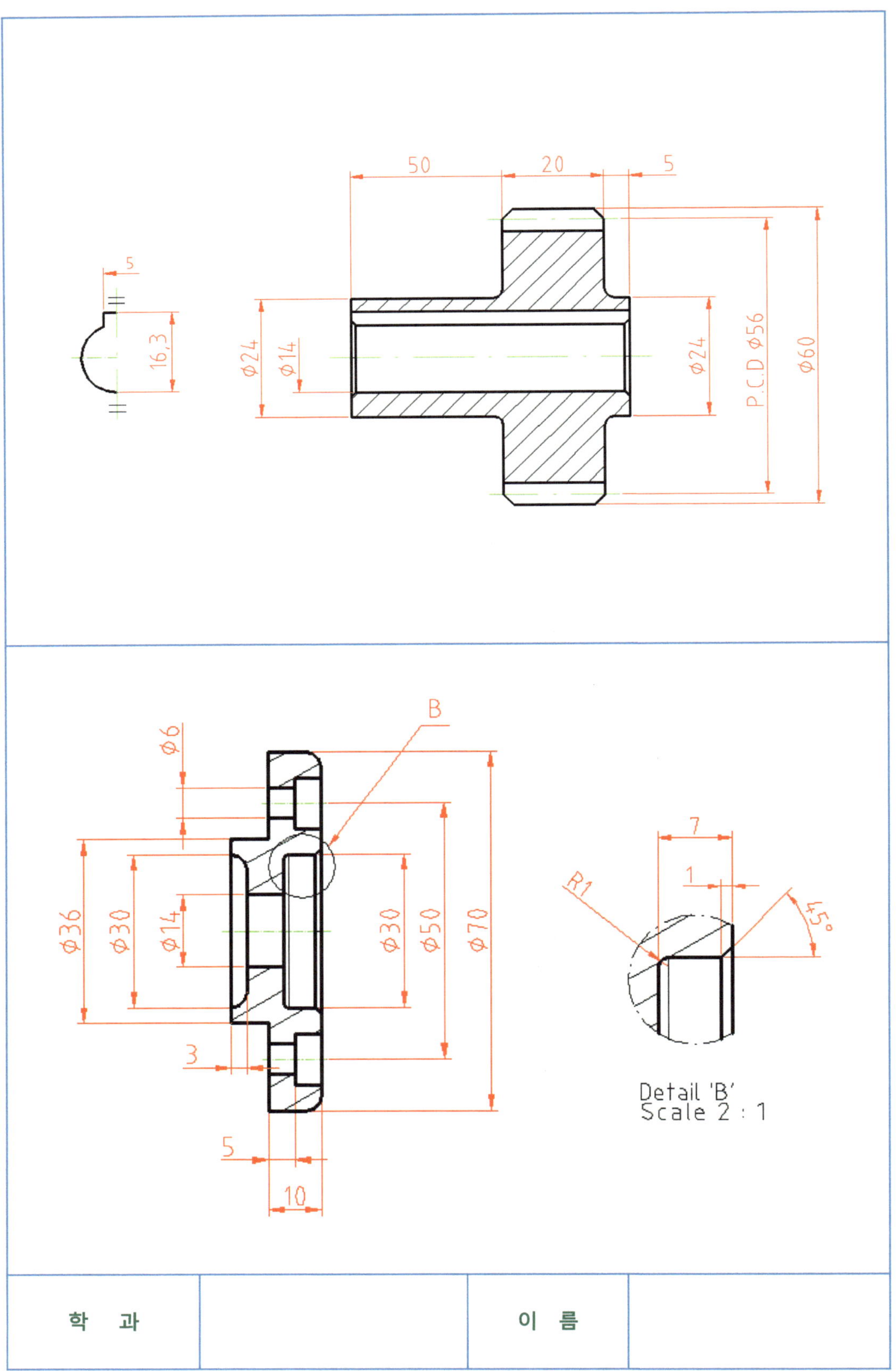

50
20
5
5
16,3
Ø24
Ø14
Ø24
P.C.D Ø56
Ø60
B
Ø6
Ø36
Ø30
Ø14
Ø30
Ø50
Ø70
3
5
10
7
1
R1
45°
Detail 'B'
Scale 2 : 1
학 과
이 름

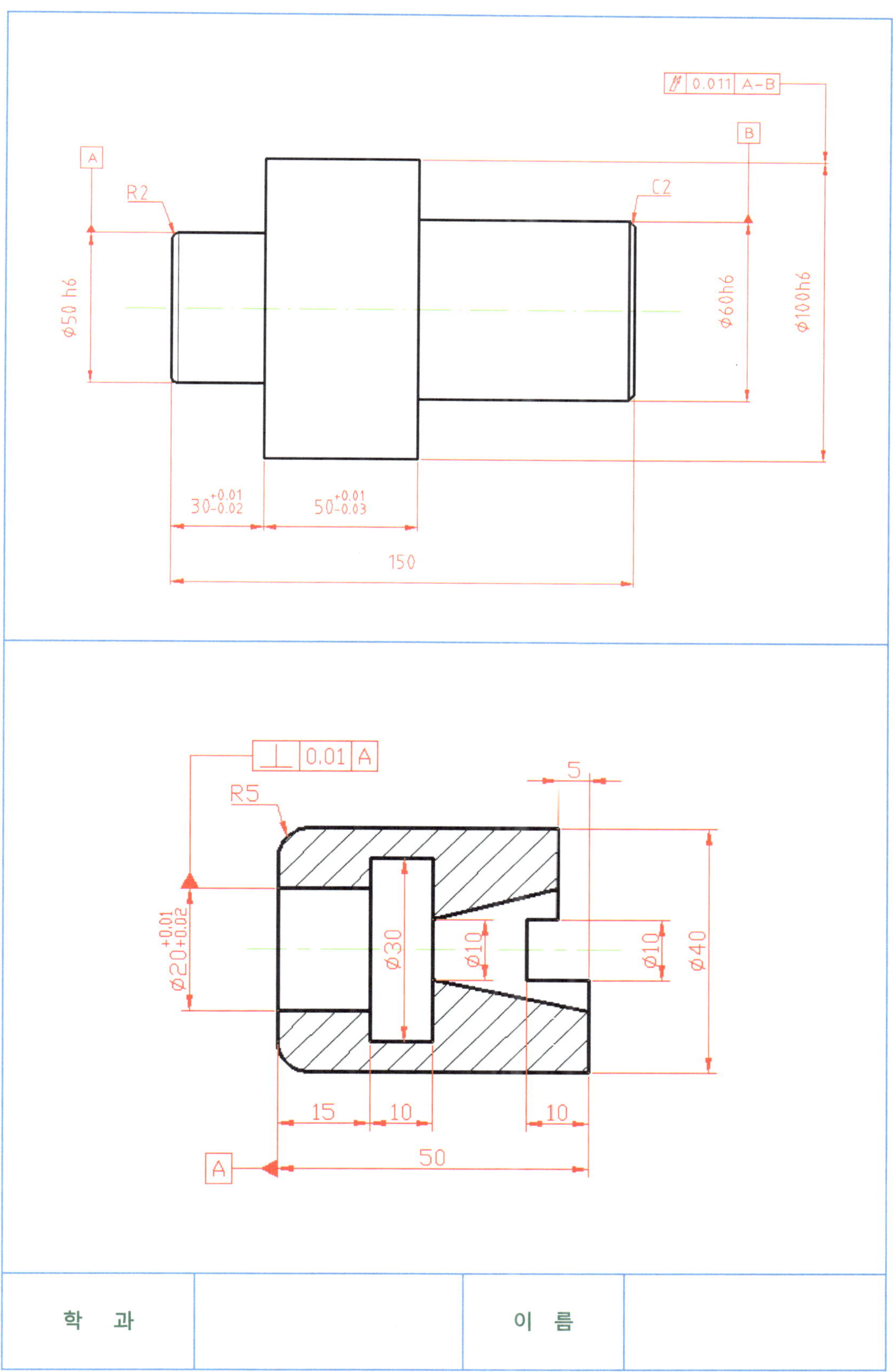

0.011
A-B
B
A
R2
C2
Ø50 h6
Ø60h6
Ø100h6
150
⊥
0.01
A
R5
5
Ø30
Ø10
Ø10
Ø40
15
10
10
50
A

학 과		이 름	

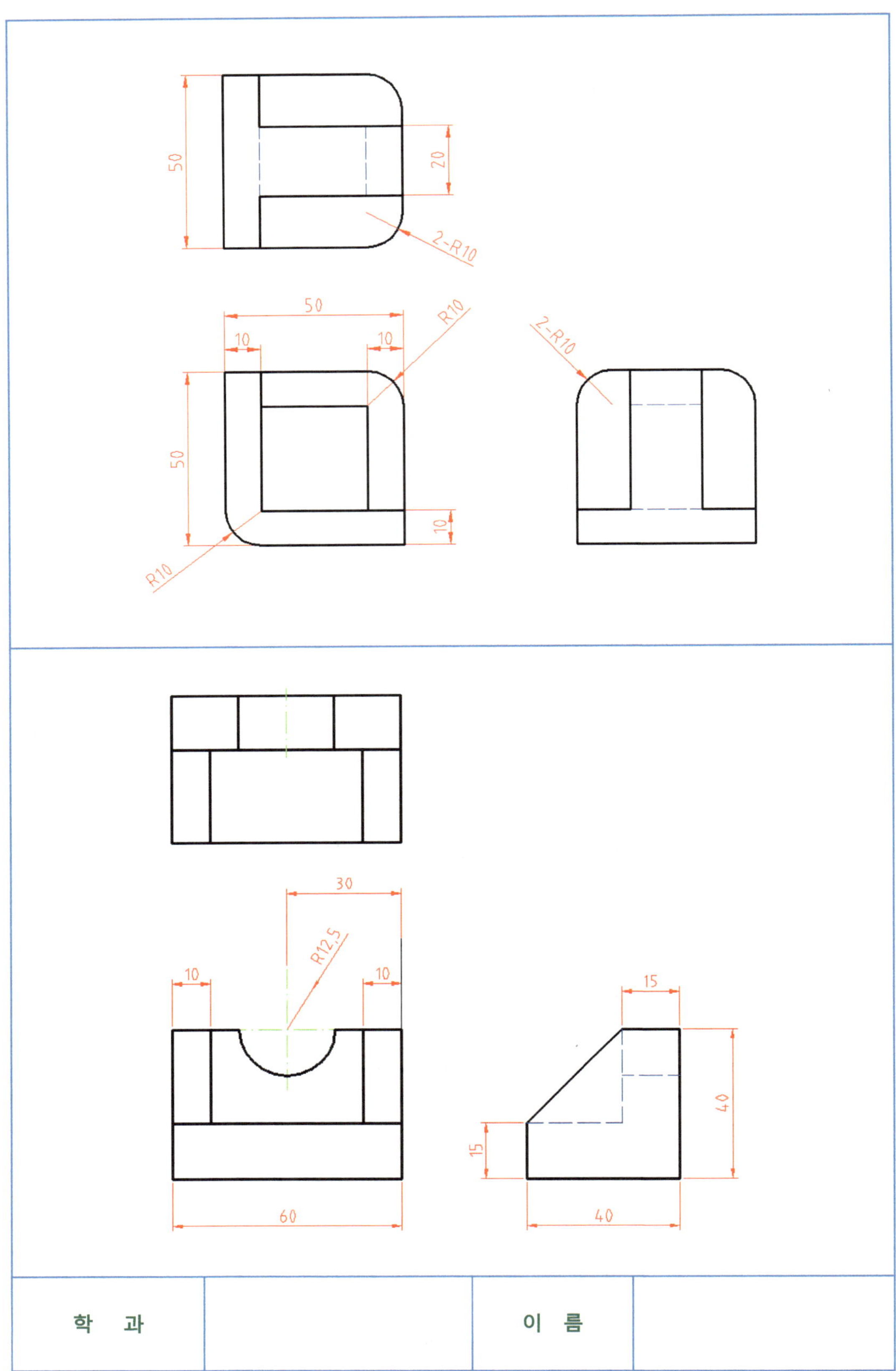
50
20
2-R10
50
10
10
R10
2-R10
50
10
R10
30
R12.5
10
10
15
40
15
60
40
학 과
이 름

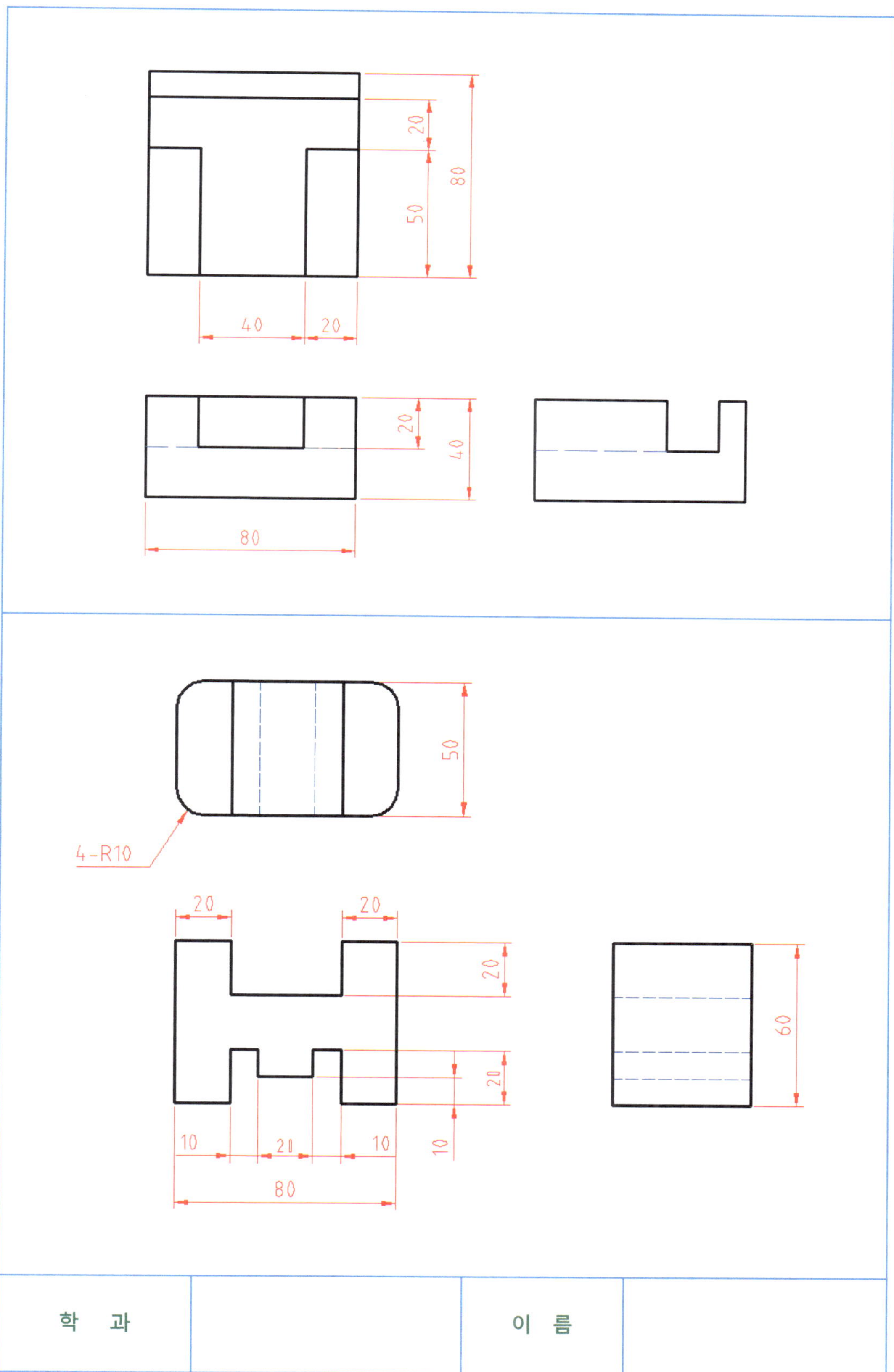
20
50
80
40
20
20
40
80
50
4-R10
20
20
20
20
60
10
20
10
10
80
학 과
이 름

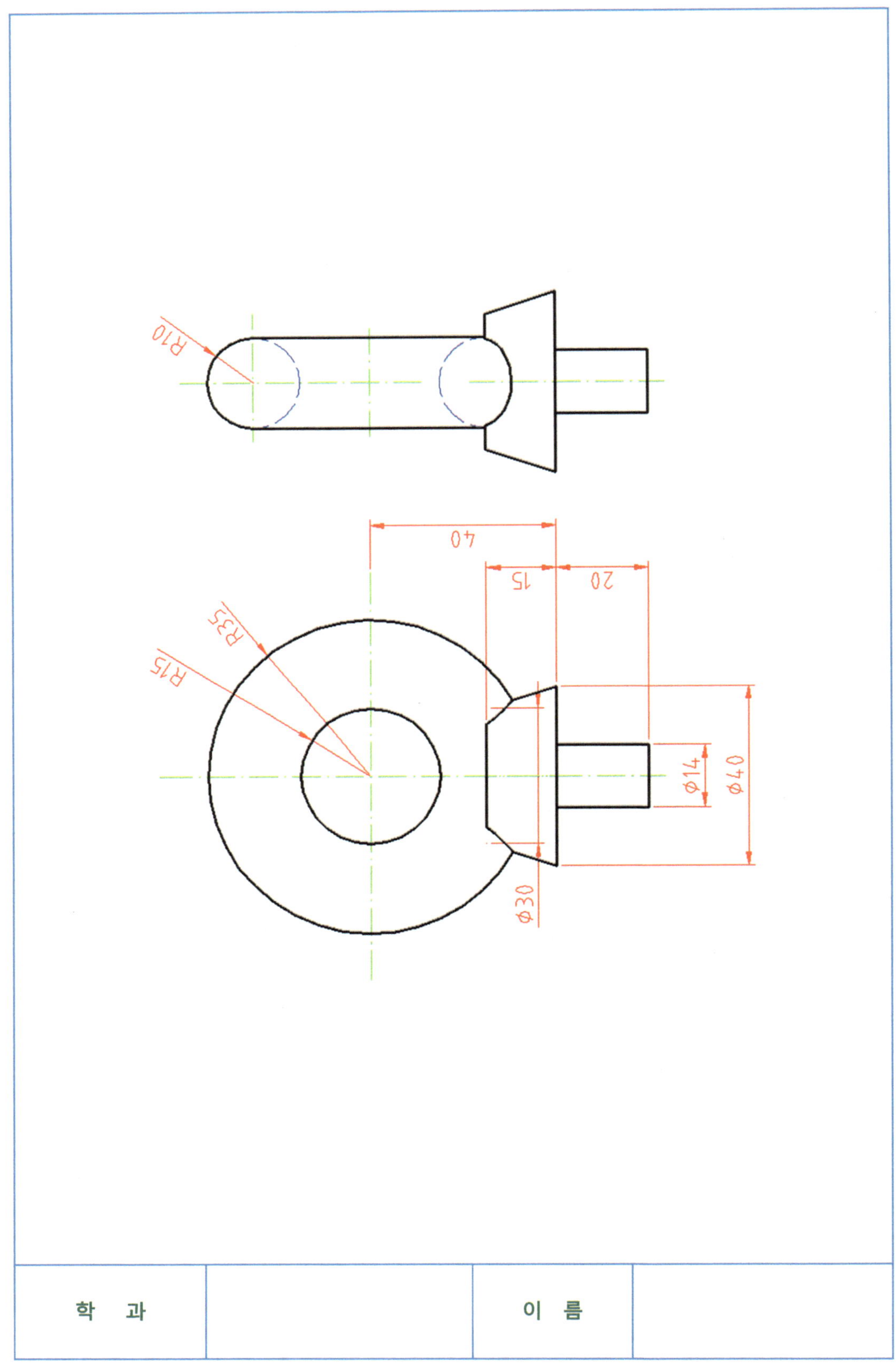
R10
R35
R15
40
15
20
Ø14
Ø40
Ø30
학 과
이 름

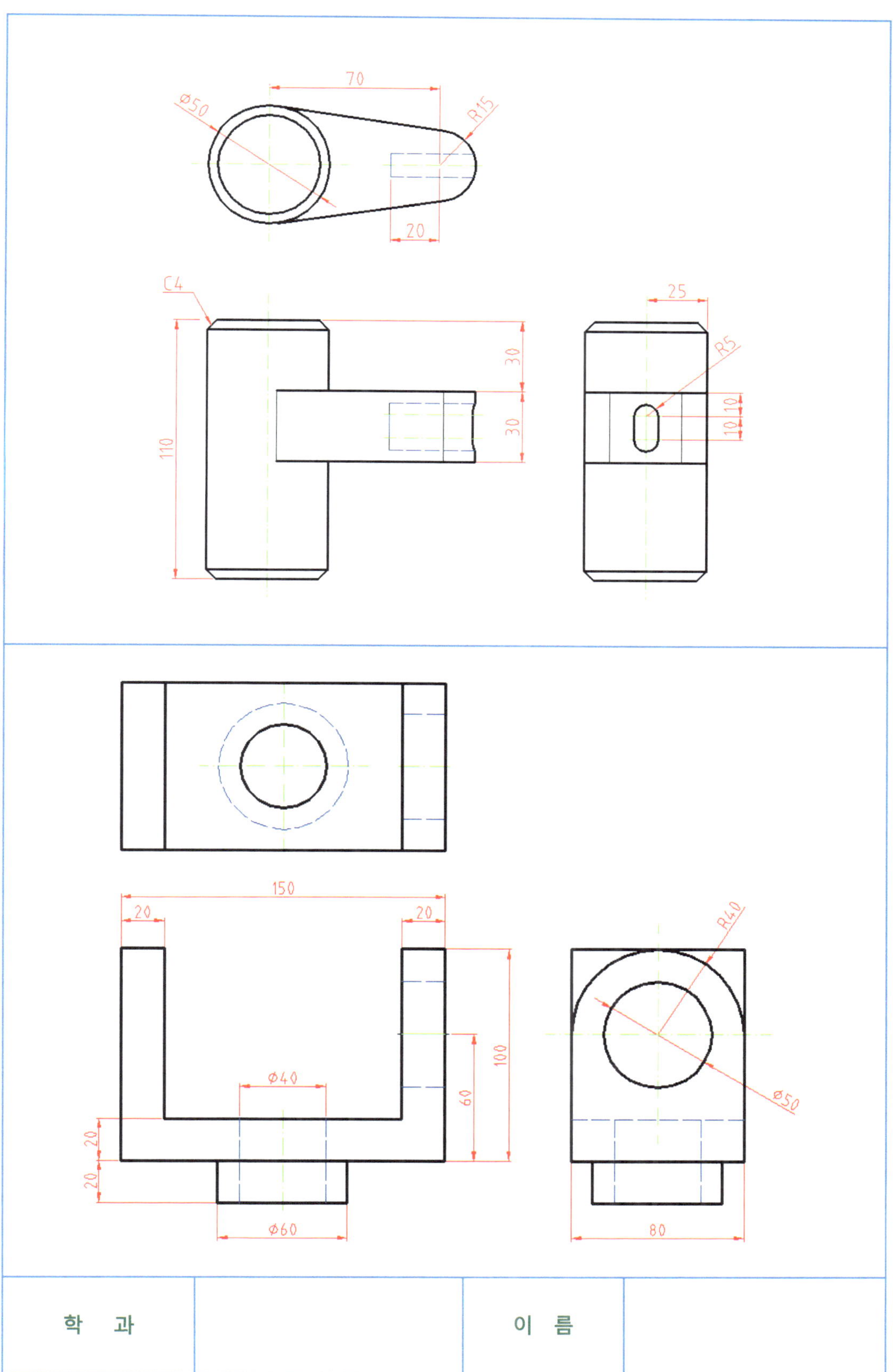

70
Ø50
R15
20
C4
25
R5
30
30
110
10
10
150
20
20
R40
Ø40
100
60
20
20
Ø50
Ø60
80
학 과
이 름

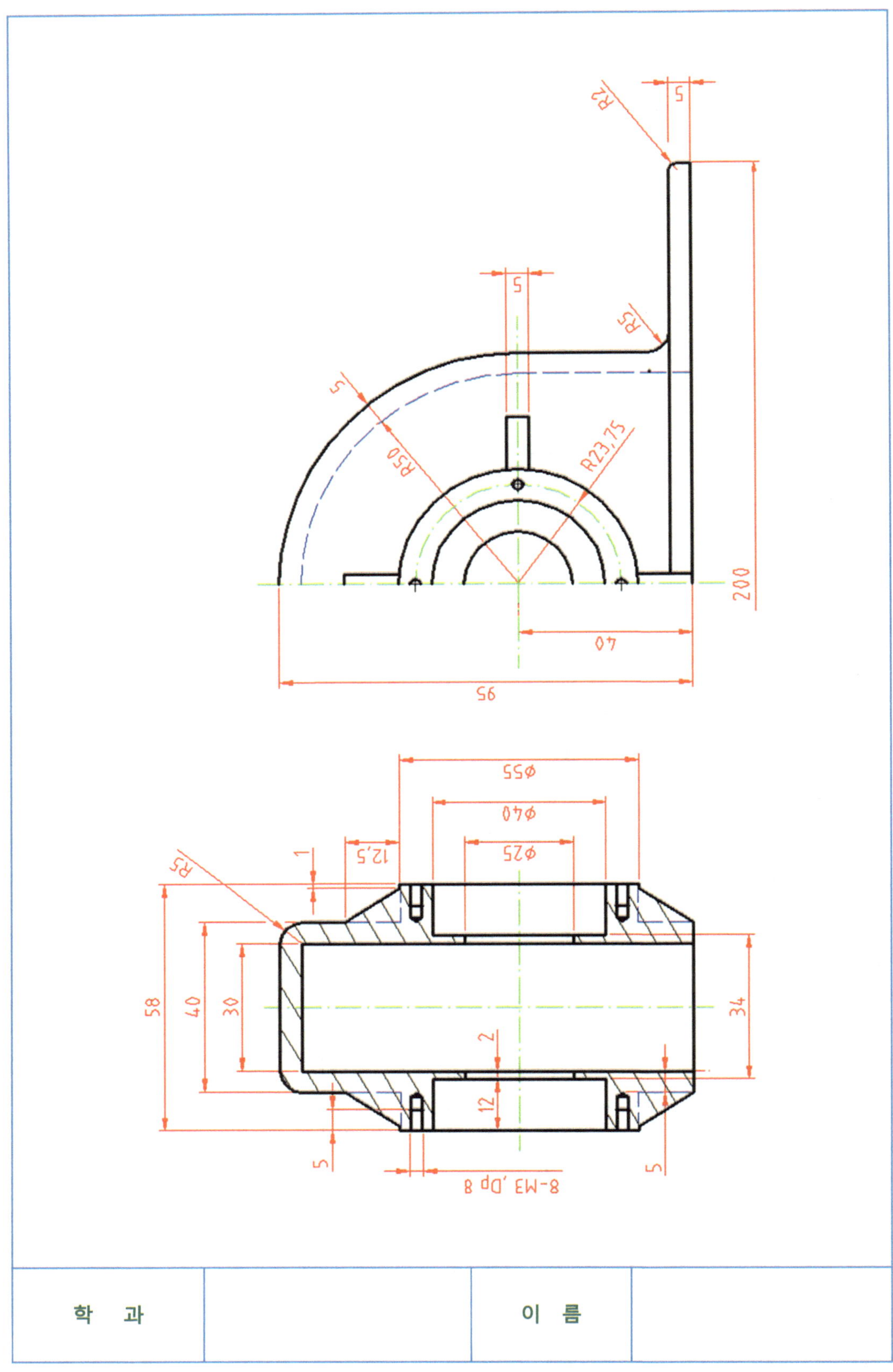

R2
5
5
R5
5
R50
R23,75
200
40
95
Φ55
Φ40
Φ25
12,5
1
R5
58
40
30
34
2
12
5
5
8-M3, Dp 8
학 과
이 름

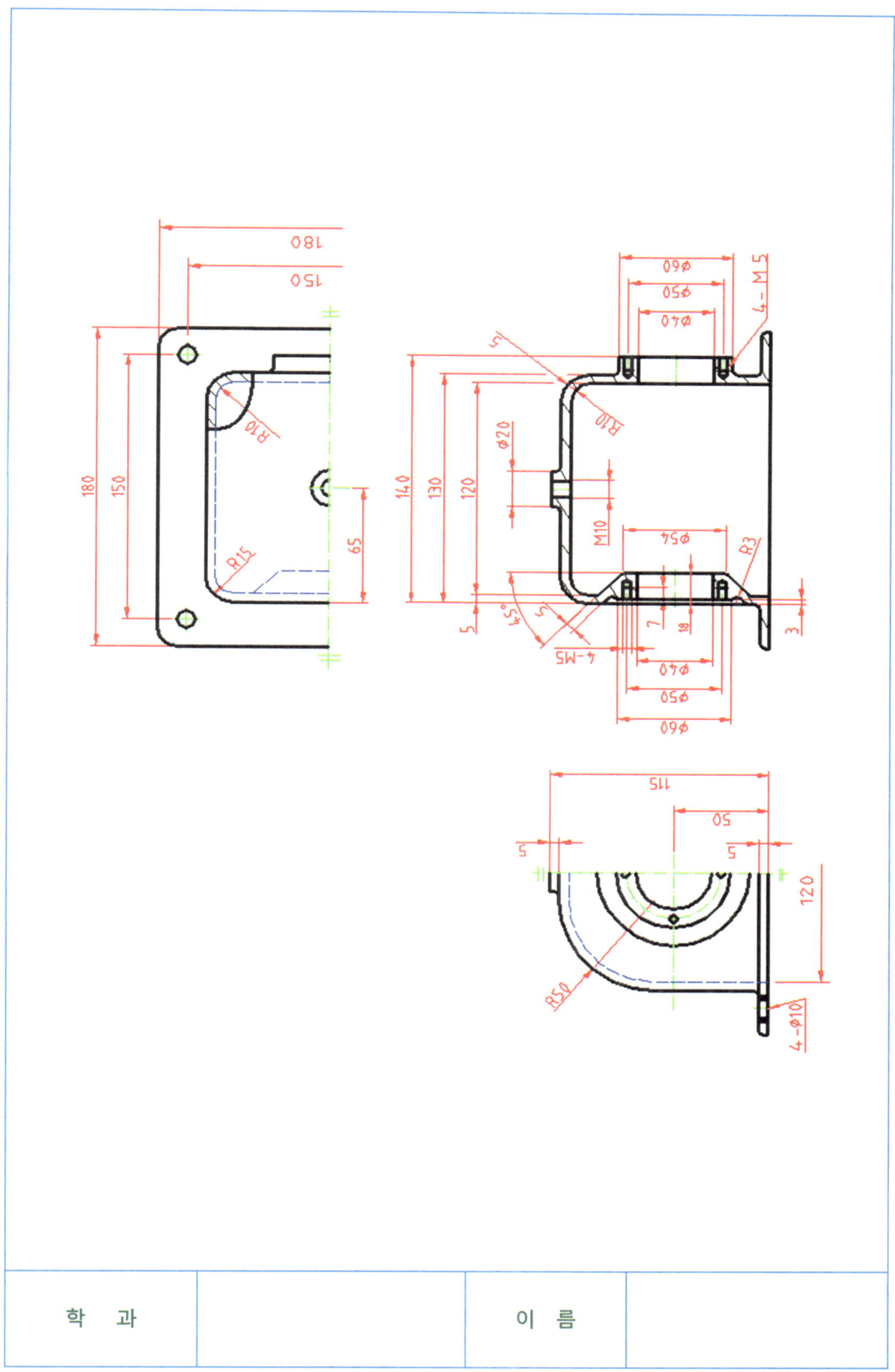

학 과		이 름	

AutoCAD 기초

지 은 이 | 이동우 · 김기태

펴 낸 이 | 김형근

펴 낸 곳 | 도서출판 기한재

주 소 | 경기도 파주시 회동길 56
(파주출판도시)

전 화 | 031)955-0900~2

팩 스 | 031)955-0100

등 록 | 1990년 3월 15일 제2-968호

발 행 | 2022년 3월 10일 1판 3쇄

정 가 | 22,000원

Published by Kihanjae Co.

ISBN 978-89-7018-788-4

http://www.kihanjae.com

E-mail : kihanjae@hanmail.net